Joachim-Ernst Berendt

Das Dritte Ohr

Vom Hören der Welt

rororo

transformation

rororo transformation
Herausgegeben von Bernd Jost
und Jutta Schwarz

Umschlaggestaltung Peter Keller
Illustration Michael Vetter

22.–26. Tausend Januar 1990

Für die Taschenbuchausgabe überarbeitete Fassung

Veröffentlicht im Rowohlt Taschenbuch Verlag GmbH,
Reinbek bei Hamburg, September 1988

Die Originalausgabe erschien 1985 im Rowohlt Verlag GmbH,
Reinbek bei Hamburg

Satz Jung Satz Centrum, Lahnau
Gesamtherstellung Clausen & Bosse, Leck
Printed in Germany
1680-ISBN 3 499 18414 1

IM GEDENKEN AN

GREGORY BATESON
(1904–1980)
den Ethnologen, Biologen, Systemforscher,
der den Satz gesagt hat: «Das Lebewesen, das im Kampf gegen seine Umwelt siegt, zerstört sich selbst.»

GEORG VON BÉKÉSY
(1899–1972)
den Physiologen und Biologen,
der uns das Wunder des menschlichen Ohrs besser verstehen gelehrt hat.

NIELS BOHR
(1885–1962)
den Atomphysiker,
der als erster die Ähnlichkeit zwischen dem Feldbegriff des chinesischen Taoismus und dem der theoretischen Physik bemerkt hat.

ALBERT EINSTEIN
(1879–1955)
den Schöpfer der Relativitätstheorie,
der das Trügerische unseres Zeitsinnes entdeckte.

RICHARD FESTER
(1910–1982)
den Sprachforscher und Schöpfer der Paläolinguistik,
der uns gezeigt hat: Der Mythos vom Turmbau zu Babel ist wahr.

HERAKLIT
(um 550–um 480 v. Chr.)
den Philosophen,
der uns die Harmonie dort finden hieß, wo sie am tiefsten verborgen ist.

CARL GUSTAV JUNG
(1875–1961)
den Psychologen und Analytiker,
der uns – die Männer – ihrer *anima* und die Frauen ihres *animus* bewußt gemacht hat.

Johannes Kepler

(1571–1630)

den Astronomen, Mathematiker und Musiker,
der in den Bahnen der Planeten die «Weltharmonik» gehört
und berechnet hat.

Ramana Maharshi

(1879–1950)

den indischen Weisen,
der uns neu wieder zu fragen gelehrt hat: Wer bin ich?

Pythagoras

(um 570–um 480 v. Chr.)

den Philosophen, Astronomen, Mathematiker, Musiktheoretiker,
der die Harmonie der Sphären entdeckte und als erster den Weg ging,
den wir Heutigen neu wieder zu gehen lernen: vom Orient in den
Okzident – auf diese Weise die Wissenschaften des Abendlandes
begründend.

Maulana Dschelaleddin Rumi

(1207–1273)

den persischen Dichter,
in dessen Versen die Weisheit des Sufismus Klang wurde.

Collin Walcott

(1945–1984)

den Musiker und Perkussionisten,
der so wunderbar Weltmusik gespielt und gelebt hat.

INHALT

Höre, so wird deine Seele leben.
Jesaja

Das bloße Anblicken einer Sache kann uns nicht fördern.
Goethe

Die verborgene Harmonie ist mächtiger als die offensichtliche.
Heraklit

Indem du zu hören lernst, wirst du fähig werden,
das zu hören, was nicht ausgesprochen werden kann.
Allein dadurch kannst du wachsen. Niemand wächst
durch Bücher... Bücher müssen überschritten werden.
Bhagwan Shree Rajneesh

Unsere Tradition lehrt uns, daß der Klang Gott ist:
NADA BRAHMA.
Das höchste Ziel der Musik besteht darin, das Wesen
des Universums zu enthüllen.
Ravi Shankar

Das Auge führt den Menschen in die Welt,
das Ohr führt die Welt in den Menschen ein.
Lorenz Oken

Das Ohr ist der Weg.
Upanischaden

HÖRE, SO LEBT DEINE SEELE JETZT!

INTRO

I
HÖREN ALS REISEN

Auch dieses Buch ist – wie sein Vorläufer «Nada Brahma» – ein *Trip*: die «Reise eines hörenden Menschen in andere Zonen der Wahrnehmung» (wie ein Kritiker es ausgedrückt hat). Man wird schon sehen – in den letzten Kapiteln –, wohin die Reise führt. Aber man käme zum falschen Ziel, wenn man vorausgriffe.

Einereiseisteinereiseisteinereise ... Niemand war wirklich auf Reisen, der bald ankommt, womöglich auf einer geraden Linie die Endstation erreichend. Das Wort «Endstation» gebraucht man im Stadtverkehr. Das ist nicht weit.

Die Route des «Dritten Ohrs» gleicht eher einer logarithmischen Kurve, dem geheimnisvollsten aller mathematischen Gebilde, die Irdisches und Immanentes in Unendliches und Transzendentes überführt. An unserem eigenen Körper hat die Natur sie in der Schnecke des Innenohrs vorgebildet. Erst gibt es sie dort als knöcherne, dann als häutige Schnecke, dann ist sie als Welle – gerade noch! – meßbar, hebt, wie logarithmische Kurven das tun, ab und steigt, sich der Senkrechten nähernd, auf ins Unendliche. Zwischen den verschiedenen Stadien gibt es nirgendwo eine zu ortende Grenze, an der man sagen könnte: Dort ist der Bruch. Dort geht Materielles in Fühlbares, in Hörbares, in Meßbares, in Nur-noch-gerade-Erahnbares, in Jenseitiges und Spirituelles und Unendliches über.

II
DAS OHR IST DER KOMPASS

Das Vehikel, das uns auf unserer Reise transportiert, ist das Ohr. Wir werden fühlen, erleben, erfahren, hören: Das Ohr ist ein Segel. Das Segel trägt weit. Wohin es uns aber auch führen mag, wir haben einen Kompaß: Das Ohr kann nicht nur werten, es kann auch messen. In einem physiologisch und physikalisch exakten Sinn. Auf die Frequenz genau.

Wir vergleichen Auge und Ohr. Aber wir tun dies nicht im Sinne einer Alternative; wir tun es im Sinne des Ausgleichs gegen die jahrhundertelange Sehbevorzugung in der abendländischen Tradition.

Wir lieben alle unsere Sinne. Also kämpfen wir nicht gegen das Sehen. Aber wir kämpfen gegen seine Hypertrophie und Defizienz – seine Überbewertung und Entartung – in der modernen Welt. Sie mindern die Wahrnehmungskraft unserer anderen Sinne. Sie lassen uns weniger intensiv leben, nur noch funktionieren. Wir wollen nicht weniger, sondern mehr und intensiver erfahren und erleben. Und lieben.

Leonardo da Vinci: «Die Erkenntnis, die nicht durch die Sinne gegangen ist, kann keine andere Wahrheit erzeugen als die schädliche.» Die Erkenntnisse der modernen Welt gehen nur noch durch einen Sinn – und der ist pervertiert.

Wir stellen Fragen:

Warum hat die Natur gerade unseren Hörsinn so unverhältnismäßig sorgfältig differenziert?

Warum hat sie die Meßfähigkeit – die Mathematik – gerade in ihm verborgen? Und warum verbirgt sie – gleichzeitig! – in ihm die Fähigkeit zur Transzendierung? Und drittens auch noch den Gleichgewichtssinn?

Warum sind die Wahrnehmungen unseres Ohrs so viel genauer als die des Auges? Warum ist die Bandbreite des Hörbereiches so viel größer – exakt um das Zehnfache! – als die des Sehbereiches?

Warum haben wir – in den letzten dreihundert Jahren: seit Galilei, Descartes und Bacon – diese Signale nicht mehr verstanden?

Was hat dieses Nicht-Verstehen ausgelöst? Wohin hat es geführt? Wohin kann es noch führen?

Was können wir gewinnen, wenn wir die Signale wieder verstehen lernen? Wenn wir – zum Beispiel in der Biologie, der Evolutionslehre, der Anthropologie, der Sprachwissenschaft – genauso sorgfältig und bewußt mit unseren Ohren arbeiten, wie es die Wissenschaftler nun schon seit Aristoteles mit den Augen tun.

Was lehrt uns die Sprache? Was – zum Beispiel – bedeutet es, daß das Wort VERNUNFT – eines der meistgepriesenen unserer

Zivilisation – von VERNEHMEN kommt, also von einem Hörvorgang, während doch das exakt parallel gebildete Wort VERSEHEN eben ein *Ver-Sehen* – eine Täuschung – bezeichnet?

Warum hören Männer Frauen nicht zu? Warum unterbrechen sie sie so viel häufiger – nach Untersuchungen amerikanischer Wissenschaftler vierundzwanzigmal öfter! –, als Frauen Männer unterbrechen?

Wie ist es dazu gekommen, daß der Satz «Du hörst mir ja überhaupt nicht zu!» ein Standardvorwurf in unseren Beziehungen geworden ist? Was würde sich ändern – in der Gesellschaft – was letztlich auch heißt: in der Politik –, wenn er seltener nötig wäre?

Warum hat die Sprache das Wort AUFHÖREN geschaffen? Warum identifiziert sie das Ende, den Schluß, das Fertig-Sein mit dem *Auf-Hören*, dem Ende des Hörens?

Warum hat die Evolution den Männern tiefere Stimmen gegeben als den Frauen? Warum vernehmen wir nicht die Signale, die uns damit gegeben werden – obwohl wir doch täglich beobachten können: Höhere Stimmen haben Leitfunktionen.

III
DER GRUNDTON IST DER KLANG DES SEINS

Dieses Buch gleicht einer Musik.

Das Thema heißt: Hören.

Die Noten und Motive kommen aus all den Bereichen, die ich genannt habe.

Die Spieler sind diejenigen meiner Leser, die – und nun schließt sich der Kreis zu dem anderen Bild – bereit sind, sich mit mir auf die Reise – wir könnten sagen: auf Tournee – zu begeben.

Die Instrumente sind: Unser Herz. Unser Geist. Unser Gefühl. Unsere Sinne. Unsere Liebesfähigkeit. Unser Kopf (nur eben der nicht allein; die anderen «Instrumente» sind ebenso wichtig).

Das Orchester bilden wir alle.

Der Dirigent ist: Unser Ohr.

Der Grundton – die *drone* im Sinne der indischen Musik, die allem musikalischen Geschehen unterliegt – ist: der Klang des

Seins. Wir müssen lernen, ihn wieder zu hören. Nur dann können wir mitspielen. Und mitreisen.

IV
DAS HÖREN DRINGT TIEFER

In «Nada Brahma» ging es um Klänge. Der Titel bedeutet: Die Welt ist Klang (von *Nada* = Klang und *Brahma* = Schöpfergott, Kosmisches Prinzip, Schöpfung). Es ging darum, daß dieses große, heilige Mantra der klassischen indischen Musik nicht bloß eine verschwommene religiöse Formel ist, sondern wörtlich genommen werden muß. *Nada Brahma* stimmt. Die Welt ist Klang. Nicht nur die spirituelle Überlieferung der Menschheit weiß dies, die moderne Wissenschaft – von der Physik bis zur Biologie, von der Paläolinguistik bis hin zur harmonikalen Grundlagenforschung – bestätigt es. Ja, in einer Zeit, in der die vermeintlich sicheren Fundamente unseres überlieferten Weltbildes – Materie, Zeit, Raum – brüchig geworden sind, ist der Klangcharakter der Welt eine der wenigen Sicherheiten, die wir besitzen.

Aber: Wer vom Klang handelt, muß auch vom Hören handeln. Dazu hat mich «Nada Brahma» geführt – doch erst im neunten Kapitel: zur jahrhundertelang über-sehenen Wichtigkeit unseres Hörsinns, zur Heiligkeit unseres Ohrs. Diesmal fangen wir dort an, wo «Nada Brahma» (fast) aufgehört hat: beim Ohr und beim Hören. Gewiß geht es auch in diesem Buch manchmal um Klänge, aber diesmal liegt der Akzent mehr auf dem Hören. Das Hören führt tiefer. Nach Beendigung dieses Buches habe ich das Gefühl, daß ich in «Nada Brahma» nur eben Oberflächen angeritzt habe, die sich erst jetzt im «Dritten Ohr» – und dem Dritten Ohr – öffnen.

Für viele liegt in der Betonung des Hörens ein Sprengstoff. Ich habe das nicht vermutet, aber die Explosionen haben mich belehrt – und betroffen gemacht. Ich habe keine Angst: Diesmal werden sie heftiger detonieren.

Der Sprengstoff entzündet sich an der Taubheit der Wissenschaft: an der Tatsache, daß diese dreihundert Jahre lang jedes erdenkliche Problem, wenn es nur sichtbar war, untersucht, aber die entscheidenden Hörfragen übergangen hat. Wer die herrschende Wissenschaft und ihre Psychologie kennt, weiß: Wenn jemand dies aufzeigt, dann muß sie mit Aggressivität reagieren – die Prognose bestätigend: Vorrangige Augen-Programmierung führt zu Aggressivität.

Sie führt auch zu Lärm. Das ist ein «Regelkreis». Aggressivität nährt Lärm und Lärm «Aggressivität».

Lärm ist akustischer Abfall. Wir alle wissen, wie es dem sichtbaren Abfall ergeht. Da gibt es hochentwickelte Technologien, ihn zu beseitigen. Um den Lärm kümmert sich niemand. Deshalb wächst er und wächst und wächst, bis wir am Ende überhaupt nichts mehr hören.

Wir werden erkennen, daß es die «Seh-Dominanz» gewesen ist, die zu der Trennung der Welt in Subjekt und Objekt geführt hat, wobei sich die Wissenschaft am Ende nur noch mit Objekten beschäftigte, als gäbe es uns nicht mehr: das lebendige Wesen, das *Sub-jekt*, dessen Geringschätzung schon dieses Wort dekuvriert, denn es bedeutet: der/die Daruntergeworfene, der/die Darunterliegende. Das östliche Denken hat das Schisma von Subjekt und Objekt seit je bestritten. Jetzt tut es auch die Neue Physik. Einstein nennt es «eine Art optische Täuschung unseres Bewußtseins ... eine Art Gefängnis ... Unsere Aufgabe muß es sein, uns aus diesem Gefängnis zu befreien.»

«Optisch» ist sie in der Tat. Der Primat des Sehens hat dazu geführt. Wir werden erkennen, daß ein «Denken durchs Ohr» die Trennung überwindet, das Gefängnis aufbricht, uns weiterführt und tiefer dringt und Probleme nahezu spielerisch löst, die für das klassische Denken unlösbar gewesen sind.

V
DAS STEUER HERUMREISSEN!

Wir können die Stimmen nicht mehr überhören, die uns aus nahezu jeder denkbaren Richtung entgegenschallen – von Psychologen und Anthropologen, von Ökologen und Ökonomen, vom *Club of Rome* und von Futurologen, von Biologen und Physikern, nur leider fast nie von Politikern: Wenn wir überleben wollen, können wir so nicht mehr weiterleben. «Du mußt dein Leben ändern» (Rainer Maria Rilke).

Wir betrügen uns selbst, wenn wir dies halbherzig tun. Nur hier und da einmal eine Kleinigkeit. Alibis für unser Gewissen. Ökologie als Stimmenfang.

Das Steuer herumreißen heißt nicht: den Kurs nur gerade um ein paar Striche ändern. Es heißt: das Ziel ändern.

Wir haben uns im Sinne von Expansion und Ausbeutung, von Wachstum und Herrschaft, von Unterdrückung und Egozentrik, von Macht und Masse und Maskulinisierung programmiert. Wir sollten die Stimmen derer beachten, die uns darauf hinweisen – und unwiderlegbares Material darüber vorgelegt haben –, daß von unseren Sinnen das Auge der expansivste und aggressivste, der härteste und schneidendste, der maskulinste, der am stärksten egozentrierte und machthungrigste ist.

All die uns entgegenschallenden Mahnungen, uns zu ändern, so wichtig sie sind, können nur Halbes bewirken, wenn wir nicht das Entscheidende ändern: unsere Art, die Welt und unsere Mitmenschen wahrzunehmen. Und keine Änderung der Weltwahrnehmung geht tiefer als diese: nicht mehr primär sehen, sondern primär hören!

VI
WAS SOLL UNS DER OSTEN?

Mein Verhältnis zur Wissenschaft ist dialektisch. Wir können nicht ohne sie leben. Wir brauchen sie. Aber sie braucht auch uns, den ganzen Menschen. Wir sind nicht die Teile, in die das mechanistische Weltbild die Welt zerlegt.

Ich beziehe mich auf die Wissenschaften, aber ich hinterfrage jeden Bezug. Und ich beziehe mich auch auf die Weisheit des Ostens. Ich bin allergisch gegen die Frage: Was soll uns der Osten? – meist mit der hinzugefügten Anmerkung, wir westlichen Menschen sollten bei unserer eigenen Tradition bleiben. Frage und Anmerkung haben etwas Atavistisches: vergrößertes Hordendenken: Was schert uns die Nachbarhorde?

Die Nachbarhorde ist inzwischen der Nachbarkontinent. Aber

immer noch will «man» sich abgrenzen. Sie sagen: «Abgrenzen vom Osten» – aber «Osten» ist doppeldeutig. Für die Politiker ist es die Sowjetunion, für die geistigen Menschen Indien und alles, was östlich davon liegt. Oft macht erst der Zusammenhang deutlich, was jeweils gemeint ist – Bolschewismus oder Brahmanentum, Kommunismus oder Zen, der russische Land- oder der indische Geisteskoloss ... Niemand merkt, daß sie immer noch das projizieren, was schon der frühe Mensch vor Jahrzehntausenden projizierte: die Angst vor dem Unbekannten, dem Fremden, dem schwer Verständlichen ... das eigene «Sicherheitsbedürfnis». Die Politiker nennen es wenigstens so, die geistigen Menschen haben nicht einmal dafür Realitätssinn genug. Keiner fragt sich, ob wir nicht endlich dazu übergehen sollten, statt unserer Projektionen etwas anderes zu vergrößern: das Denken.

Wer gegen Ende des 20. Jahrhunderts immer noch nicht begriffen hat, daß die Fragen, die unser Überleben betreffen, planetarische sind, dem ist nicht zu helfen.

Abendländische Wissenschaft begann mit Pythagoras. Von ihm erzählt die Legende, er sei nach Indien und China gewandert und habe dort das gelernt und erfahren, was durch ihn zum Grundstein europäischen Wissenschaftsdenkens geworden ist.

Entsprechend notiert zweieinhalb Jahrtausende später Jean Gebser (1959 – lange vor Capra und all den anderen): «Was aus Weisheit und Intuition im Fernen Osten entstand, das können wir heute aus wissenschaftlicher Empirie und rationaler Schlußfolgerung bestätigen.»

Marilyn Ferguson konstatiert: «Während der Osten über den Wald meditiert, zählt der Westen die Bäume.» Das neue Bewußtsein tut beides: Es will Bäume u n d Wald.

VII
FLUCHT IN DIE HEILE WELT?

Wer in dem Denken, das mich zu «Nada Brahma» und weiter zum «Dritten Ohr» geführt hat, eine Flucht in die heile Welt des Harmonischen sieht, hat nichts verstanden. Wer dies gar unter gesellschaftlichen Prämissen tut, begreift nicht einmal deren Ausgangspunkt: Hegels (und Marx') Dialektik. Von diesen beiden großen Denkern – und von Marcuse, Habermas, Adorno – herzukommen und dennoch nicht dialektisch denken zu können, ist genau jener Defekt, der die Neue Linke so starr und so gesprächsunfähig gemacht und der so viele Menschen dazu gebracht hat, sich von ihr abzuwenden.

Das zentrale physikalische, musikalische und mathematische eso- und exoterische Faktum harmonikalen Denkens ist die Obertonreihe. Zu ihr gehören alle Töne – auch die «unharmonischen» (nur in Anführungszeichen ist dieses Wort sinnvoll). Gerade die spirituellen Traditionen – also jene, die der Flucht in die heile Welt verdächtigt werden – verlangen seit alters: den «Obertonweg zu gehen» – die Obertonreihe hinaufzusteigen –, fort aus ihrem Beginn (wo die «harmonischen» Töne sitzen) in die Höhe (wo die eher «unharmonischen» angesiedelt sind).

Also: Die angebliche Flucht ist das Gegenteil: Sie ist ein Vorstoß in einen Raum, den alle – die Rationalisten und die spirituellen Menschen in befremdlicher Einmütigkeit – dem ständig um uns herum wachsenden Chaos überlassen haben. Dieser Vorstoß ist das politische Anliegen des «Dritten Ohrs» (s. hierzu das Kapitel «Politik durchs Ohr»). Ich bin Peter Sloterdijk dankbar für seinen Hinweis: Wenn es so etwas gibt «wie eine neo-pythagoräische Linke», dann sei ich «ein guter Repräsentant davon». Der «ontologische Sound» dieses Buches entspräche «einem Denkansatz kritischen Typs, der vereinbar bleibt mit dem unverzichtbaren Respekt vor dem dissonanten einzelnen ... eine Kritik der Kritik bis an den Punkt, wo man dem dissonanten einzelnen zur Prüfung anheimstellt, ob ihm auf einem Weg der Positivität nicht mehr zu seinem Recht verholfen werden könnte, als wenn seine existentiell disharmonische Position durch eine dissonante Großtheorie ideologisch verfestigt wird».

VIII
SELBER ERFAHREN, WAS HÖREN BRINGT

Ich habe mich immer als Intellektueller gefühlt. Aber die Überheblichkeit, die viele Menschen beim Intellektuellen zu spüren vermeinen, hat darin ihren Grund, daß viele von uns glauben, der Intellekt – die *ratio* – sei alles. In Wirklichkeit ist sie nur eine unserer Möglichkeiten. Sie ist ein Weg. Irgendwann hört der Weg auf. Wir aber müssen dennoch weitergehen. Der Intellekt ist nicht alles. Aber: Er ist der Anfang.

Ich gebrauche in diesem Buch oft die Worte *erfahren* und *erleben*. In den Momenten unserer intensivsten Erfahrungen hört unser Verstand auf, ja, wenn wir versuchen, ihn in solchen Momenten dennoch einzuschalten, trüben wir die Erfahrung. Fast jeder hat das schon in der Liebe erlebt.

Wir haben dieselbe DNS wie alles Lebendige. Auch wie die Fangheuschrecke. Da muß – bei bestimmten Arten – das Weibchen dem Männchen den Kopf abbeißen, wenn es begattet werden will. Sonst ist das Männchen gehemmt.

Jeder – oder fast jeder – lächelt, der dies liest. Warum lächeln wir? Weil wir fühlen: Das könnte uns angehen. Was immer sich ausgeprägt hat in der Evolution, bleibt potentiell möglich. Wir alle tragen es weiterhin in uns.

Denker sind alt. So sehen sie aus in den Vorstellungen und auf den Bildern aller Kulturen. Von den Chinesen bis hin zu Rodin. «Alles Denken ist ein Ge-denken, ein Sicherinnern, und Erinnerung ist immer etwas Gestriges», sagte Krishnamurti.

«Das Denken ist alt.» Erleben und Erfahren aber sind jetzt. Sie sind das Prärogativ der Jugend.

Ich tische in diesem Buch eine Fülle von theoretischen Erkenntnissen über das Ohr und das Hören auf. Das ist der Weg. Aber das Ziel ist: selbst erfahren, was Hören bringt. Ich habe dieses Buch aus eigener, gelebter Erfahrung geschrieben. Ich wäre glücklich, wenn der Leser dies spürte und – selbst er-fahren wollte!

In den Jahren, seit die gebundene Ausgabe des «Dritten Ohres» erschien, durfte ich erfahren: «Der Leser (wenn es ihn denn in dieser apodiktischen Weise gibt) will dies. Tausende wollen es. Deshalb mache ich Workshops, Gruppen, Seminare. Erschließe und intensiviere Hörerfahrungen. Sensibilisiere das Ohr. Arbeite mit Klang- und Tonmeditationen, mit mantrischen Chakra-Rituals, Phantasiereisen (die ich «Hör-Reisen» nenne) und helfe den Gruppenteilnehmern zu erfahren, wieviel intensiver die Begegnung mit der Natur oder mit einem anderen Menschen sein kann, wenn sie sich für einen Tag – oder auch nur für ein paar Stunden – die Augen verbinden.

Ich habe, als ich «Das Dritte Ohr» schrieb, nie daran gedacht, daß ich je eine solche Arbeit tun würde. Aber kaum war das Buch geschrieben, begannen die Anfragen zu kommen. Bald war es ein Strom von Anfragen, und ich begriff: Die Forderungen, die ich in diesem Buch stelle, fordern auch seinen Autor. Ich wußte gar nicht, wie man das macht – Seminare, Gruppen, Workshops halten. Ich versuchte es zögernd. Inzwischen habe ich an jedem zweiten Wochenende einen Workshop. Und begreife: Die Menschen w o l l e n erfahren. Wollen wieder lernen, sich die Welt zu erhören. Und vor allem: auf ihre eigene innere Stimme zu hören.

IX
PLÖTZLICH: DAS OHR IST «IN»

Ich habe dieses Buch, als ich es für die Taschenbuch-Ausgabe bearbeitete, auf weite Strecken gelesen, als läse ich das Buch eines anderen. Deshalb konnte ich – so bilde ich mir zumindest ein – kritisch sein, leicht ändern, streichen, weiterschreiben, die Erfahrung realisieren und verarbeiten: *Der Hörende Mensch ist da.* In «Nada Brahma» wagte ich kaum, ihn zu erhoffen: «Der Neue Mensch wird ein Hörender sein. Oder er wird nicht sein.» Inzwischen kann jeder sehen: «Nada Brahma» und «Das Dritte Ohr» und dieser Autor und all die anderen Autoren, die gleichzeitig und unabhängig voneinander über Ähnliches schreiben und weiterforschen, und all die neuen Ohr- und Hörerkenntnisse, auf die wir gestoßen sind und ständig stoßen – auf die wir gestoßen w e r d e n – sogar die positivistische Wissenschaft stößt mittlerweile auf sie! –, sind Indizien einer Entwicklung zu dem neuen – und dennoch ganz alten, zeitlosen – Typ des Hörenden Menschen – einer Entwicklung, die Anfang der achtziger Jahre begann. Noch gehören nur wenige zu ihr, aber sie *ist* schon ein Strom, und der Strom wird breiter und reißender.

Mitte der achtziger Jahre hat erstmals seit dem Beginn der Fernseh-Ära das Radio dem Fernsehen den Spitzenrang abgelaufen. 77% der Bundesbürger nutzten an einem durchschnittlichen Werktag des Jahres 1985 das Radio, nur noch 73% nutzten das Fernsehen – 4 % mehr also das Radio, doch das ist bereits eine Millionenziffer, und der Trend ist steigend (so die jährliche Studie «Massenkommunikation» der Zeitschrift «Media-Perspektive»). Bei jüngeren Menschen kursiert der Slogan: «Statt der Glotze die Horche.» Und die 4 % mehr, die da hören, sind – so weisen die Analysen aus – nicht etwa solche, die sich berieseln lassen, denn da wurde der «Sättigungsgrad» bereits Mitte der siebziger Jahre erreicht – und schon wieder unterschritten.

Plötzlich ist das Ohr «in». Fast über Nacht ist es als Blickfang beliebt geworden. Auf Anzeigen der verschiedensten Branchen – in «Spiegel», «Stern», «Zeit» und anderen Publikationen, auf Plattencovers und Buchhüllen, auf T-Shirts und Plastiktüten. Eine Werbeagentur zitierte einen Text aus diesem Buch. Als ich darüber verwundert war, sagte der zuständige Bearbeiter: «Noch vor fünf Jahren hätte ein Ohr die Leute verschreckt, jetzt lieben sie es.»

Ich habe in «Nada Brahma» und «Das dritte Ohr» ganz viele Fakten über die Wichtigkeit von Hören und Klang zusammengetragen, aber inzwischen gibt es Monat für Monat neue Fakten und allein ihre Kompilation würde bereits wieder ein neues Buch füllen. Endlich auch rührt sich die jahrhundertelange «taube» (im Althochdeutschen bedeutete dieses Wort auch «dumme») Wissenschaft. Peter Sloterdijk: «Angenommen, Berendts Formel träfe zu, müßte sie nicht dem Wirklichkeitspathos der modernen Philosophie und Wissenschaft den Boden entziehen?»)

X
LESEHILFEN

Deshalb ist dieses Taschenbuch «anders» als die gebundene Ausgabe. Vieles wurde bearbeitet, revidiert und auf den neuesten Stand gebracht, manches verändert, vieles an- und eingefügt, noch mehr gestrichen.

Meist fiel mir das Streichen leicht; schwer war es dreimal: Bei der Streichung des Kapitels über die Sexualität in der «Fünf» und ihrer Intervalle (Terzen und Sexten), der Streichung des «Lambdomas» als eines Abbildes der Welt und eines Gottesbeweises und vor allem dem «Rausschmiß» des großen Kapitels «Das Hören ist weiblich» über die Schöpfung der Sprache durch die Frau und den weiblichen Grundgehalt aller Wörter, die mit dem Ohr und dem Hören, mit Ton, Laut, Sprache und Schall zu tun haben – in allen Sprachen der Welt. Letztlich schien es mir dennoch, daß diese Kapitel zu «speziell» waren – zu harmonikal, zu esoterisch und zu linguistisch. Für diejenigen, die gleichwohl an ihnen interessiert sind, hält Rowohlt die gebundene Ausgabe weiterhin verfügbar.

Ich bitte den Leser, dieses Buch kreativ und lebendig zu lesen. Es innerlich zu er-hören. Ich zeige die – so lange vernachlässigte – Bedeutung des Ohrs und des Hörens in nahezu allen Bereichen – von der Physik bis zur Meditation, von der Anthropologie bis zur Linguistik, von der harmonikalen Grundlagenforschung bis zum Obertongesang, von der Biologie bis zur Psychologie ... Wer an dem einen oder anderen Gebiet nicht interessiert ist, mag es getrost überspringen. Es bleibt immer noch genug übrig, ihn und sie «hörender» zu machen. Ihm/ihr deutlich zu machen, wieviel er und sie bisher über-hört haben. *Lesen* geht auf die gleiche Wurzel zurück wie *lösen* und *lassen*. Ursprünglich – bevor der Mensch *lesen* gelernt hat – bedeutete es: sich in Wald und Flur etwas *auflesen*. Das also ist das Modell, das unsere heutige Bedeutung des Wortes *Lesen* geformt hat.

Mit Nachdruck verweise ich auf den Anmerkungsteil und das Literaturverzeichnis. Beide ergänzen den eigentlichen Text und sollten nicht erst am Schluß, sondern bereits während der Lektüre befragt und beachtet werden.

Auf Hörbeispiele (Platten, Kassetten etc.) habe ich jeweils im Anmerkungsteil derjenigen Kapitel hingewiesen, zu denen die Beispiele «ge-hören». Die von mir produzierten oder gesprochenen Kassetten, sofern sie sich auf den Gesamtinhalt dieses Buches beziehen, sind im Anhang aufgeführt.

Zum Schluß dieses Vorwortes möchte ich sagen, was ich seit fünfundzwanzig Jahren in den Einleitungen meiner Bücher betone:

Ich habe mich bemüht, so sorgfältig wie möglich zu arbeiten. Wie der Jazz, als ich in den vierziger Jahren über ihn zu schreiben begann, ist heute das Hören und das, was es erschließt, Neuland – nicht gerade *virgin territory*, aber doch verhältnismäßig unberührtes Terrain. Niemand kann hoffen, ein solches Gebiet in seiner ganzen Weite und Tiefe auf Anhieb durchforschen und dabei Fehler und Unvollständigkeiten vermeiden zu können. Für Hinweise, die Neuauflagen oder künftige Arbeiten korrigieren, verbessern oder vervollständigen helfen, bin ich außerordentlich dankbar, ja, viele solcher Hinweise haben bereits zu Änderungen und, wie ich glaube, Verbesserungen dieser Taschenbuchausgabe geführt.

J. E. B.

VOM OHR UND VOM AUGE

> «Eine der merkwürdigen Verfallserscheinungen des modernen Menschen ist die zunehmende Abschwächung seines akustischen Sinnes.»
>
> *Marius Schneider*

I
AN DEN MAST GEFESSELT. WACHS IM OHR

Odysseus: Kaum eine andere Gestalt der Weltliteratur ist so oft und so eindringlich – über die Jahrhunderte hinweg – als Prototyp des suchenden, irrenden, forschenden abendländischen Menschen empfunden worden: als der Mensch im Aufgang jenes λόγος, der fortan sonnengleich zwei Jahrtausende lang über dem Abendland strahlte.

Erinnern wir uns: Odysseus und seine Gefährten nähern sich dem Land der Sirenen. Kirke, die Zauberin, hatte sie gewarnt; sie hatte ihnen erzählt von den «Gebeinen modernder Toter – ringsum gehäuft ... es dorrt die Haut von den Knochen» derer, die sich an Land locken ließen. «Wer den Gesang der Sirenen hört, den werden daheim die Frau und die lallenden Kinder nie und nimmer mit Freud' umstehn und begrüßen.»

Und Odysseus hatte verstanden: Er und seine Gefährten würden nicht widerstehen können. Der Gesang der Sirenen war deshalb so verlockend für ihn, weil er in Wirklichkeit der seines eigenen Blutes war. «*Es* singt», sagt Rilke in seinem Sirenen-Gedicht.

Die Sirenen – ihr Oberkörper von berückender, göttlicher Schönheit, tierhaft-animalisch der vom Meer her kaum sichtbare Unterkörper, in Krallen auslaufend, die mit den Felsen, auf denen sie sitzen, verwachsen scheinen – singen «wie Engel». Und also fordert Odysseus, dem Rat der Kirke folgend, die Ruderer seines Schiffes auf, sich «die Ohren fest mit geknetetem Wachs von Honig» zuzustopfen. Sie sollen nicht bloß den Gesang der Versuchung und Lokkung nicht hören können, sondern nicht einmal mehr den Befehl ihres Herrn. Denn der weiß: Er wird schwach werden. Zwar hat er ihnen befohlen, unter keinen Umständen ans Land zu rudern, aber er kennt sich: Wenn er den Gesang erst einmal hören wird, wird er sie anschreien: Steuert an Land!

Odysseus selber aber will hören. Er muß auch hören, er verlöre sonst Übersicht und Kontrolle über die Lenkung des Schiffes. Und also bittet er seine Mannen, ihn an den Mast zu fesseln. Damit er nicht dem, was er hört, folgen und – die Ruder ergreifend – selber zum Ufer steuern kann.

Tatsächlich haben Odysseus und seine Ruderer die Insel der Sirenen nie betreten (obwohl Goethes Sirenen dies behaupten – jedoch in einem aufschneiderischen Ton, dem man anmerkt: die Damen wollen sich «brüsten»). Aber Dutzende europäischer Dichter und Denker sind verführt worden. Sie müssen an Land gewesen sein und mit den antiken Dämoninnen Flußnixen und Wasserfrauen, Undinen und Mermaids gezeugt haben, Shakespeare und Rimbaud zum Beispiel ihre «Ophelia» oder Brentano und Heine die «Lore Lay» (vor deren Namen Eichendorff das Wort «Hexe» setzte).

Odysseus aber entging den Hexen, und deshalb bleibt er, der er ist und als der er in der europäischen Geistesgeschichte erscheint – von Josephus Scottus über die Troubadoure bis zu Adorno: der hörende Gefesselte. Der gefesselte Hörende. Der Sehende, der sich Wachs in die Ohren stopft, ja, bei Kafka «verklebt» er nicht nur den Gefährten die Ohren, sondern auch noch sich selber – «in unschuldiger Freude über seine Mittelchen». Die Freude war Angst. Odysseus wollte sicher sein, dem Ruf der Sirenen koste-es-was-es-wolle – und es kostete viel, wie sich zeigen wird – unter keinen Umständen folgen zu müssen.

Die Kirchenväter haben die Sirenen von Anfang an nicht als Göttinnen, Dämoninnen oder Tiermenschen gesehen, sondern: als Frauen. Ambrosius zum Beispiel: «Die Bedeutung dieser Sirenen aber ist folgende: Sie sinnbilden singende Wollust und Schmeichelei, durch die das Fleisch Reiz und Aufruhr verspürt.» Sie sind «hübsche Dirnen der Lust», Symbole dessen, was von nun an «gefesselt» und «verstopft» wurde, Symbole jenes Geschlechts, auf das der Mann im Aufbruch zum Patriarchat (es paßt alles zusammen: auch das begann damals!) nicht mehr hören will.

Kafka meint, die Sirenen hätten überhaupt nicht gesungen, der «Anblick der Glückseligkeit im Gesicht des Odysseus, der an nichts anderes als an Wachs und Ketten dachte», habe sie allen

Gesang vergessen lassen ... «Die Sirenen verschwanden förmlich vor seiner Entschlossenheit ... Schöner als jemals streckten und drehten [sie] sich, ließen das schaurige Haar offen im Winde wehen und spannten die Krallen frei auf dem Felsen. Sie wollten nicht mehr verführen, nur noch den Abglanz vom großen Augenpaar des Odysseus wollten sie so lange als möglich erhaschen.»

Heinz Politzer dazu: Was Odysseus «seine ‹Entschlossenheit› nennt, ist im Grunde nichts als die Taubheit seiner Ohren, die er über sich selbst verhängt und vermittels derer er eine echte Begegnung mit all ihren Möglichkeiten von Verführung und Widerstand, von Sieg oder Niederlage von vornherein ausgeschlossen und vereitelt hat».

Eine spätere Überlieferung ergänzt: Verzweifelt stürzten sich die Sirenen ins Meer, um zu sterben. Man wundert sich, daß nicht Homer selbst auf dieses Ende gekommen ist. Wer singt und nicht *ver-nommen* wird, stirbt. Der Singende, der für taube Ohren singt, verliert den Grund seiner Existenz. Wer kann sagen, ob überhaupt jemand gesungen hat, wenn niemand gehört hat?

Ist das der Grund, weshalb für so viele, die den Mythos zu verstehen gesucht haben, der Gesang in die Stille umschlägt? Nicht nur für Kafka. Rainer Maria Rilke empfand, die Gefahr sei «lautlos ... über die Matrosen» gekommen: in der «Stille, die die ganze Weite in sich hat und an die Ohren weht, so als wäre ihre andere Seite der Gesang, dem keiner widersteht».

Für Kafka ist das Schweigen «eine noch schrecklichere Waffe als der Gesang». «Es ist zwar denkbar», erwägt er mit feinem Humor in der Sprache des Versicherungsangestellten, der er gewesen ist, «daß sich jemand vor ihrem Gesang gerettet hätte, vor ihrem Schweigen gewiß nicht.» Und sogar Bertolt Brecht – verflixt, das halbe Abendland hat ins Horn dieses Mythos gestoßen! – hat die Idee der schweigenden Sirenen fasziniert, wenn auch mit durchaus unproletarischer Überheblichkeit: damit ihre Kunst nicht «an Leute verschwendet» werde, «die keine Bewegungsfreiheit besaßen». Hämisch fragt er: «Ist das das Wesen der Kunst?» Weil er sich aber nicht ganz sicher ist, verweist er – nicht etwa auf Homer, sondern auf Kafka!

Auf wunderbare Weise hat gleich der erste, der den Mythos kommentierte, nämlich Platon, die Sirenen zum Schweigen gebracht:

indem er sie an den Himmel versetzte. Dort singen sie zwar weiter, aber irdische Ohren können sie nicht hören. In seinem Dialog «Politeia» sitzen sie – acht an der Zahl, jede ein Planet – nicht mehr am Strand des Meeres, das Odysseus durchpflügte, sondern auf den «Kreisen der Sterne», und «aus allen acht Sirenen erschallt eine Harmonie». Aristoteles deutet an – gebührend verschlüsselt, denn seine Quelle war das Geheimwissen der Pythagoräer –, welche Harmonie sie da oben anstimmten: «Die Tetraktys! Ist sie doch die Tonleiter, in der die Sirenen singen.» (Es gibt zwei Auffassungen, was die Tetraktys – die Eidesformel der Pythagoräer – sei: entweder eine Beziehung von Quarte, Quinte, Oktave und Doppeloktave oder von Oktave, Quinte, Quarte und Ganzton.)

Wir sehen: Die Möglichkeiten und Variationen (es gibt noch ein Dutzend weitere, die ich hier nicht erwähnte) sind «sonder Zahl». Aber darauf läuft es hinaus: Diejenigen, die Homer besang, waren taub und gefesselt, «Sender von Blicken». Er aber, der den Mythos erzählt – vielleicht erdacht – hat, war, so die Legende, blind. Der blinde Sänger Homer: ein h ö r e n d e r – ganz und gar hörender – Mensch. Ein «Empfangender» – sein Leben lang «empfing» er Gesang. Einer, der wußte, was er meinte und welchen Konflikt er beschwor, als er die Dämoninnen singen ließ und die Gefährten taub machte und ihren Kapitän fesselte.

Können wir das als Anfangs- und Endpunkt einer Entwicklung verstehen: das «Wachs von Honig» in den Ohren der Matrosen des Odysseus und die Ohrenklappen, die sich Flugwarte und Fabrikarbeiter in den Fertigungshallen der Großindustrie über die Köpfe stülpen? Wen die Frage schockiert, der stelle sie sich später – vielleicht am Ende des Kapitels über den Lärm – noch einmal.

II
SENSE UND ZÄRTLICHKEIT

Versuchen wir, kontrapunktisch vorzugehen, stellen wir gegenüber zum Beispiel: die «Sense des Blickes», von der der Dichter Saint-John Perse spricht, wie Homer «von Berufung ein Seemann» (Paul Claudel) – und: die «besondere Zärtlichkeit des Gehöres», von der in Jakob und Wilhelm Grimms «Deutschem Wörterbuch» die Rede ist. Benutzen wir dies als Ausgangspunkt und versuchen wir, uns von ihm aus an unser Thema heranzutasten. Und: Tun wir dies nicht allein.

Lorenz Oken, Naturforscher und Naturphilosoph im 19. Jahrhundert, schrieb: «Das Auge führt den Menschen in die Welt, das Ohr führt die Welt in den Menschen ein.» Das Auge führte Odysseus, den Seemann, über das Meer. Das Ohr hätte ihn zu den Frauen geführt, ihn zum Liebenden gemacht.

Der Anthroposoph Diether Rudloff: «Das Auge ist ein peripherischer Sinn; weil es nach außen gerichtet ist, erfaßt es immer nur den äußeren Menschen. Das Ohr dagegen ist ein zentraler Sinn; weil die Außenwelt durch das Ohr in die menschliche Seele einzieht, erfaßt es den inneren, verborgenen Menschen. Das kann einen jederzeit die eigene Alltagserfahrung lehren, denn Blinde sind zumeist innerlich feinfühliger, gesammelter und geistiger als Sehende. Sie können weniger getäuscht werden, denn sie sind nicht abgelenkt, sondern auf das Wesentliche konzentriert... Die Tauben dagegen sind oft viel mißtrauischer, stumpfer und isolierter. Sie sehen zwar alles, und doch entzieht sich ihnen etwas, das die Blinden konzentrierter besitzen. Der Taube besitzt zwar – scheinbar! – die Welt, aber sie ist ihm stumm geworden, sprachlos, weil er diese Welt als Ausdruck des Ichs nicht spürt. Der Blinde hat die Welt verloren – scheinbar! –, er lebt aber ganz in seinem Innern, im Ich und kann sich von hier aus in die Welt hineintasten.»

Bereits Aristoteles hat – so Rudloff – beobachtet, daß «Blinde verständiger sind als Taube, denn das Gehör hat einen direkten Einfluß auf die Bildung des sittlichen Charakters, was für das Geschaute nicht unmittelbar gilt. Durch das Auge kann die menschliche Seele auch zerstreut werden, während sie durch das Gehörte gesammelt und konzentriert wird.»

Genau diesen Befund bestätigen moderne Psychologen und Neurologen. So sagt ein Psychiater, der zunächst in einer Taubstummenanstalt, später in einem Blindenheim als Anstaltspsychologe gearbeitet hat (und wegen des persönlichen Charakters des folgenden Zitats darauf Wert legt, daß sein Name nicht genannt wird): «Es war eine Erholung, in das Blindenheim zu kommen. Die Taubstummenanstalt war eine Stätte berstender Aggressivität. Sie glauben gar nicht, was diese Menschen einander antaten. Wie sie ständig mit Wut und Zorn aufgeladen waren. Wie ihre Blicke einander vernichten wollten. Die Blinden waren viel zurückhaltender, vorsichtiger, hilfsbereiter, sensibler, versuchten viel stärker, ihre Mitmenschen zu verstehen und anzunehmen.»

Helmut Reinold, der die «Problematik des Hörens» besonders sorgfältig durchdacht und durchforscht hat, spricht von den «ungleich schwerer wiegenden seelischen Auswirkungen der Taubheit etwa gegenüber der Blindheit». – «Der Blinde», schreibt Dr. F. W. Koeppel, ein Karlsruher Facharzt für Hals-, Nasen- und Ohrenkrankheiten, «der unser aller Mitleid erregt, ist zehnmal besser dran, weil er Kontakt mit der Umwelt hat und sich mitleidheischend an diese wenden kann, als der, der zwar sieht, aber nichts mehr hört, sich mißverstanden fühlt und sich in sein Schneckenhaus zurückziehen muß ... Von den kommunikativen Sinnen ist das Gehör dem optischen Sinn deutlich überlegen.» Das ist nicht zuletzt deshalb so, weil das Gehör Sprache aufnimmt, Sprache aber ist unsere wichtigste kommunikative Fähigkeit.

Vergleichen wir Hörspiel und Stummfilm. Selbst die größten Meister des Stummfilms in den zwanziger Jahren waren nicht in der Lage, die vollständige *message* ihres Films ausschließlich optisch an ihre Zuschauer heranzutragen. Sie kamen einfach nicht darum herum, immer wieder kurze Zwischentitel und Schrifttexte einzublenden, die dem Zuschauer jene Informationen übermittelten, die visuell nicht transportiert werden konnten – etwa über die Zeit («Zwanzig Jahre später») oder über den Ort («In dad's house»). Fast immer sind diese Einblendungen wichtig. Ohne sie kann man die Story nicht verstehen.

Das Hörspiel aber transportiert die g a n z e Geschichte, die «komplette Information», und keine nichtakustischen Hilfsmittel sind nötig. Bedeutet das nicht, daß wir über unsere Ohren einen vollständigeren Teil der Welt wahrnehmen können als über unsere Augen? Selbst große schöpferische Künstler – Charlie Chaplin etwa – sind nicht in der Lage gewesen, die auf diese Weise offenbar werdende Unterlegenheit des Sehsinns auszugleichen – so sehr sie darum bemüht waren.

Bedenkenswert ist in diesem Zusammenhang die Tatsache, daß es zur Zeit des Stummfilms üblich war, daß ein Pianist oder Organist improvisierend oder mit Hilfe vorher ausgewählter Stücke die

Filmhandlung mehr oder minder melodramatisch begleitete. Der Zuschauer «brauchte» zur Vervollständigung des Erlebnisses einen auditiven Reiz; ohne ihn hätte ihm etwas gefehlt. Aber kein Hörer von Hörspielen würde auf den Gedanken kommen, zur Komplettierung seiner Hörerfahrung etwa Bilder anzuschauen.

«Hörspiel ist wie Stummfilm, nur umgekehrt», sagt Urs Widmer. Ja, – aber doch eben nicht genau umgekehrt.

III
DAS OHR LEHRT UNS ZÄHLEN

Wir sehen eine Farbe- und sagen *blau*, vielleicht sogar genauer: *marineblau* oder *indigoblau*. Wir können versuchen, Farbeindrücke durch differenzierende Worte so präzis zu beschreiben, wie es geht – *karminrot, maisgelb, tabakbraun, moosgrün, khakifarben, pink, kornblumenblau, purpur, preußischblau*; wir können zusätzlich jeden dieser Farbtöne durch lange, ausführliche Sätze zu präzisieren versuchen, dennoch ist die Bandbreite der Frequenzen, die auf diese Weise weniger *be*- als *um*schrieben werden, um das Dutzendfache größer als im akustischen Bereich: die Ungenauigkeit des Auges also um Dutzende von Schwingungen größer.

Wir hören einen Ton und sagen – wenn wir das «absolute Gehör» besitzen – «fis» oder «c» und haben ihn damit auf die Frequenz genau bestimmt. Selbst wenn wir über kein «absolutes Gehör» verfügen, ja selbst wenn wir unmusikalisch sind, hören wir auf Anhieb, ob eine Oktave stimmt oder nicht; auch also der unmusikalische Mensch kann auf die Frequenz genau hören. Er kann wahrnehmen, daß der höhere Ton eines Zusammenklangs exakt doppelt so schnell schwingt wie der tiefere.

Aber unsere Augen können uns nichts darüber mitteilen, daß – zum Beispiel – Purpur die doppelte Wellenlänge von Violett hat. Wenn wir das wissen wollen (Violett hat etwa 380, Purpur 760 Nanometer), müssen wir mit Hilfe komplizierter technischer Geräte nachmessen. Im Fall der Töne aber erledigt unser Ohr den Meßakt gleich mit.

Es muß im Kontext der Evolution eine Bedeutung darin liegen, daß wir im Bereich des Akustischen über die Fähigkeit des «absoluten Gehörs» verfügen, während selbst visuell begabte Menschen unmöglich einen «absoluten Sehsinn» haben können. Das Auge kann immer nur vergleichen. Es schätzt. Das Ohr mißt.

Entsprechend ist auch die sprachliche Fähigkeit auf dem Feld des Akustischen sehr viel weiter entwickelt als im Sehbereich. Sprache bildet ab, was unsere Sinne ihr zuliefern. Das Auge liefert uns nur unzureichende Informationen, deshalb sind Farbworte ungenau – und können nicht einmal durch zusätzliche Beschreibungen hinreichend präzisiert werden. Das Ohr aber liefert gemessene Daten; entsprechend exakter kann Sprache sein, wenn sie Gehörtes reflektiert (siehe hierzu auch das Kapitel «Hör-Worte»).

«Von präziser wahrnehmungsmäßiger Messung [können wir] nicht im Optischen, sondern nur im Akustischen sprechen», schreibt J. Handschin in seinem wichtigen Buch über den «Toncharakter» und verweist darauf, daß die «Entsprechung zwischen zahlenmäßiger Wirklichkeit und einer psychischen ... uns wie ein Wunder berührt».

Fassen wir zusammen: Beide – Ohr und Auge – können werten; sie können uns qualitative, geistig, psychisch, gefühlsmäßig relevante Informationen liefern. Aber allein das Ohr kann messen, kann uns quantitative, zahlenmäßig exakte Informationen vermitteln. Wenn das Auge quantitativ arbeiten will, kann es allenfalls schätzen, aber – wie wir alle wissen – kann es immer nur Annäherungswerte finden; sehr oft verschätzt es sich.

Deshalb gibt es in unserer Sprache den Terminus «Optische Täuschung». Jeder Maler, jeder Physiologe, jeder Dekorateur, jeder Graphiker hat erfahren: Es gibt zahllose Täuschungsmöglichkeiten für das Auge, ja, jeder einzelne Mensch weiß, wie notwendig dieser Terminus ist. Deshalb hat ihn die Sprache geschaffen. Es gibt zwar auch einige wenige akustische Täuschungen, aber sie sind so selten, daß die Sprache den Terminus «Akustische Täuschung» nicht entwickelt hat. Er wird nicht benötigt.

Musiktherapeuten und Musiklehrer machen in ihren Gruppen gern folgendes Experiment: Der Teilnehmer soll die Länge einer Saite schätzen, sagen wir auf einem Monochord. Der Lehrer sagt: «Markieren Sie, wo genau die Mitte der Saite ist. Schätzen Sie zunächst mit den Augen.» Der Schüler schätzt und markiert die betreffende Stelle. Dann wird nachgemessen – und fast nie stimmt, was auf diese Weise ermittelt wurde. Danach werden dem Schüler die Augen verbunden, er wird gebeten, mit den Ohren zu schätzen. Der Lehrer fragt: «Hören Sie: Wo liegt die Mitte der Saite?» Der Teilnehmer zupft die Saite an, erst die längere, tiefer klingende Hälfte, dann die kürzere, höher klingende, und verschiebt den Steg so lange, bis er an einer Stelle zweifelsfrei hört: Beide Saitenhälften klingen gleich. Dorthin setzt er den Steg. Dann wird nachgemessen, und fast immer ergibt sich: Das Ohr mißt genauer als das Auge.

Die Musik, befand Leibniz, sei «die verborgene Rechenkunst des Gemüts, das sich seines Zählens nicht bewußt» sei. Der Mensch hat in seinem Sensorium keinen Ort – keinen *topos* –, der so direkt mit Mathematik verbunden ist wie das Ohr. Wir haben zwei Arme und zwei Beine, zwei Augen und zwei Ohren (und zweimal fünf Finger und Zehen). Die Zahl Zwei ist die auffälligste, die an unserem Körper vorgebildet ist: Symbol der geschlechtlichen Zweiheit, jedes menschliche Wesen von Anfang an auf sie vorbereitend, uns informierend, wie wir mit ihr umzugehen haben: $1 + 1 = 2$.

Aber das Ohr speist bei jedem Hören eines Tones die Obertonreihe ein, die unendliche Reihe der ganzen Zahlen (siehe das Oberton-Kapitel) und ihrer Brüche: 1:2 mit jeder gehörten Oktave (auch zum Beispiel bei vielen Gesprächen zwischen Männern und Frauen), 2:3 mit jeder Quinte, 3:4 mit der Quarte, 3:5 mit der großen Sexte, 4:5 mit der großen Terz, 5:6 mit der kleinen Terz, 5:8 mit der kleinen Sexte usf. ... Daß dieser Vorgang unbewußt geschieht, ändert nichts an seiner permanenten Präsenz; im Gegenteil, dadurch wird er gewichtiger. Wir werden in den folgenden Kapiteln erfahren, mit welcher Unmittelbarkeit das Ohr Unbewußtes in Bewußtes wandelt – bei jedem einzelnen Hörvorgang.

Nirgendwo dringen Zahlen – die einfachen, ganzen Zahlen, mit denen wir alle zu zählen beginnen – so in uns ein wie beim Hören. Sie dringen körperlich ein: in die *Cochlea* des Innenohrs. Mit jedem Ton, den wir hören, l e r n e n wir Zahlen. Der frühe Mensch hat das gewußt: er hat es w a h r-genommen – auf jene ganzheitliche, «weise» Art, die «Wissen» für ihn bedeutete. Die alte indische und indo-europäische Sprachwurzel *ar* – ist beides: *Harmonie* und *Zahl* – zum Beispiel im Griechischen: αρμονία *(harmonía)* = Harmonie, Zusammenfügung, Einklang – und andererseits: ἀριθμός *(arithmós)* = Reihe, *numerus*, Zahl.

Seit Hunderttausenden von Jahren speisen uns Töne Zahlen ein – mit einer Direktheit und Unmittelbarkeit, für die es in unserem übrigen Sensorium keine Entsprechung gibt. Es ist gar nicht anders denkbar, als daß dies nicht ein genetischer Impuls geworden wäre, und da er das wurde, mußte er – wie alle solche Impulse – auch differenziert und verfeinert werden. Verfeinerung und Differenzierung aber mußten bei derartigen «Codes» zwangsläufig bedeuten: Mathematik. Das Ohr hat uns Zählen und Rechnen, mathematische Kurven und Progressionen «gelehrt».

Weil dies einen der diffizilsten Lernvorgänge darstellte, denen der Mensch in seiner Evolution unterworfen war, hat uns das Ohr gleichzeitig – und auf eben diese Weise – «Lernen» gelehrt. Deshalb gibt es (wie der französische Ohr- und Hörforscher Tomatis gezeigt hat) um ein Vielfaches mehr Nervenverbindungen zwischen dem Ohr und unserem Gehirn als zwischen dem Auge und dem Gehirn. Jeder Mensch hat in seiner Schulzeit erfahren: Wir lernen durchs Ohr mehr als durchs Auge. Die Tafel, auf die mit Kreide geschrieben wird, und all die modernen Film- und Video-Lernhilfen sind eben das, als was sie bezeichnet werden: Hilfen. Entscheidend bleibt, was der Lehrer sagt und was wir durch unsere Ohren *vernehmen*.

Nicht mehr strittig ist dies, seit es die verschiedenen Techniken des *Superlearning* gibt. Sie alle – etwa die *Losanow*-Methode (1966 an der Universität Sofia entwickelt) – funktionieren durchs Ohr – und zwar eben dann, wenn der Hörsinn seine größte Kapazität entwickelt und unsere anderen Sinne nicht etwa, um uns zu «helfen», zusätzlich eingespannt, sondern im Gegenteil – weil sie uns ablenken würden – ausgeschaltet sind: in völliger Entspannung, die durch entsprechende Musik – meist Barockmusik – eingeleitet wird, so daß unsere Gehirnwellen im *Alpha*-Zustand schwingen. Der «*Alpha*-Zustand» – darin sind sich die Neurologen einig – ist in erster Linie «Ohr-Zustand». Nirgendwann lernen wir besser als in ihm – und obendrein macht es Spaß, auf diese Weise zu lernen; es entspannt, erfrischt, regeneriert.

Immer mehr Lehrer und Psychologen klagen über die «Fahrigkeit» heutiger Kinder – ihren Mangel an Konzentrationsfähigkeit. Es ist wahrscheinlich, daß ein Zusammenhang besteht zwischen der größeren Gesammeltheit früherer Schüler-Generationen und der Tatsache, daß ihr *info-input* in erster Linie durch das Ohr erfolgte: durch das Hören auf den sprechenden Lehrer. Es gehört zur Natur des Auges, daß es «herumfährt», daß es weniger «vernimmt» als sucht; eben deshalb macht zu starker Augen-*input* «fahrig», vor allem dann, wenn Auge und Ohr gleichzeitig – oft noch dazu auf verschiedene Weise – angesprochen werden.

Wir müssen aber bedenken: Sowohl Hör- wie Sehsinn liefern uns lediglich Ausschnitte. Physiologen meinen, sie vermitteln nicht nur die Welt, sondern filtern sie auch. Sie informieren uns nur über das Allernotwendigste: über das, was die menschliche *Spezies* unbedingt gebraucht hat, um in der Evolution überleben und sich entwickeln zu können. Der Ausschnitt, über den uns unser Auge informiert, ist dabei um das Zehnfache geringer als der Hörbereich. Der tiefste hörbare Ton hat etwa 16 Hertz (1 Hz = eine Schwingung pro Sekunde). Wenn wir diese Frequenz zehnmal verdoppeln – das heißt: zehn Oktaven dazulegen –, erreichen wir 16 000 Hertz, nähern uns also dem Bereich, in dem unser Hörvermögen endet.

Die elektromagnetischen Wellen des Sehbereichs werden in *Nanometern* (*nm* = ein millionstel Millimeter), früher auch in *Ångström* gemessen. Schall- und elektromagnetische Wellen sind verschieden, ihre Maße sind nicht unmittelbar kompatibel. Wir können aber einen Vergleich herstellen, indem wir das Hertz-Maß des Hörbereichs so lange nach oben oktavieren, bis wir das Feld des Sichtbaren erreichen. Wir benötigen dazu 35 Oktaven und kommen dann auf etwa 380 Billionen Hertz, den Beginn des Sehfeldes. Wenn wir diese Frequenz nur ein einziges Mal verdoppeln, erreichen wir 760 Billionen Hertz: Dort aber endet die Sichtbarkeit bereits wieder!

Das Ohr nimmt also zehn Oktaven wahr, das Auge nur eine einzige!

Alle unsere Sinne sind wunderbar, und wunderbar ist es auch, was das Auge aus seiner e i n e n Oktave an Information und Erlebnisfülle herausholt. Dennoch müßte es in seinem Bereich um das Zehnfache leistungsfähiger sein, um die Schmalheit seines *range* gegenüber dem Ohr auszugleichen – das aber ist es, wie wir gesehen haben, gewiß nicht.

Wir dürfen in diesem Sachverhalt auch eine (freilich nicht völlig ausreichende) Erklärung dafür vermuten, warum das Ohr messen kann, nicht jedoch das Auge. Die Bandbreite der Sichtbarkeit ist so schmal, daß für das Auge keine Notwendigkeit besteht, sich messend in ihr zurechtzufinden. Es «über-blickt» sie mit Sicherheit. Das Ohr aber bedarf im (um das Zehnfache größeren) *range* seines Bereiches der Meß-fähigkeit, um sich in ihm orientieren zu können; anderenfalls bestünde Gefahr, daß es wesentliche Differenzierungen «über-hören» würde.

Es ist aber gerade die Meßfähigkeit, die dem Ohr seine Überlegenheit gibt – eine Überlegenheit, die das Auge trotz seiner bemerkenswerten Differenzierungsgabe in seinem schmalen Bereich nicht ausgleichen kann.

IV
SEHEN = SUCHEN

Der Ohrphysiologe Manfred Spreng weist darauf hin, daß sich das Auge seine größere Ungenauigkeit ohne weiteres leisten kann: «Im Gegensatz zum Auge hat das Ohr nicht die Möglichkeit, mehrfach abzutasten. Das gesprochene Wort ist letztlich ein schnelles, singuläres Ereignis; es kann praktisch niemals erneut absolut identisch artikuliert werden.» Das Ohr muß in seiner Arbeitsweise – in seinen «Dekodierungsmechanismen» – auf Anhieb sicher sein; das Auge aber kann zwei-, drei- oder viermal «nach»-schauen, wenn es meint, es könnte sich getäuscht haben, ja seine eigene Täuschbarkeit ist ihm bereits so sehr zur Standarderfahrung geworden, daß es sich daran gewöhnt hat, das, was es wahrnehmen soll, mehrfach abzutasten.

In der Mehrzahl der Fälle läuft das Resultat eines Sehvorgangs auf einen annähernden Mittelwert hinaus, der aus den verschiedenen Abtastprozessen gebildet wird. Demgegenüber hat das Ohr keine andere Möglichkeit: Einmal hinhören muß genügen, denn in der nächsten Sekunde ist der Sprechende schon wieder einige Worte weiter. Wir machen diese Erfahrung bei jedem Gespräch, das wir führen – und können sogar durch die Worte hindurchhören: auf die leiseste Stimmungsschwankung, die sich hinter ihnen verbirgt, ohne jeweils noch einmal die Möglichkeit zur Kontrolle zu haben.

Um so verblüffender ist es, daß sich der moderne Mensch der Meßfähigkeit seiner Ohren und der Genauigkeit seines Hör-Sinnes nur selten bewußt wird. Fast jeder, den man befragt, wird instinktiv annehmen: Selbstverständlich sind die Augen genauer als die Ohren. Wo immer die moderne Technik akustischer Phänomene und Probleme Herr werden will, überträgt sie sie zunächst einmal auf visuell wahrnehmbare Tafeln und Kurven, also in die ungenaueren (und dem Audio-Bereich ohnehin unangemessenen) Dimensionen des Optischen.

Als ich Anfang der sechziger Jahre die Berliner Jazztage gegründet hatte, zeigte sich gleich in den ersten Konzerten, daß die Philharmonie dieser Stadt trotz all des Aufwandes, mit dem Hans Scharoun, der berühmte Architekt, sie erbaut hatte, nur für symphonische und Kammermusik geeignet war, nicht aber für Jazz. Der zuständige Senatsdirektor sagte, dies sei «eben vergessen» worden, und brachte mich mit einer Gruppe von Akustikern zusammen, die den Auftrag erhielten, die gepriesene Konzerthalle auch für Jazz-, Folk- und Rock-Musik «umzurüsten». Diese Leute brauchten mehrere Jahre, um das – nach diversen Fehlschlägen – zu schaffen. Ich habe lange und oft mit ihnen zusammengearbeitet, aber nur ein einziges Mal wurde etwas gehört – und das war nicht einmal Musik, sondern das Klatschen unserer Hände, um Nachhallzeiten zu messen. Die Fachleute – und es hieß, es seien die besten, die es damals in der Bundesrepublik gegeben hat – haben die «akustische Situation» der Philharmonie in Schaubildern, graphischen Kurven, Diagrammen und Zahlen eingefangen und arbeiteten ausschließlich visuell, obwohl sie doch mit etwas befaßt waren, das gehört werden soll. Ich nehme an, daß dies vor allem der Grund war, weshalb es so lange gedauert hat, bis sie ihre Aufgabe gelöst hatten.

Auch die japanischen Akustiker, die am Shinjuku-Bahnhof – dem lautesten und verkehrsreichsten Platz Tokios – die «Lärm-Verschmutzung» messen und unter Kontrolle halten sollen, tun dies optisch – mit Zeichnungen, Diagrammen und Graphiken (vielleicht auch deshalb, weil sie ihre eigenen Ohren schonen wollen!). Sie zeigen auf eine Kurve und erklären ihren Besuchern: «Hier können Sie *sehen*, daß der Lärm nachmittags zwischen 16 Uhr 30 und 17 Uhr 30 seinen Höhepunkt erreicht.»

Wer immer – auch etwa im Rundfunk – mit Akustikern zu tun hat, weiß, daß die meisten von ihnen visuell vorgehen. Ich stelle mir vor, zu welchen Ergebnissen man käme, wenn man ein Bühnenbild oder die vorwiegend die Augen ansprechende Einrichtung eines großen Warenhauses, samt all den Schaufenstern, die dazugehören, zuerst in akustische Eindrücke übertragen würde, bevor man daran ginge, die entsprechenden Dekorationen vorzunehmen. Wahrhaftig, die Hypertrophie des Optischen in unserer Zeit führt zu seltsamen Absurditäten!

Ein Schweizer Maler – ausgerechnet ein Maler! – erinnert daran, daß wir mit Lichtgeschwindigkeit – also mit der größten in diesem Universum möglichen Geschwindigkeit (300 000 Kilometer pro Sekunde) – sehen können, aber nur mit Schallgeschwindigkeit – mit 330 Metern pro Sekunde – hören. Das Auge ist überall. In den Dimensionen unseres Planeten hat es keinen Ort. Es ist zu schnell, um «Orte» zu haben. Auch dies mag ein Grund für seine Flüchtigkeit, seine Rastlosigkeit, seine «Fahrigkeit», seine Heimatlosigkeit sein. «Blitz ist dasselbe Wort wie Blick» (Heidegger).

Das Ohr aber ist gemächlich – tausendmal langsamer als das Auge. Es läßt sich Zeit. Es weiß, daß es auf Eile nicht ankommt, weil doch alles «hier und jetzt» ist. Darum ist es sorgfältiger und genauer. Das Ohr findet. Das Auge sucht.

Weil wir in einer vorwiegend visuell orientierten Zivilisation leben, tendieren wir dazu, unsere Sinne zu «visualisieren». Sogar unsere Geschmacksnerven versuchen wir optisch zu beeinflussen. Deshalb werden in den Schaufenstern der Lebensmittelgeschäfte und in Restaurants die Speisen kunstvoll «drapiert». Ja, die Werbeindustrie weiß, daß auch durchschnittliche – möglicherweise unterdurchschnittliche – Nahrungsmittel mit überdurchschnittlichem Erfolg an den Mann und die Frau – an die Kinder zumal! – gebracht werden können, wenn das «Produkt» entsprechend geschickt unseren Blick fängt. Sogar in die Hörwelt der modernen Schallplatte (für die Kriterien vorrangig geworden sind, die durch optische Worte bezeichnet werden müssen: Glanz, Brillanz, Transparenz etc.) hat die Visualisierung Eingang gefunden.

Wir haben gesagt: Das Ohr findet. Das Auge sucht. SEHEN und

SUCHen gehen nicht nur auf die gleiche Sprachwurzel zurück, sondern waren – wie der Paläolinguist Richard Fester gezeigt hat – ursprünglich das gleiche Wort. So also hat es der Ur-Mensch empfunden: Sehen = Suchen. Wir suchen die Welt ab, halten einen Augen-Blick an bei irgend etwas, das uns interessiert, dann schweift und sucht das Auge weiter, findet irgendwo etwas anderes, bei dem es verharrt, und sucht erneut. Deshalb gibt es den Gleichklang zwischen dem SEHen und dem forschenden, irrenden, schweifenden, ruhelosen SUCHen nicht nur im Deutschen, sondern auch in anderen Sprachen (zum Beispiel im Keltisch-Walisischen: *chwilio* = suchen, *gweld* = sehen; oder im Bengalischen: *khonja* = suchen, *kong* = sehen).

V
LIEBE DURCHS OHR

Versuchen wir, noch etwas mehr über die «besondere Zärtlichkeit des Gehörs» herauszufinden. Seit zwanzig Jahren bewundern die Ethnologen die Kalingas, ein auf den Philippinen lebendes Urvolk. Sie bewundern sie, weil es bei ihnen wenig soziale Spannungen gibt und weil vor allem Ehe- und Liebespartner bemerkenswert rücksichtsvoll und behutsam miteinander umgehen. Nun gibt es gewiß auch andere Völker, bei denen dies der Fall ist – man denke etwa an die Balinesen oder an das, was die Schweizer Psychologen Paul Parin, Fritz Morgenthaler und Goldi Parin-Matthey über die westafrikanischen Dogons in Mali herausgefunden haben. Dort aber konnte – im Unterschied zu den Kalingas – schon bald ergründet werden, warum die gesellschaftlichen Spannungen so gering sind. Bei den Balinesen zum Beispiel ist es, wie Gregory Bateson gezeigt hat, die Vorliebe für «Probleme des Gleichgewichts», die Tendenz, schon bei Kindern «Konkurrenz- und Rivalitätsverhalten abzuschwächen», «Höhepunkte durch Plateaus [der Erregung] zu ersetzen» und gesellschaftliche Stellungen nicht gefährden oder verändern und niemanden sozial beeinflussen zu wollen. Und vor allem: die Dinge nicht um des Geldes oder des Ansehens, sondern um ihrer selbst willen zu tun.

Und die Dogons sind deshalb weniger aggressiv, weil sie ihren

Kindern das Trauma der Abstillung ersparen. Das Baby wird in der Hüfte getragen; meist sind mehrere stillfähige Frauen verfügbar, so daß es kaum weiß, welches seine «richtige» Mutter ist; es nennt alle Frauen der Familie «Mutter» und wandert von einer Hüfte und von einer Frau zur anderen, überall hat es eine nackte, milchspendende Brust greifbar, bis es – oft erst im dritten oder vierten Lebensjahr – aus eigener Initiative herabsteigt und nach anderen Kontakten und anderer Nahrung sucht. Von Anfang an ist das Kind auf eine Gruppe von Menschen, nicht auf einen oder auf zwei einzelne fixiert.

Bei den Kalingas aber hatte man jahrelang keine Erklärung für ihr ausgeglichenes Sozialverhalten, bis man sie zufällig bei der Liebe beobachtete. Das Ohr – zumal das männliche – ist bei ihnen sekundäres Geschlechtsorgan, und zwar das wichtigste neben den primären – weit hinausgehend über die Empfindlichkeit, die das Ohr auch für westliche Liebende besitzt. Liebe beginnt bei den Kalingas nicht mit dem Kuß auf den Mund, sondern mit dem Berühren, Streicheln und Küssen des Ohrs.

Psychologen haben gezeigt, daß wir jedesmal, wenn wir küssen, in frühkindliche Oralität zurückfallen. Als die ersten westlichen Männer nach Japan kamen, bemerkten sie mit Erstaunen: Japanische Mädchen und Frauen kennen den Kuß nicht. Sie haben ihn jahrhundertelang nicht gekannt, bis sie das Küssen in amerikanischen Filmen sahen. Dann haben sie es innerhalb von zehn oder zwanzig Jahren gelernt – so schnell wie all das andere, was der Westen ihnen bescherte.

Von den Eskimos wissen wir, daß Liebe mit dem Aneinander-Reiben der Nasen beginnt. Kalinga-Paare aber können sich – ohne irgendein primäres Geschlechtsorgan zu berühren – so sehr am Ohr erregen, daß sie dadurch sogar zum Orgasmus kommen. Man könnte sagen: Sie «hören» einander auf das intimste und genaueste, bevor sie irgend etwas anderes tun. Ethnologen stellen die Frage: Liegt es daran, daß sie so milde und vorsichtig miteinander umgehen? Gibt es hier eine Gesellschaft, in der der Standard-Vorwurf westlicher Ehe- und Beziehungspartner «Du hörst mir ja überhaupt nicht zu!» (nahezu) unbekannt ist?

VI
PETRARCA AUF DEM MONT VENTOUX

Der westliche Mensch lebt nicht erst seit dem Fernsehen in einer Augenkultur. Da entartete sie. Die abendländische Kultur ist von Anfang an «visionär». Seit dem Wachs in den Ohren von Odysseus' Ruderern. Die griechischen Götter sind Götter des Lichts. Platon hat den «Sehsinn» als den «höchsten Sinn» bezeichnet und – im vierten Buch vom «Staat» – die Augen als das Schönste am Körper gelobt... «Die Kunst der italienischen Hochrenaissance steigert diesen Enthusiasmus für die mit Augen zu erfassende sichtbare Schönheit der Welt zu einem einzigartigen Höhepunkt» (Diether Rudloff.)

Den vielleicht schönsten Hymnus auf das Auge – unter so vielen anderen schönen und wunderbaren – hat der Renaissance- und Augenmensch Leonardo da Vinci geschrieben: «*Quanta bellezza al cor per gli occhi:* Wieviel Schönheit dem Herzen durchs Auge!... Siehst du nicht, daß das Auge die Wunder der ganzen Welt umfaßt? Es ist das Oberhaupt der Astronomie, es bewerkstelligt die Kosmographie, es berät und berichtigt alle menschlichen Künste... Es hat die Architektur und die Perspektive und endlich auch die göttliche Malerei erzeugt. Oh, du hochausgezeichnetes Auge, erhaben über alle von Gott geschaffenen Dinge! Welche Lobeserhebungen vermöchten deinen Adel auszusprechen! Welche Völker, welche Zungen vermöchten deine Fähigkeit auch nur annähernd zu beschreiben! Es ist das Fenster des menschlichen Leibes, durch welches die Seele nach der Schönheit der Welt ausschaut; um seinetwillen läßt sie sich des Kerkers des Menschenleibes genügen; ohne das Auge wäre dieser Kerker ihr Pein.»

Jean Gebser meint: Das Schlüsselergebnis in der Entwicklung der europäischen Neuzeit zur Augendominanz – über alles hinaus, was bereits die Griechen angebahnt haben – war Petrarcas Besteigung des Mont Ventoux in der Provence im Jahre 1336. Der italienische Dichter wohnte damals nordöstlich von Avignon in der Nähe des Ortes Vaucluse, der durch seine rätselhaft aus dem Fels tretende *fontaine* berühmt geworden ist. Er liebte und besang das Mädchen Laura, das er – als Zwölf- oder Dreizehnjährige – am Karfreitag des Jahres 1327 zum erstenmal erblickt hatte und von nun an bis an sein Lebensende als einen Inbegriff von Reinheit und Unberührtheit auf eben das kindliche Alter, das sie an jenem Tag in der Kirche in Avignon gehabt hatte, festschrieb, «festsang», «festdichtete». (Sie war übrigens – wie wunderbar doch oft die Dinge «stimmen» – eine Ahnin des Marquis de Sade! Fast wünschte man, daß, «umgekehrt verschränkt», auch die Justine – oder ihr Vorbild in den glühenden Phantasien ihres Autors – eine Nachfahrin Petrarcas gewesen sei!)

Ständig hatte Petrarca, Laura besingend, den Mont Ventoux vor Augen. Wie ein Wunder steigt der Bergkoloß in dem Hügelland zwischen Alpen und Massif Central in den bereits mediterranen Himmel. Niemand «erwartet» dort einen so mächtigen Berg. Um so größer ist die Herausforderung, ihn zu besteigen. Petrarca nahm sie an. Unverständlich, daß die Menschen das nicht schon lange vorher getan hatten, und doch sagte ein greiser Hirt, den der Dichter – und sein ihn begleitender Bruder Gherardo – in den Schluchten am Fuße des Berges traf, er «habe niemals gehört, daß jemand ähnliches gewagt» habe. Der Hirt warnte Petrarca.

Man muß einmal selbst da oben gestanden haben, um nachvollziehen zu können, was die Tat – wahrhaftig, eine Tat war es! – des Petrarca bedeutet und ausgelöst hat. Gebser bezeichnet sie als «epochal», der Dichter selbst spricht von «Erschütterung»; er sei «wie vor Schreck erstarrt» gewesen und habe sich «aus dem Raum in die Zeit getragen» gefühlt.

Man sieht vom Mont Ventoux aus ein Kernland Europas: von den Alpen im Nordosten bis zum Mittelmeer im Süden, ja an Tagen, bevor der Mistral losbricht, bis zur Insel Korsika, und nach Westen hinüber zu den Pyrenäen – *Europa in nuce.* Irgendwo im Dunst ahnt man den Atlantik. Und der Mistral kommt aus Afrika. Wann immer ich Goethes «Türmer» lese – Faust II: «Zum Sehen geboren, zum Schauen bestellt» –, denke ich an Petrarca auf dem Mont Ventoux.

Jean Gebser hat gezeigt, daß perspektivisches Sehen, Malen, Zeichnen tief mit Petrarcas Erstbesteigung dieses Berges in der Provence verbunden ist. Damals jedenfalls begann sich das neue Raum-Bewußtsein in der Malerei durchzusetzen – nicht natürlich in einem kausalen Sinn, weil der Berg nun endlich bestiegen worden war, aber in synchroner Verflechtung. Gleichermaßen die

Dichter wie die Maler – auch übrigens die Denker – begannen damals, Raum zu bezwingen; sogar die Musiker fingen damit an – wenn man etwa an das etwas später beginnende «Spielen» mit der Akustik im Dom zu San Marco bei den venezianischen Komponisten denkt. Für die Maler heißt Raum bezwingen: den dreidimensionalen Raum zweidimensional «bannen», ihn auf die Fläche «zwingen», eben: perspektivisch malen.

In der ganzen griechischen und römischen Literatur gibt es – von Ovid vielleicht abgesehen – kaum poetische Landschaftsbeschreibungen, und wo es sie gibt, sind sie bloße Versuche, meist nur Bestandsaufnahmen «aus praktischen und administrativen Gründen ... um das zu verwaltende Gebiet übersehen zu können» (Gebser). Im Mittelalter gab es nicht einmal dies. Petrarcas Besteigung des Mont Ventoux war ein Triumph des Augenmenschen. Was Landschaft ist, erst seit diesem Tag im Jahre 1336 wissen wir es. Ja, schon Petrarca hatte ein Bewußtsein von der Wichtigkeit seiner Tat, denn in einem berühmt gewordenen Brief an einen seiner Brüder – einen anderen, nicht an den, mit dem er hinaufgestiegen war – schreibt er, die Besteigung werde «gewißlich vielen zugute kommen». Mit diesem Tag, so Gebser, beginnt «eine neue Art der Naturbetrachtung, die realistisch, individuell und rational» ist. Und rational!

Aber wie immer in der Geistesgeschichte trug der Anfang auch gleich die Keimzelle der «Defizienz» in sich: «... von jenem Tage Petrarcas an [wuchs] die Verantwortung des Menschen in einer Weise, von der wir angesichts der Situation unserer Zeit bezweifeln müssen, ob er ihr gewachsen war.» Noch oben auf dem Mont Ventoux schlug Petrarca die Bekenntnisse des Augustin auf – man muß sich das vorstellen, er hatte den schweren, schweinsledernen Folianten mit hinaufgeschleppt! –, ließ Hand und Augen eine beliebige Seite finden, um zu sehen, was Augustinus ihm dort oben zu sagen hatte, und, so berichtet der Dichter, «Gott ist mein Zeuge, daß mein Blick auf folgende Stelle fiel: ‹Und die Menschen gehen die hohen Berge bewundern und die gewaltigen Wogen des Meeres und die langen Läufe der Flüsse und die Unermeßlichkeit des Ozeans und die Bahnen der Sterne, und sie geben sich damit selber auf.›» Petrarca: «Bestürzung erfaßte mich.»

Bereits zweihundert Jahre nach diesem Ereignis, bei Descartes und Bacon, kann man zu erahnen beginnen, warum Petrarca «bestürzt» war und warum sich der Mensch vielleicht «selber aufgibt» und gefragt werden muß, ob er der Situation «gewachsen» sei. Der Raum, den der Dichter erblickt hatte, als sei er ein Wunder – so hatte er ihn ja erlebt: als ein Mysterium –, verwandelte sich in die Dreidimensionalität des physikalischen Raums. In die Forderung, sich allein auf das, was unsere Augen im Raum sehen und messen können, zu verlassen – als vertriebe der Mensch das Wunder aus der Aussicht vom Mont Ventoux, kaum daß er sie zum erstenmal wahrgenommen hatte, ohne sich zu fragen, ob dann noch etwas übrigbliebe von dem Raum, der das Wunder barg.

Wenn man gesagt hat, daß mit Descartes, Galilei und Bacon die Enfaltung des europäischen Wissenschaftsdenkens begann, so kann man nun diesen Beginn rück- und hinaufverlegen – ins Jahr 1336 und auf den Ventoux. Denn die Entfaltung war eine solche im Raum. In der erblickbaren Dreidimensionalität des Raums – bis, sechs Jahrhunderte später, durch Einstein die Zeit als vierte, nicht mehr erblickbare *Raum*dimension hinzutrat und sich ein neues Denken und neue Raum- und Materie-Vorstellungen entfalteten, jenseits dessen, was bloß gesehen werden kann.

Was mit Petrarca als ein Wunder und als eine ungeahnte Bereicherung menschlicher Perspektiven begann, ist umgeschlagen in Gebsers «Defizienz» – in die Entartung: Der Raum wurde leerer und leerer. Die Welt leerer und leerer. Wir alle wurden leerer und leerer. Das Mysterium verschwand aus dem Raum. Die Welt wurde «entzaubert».

Was mit dem *Messen* begonnen hatte, endete mit dem *Missen*, und wieder einmal schaudert man vor den Tiefen der Sprache, in der diese beiden Worte auf die gleiche Wurzel zurückgehen, ja im Grunde immer noch ein Wort sind, noch dazu von der *metra* herkommend, der Gebärmutter, von der auch das Wort *Mutter* abstammt. Die hat am Anfang gemessen – und wenn ich sage: Sie *mißt* heute nicht mehr, dann ist in diesem Satz in der dritten Person Präsens das *Messen* und das *Missen* immer noch exakt das gleiche Wort.

VII
HÖRE, SO LEBT DEINE SEELE JETZT

Die Entfaltung der Augenkultur – die stetig wachsende Dominanz (ein Wort, das Herrschaft bedeutet) des Sehens und des Sichtbaren – hat unser Leben entspiritualisiert. Sie läuft parallel mit der Entwicklung zu Rationalismus und Materialismus. Immer seltener war bewußt und wurde gesagt, daß unsere «inneren Augen» genauso wichtig sind wie die «äußeren» und daß es nicht nur auf den Blick in den äußeren Raum, sondern auch auf den «Blick nach innen» ankommt. So Plotin, der hellenistische Nachfahre Platons, der daran erinnert, daß der Mensch das Schöne nicht sehen könne, wenn er seine Augen nicht vorher «gereinigt» habe. Goethe fordert die «geistigen Augen». Im Vorwort zu seiner Farbenlehre schreibt er: «Das bloße Anblicken einer Sache kann uns nicht fördern.»

Jahrhundertelang haben wir das Ohr nur noch als «Zulieferorgan» für das Auge benutzt. Aber das Hören ist (später wird deutlicher werden, daß dies sogar in einem physikalischen Sinne gilt) der spirituellste unserer Sinne. Ich habe in «Nada Brahma» daran erinnert, daß das Tibetanische Totenbuch – eines der wichtigsten Bücher der Menschheit – zunächst einmal eine Höranweisung ist. In seiner eigenen Sprache heißt dieses Buch «Bardo Thödol» – zu deutsch: Befreiung durch Hören. Fast alle seine Anweisungen beginnen mit dem Satz «O Edelgeborener, höre!»

Im japanischen Zen nennt man ein mehrtägiges Meditieren *Sesshin* – täglich von morgens um 5 oder 6 bis abends gegen 22 Uhr – sechs bis zehn Tage lang – mit wenig Schlaf und noch weniger Essen: Es gibt keine Übung, die uns stärker nach innen beförderte – uns stärker den Ton und den Klang des Seins ver-nehmen ließe – als sie!

In dem Ideogramm für *Sesshin* (s. S. 50), geschrieben vom Obertonsänger und -lehrer Michael Vetter, erkennt man auf Anhieb: Die drei Zeichen rechts oben sind die gleichen. Sie bedeuten alle drei: Ohr! Das Zeichen links oben heißt: Hand, der untere Teil des Ideogramms bedeutet: Herz.

Die großen spirituellen Bücher der Menschheit stecken voller Höraufforderungen und Höranweisungen – die Upanischaden, der

Koran, die Bibel. «Wer Ohren hat zu hören, der höre», sagt Jesus. Von dem Propheten Jesaja, dem «hörendsten» unter den großen Männern der Bibel, stammt das Wort, das diesem Buch als Motto vorangestellt ist – und in der Tat, sein eigentliches Motto ist: «Höre, so wird deine Seele leben!» Ich stelle mir gern vor, Jesaja habe es nackt gesagt. Denn so hat er ja gepredigt, nachdem ihm Gott befohlen hatte: «Zieh ab den Sack von deinen Lenden»: «nackt und barfuß ... in schmählicher Blöße» (Jesaja 20,2–4)!

Allein bei Moses kommt einundneunzigmal «Hören» vor. Immer wieder: «Höre, Israel!» Das erste Hör-Wort der Bibel lautet: «Sie hören die Stimme Gottes, des Herrn» (1. Moses 3,8), das letzte: «Und wer es hört, der spreche: Komm!» (Offenbarung 22,17).

In den Psalmen heißt es: «Heute, so ihr seine Stimme höret!» – «Lasse mich früh hören Deine Gnade.» Dort steht auch das Verdikt: «Sie haben Ohren und hören nicht.» Und dann Jesaja: «Lasset uns hören, was zukünftig ist.» Und Jeremias: «O Land, Land, höre des Herrn Wort!» Schließlich Johannes im Neuen Testament: «Wer aus der Wahrheit ist, der höret meine Stimme.»

Diese Stimme war von allem Anfang an da, – die «Ur-Stimme». Sie schwebte über den Wassern, als Gott die Welt schuf: eine Stimme, ein göttlicher, schöpferischer Sound!

Bereits im *Rig-Veda*, dem uralten Buch indischer Weisheit, heißt es:

«Atem der Götter
und Lebenskeim der Welt,
frei wandert er.
Ihm bringen wir
unsere Verehrung,
ihm,
dessen Stimme man hört,
doch dessen Gestalt
niemand erblickt.»

Und in den Upanischaden steht das lapidare Wort: «Das Ohr ist der Weg.» Es ist dort auch viel vom Licht und vom Auge die Rede, aber: Das Ohr ist der Weg.

In der Vorstellung der Kabbala nährt sich das Ego aus Bildern. Es gibt dort das Gebet: «Herr, erlöse uns von den Bildern!» Gott ruft

Japanisches Ideogramm für Sesshin

uns zu unserer Berufung, und einen Ruf kann man nicht sehen, man muß ihn hören.

In der Chakra-Lehre der indischen Überlieferung ist der Sehsinn im dritten, dem sogenannten Manipura-Chakra, in der Nabel-Gegend angesiedelt. Es ist das Feuer-Chakra, das auch unseren Willen und unser Ego steuert. Der Hörsinn aber sitzt im Vishuddha-Chakra (am unteren Ende des Halses), das auch für Kommunikation und Stimme zuständig ist. Man beachte, daß das Ohr einem der höheren Chakras, das Auge einem der niederen Chakras zugeordnet ist. Die Kundalini-Kraft muß aufsteigen auf der Leiter der Chakras – von den niederen zu den höheren.

Viele spirituelle Traditionen – das Judentum, der Islam, Zen, viele Schamanen – verbieten es ausdrücklich, sich ein Bild von Gott und vom Göttlichen zu machen. Denn Bilder und das Auge lenken zu sehr nach außen. Aber: Höre auf die göttliche Stimme. Du kannst sie in deinem Innern hören. Höre nach innen! Aber nicht: Schaue nach außen. Allenfalls: Schließe die Augen und blicke nach innen.

Die alten Chinesen gaben Lao-Tse, dem weisesten ihrer großen Weisen, eben deshalb, weil er weise war, nach seinem Tod den Beinamen Lao Tan. *Tan* bedeutet das Ohr, manchmal auch: ein Ohr mit herabhängenden Läppchen, ein «großes Ohr». Wer auch immer den Namen gedeutet hat, hat keinen Zweifel daran gelassen, daß das Ohr ein Sinnbild der Weisheit ist und auf die Bereitschaft seines Besitzers deutet, «auf das kaum Wahrnehmbare zu lauschen» (Rudolf Backofen).

Rumi, der große Dichter des Sufismus im Persien des 13. Jahrhunderts, bittet:

«Horch mit den Ohren der Seele
den zahllosen Tönen ...»

Der Mensch, so Rumi, empfange «geheime Botschaften», wenn er seiner «Seele Ohr ans Fenster des Herzens» lege – wie überhaupt der Sufismus von beschwörenden Höranweisungen geradezu überquillt.

Martin Luther – die Bibel beim Wort nehmend – hat die Hörbotschaften des Alten und Neuen Testaments voll aufgegriffen: «So weiß ich auch gewiß, daß Gott will haben, man solle seine Werke hören und lesen ...» Und in einer Predigt von 1545: «... ob man wol Sein Reich nicht sihet, wie man das weltliche sihet, so höret mans dennoch ... Und ist Christi Reich ein Hör-Reich, nicht ein Sehe-Reich. Denn die Augen leiten und füren uns nicht darin, da wir Christum finden und kennen lernen, sondern die Ohren müssen das thun... Das Reich Christi stehet allein im Gehöre...»

Ja, es gibt ein Martin Luther-Wort aus dem Jahre 1538, das sogar in eine harmonikale Richtung deutet: «Nichts ist in der Welt, das nicht ein Schall und Laut von sich gäbe. Selbsten die unsichtbare Luft, wenn sie beweget und getrieben wird, giebt Klang.»

Als freilich das Abendland immer rationalistischer wurde, fielen weniger Hör-Worte. Die Seh-Worte begannen, einem an allen Ecken und Enden entgegenzublinken. Die Hörenden bildeten eine Minorität. Meist waren es spirituelle Menschen – etwa Sören Kierkegaard:

«Als mein Gebet immer andächtiger und innerlicher wurde,
da hatte ich immer weniger und weniger zu sagen.
Zuletzt wurde ich ganz still.
Ich wurde,
was womöglich noch ein größerer Gegensatz zum Reden ist,
ich wurde ein Hörer.
Ich meinte erst, Beten sei Reden.
Ich lernte aber, daß Beten nicht bloß Schweigen ist,
sondern Hören.
So ist es:
Beten heißt nicht sich selbst reden hören,
Beten heißt still werden
und still sein
und warten, bis der Betende Gott hört.»

Ähnlich Bhagwan Shree Rajneesh: «Beten ist nicht reden, es ist hören: aufmerksam, passiv, offen, bereit, bereit wie ein Schoß. Beten ist weiblich, aber Priestertum ist etwas Männliches...»

Und Nietzsche in seinem Hauptwerk, dem «Zarathustra»:

«Wachet und horcht, ihr Einsamen!
Von der Zukunft her kommen Winde
mit heimlichem Flügelschlagen
und an feine Ohren ergeht gute Botschaft.»

Man horche all diesen Worten nach. Zum Beispiel dem des Jesaja: «Höre, so wird deine Seele leben!» Eine junge Frau fragte mich einmal bei einem Seminar: Warum hat der Prophet Jesaja das im Futurum gesagt, in der Zukunftsform? Warum immer diese Vertröstungen auf die Zukunft? Warum nicht jetzt?

Darauf in der Tat laufen alle die großen Hör-Worte und Hör-Aufforderungen in den spirituellen Überlieferungen der Menschheit hinaus:

HÖRE, SO LEBT DEINE SEELE JETZT!

VIII
DAS AUGE SAGT: ICH!

Für die Chinesen ist das Auge ein *Yang*-Sinn, also sonnenhaft-männlich, während das Ohr ein *Yin*-Sinn ist, mondhaft-weiblich. Auch in unserer westlichen Welt ist das einsichtig: Das Auge dringt hinaus in die Welt, in vielen Kulturen ist sein Symbol der Pfeil, seit alters ein Phallus-Symbol. Das Ohr nimmt auf, es wird mit der Muschel und diese wiederum mit dem weiblichen Geschlechtsorgan verglichen.

Die Kultur des Auges – auch seine Defizienz – hat sich parallel zur Ausbildung des Patriarchats und dessen Entartung und Niedergang entwickelt. Der im Matriarchat lebende frühe Mensch war – Johann Jakob Backofen (1815–1887) hat als erster darauf hingewiesen – ein vorrangig hörender. Auch in «historischer» Sicht also ist das Auge der «Sieger». Es paßt dazu, daß in einer Zeit, in der das Patriarchat an Kraft verliert, die Kultur des Hörens und das Wunder unseres Ohres neu entdeckt werden.

Das Herrengefühl des herrschenden Augenmenschen wird am bündigsten in Jakob Grimms Wort deutlich: «Das Auge ist ein Herr, das Ohr ein Knecht.» Es ist klar, daß Grimm selbst sich zu den Herren zählte und nicht daran dachte, den negativen Implikationen seines Anspruches nachzudenken, der ja auch gelesen werden kann als: Das Auge zwingt, das Ohr dient. Das Auge weist an, das Ohr (ge-)horcht. In «Nada Brahma» habe ich auf die Beziehung zwischen dem menschlichen Auge und dem Auge des Adlers – dem so leidenschaftlich besungenen und gepriesenen Symbol für die schneidende Schärfe des Blicks – hingewiesen. Nicht umsonst ist der Adler so beliebt in Wappen und Emblemen machtbewußter Staaten und Städte.

Englischsprachige Autoren haben auf den Gleichklang der Worte *eye* (= Auge) und *I* (= Ich) aufmerksam gemacht. Wenn man sie außerhalb des jeweiligen Zusammenhangs hört, kann man sie nicht unterscheiden. Krishnamurti: «Das Auge sagt: Ich!»

Zwar sagt mein Auge «Ich!», aber es kann mich – es kann das, was in einem gesteigerten Sinn für mein «Ich» steht: mein Ge-sicht – nicht sehen. Kaum jemand macht sich dies deutlich: Wir können uns selber hören (um so unmittelbarer, als es einen direkten Kanal vom Rachenraum in das Innenohr gibt; der Ton braucht nicht zum Mund hinaus- und durch die Ohrmuschel wieder hereinzudringen), wir können uns selber fühlen, riechen und schmecken. Aber um mich selber – um mein Gesicht – sehen zu können, brauche ich einen Spiegel. Oder ein Bild von mir. Das Auge sagt zwar «Ich! Ich! Ich!», aber es sagt es den anderen. Es weiß nur ganz wenig von mir selbst.

Dem «Ich» gegenüber steht das «Selbst»: unser eigentliches Wesen, das in der spirituellen Überlieferung Indiens *Atma* genannt wird. Erkenne dich selbst: Das ist die große Aufgabe, vor die wir alle gestellt sind, gleichermaßen in der Überzeugung östlicher Traditionen – der Upanischaden, Buddhas, des Zen –, wie in der des westlichen Denkens – von Sokrates bis C. G. Jung. Der Beitrag, den das Auge zur Erfüllung dieser Aufgabe leisten kann, ist geringer als der unserer anderen Sinne. Ja, indem es ständig nach außen dringt, lenkt es uns von Selbsterkenntnis – von dem Weg nach innen – ab. Es zerstreut.

Den Sprachtafeln in den Werken Richard Festers entnehme ich, daß die Worte für *Auge* und *Ich* auch in vielen anderen Sprachen unmittelbar benachbart sind – bis hin zu südamerikanischen Indianer- und australischen Ur-Sprachen. Auch im Deutschen ist die Verwandtschaft spürbar – besonders dann, wenn man über das lateinische *Ego* geht. Die beiden Worte vertauschen lediglich ihre Vokale, *Auge* ist das «Spiegelwort» von Ego:

ICH

EGO

OGE

AUGE

(Die Nähe von *Ego* und *Ich* sowie die «Austauschbarkeit» von Vokalen ist gesicherte etymologische Erkenntnis.)

Das Auge sagt *Ich*. Wir spüren das, wenn jemand uns anschaut. Der Blick insistiert: Nimm mich wahr! Fast jeder hat ihn auch dann schon gespürt, wenn der Anschauende hinter ihm stand. Nach einer Weile bemerkt man: Da ist doch jemand? Wer ist das? Wenn aber jemand uns hört, wenn er nicht sagte: «Ich höre dich» – wir wüßten es nicht.

Der Hörende besteht nicht auf sich. Er besteht freilich auch nicht auf dem anderen. Er besteht nicht auf der Trennung zwischen Subjekt und Objekt. Das Ohr stellt eine «richtigere» Relation zwischen uns und den anderen her. Es impliziert nicht Trennung, sondern Einheit.

IX
DAS OHR NICHT OHNE DAS AUGE. UND DAS AUGE NICHT OHNE DAS OHR

> «Siehet das Auge? Höret das Ohr? Dein innerer Sinn sieht;
> Er nur höret und weiß, was er von außen vernahm.
> Und du zweifelst, Freund, am hohen inneren Weltsinn?
> Hörst du die Harfe nicht? Willst du auch sehen den Ton?
>
> *Johann Gottfried Herder*

Wir haben keine Alternative zwischen dem Ohr und dem Auge. Das Ziel bleibt, was Bhagwan so wunderbar die «Demokratie der Sinne» nennt. Sie ist durch die Dominanz des Auges verlorengegangen. Das Auge ist zum «Diktator» geworden. Was ich angreife, ist lediglich die *Hyper*trophie des Sehens, die Überbetonung des Optischen in unserer Kultur und seine Entartung. Und ich bin erschrocken über die jahrehundertelange *Hypo*trophie – die Unterbewertung – von Ohr und Hören.

Wir denken in Relationen. Wir sehen und hören in Relationen. Die entscheidende, alles beinhaltende Relation, in der sich das Ohr befindet, ist die zum Auge – und für das Auge: die zum Ohr.

Nichts – oder zuwenig – ist also gesagt, wenn ich die vielen Möglichkeiten und Fähigkeiten des Ohrs lediglich aufzeige und nicht gleichzeitig deutlich mache (und belege), in welcher Beziehung sie sich zu denen des Auges befinden.

Einige Beispiele: Der Hinweis auf die bemerkenswerte Bandbreite des Hörbereiches – zehn Oktaven! – wurde sinnvoll erst durch die Hochrechnung auf die eine Oktave, über die sich der Sehbereich erstreckt. Die Ausführungen darüber, daß das Ohr sowohl (subjektiv) werten wie (objektiv) messen kann, erhalten ihr eigentliches Gewicht erst durch die Kenntnis der Tatsache, daß das Auge nur die Wertungsfähigkeit besitzt und über mathematische Möglichkeiten allenfalls im Sinne ungenauen Schätzens verfügt. Was es bedeutet, daß im Ohr – über das Hören hinaus – drei weitere wichtige Befähigungen angelegt sind, nämlich die Steuerung unseres Gleichgewichtssinns, die «Einspeisung» von Mathematik in unser Sensorium und die Fähigkeit zur Transzendierung, wird in seiner vollen Tragweite erst deutlich, wenn die Relation klar ist: Nichts Vergleichbares besitzt unser Sehsinn.

Natürlich können wir uns bewußt machen, daß die meisten unserer Sprachen Genauigkeit, Zugehörigkeit, Geborgenheit auf Hör-Worte beziehen, aber eigentlich belangvoll wird dies erst, wenn wir in zahllosen Seh-worten die diametral entgegengesetzte Tendenz zu Täuschung, *Ver-sehen, Schein*-haftigkeit, Ein-*bildung*, Flüchtigkeit vernehmen. Und die Aggressivität, die die Psychologen als Folge der Überbetonung des Sehsinns beobachtet haben, gewinnt ihr wahres Gewicht in bezug auf das, was sie für unsere Zivilisation bedeutet, erst dann, wenn gleichzeitig die entsprechenden Ergebnisse für den Hörsinn beachtet werden: Rezeptivität, Milde, Feminität, Verständnis, Zurückhaltung, Aufnahmefähigkeit, Offenheit, Toleranz.

Ich stelle Beziehungen her, nicht weil ich gegen das Auge wäre, sondern weil nur so sinnvolle Aussagen möglich sind. Wie überall brauchen wir auch hier einen archimedischen Punkt. Für das Auge ist er: das Ohr. Für das Ohr: das Auge. Dies besagt: Das In-Beziehung-Setzen ist notwendig. Aber deshalb gilt auch: Das Ohr ist nichts ohne das Auge und das Auge nichts ohne das Ohr.

Wir *müssen* vergleichen, müssen dem nachdenken, was es bedeutet – und zwar nicht nur utilitaristisch-evolutionsbiologisch –, daß sich die Lerche an heißen Sommertagen in Höhen hinaufschwingt, in denen ich sie, vom Licht geblendet, nur noch als Punkt sehen kann, aber ihren Gesang nahe und klar wie einen Schauer aus Tönen auf mich herabregnen höre. Oder was es bedeutet, daß ich die Nachtigall, verborgen von den im Mondlicht schimmernden Blättern, nur selten sehen kann, aber sie höre, als sei das Strahlen des Mondes und das Grün des Waldes das ihrem Gesang zugemessene Kleid.

Ich kann es nicht vermeiden, Verhältnisse herzustellen. Ich stelle sie ja auch nicht her. Sie sind da. Aber es sind eben Verhältnisse. Relationen. Keine Alternativen. Auch das gehört zur Direktheit des sehenden Menschen, daß er meint, jede Relation fordere ihm eine Entscheidung ab und eine Entscheidung *für* etwas beinhalte immer zwangsläufig auch die Entscheidung *gegen* den anderen Pol, der doch nur – immer wieder werden wir dieses Bild gebrauchen – die andere Seite der gleichen Münze ist. Wir können – und wir sollten! – die *ganze* Münze haben.

In meinen Vorträgen und Seminaren begegne ich oft Menschen, die auf die Ausführungen dieses Kapitels mit Aggressivität reagieren. Alles scheint ihnen recht – nur an der Dominanz des Auges wollen sie nicht gerüttelt wissen. Ich habe mich lange gefragt, warum das so ist, bis mir deutlich wurde: Es ist die Aggressivität des Augenmenschen, die mir da antwortet, die Aggressivität dessen, der sich – immer noch – im Besitz der Macht weiß und sie sich nicht nehmen lassen will. Insofern bestätigen gerade die Aggressionen derer, die sich betroffen fühlen, den Befund. Irgend etwas würde nicht stimmen, wenn es anders wäre.

Es ist überhaupt auffällig: Sehende Menschen diskutieren mit sehr viel heftigerer Aggressivität als vorrangig hörende; die letzteren sind «stiller», nachdenklicher, wartender, abwägender, sind in der Balance, die im Ohr nistet.

Primär sehende Menschen haben das Gefühl, ihnen schwämmen alle Felle davon, wenn einer Sehen und Hören vergleicht und dabei zu Ergebnissen kommt, die für das Hören günstiger ausfallen. Es ist offensichtlich: Die umgekehrte Reaktion existiert nicht. Jahrhundertelang haben vorrangig hörende Menschen erfahren müssen, daß das Ohr gegenüber dem Auge zurückgestellt worden ist, und doch hat man nie gehört, sie seien darüber aggressiv geworden.

Vorrangig sehende Menschen denken in kausalen Mechanismen – auf jenen geraden Linien, die das Licht sie lehrt; es ist dieses Denken, das sie zu dem Fehlschluß führt, es ginge um eine Alternative: als sollten wir die Augen schließen und nur noch die Ohren öffnen.

Wir wollen ja nicht weniger, sondern mehr wahrnehmen und erleben. Wir wollen unser Bewußtsein nicht einschränken, wir wollen es erweitern und vertiefen.

Es kommt nicht darauf an, den Sehsinn zu unterdrücken – wie jahrhundertelang der Hörsinn unterdrückt war –, sondern es kommt darauf an, die Möglichkeiten des Ohres und des Hörens endlich in gleichem Maße auszuloten, zu entwickeln und zu kultivieren, in dem das Potential des Sehens ohnehin seit Jahrhunderten in unserer Kultur entwickelt wurde – bis hin zu seiner Hypertrophie in der Fernsehkultur.

Es kommt darauf an, nicht mehr nur Zuschauer, sondern Teilnehmer zu sein – Teilnehmer übrigens auch im Sinne der theoretischen Physik, die ja gezeigt hat, daß wir die Wirklichkeit falsch wahrnehmen, wenn wir glauben, sie als Zuschauer beobachten zu können. Wir sind mittendrin. Wir partizipieren. Auch dies eine Entdeckung, die bereits in den zwanziger Jahren gemacht wurde; immer wieder muß man sich fragen: Warum ziehen wir nicht die Konsequenz aus ihr? Wir stürzen uns doch sonst auf jede Errungenschaft der modernen Wissenschaft und haben sie drei oder vier Jahre später unserem Denken und Leben einverleibt. Aber wir wehren uns gegen diejenigen Entdeckungen der Neuen Physik, die uns sagen: Du mußt deine Art der Wahrnehmung ändern. Denn wahrnehmen heißt immer auch: leben.

Wir haben noch nicht einmal den Doppelcharakter des Lichts als Welle und Korpuskel *in-korporiert*: in unser Körpergefühl und unser Bewußt-Sein aufgenommen. Wir leben noch immer in der Illusion des Augenmenschen, der meint, man müsse sich entscheiden – zwischen Wellen und Teilchen. Es würde uns milder und aufnehmender – «hörender» – machen, wenn wir begriffen – nicht verstandesmäßig, sondern in unserem tiefsten Innern –, daß sich das Teilchen zur Welle wandeln und die Welle sich wieder zur Korpuskel verhärten und danach wieder lösen kann und daß all diese Prozesse abhängig sind von der Wahrnehmungsweise des Beobachters, der, eben weil er wahrnimmt, Teilnehmer ist und aus den Teilchen Wellen und aus den Wellen Teilchen machen kann.

Denn natürlich müssen wir auch wieder neu sehen lernen. Aber wir können das nicht tun, indem wir weiter vorrangig sehen und unsere anderen Sinne unterdrücken. Wir besitzen eine ehrfurchtgebietende Tradition des Sehens und des Auges – über Goethe und die Renaissance zurück bis zu den Griechen. Aber wir haben keine vergleichbare Überlieferung im Westen, was das Hören und das Ohr betrifft. Sie muß noch geschaffen werden. Und wir sollten, indem wir sie schaffen, bedenken: Als vorrangig sehende Menschen sind wir in die Krise gelangt, in der wir heute stecken.

Nicht nur spirituelle Menschen, auch Futurologen und Physiker sagen: Wir brauchen – wenn wir überleben wollen – ein neues Bewußtsein, eine andere Wahrnehmung von Welt. Wir können dieses Bewußtsein auf vielfältige Weise gewinnen. In den sechziger Jahren, als es begann, sich zu entfalten, haben viele von uns es durch *dope* – durch LSD, Cannabis usw. – gewonnen. Für viele war das wichtig, sie haben dadurch gemerkt: Es gibt noch etwas anderes, eine Realität «jenseits» und «inseits», von der sie vorher nichts gewußt hatten. Heute brauchen wir keine Rauschmittel mehr, um unsere Alltagsdimensionen zu transzendieren. Eine Fülle besserer Verfahren ist uns verfügbar geworden, aber gerade deshalb ist deutlich: Es gibt keinen plausibleren, «natürlicheren» Weg zu einem neuen Bewußtsein, als uns endlich das Ohr und das Hören in dem Maße zu erschließen, in dem das Auge und das Sehen in unserer Kultur ohnehin schon erschlossen sind.

In der Situation, in der wir sind, müssen das Ohr und das Hören stärker betont werden als das Auge und das Sehen. Das ist bei allen Umbrüchen so. Auch der Feminismus muß seine Argumente überbetonen, wenn er nur die geringste Chance haben will, am Ende Gleichberechtigung zu erzielen. Auch der Sozialismus mußte überbetont werden, um wenigstens die schlimmsten Ausbeutungen in der industriellen Zivilisation des Kapitalismus zu beseitigen. Kein Gedanke wäre je durchgesetzt worden, wenn er nicht überbetont worden wäre.

Seit Newton und Descartes haben wir in einer Kultur der Überbetonung des Auges gelebt. Jetzt ist es an der Zeit, daß wir einmal ein paar Generationen lang das Ohr überbetonen. Vielleicht werden wir dann am Ende die «Demokratie unserer Sinne» gewinnen.

X
WER OHREN HAT ZU HÖREN, DER – SIEHT!

Wenn wir gelernt haben zu hören, dann werden wir auch die Hypertrophie unseres Auges korrigieren können. Dann werden wir verstehen können, daß – so hat Goethe, der Augenmensch, es gefordert – «die Geistesaugen mit den Augen des Leibes in stetem Bunde zu wirken haben, weil man sonst [es ist, als hätte Goethe das Fernsehen vorausgeahnt!] in Gefahr gerät, zu sehen und doch vorbei zu schauen». Was er damit meint, wird deutlich, wenn man sich vergegenwärtigt, daß die Ur-Pflanze, von der er in seiner «Metamorphose der Pflanzen» spricht, an keiner Stelle in der Natur wirklich vorhanden ist – man kann sie also nicht «sehen» –, und dennoch sagt Goethe (und kein Wort ist bei ihm nur so dahergeredet), man könne sie «mit den Augen wahrnehmen». Was meint er damit? Er spricht von «Geistesaugen», das heißt, er meint Augen, die nicht nur das Gerüst der äußeren Erscheinungen sehen, sondern die dahinter wirkende und formende Gestalt – nicht nur das Abbild der Idee, sondern die Idee selbst.

Goethe meint die Ur-Wahrnehmung – jenes Sich-die-Wahrheit-Nehmen, in dem Hören und Sehen zusammenfallen.

Stärker freilich als unsere abendländische ist die indische Geisteswelt voll der Bezüge des Ohrs auf das Auge und des Sehens auf das Hören. Prajapati, der Ur-Schöpfer, ist das «singende Licht», die «singende Sonne» und der «Lichtklang». Und auch im «Tibetanischen Totenbuch» schlägt strahlendes Licht in Klang um:

> «O Edelgeborener, als sich dein Körper und Geist trennten, mußt du einen Schimmer der reinen Wahrheit erfahren haben, sanft, sprühend, hell, blendend, wunderbar und strahlend, ehrfurcht-

erregend, anzusehen wie eine Fata Morgana... Aus der Mitte dieser Strahlung kommt der natürliche Klang der Wirklichkeit, widerhallend wie tausend Donner... Das ist der Klang deines eigenen wirklichen Selbst. Laß dich nicht davon anfechten, nicht erschrecken, nicht einschüchtern.»

«Die Welt begann mit dem Klang!» Diese Wahrheit hat Marius Schneider in den Mythen und Sagen vieler Völker gefunden, aber – so betont er – oft hat dieser Klang einen «Lichtcharakter»: «Alles Licht ist nur eine vorübergehende Manifestation des Schöpfungsklanges. Die Sonne ist... nur hell und heiß gewordener Klang.»

Und Kabir weiß kein höheres Lob für Gott Krishnas Flöte, als ihr zu attestieren, ihr Lied sei «hell wie eine Million Sonnen».

Ja, selbst noch in Grimms Deutschen Märchen gibt es das «tönende Licht», das «singende Morgenrot».

Immer wieder, durch die Jahrtausende hindurch, ist dieser Gedanke des «Lichttons» – des Ineinanderübergehens von Leuchten und Tönen, von innerem Sehen und innerem Hören – mit einemmal «da». Es ist ein archetypischer Gedanke – von allem Anfang an in uns angelegt. So in unserer Zeit bei Paul Celan:

«Ein baum-
hoher Gedanke
greift sich den Lichtton; es sind
noch Lieder zu singen jenseits
der Menschen.»

Je weiter wir in die frühe Geschichte der Menschheit vordringen, je wichtiger für den Menschen das innere Hören und das innere Schauen waren, desto häufiger fallen Sehen und Hören zusammen. In vielen Sprachen der Menschheit gibt es Worte, in denen Licht und Klang, Sehen und Hören changieren. Der Ur-Mensch nahm wahr. Er n a h m sich die Wahrheit. Und es war gleichgültig, ob er sie sich hörend oder sehend, fühlend, schmeckend, riechend ein-verleibte, eins mit ihr wurde.

Das Wort Er-*leucht*-ung bezeichnet eine erweiterte Art der Wahrnehmung – weder durchs Ohr noch durchs Auge, eine Wahrnehmung, die den täuschenden Filter, den unsere Sinne zwischen uns und die Realität schieben, durchdringt. *Kensho* nennen es die japanischen Zen-Mönche: innere Schau, Wesensschau – und darin steckt die Wurzel *kan*, die in vielen Sprachen der Erde *Hör-*, in einigen aber auch *Seh-*Eindrücke bezeichnet.

Das Licht, das den Er-*leucht*-eten erfüllt, war für den deutschen Mystiker Jakob Böhme der *Hall*. Er-*leucht*-ung war ihm eine Erfüllung mit innerem *Hall*: Er-*hall*-ung. Die «Geistesaugen», von denen Goethe spricht, sind gleichzeitig auch die Geistesohren.

Wer Ohren hat zu hören, der – sieht!

Das Wort Mystik kommt von griechisch *myein* = die Augen schließen. Seit alters aber werden Mystiker als in besonderem Maße «sehende Menschen» empfunden!

«Die Seher sind blind», heißt es in der Sufi-Überlieferung. Sie sind es wirklich. Nicht nur Homer war blind, auch Ödipus wurde es, nachdem er wirklich verstanden hatte, was er getan hatte; Pythia, die Seherin des Orakels zu Delphi, und Kalchas, der Seher, mit dem die Ilias beginnt, waren blind. Manche meinen, auch Kassandra sei blind gewesen. Blinde Seher gibt es in vielen Kulturen – in der brahmanischen Überlieferung Indiens, bei Taoisten und Zen-Weisen, bei Sufis und im Ost-Judentum, bei Germanen und Kelten, in alter Zeit und noch heute; so gab es Anfang der sechziger Jahre auf Bali einen großen, ständig befragten «Seher», der blind war...

Immer wieder – durch die Jahrtausende hindurch – klingt an: Der Seher ist deshalb ein Seher, weil er blind ist. Die Blindheit steigert die Seher-Gabe. Unmöglich, sich vorzustellen, daß es eine entsprechende Implikation bei unseren anderen Sinnen gäbe! Es wäre absurd zu sagen: Der Schmeckende ist ohne Geschmack. Oder: Der Riechende hat nicht die Möglichkeit des Riechens. Oder: Der Hörende ist taub. Aber: Die Seher sind blind.

Wir haben eben gesehen: Der blinde Sänger Homer war ein hörender Mensch. Eben deshalb war er der «Sehendsten» einer und konnte den Seh-Menschen Odysseus schildern, als sähe er – Homer – selbst mit den Augen seines Helden. Das – ganz gewiß – tat er: Durch ihn – und in ihm – wurde er sehend.

Das ist das Ziel – und es ist wunderbar zu erleben, wie es mit einemmal – wieder! – sichtbar und erreichbar wird: als Hörender sehend zu werden. Und als Sehender hörend.

Der neue Odysseus braucht keine Fesseln mehr. Und seine Gefährten brauchen kein Wachs in den Ohren. Sie hören, was sie wollen, und rudern, wohin sie wollen.

WIR SEHEN DREI DIMENSIONEN, ABER WIR HÖREN – WIE VIELE?

«Die meisten Lichter, die es in der Welt gibt, kann das menschliche Auge nicht sehen. Was wir von der Realität um uns herum wahrnehmen, ist verzerrt und geschwächt durch unser Sehorgan.»

Lincoln Barnett

I
RELATIVITÄTSTHEORIE: KEIN PROBLEM FÜR DAS OHR

Der überzeugendste Hinweis auf die Täuschbarkeit des Auges und das Illusionsträchtige des Blickes kommt aus der modernen theoretischen Physik. Seit Planck, Einstein, Heisenberg – also länger schon als ein dreiviertel Jahrhundert – wissen wir: Wir nehmen die Welt falsch wahr. Sie hat nicht nur die drei Dimensionen Länge – Breite – Höhe, die wir sehen – sie ist mehrdimensional.

Viele Physiker gehen heute von sechs Dimensionen aus, manche sagen, die Zeit sei eine mißverstandene Raumdimension, andere vermuten, es gebe ebenso viele Zeit- wie Raumdimensionen, wieder andere wollen die Anzahl der Dimensionen nicht festlegen, sie sprechen von «*n* Dimensionen».

So jedenfalls, wie wir die Welt sehen – so, wie sie uns «erscheint» –, ist sie nicht. Welcher Sinn aber ist es, der uns das falsche Bild von der Welt vermittelt?

Kein Zweifel: Die relativ meisten Fehlinformationen gibt uns der Sinn, der am stärksten nach außen gerichtet ist – unser Auge. Je mehr sich unsere Wahrnehmungsmöglichkeiten nach innen wenden, desto weniger unrichtige Informationen erhalten wir. Deshalb vermittelt uns das Ohr nicht nur nach unserem subjektiven Verständnis, sondern auch nach dem Verständnis der modernen theoretischen Physik verhältnismäßig geringe Täuschungen. Zwar können wir «räumlich» hören – das signalisiert auch der Ausdruck *stereo* (der doch aus der Sehwelt stammt) –, aber das räumliche Hören ist nur ein Nebenprodukt, gleichsam ein Zugeständnis an die Augen, diese bestätigend: Was wir da gehört haben, kommt von rechts oder links, von oben oder unten, von vorn oder hinten. Für das eigentliche Hörerlebnis sind diese Ge-*sichts*-punkte nicht erheblich. Was die Ohren hören, ist nicht abhängig davon, ob die Welt – wie unsere Augen meinen – dreidimensional oder ob sie – wie die Neue Physik meint – vier- oder fünfdimensional oder gar noch höher dimensioniert ist. Wenn wir bedenken, daß dies auch für unseren Geschmacks- und Geruchssinn gilt, könne wir den Umfang der Fehlinformationen ermessen, die uns die Augen über die Dimensionalität unserer Welt vermitteln.

Musik gilt seit alters als die «Kunst in der Zeit». Alle unsere Höreindrücke geschehen in einem zeitlichen Kontinuum und entfalten sich dennoch auch in den Dimensionen des Raumes (siehe hierzu auch das Kapitel «Das Ohr überschreitet»). Wir benötigen für das Messen von Amplituden und Frequenzen Raummaße, nehmen sie aber gleichwohl in der Musik als zeitliche Phänomene wahr.

Was wir hören, spielt sich also in einer vierdimensionalen Raum-Zeit-Welt ab – jener vergleichbar, von der wir durch die Relativitätstheorie und die Minkowski-Gleichungen wissen und der uns zu nähern wir so große Schwierigkeiten haben, wenn wir allein auf unseren Sehsinn angewiesen sind. Für unsere Ohren ist eine solche Welt alltägliche Wirklichkeit.

II
UNSEREM GEHÖR VERDANKEN WIR DEN BEGRIFF DER UNENDLICHKEIT

Bereits im Jahre 1908 hat der bedeutende russische Forscher Elsie von Cyon in seiner wegweisenden Arbeit «Das Ohrlabyrinth als Organ der mathematischen Sinne für Raum und Zeit» (gesperrt von J. E. B.) gezeigt, daß im Labyrinth des Ohrs beides angesiedelt ist: Raum- und Zeitsinn. «Die räumlichen und zeitlichen Qualitäten des Gehörsinns [sind] dank der Richtungsempfindungen des Bogengangsapparates von viel größerer Bedeutung als die des Tast- und Sehraumes: Diesen Empfindungen verdanken wir... den

Begriff der Unendlichkeit des Weltraumes: Die Richtung ist ihrem Wesen nach unteilbar und unbegrenzt. Den Ton- oder Schallempfindungen, insofern sie uns die Kenntnis der Zahlen geben, verdanken wir unseren Begriff der Unendlichkeit der Zeit, denn die Zahl ist ihrem Wesen nach unendlich entwickelbar.»

Was Cyon in nüchtern-wissenschaftlicher Sprache beschreibt, hat Jakob von Uexküll in seiner «Definition des Lebens und des Organismus» als «genialen Gedanken» bezeichnet. Das Ohr ist die zentrale Schaltstelle für Raum- und Zeitsinn und für deren Überschreitung in die Unendlichkeit. Damit schließt sich der Kreis zu den Erkenntnissen der Weisen und Wissenden vieler Kulturen. Für sie ist – seit Jahrtausenden schon – das Ohr unser «Tor zu anderen Welten».

Das Ohr nimmt die Zeitkunst Musik wahr, aber es ortet uns auch im Raum. Im Labyrinth – dem sogenannten Bogengang – des Innenohrs sitzt der wichtigste unserer Gleichgewichtsrezeptoren: derjenige, der all die anderen, die über den ganzen Körper verteilt sind, steuert – der einzige, der Winkelgeschwindigkeiten messen kann, und der einzige, der nie schläft. Daß wir, wenn wir aufwachen – noch halb im Schlaf –, sofort wissen, wie wir liegen: der Bogengangapparat meldet es uns – und hat es uns die ganze Zeit, während wir schliefen, weitergemeldet. Alle unsere Sinne schalten sich während des Schlafs ab. Das Ohr wacht immer.

Es sei – resümierte Cyon bereits 1908 – unbestreitbar, daß «das Ohr das wichtigste unserer Sinnesorgane ist». Und Helmut Reinold kommentiert: «Daß eine derart entscheidende Entdeckung wie die vom Gehör als zentralstem und höchstem Sinn des Menschen weder von der Anatomie noch von der Sinnesphysiologie noch von der Psychologie – von der allgemeinen Musikwissenschaft selbst ganz zu schweigen – aufgenommen oder entsprechend gewürdigt wurde, kann nur den überraschen, der mit den mechanistisch-naturwissenschaftlichen Tendenzen innerhalb der wissenschaftlichen Entwicklung des 19. Jahrhunderts nicht vertraut ist.» Reinold macht aber auch darauf aufmerksam, daß sich dies «in jüngster Zeit» geändert habe – etwa in der Otiatrie (= Ohrenheilkunde), der Biologie, der Anatomie und der Physiologie. Und er erinnert daran, daß wir durch die Forschungen von Marius Schneider die «zentrale Bedeutung des Ohres im Weltbild der Urkulturen» erkannt haben und daß für die chinesische Philosophie das Gehör der «einzige Sinn ist, dem die Fähigkeit des Verstehens gegeben ist».

Mehr als jeder andere Sinn nähert sich unser Gehör zumindest der Möglichkeit, sogar den *n*-dimensionalen Raum der neuesten Physik wahrzunehmen. Vielleicht nimmt es ihn wahr. Wir können das nicht wissen. Vom Auge aber wissen wir genau: Es kann ihn nicht wahrnehmen, es sieht immer nur drei Dimensionen (und empfindet sogar – das ist doch die Erfahrung, die jeder macht, der in der Relativitätstheorie zu denken versucht – Mehrdimensionalität als absurd und «unlogisch»).

Das Ohr «geht hinüber». Es besitzt – mehr als unsere anderen Sinne – die Möglichkeit zur Transzendenz, weil es mit jedem einzelnen Höreindruck, den es empfängt, auf dem Weg in die Unendlichkeit ist – sowohl in dem mathematischen Sinne, der oben deutlich geworden ist, wie (wenn es Musik hört) über die Obertonreihe, die unser unmittelbarster und sinnenhaftester Weg in die Unendlichkeit ist (siehe hierzu das Kapitel «Obertöne öffnen die Tür»).

III
BABY IM OHR

Adam Müller kam bereits zu Beginn des vergangenen Jahrhunderts in seinen «Zwölf Reden über die Beredsamkeit» zu dem Ergebnis, «daß unser Ohr das Gesetz der Welt ganz für sich und fast ohne Beihülfe der übrigen empfinden kann ... ja, ich möchte sagen, daß der ganze Mensch sich in das Ohr zurückziehen, mit diesem einen Organ leben, denken und dichten, und alle anderen Organe im tierischen Zustande hinterlassen kann ... als wenn die Gesetze der wunderbaren Anordnung des Weltbaus doch eigentlich nur das Ohr empfinden könnte!»

Und der Komponist Josef Matthias Hauer: «Der hörende Mensch ist von vornherein der geistige, gegenüber dem bloß sprechenden, sehenden, begreifenden. Hören, Vernehmen (Vernunft) ist der geistige Akt des Menschen, Hören des Unabänderlichen, Unantastbaren, Unbegreiflichen, Unveränderlichen, Ewigen – des Melos. Erst

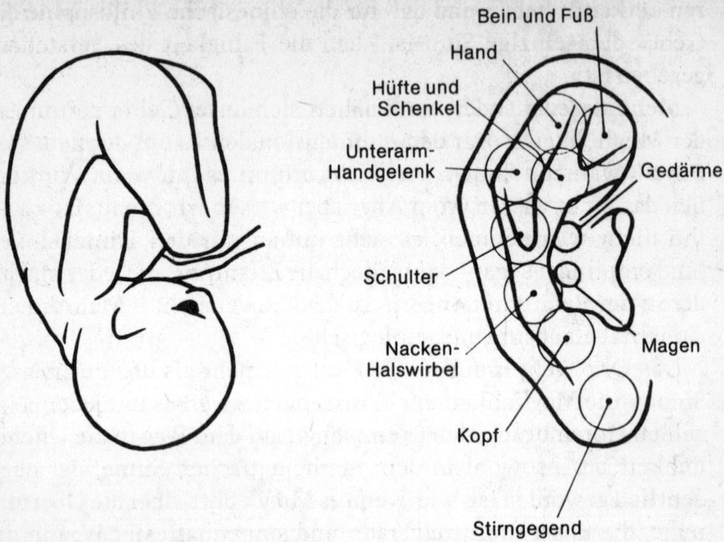

Embryo und Schema der Akupunktur-Punkte im Ohr (nach Ohashi)

derjenige, der hört, kann auch erkennen, deuten, denken, sprechen, erfassen, begreifen.»

Mehr als in irgendeinem anderen unserer Sinne können wir ganz und gar in unserem Ohr sein. Wir können unser Ohr sein. Wir sind unser Ohr. In der Ohr-Akupunktur gilt – in den Worten des japanischen *Shiatsu*-Lehrers Wataru Ohashi: «Wenn Sie das Ohr anschauen, werden Sie sehen, daß es genau wie ein Embryo geformt ist, ein Grund, es für einen Mikrokosmos des ganzen Körpers zu halten». Das Ohr ist seiner Form nach der auf den Kopf gestellte «kleine Mensch». Es paßt dazu, daß sich (wie der Ohr-Physiologe S. S. Stevens gezeigt hat) das sogenannte *Corti*sche Organ als der wichtigste Teil unseres Gehörs entwicklungsmäßig unmittelbar aus der Haut des Embryos bildet. Das Ohr muß deshalb nach den Vorstellungen der Morphologie eben die Potentialität enthalten, die der ihm gleichende Embryo enthält: die Potentialität zum ganzen Menschen. Ja, das Ohr potenziert diese Möglichkeit, denn die Schnecke im Ohrinnern – bereits Carl Gustav Carus (1789–1869) hat in seiner «Symbolik der menschlichen Gestalt» darauf hingewiesen – wiederholt die Form der Ohrmuschel – und damit die des Embryos – noch ein weiteres Mal. Er schreibt, daß man die «eigentümlich gewundene Bildung» der Windungen und des Umfangs der Ohrmuschel «nicht betrachten kann, ohne darin eine Art symbolischer Wiederholung des tiefverborgensten und geheimnisvollsten Organs des Gehörs, das heißt der Schnecke zu finden».

Es liegt Logik darin, daß das Embryo dem Ohr ähnelt. Das Embryo *will* hören. Alfred A. Tomatis, der große französische Ohr-Fachmann, weist darauf hin, daß das Embryo bereits wenige Tage nach der Befruchtung – wenn es erst 0,9 mm groß ist – Ohransätze auszubilden beginnt. Alles bezieht es noch von der Mutter, aber ein Ohr will es selber haben. Viereinhalb Monate nach der Befruchtung ist die Cochlea – das eigentliche Hör-Organ – fertig entwickelt. Und zwar gleich in ihrer endgültigen Größe! Wir wachsen, bis wir 17, 18 oder 19 Jahre alt sind. Aber die Cochlea erreicht ihre definitive Größe noch bevor wir geboren werden – 135 Tage nach der Befruchtung. Da entwickelt sich also ein kleines Wesen, dem dies in den ersten Monaten seiner Existenz das allerwichtigste ist: Selber hören zu können! Ganz und gar Ohr zu sein!

DAS OHR ÜBERSCHREITET

Vom Wunder unseres Gehörs

I
DAS OHR – EIN SPIEGELKABINETT

Transzendenz heißt Überschreitung. Das lateinische Wort wird häufiger gebraucht als das deutsche – vielleicht, weil man ungenauer damit umgehen kann. Es ist ein Lieblingswort christlicher Theologen, die es auf Metaphysisches und Jenseitiges beziehen. Beide Worte meinen: «hinübergehen» von einem Bereich in den anderen – zum Beispiel vom Hörbaren ins Unhörbare.

Zur Idee der Überschreitung gehören ein Ausgangspunkt und ein «Ziel» sowie ein Drittes: die «Gegend» zwischen beiden, die an ihrem einen Ende n o c h dem Ausgangs-, am anderen Ende bereits dem Zielbereich zugehört. Das deutsche Wort macht das deutlicher; deshalb gebrauche ich es in diesem Kapitel häufiger als das lateinische, aber wo immer es gebraucht wird, steckt auch – ein wenig – die theologische Bedeutung darin, nur eben nicht diese allein.

Das Ohr überschreitet. Es hört und es ist Ohr, w e i l es überschreitet. In einer nicht endenden Folge von Überschreitungsprozessen – beginnend mit dem Aufprall des Tons auf die Schnecke und mündend in die Transzendierung des Endlichen in das Unendliche. Sie alle fügen sich bruchlos nicht etwa nur an-, sondern auch ineinander. Kein anderes Organ bietet etwas Vergleichbares. Wir werden den Eindruck gewinnen: Jede Überschreitung steht nicht nur symbolisch, sondern stellvertretend – ja, in einem morphologischen Sinne prägend – für jede andere. Als «spiegelte» das Ohr Transzendierungen. Sie halten sich in ihm auf wie in einem Spiegelkabinett; was da hineingelangt, multipliziert sich mit seinem eigenen Gespiegelten. Spiegelndes und Gespiegeltes gehen so ineinander auf und über, daß sie nicht voneinander unterschieden werden können.

II

WIR HÖREN MEHR, ALS WIR GLAUBEN

Der Bereich des Hörbaren liegt etwa zwischen 16 und 16 000 Hertz, doch weist der französische Physiologe René Chocholle in seiner Arbeit über «Das Qualitätssystem des Gehörs» darauf hin, daß diese Zahlen «recht theoretisch» seien: «Die obere Hörgrenze ist nur schwer zu ermitteln, da das Tonhöhen-Unterscheidungsvermögen bei hohen Frequenzen stark variiert.» In Experimenten wurde festgestellt, daß Ultraschall von 30 000 bis 50 000 Hertz, «wenn er nur intensiv genug ist», tatsächlich «noch zu Gehörempfindungen führen» kann, «die allerdings schmerzhaft und unangenehm sind». Chocholle vergleicht diesen Schmerz mit der Empfindung, die ein «unter hohem Druck stehender Dampfstrahl» verursachen kann. Er – und andere Akustiker – meinen, die Tatsache, daß die Empfindung schmerzhaft sei, lasse «Zweifel an ihrem akustischen Charakter aufkommen ... Es könnte sich ebensowohl um eine im Ohr ausgelöste Schmerzempfindlichkeit handeln, ähnlich jenen Schmerzempfindungen, die auch hörbare Töne bei hoher Intensität verursachen.»

Andere Forscher haben die Vermutung geäußert, daß Ultraschall deshalb noch wahrgenommen werden kann, weil er auf die Existenz von Untertönen zurückgehe, das heißt «auf ganzzahlige Bruchteile der Grundfrequenz». Die traditionelle Auffassung, daß man nur Ober-, aber keine Untertöne hören könne, ist aufgegeben worden. Viele Akustiker meinen, daß die Existenz der Obertonreihe zwangsläufig nach einer – sie spiegelnden – Untertonreihe verlange, daß aber die sogenannten «Niedertöne ... zu schwach sind, als daß sie in der Analyse festgestellt werden können, während ihr absoluter Wert hoch genug sein könnte, um sie hörbar zu machen» (Chocholle). Bereits 1856 hatte Georges Duhamel in einem Vortrag vor der Pariser Akademie der Wissenschaften darauf hingewiesen, daß man auf der Geige Töne hervorbringen könne, die tiefer seien als der Grundton der tiefsten Saite ... Später ergab «die elektroakustische Überprüfung ... für die g-Saite der Geige Untertöne bis zum 4. Ton, für die e-Saite ergab sie die lückenlose Untertonreihe bis zum 20. Unterton». Entsprechendes stellte Henri Bouasse 1929 für Blasrohre fest. Martin Vogel resümiert in seiner «Lehre von den Tonbeziehungen»: «Es gibt tatsächlich Untertöne, vergleichbar den überall auftretenden Obertönen, doch stehen sie, was den Grad ihrer Intensität und die Häufigkeit ihres Auftretens betrifft, weit hinter den Obertönen zurück.»

Die Bereiche des Hörbaren sind subjektiv verschieden. Für ältere Menschen – oft schon vom fünfzigsten Lebensjahr an – wandert vor allem die obere Grenze erheblich nach unten. Andere sind – durch Training oder natürliche Begabung – in der Lage, sie ebenso erheblich nach oben auszudehnen. Wer viel in Tonstudios arbeitet, begegnet ständig Menschen, die irgendwo in einer Musik Klangeindrücke hören, die die anderen im Studio Anwesenden nicht wahrnehmen können. Wenn dies nachgeprüft wird, ergibt sich meist, daß die entsprechenden Schallschwingungen an der betreffenden Stelle wirklich vorhanden sind. Manchmal sind sie wichtig und müssen entsprechend angehoben werden, damit sie auch für die Ohren der anderen hörbar werden.

Ähnlich schwierig ist es, die untere Grenze des Hörbereichs festzulegen. Auch hier wird deutlich: Die Gehörempfindung verschwindet nicht einfach – wie etwa die Wahrnehmung von Licht in bestimmten, verhältnismäßig präzise zu fassenden Frequenzbereichen –, sondern geht über in eine Vibrationsempfindung, «wie man sie auch an jedem anderen Punkt des Körpers durch Berührung mit einem vibrierenden Gegenstand erzeugen kann ... So gleitet man unbemerkt von einer vorherrschend, wenn nicht ausschließlich akustischen Empfindung hin zu einer vorherrschend, ja sogar ausschließlich vibratorischen Empfindung. Die Unterscheidung zwischen diesen beiden Modalitäten ist in diesem Übergangsbereich kaum möglich und sehr subjektiv ...» (Chocholle).

III
DAS UNHÖRBARE WIRFT SICH INS HÖRBARE

Bereits an dieser Stelle ist offenbar, daß man von «Hörbarem» nicht sprechen sollte, ohne sich bewußt zu machen, daß Hörbares und Unhörbares ineinander übergehen (siehe hierzu auch das Kapitel «Der hörbare und der unhörbare Klang»). Insofern ein ganz tiefer, nicht mehr hörbarer Ton Oberschwingungen generiert, nehmen wir auch die Obertöne des Nicht-mehr-Wahrnehmbaren wahr, wobei interessant ist, daß der unterste für unser Ohr hörbare Ton einer solchen aus den Tiefen kommenden Obertonreihe in seltsam irrealer Weise den Charakter eines Basistones gewinnen kann, von dem aus zusätzlich noch eine weitere Obertonreihe aufsteigen kann. Wir halten auf diese Weise für «Basis», was in «Wirklichkeit» (was ist in diesem «Spiegelkabinett» Wirklichkeit?) keine ist.

Ein entsprechender Prozeß schleicht sich am anderen Ende der Skala ein. Wenn wir von einem Ton ausgehen, der so hoch ist, daß er nicht mehr hörbar ist, und wenn wir weiterhin davon ausgehen, daß dieser Ton Unterschwingungen generiert, dann muß die auf diese Weise entstehende Reihe an irgendeiner Stelle in den Bereich des Hörbaren eindringen. Wir hören also auch an diesem Ende – nicht nur in einem übertragenen, sondern in einem physikalischen Sinne – Spuren des Unhörbaren.

IV
DIE AUSLENKUNGEN UNSERES TROMMELFELLS: UNTER DEM DURCHMESSER EINES WASSERSTOFFATOMS!

Bereits morphologisch ist das Ohr in seinen Größenmaßstäben ein Symbol für die gleitenden Grenzen zwischen dem Wahrnehm- und Meßbaren einerseits und dem Nichtwahrnehm- und Unmeßbaren andererseits. So ist das eigentliche «Reizverteilungsorgan» in der Ohrschnecke – mit dem *Corti*-Organ, der *Basilarmembran* und den inneren und äußeren Haarzellen – ein «nur wenige Kubikmillimeter großes System, das bisher allen Untersuchungen schon wegen seiner Kleinheit und seiner leichten Verletzbarkeit sehr viel mehr Widerstand entgegengesetzt hat als der relativ große und verhältnismäßig leicht untersuchbare Augapfel der Tiere und Menschen» (W. D. Keidel). Rund 30 000 Nervenfasern und ebenso viele Haarzellen arbeiten im menschlichen Innenohr. Die Auslenkungen des Trommelfells «bewegen sich in der Größenordnung von 19^{-9} ... und liegen damit noch unterhalb der Wellenlänge des sichtbaren Lichts und sogar noch unter dem Durchmesser eines

Wasserstoffatoms. Die Energieschwelle der Empfindlichkeit der Haarzellen und Hörfasern pendelt um 10^{-11} *erg* und ist damit um ein Vielfaches größer als die des Auges, gleichzeitig aber auch viel strapazierfähiger, sie kann nämlich zwischen gerade noch tolerablen Reizintensitäten und den größten Lautstärken um den Faktor 10^6 – das ist ein millionenfacher Wert – variieren.» Würden wir aber die niedrigste Tolerabilität des Auges millionenfach verstärken, wir würden sofort – geblendet – erblinden.

«Die Fachleute können es sich immer noch nicht erklären, wie es angesichts einer so hohen Sensibilität möglich ist, daß nicht schon Kopfbewegungen oder die Erschütterungen beim Gehen oder Laufen die Gehörknöchelchen anstoßen und dadurch fälschliche Hörempfindungen auslösen können» (K. H. Plattig). Die einen meinen, Hammer, Amboß und Steigbügel seien im Ohrinneren so raffiniert aufgehängt (ihre Unterstützungslinien laufen durch ihre eigenen Massenschwerpunkte!), daß sie perfekt abgefedert sind. Auffällig ist, wie sorgfältig die Natur die Cochlea – und vor allem das Cortische Organ – «von den üblichen Versorgungslinien des Körpers abgeschnitten» (S. S. Stevens) hat. Andere weisen darauf hin, daß ein Organ, das Amplituden noch unterhalb des Durchmessers eines Wasserstoffatoms registrieren kann, gleichwohl von den Erschütterungen nicht nur unseres Kopfes, sondern ständig auch von den durch unsere Fortbewegung hervorgerufenen Vibrationen erreicht werden müsse; es besitze aber eine Art «geheimer Intelligenz», mit der es das ausfiltere, was störend oder ohne Informationsbelang sei.

V
KLANG ÜBERHÖHT ZEIT

Beschäftigen wir uns nun mit dem, was geschieht, wenn die Schallschwingungen in das Ohr eindringen. Sie treffen dann auf das Trommelfell, das so zu vibrieren beginnt wie die von den Schwingungen erregte Luft, die auf die dünne Membrane zwischen Gehörgang und Gehörhöhle einwirkt. Das Trommelfell – gewiß alles andere als ein «Fell» – projiziert und transportiert den Ton in den Innenraum des Ohres, wo er auf die Gehörknöchelchen, die kleinsten Knochenbildungen des menschlichen Körpers, stößt. Sie sind durch Gelenke miteinander verbunden und entsprechen in der Tat – in seltsamer Verkleinerung – dem Knochenapparat der Beine und Füße. Die Organe des Innenohrs «ruhen im Felsenbein, dem härtesten und am wenigsten lebendigen Knochen des ganzen menschlichen Leibes. Dort befindet sich die knöcherne Schnecke», in deren wäßriger Substanz die häutige Schnecke aufgehängt ist. Beide, knöcherne und häutige Schnecke, haben die Form einer Spirale, und zwar sind es logarithmische Spiralen, die das Lexikon als «ebene, von einem Punkt ausgehende, ins Unendliche verlaufende transzendente, offene Kurven» definiert. Diese Form ist deshalb von Bedeutung, weil das Verhältnis zwischen den Intervallen und den dazugehörigen Schwingungszahlen (also letztlich zwischen musikalischer und akustischer Gesetzmäßigkeit) genau dem zwischen der additiven Gesetzmäßigkeit der Logarithmen und der multiplikativen Gesetzmäßigkeit der ihnen zugrunde liegenden *Numeri* entspricht. Die Spiralen der Schnecken in unserem Ohr lassen ständig logarithmische Prozesse ablaufen, die, wenn es sich etwa um Klänge oder Musik handelt, Schwingungszahlen in Intervalle verwandeln.

Insofern die Schnecke eine Spirale ist, transportiert sie Vibrierendes und Fühlbares auf offenen, steigenden – und zwar letztlich bis in die Unendlichkeit steigenden – Kurven heraus aus der Welt des Materiellen. Insofern es zwei Schnecken gibt – die knöcherne und die häutige –, spiegelt und überhöht die letztere ständig die gerade noch meßbaren Vibrationen der ersteren ins physikalisch nicht mehr Registrierbare.

Die Töne, so Ernst-Michael Kranich, dringen «wie eine Brandungswelle in die Tiefe der Schnecke hinein», aber dann – dies haben die Experimente des amerikanisch-ungarischen Physiologen Georg von Békésy (1899–1972, Nobelpreis für Biologie 1961), des wohl bedeutendsten Erforschers des menschlichen Gehörs, gezeigt – ereignet sich «ein außerordentlich bedeutsamer Vorgang: Die ‹Wanderwelle› bricht zusammen ... Es ist so, als ob die in das Innenohr hineindringenden Wogen mit einem Schlag ihre Kraft verlieren würden.» Etwas sehr Seltsames geschieht: Die eben noch meßbar wirkende Kraft – Millimeter zuvor auf der kurzen Strecke zwischen Trommelfell und sogenanntem Ovalen Fenster um etwa das Neunzigfache (!) verstärkt – befreit sich aus ihrer physikalischen Substanz, «es löst sich der Ton aus seinem physischen Wirken...»

Das Wort «Ton» impliziert Musikalisches: davon spreche ich hier; von Geräuschen nur insofern, als sie Tonkomponenten besitzen. In der Schnecke des Innenohrs befreien sich die Töne aus dem physischen menschlichen Leib. Sie transzendieren in ihrer von nun an rein musikalischen, rein künstlerischen Qualität in einen geistigen, «über-sinn-lichen» Bereich, den dieser Vorgang «setzt» – auf eine so zwangsläufige Weise, daß man sagen kann: Er «beweist» ihn.

VI
MUSIK – KUNST IN DER ZEIT?

Wir haben gesehen: Musik ist die Kunst in der Zeit. Seit alters wird gelehrt, das Auge befasse sich mit dem Raum, das Ohr mit der Zeit. Das ist richtig – und doch zugleich falsch. Richtig ist es in bezug auf den Raumcharakter des Sehens. Aber auch im Hörbaren – vor allem in der Musik – ist ein räumliches Element enthalten. Zunächst einmal ist es in der Schallschwingung enthalten. Sie geschieht im Raum. Musik verwandelt sie in Zeit. Aber auch der Zeitbegriff selbst muß, wenn er auf Klänge bezogen wird, differenziert werden. Stellen wir uns folgendes vor: Wir hören einen Ton, der auf einer Glocke angeschlagen wird, lassen diesen Ton klingen und hören dann, auf einer anderen Glocke angeschlagen, einen anderen Ton, und wir bemerken: Wir nehmen nicht nur die beiden Töne wahr, sondern auch das Intervall zwischen ihnen – zum Beispiel eine Terz oder eine Quinte. Ernst-Michael Kranich hat sensibel beobachtet: «Es handelt sich hierbei nicht um musikalisches Erinnern ... Man hört zunächst den einen Ton und dann den zweiten. So betrachtet man die Folge der Töne mit dem normalen Zeitbegriff: Das ergibt aber eben nicht die vollständige Schilderung des Phänomens, denn der erste Ton ist in dem Erleben des zweiten Tones irgendwie beteiligt, sonst könnte man diesen nicht als Terz oder Quinte erleben. Der erste Ton ist in der Vergangenheit verklungen, und dennoch wirkt er in der Gegenwart des zweiten

Tones von der Vergangenheit her, wo er seine volle tönende Realität hatte.»

Wir sehen auch an diesem Beispiel: Musik findet nicht nur in der Zeit statt, sie überhöht und überwindet Zeit. Nicht nur Vergangenheit und Gegenwart verschmelzen, auch Zukunft fällt in sie hinein – insofern, als in den harmonischen Abläufen der Musik der «jetzt» erklingende Ton den künftigen, in dem er sich auflösen wird, antizipiert. Der künftige Ton ist gleichsam enthalten in dem jetzigen. Sonst könnte er ihn nicht «fordern». Jeder musikalische Mensch kennt diese Erfahrung: Es ist kaum möglich, bestimmte Kadenzen vor dem Schlußton abzubrechen. Der Schlußton ist «da», ob er erklingt oder nicht. Zeitlich mag er später erklingen – oder auch gar nicht –, aber in einem höheren Sinne *ist* er schon viel eher erklungen. Die Zeit vollzieht nur, was außerhalb von ihr notwendig wurde. Sie macht lediglich offenbar, was ohne sie verborgen bleiben würde.

Mit dem gewöhnlichen Zeitbegriff – so Kranich – ist das Musikalische nicht zu fassen: «Jene höhere Realität, die der Mensch sonst nur im Schauen der geistigen Welt kennenlernt, erlebt er bereits in der Musik, und zwar schon bei den allereinfachsten musikalischen Phänomenen. So steht der Mensch in der Gesetzmäßigkeit des Übersinnlichen, wenn er ein Intervall dadurch hört, daß in den gegenwärtigen Ton der vergangene aus der Vergangenheit hineinwirkt. Würde nicht ein vergangenes Tonerleben in das gegenwärtige hineinwirken, gäbe es nur beziehungslos nacheinander tönende Klänge.»

Was eben in bezug auf Töne gesagt wurde, gilt sinngemäß auch für größere musikalische Abläufe: «Alle vergangenen Töne wirken hinein in den jeweils gegenwärtigen Ton.» Daß wir eine Folge von Tönen als Melodie hören können, ist nur deshalb möglich, weil wir im Wahrnehmen dieser Melodie Zeit überwinden: «Das Harmonische und Melodische gibt es nur durch das Hereinwirken des Vergangenen in ein immer neues Gegenwärtiges.»

In einem Gedicht von Hermann Hesse heißt es, bezogen auf die Musik eines Flötenspielers: «Und alle Zeit ward Gegenwart.» In einem unmittelbar darauf geschriebenen Brief kommentiert Hesse, diese Zeile sei das «Endergebnis vieljähriger Spekulationen über das Wesen der Musik. Sie ist, so scheint mir, philosophisch formuliert: ästhetisch wahrnehmbar gemachte Zeit. Und zwar Gegenwart. Und dabei wieder fällt einem die Identität von Augenblick und Ewigkeit ein.»

Musik ist nur in einem oberflächlichen Sinne Kunst in der Zeit. Tiefer gesehen ist sie die Kunst der Überwindung der Zeit in der Zeit.

Unser visuelles Vermögen beläßt die Gegenstände, die wir sehen, dort, wo sie sind. Es findet sich mit dem Raum ab. Es sieht nur. Unser Hörerleben aber findet sich nicht mit der Zeit ab. Es hört Zeit – aber gleichzeitig mehr als nur Zeit. Es kann Vergangenes und Künftiges als Gegenwärtiges hören. Es entspricht damit den Forderungen vieler großer spiritueller Traditionen – etwa des Zen oder des Tantrismus –, «jetzt» zu leben, weil Vergangenheit und Zukunft *Maya* – Täuschungen – seien; auch der theoretischen Physik erscheinen sie ja oft genug als Täuschungen.

VII
HÖREN HEISST «QUANTELN»

Ob dem Leser bewußt – überhaupt nachvollziehbar – ist, wie viele Überschreitungsvorgänge wir auf den wenigen Seiten dieses (und des vorausgehenden) Kapitels gesammelt haben? Weil es zur Natur der Überschreitung gehört, daß sie sich selbst überschreitet, ist die Anzahl der Transzendierungen im «Spiegelkabinett» unseres Gehörs unendlich. Im Grunde hängt sie nur davon ab, wo ich die eine enden und die andere beginnen lasse. Vielleicht ist alles nur eine einzige, die sich überschreitet und überschreitet und überschreitet, sich spiegelt und spiegelt und spiegelt: Hörbares in Unhörbares, Fühlbares in Hörbares, Additives in Logarithmisches, Meßbares in Unmeßbares, Physikalisches in Psychisches, Sinnliches in Übersinnliches, Materielles in Lebendiges, Körperliches in Geistiges, Zeit in Raum, Vergangenheit in Zukunft und beide in Gegenwart, Dreidimensionales in Mehrdimensionales, Aperiodisches in Periodisches, Symmetrisches in Asymmetrisches – und natürlich auch jeweils umgekehrt.

Wer freilich physikalisch verallgemeinert, es sei einfach die «Abwesenheit von Sprüngen», die zum Wesen des Hörvermögens gehöre, täuscht sich. Interessanterweise schafft nämlich das Ohr die Übergänge nur dort und nur dann, wo und wenn es sich um Transzendierungen handelt: im Sinne einer Verwandlung des einen Bereichs in den jeweils anderen. Diesseits davon aber widersetzt es sich standhaft dem Gleitenden, und eben dadurch gewinnt die «Transportfunktion», die das Ohr zwischen Bereichen hat, die für das mechanistische Verständnis kaum etwas miteinander zu tun haben, um so größere Bedeutung. Dort, wo das Ohr nicht transzendieren kann, insistiert es auf «Quantelung». In einer Oktave sind – in gleitenden Übergängen – günstigstenfalls 231 verschiedene, gerade noch registrierbare Tonwahrnehmungen möglich, aber unser Ohr besteht darauf, sie «zurechtzuhören» auf die sieben Töne der üblichen Tonleiter und die Halbtonschritte zwischen ihnen. Die Abweichungen dürfen bis zu 40 Prozent betragen, das heißt: Wir können einen völlig «anderen» Ton hören, aber unser Ohr zwingt uns mit sanfter Gewalt, ihn als den Ton wahrzunehmen, der jeweils der «richtige» ist. Das Ohr «quantelt».

Es ist wichtig, sich der Tatsache bewußt zu sein, daß dem «Zurecht-Hören» im akustischen Bereich kein «Zurecht-Sehen» im optischen Bereich entspricht. Wir sehen die Farbeindrücke als die, die sie sind, in gleitenden Übergängen, aber wir hören die Töne eben nicht in gleitenden Übergängen, sondern in Sprüngen.

Jahrhundertelang haben wir gelernt: *Natura non saltat.* Aber unser Ohr und die harmonikale Grundlagenforschung, die Atomphysik und die Musik überzeugen uns vom Gegenteil: Gerade in den entscheidenden Prozessen macht die Natur nur Sprünge. Auch dies gehört zu den Täuschungen, die uns die Dominanz des Optischen beschert hat. Es müssen Augenmenschen gewesen sein, die sich den Satz «Die Natur macht keine Sprünge» ausgedacht haben; tatsächlich war er ja auch nur in der Zeit «gültig», als der Mensch vorwiegend visuell orientiert war – in den groben und «offensichtlichen» Bereichen, die visuell wahrgenommen werden können. Wir hätten das Unpräzise und Derbe dieses Satzes sehr viel eher erkannt, wenn wir unserem Ohr nicht drei Jahrhunderte lang den Platz verweigert hätten, der ihm gebührt.

VIII
DAS OHR FINDET FURTEN

Es ist sehr wichtig, den Unterschied zu erkennen zwischen der Begabung des Ohrs, zu überschreiten, und einer vermeintlichen mangelnden Differenzierungsfähigkeit. Das Auge bedarf der Spektralanalyse, um die Farben zu ermitteln, die in einem farblichen Gesamteindruck enthalten sind. Allein auf sich gestellt, kann es diese Aufgabe nicht bewältigen. Das Ohr eines guten Musikers aber kann sowohl den Gesamteindruck eines Klangs wahrnehmen, als auch genau angeben – ohne irgendein technisches Hilfsmittel hinzuzuziehen –, aus welchen Tönen der betreffende Akkord besteht und welche Instrumente ihn bilden. Die Fähigkeit des Ohrs, zu überschreiten, verwischt also keinesfalls Grenzen, mindert nicht das Differenzierungsvermögen.

Bis jetzt hat kein Wissenschaftler erklären können, wie es möglich ist, daß einerseits die Summe der uns umgebenden Schallschwingungen auf unser Trommelfell stößt, andererseits aber doch unser Ohr die Fähigkeit hat, diese gesammelten Schwingungen «auseinanderzusortieren», in einem Lokal zum Beispiel genau orten und messen zu können: Der eine Gesprächsfetzen kommt von dem Tisch schräg hinter mir – der andere kommt vom gegenüberliegenden Fenster; von der dahinter liegenden Straße dringen Motorgeräusche herein, links von mir werden Gläser angestoßen, weit hinter mir schlägt eine Tür zu; und obwohl das Geräusch eines am Nachbartisch zuschnappenden Koffers dem Türgeräusch durchaus ähnlich ist, kann ich sie beide voneinander unterscheiden und auch noch schätzen, daß das eine aus etwa zehn, das andere vielleicht aus drei Metern Entfernung kommt.

Die Fähigkeit des Ohrs, zu transzendieren, hängt also nicht damit zusammen, daß das Ohr nicht differenzieren kann und daß es Übergänge verwischt. Es differenziert – wie wir ja auch in anderen Zusammenhängen gesehen haben – sorgfältiger und genauer als unsere übrigen Sinne. Wir dürfen also davon ausgehen, daß es auch dann, wenn es transzendiert, nicht aufhört zu differenzieren, das heißt, daß es nicht etwa Bereiche zusammenbringt, die nichts miteinander zu tun haben, sondern Brücken schlägt, wo Brücken notwendig sind, um uns Zusammengehörigkeiten und

Übergänge zu erschließen und uns deren Möglichkeiten zu signalisieren.

Das Wort «Überschreitung» muß nicht immer nur eine Transzendierung, es kann auch einen Übergang über einen Fluß bezeichnen. Das Ohr zeigt uns Furten, um von einem Ufer hinüber zum anderen zu kommen. Es zeigt sie uns gerade dort, wo unsere anderen Sinne meinen, hier seien Trennwände, unübersteigbare Barrieren errichtet. Ja, wenn uns das Ohr nicht ständig Furten – Übergänge und Transzendierungsmöglichkeiten – anböte, würden wir wirklich in einer Welt leben, die von Barrieren umschlossen ist, Barrieren im wörtlichen Sinne: Hindernisse aus Materie, aus Sicht- und Fühl- und Greifbarem. Das mechanistische und rationalistische Denken lebt in einer solchen Welt – oder richtiger: Da es sie nicht gibt, hat es versucht, sie zu schaffen und uns in sie zu bannen. Indem es vornehmlich sah, hat es die Welt kleiner gemacht. Es hat sie reduziert auf Sicht- und Fühl- und Meßbares. Es hat die Furten nicht angenommen, die ihm das Ohr wies. Das neue Denken beschreitet sie.

DENKEN DURCHS OHR

Suite über die *ratio*

«Das Denken ist ein Er-hören.»
Martin Heidegger

I
THEMA

Das Ohr denkt. Es *ver-nimmt* und verwandelt das *Ver-nommene* in *Ver-nünftiges.* Kein Denker der Neuzeit hat dies besser gewußt als der Philosoph Martin Heidegger. Es gibt Vorlesungen, Aufsätze, Bücher von ihm, in denen das Wort *hören* alle paar Zeilen vorkommt – besonders eindringlich in dem Buch «Der Satz vom Grund». Da steht zum Beispiel:

«Wir *vernehmen* den Satz vom Grund.»
«Wir *hören* ihn in derjenigen Be*ton*ung noch deutlicher und behalten ihn im *Gehör,* die wir die maßgebende nennen.»
«Das Denken soll *Hörbares* erblicken. Es er-blickt dabei das zuvor *Un-erhörte.* Das Denken ist ein *Er-hören . . .*»

Das ganze Buch ist eine einzige Ermahnung, durchs Ohr zu denken. Es zeigt uns, daß der Denkprozeß differenzierter, sorgfältiger, genauer, stärker nach innen gewandt abläuft, wenn wir das, worüber wir nachdenken, hörend aufnehmen und mit unseren Ohren prüfen.

Der Satz vom Grund lautet: *Nihil est sine ratione.* «Nichts ist ohne Grund.» Wir hören den Satz und denken: Das weiß ich doch, das versteht sich doch von selbst, natürlich ist nichts ohne Grund.

Wir haben uns so sehr an den Satz gewöhnt, daß wir ihn als Platitüde empfinden. Die meisten Wahrheiten schlagen nach einer gewissen Zeit in Platitüden um. Es ist aufschlußreich, daß dies beim Satz vom Grund erst in unserem Jahrhundert geschehen ist – kurz bevor uns in wachsendem Maße bewußt wurde, daß dieser Satz – so, wie wir ihn bisher verstanden haben – uns zwar in der Vergangenheit sehr viel Nützliches gebracht hat, heute aber ein Moment des Bedrohlichen gewonnen hat.

Leibniz, der ihn geprägt hat, hat ihn als Höhepunkt seines Werkes empfunden – als «das große, gewaltige, adligste aller Prinzipien»: *principium magnum, grande et nobilissimum*. Dabei hat er ihn eigentlich nur «ausgebrütet» – wie ein Ei, das aufplatzt und aus dem neues Leben entsteht. «Gelegt» hat ihn Aristoteles. Seitdem ist er «da», jedoch, so Heidegger: Zwischen Aristoteles und Leibniz «schlief gleichsam der Satz vom Grund». Das *principium* ist so gewaltig und adlig, daß es einer tausendjährigen Inkubationszeit bedurfte, bevor es «ausschlüpfen» konnte. Aber dann wurde es innerhalb von Jahrzehnten zu dem, was es für die nächsten Jahrhunderte geblieben ist: die Grundlage des rationalistischen Denkens des Abendlandes. Heidegger spricht von der «Herrschaft» des Satzes und davon, daß er das «Element» wurde, «darin sich die Wissenschaften bewegen wie der Fisch im Wasser und der Vogel in der Luft».

Erst jetzt erkennen wir an diesem Satz, was Jean Gebser «Defizienz» nannte: seine Entartung – die allerdings von Anfang an in ihm «geschlummert» haben muß, sonst könnte sie heute nicht evident sein. Vielleicht hatte auch Leibniz ihn noch nicht ganz «erweckt», vielleicht ist dies erst im 19. Jahrhundert geschehen. Erst jetzt ist die – nicht so erfreuliche – «Nachgeburt» ausgeschlüpft.

Erst heute wissen wir – wissen wir wieder –, daß der Satz nicht – wie wir drei Jahrhunderte lang (tatsächlich: so kurze Zeit nur!) geglaubt haben – ohne Ausnahme gilt. Gerade die Wissenschaft, die sich unter der Herrschaft des Satzes vom Grund erhoben hat wie ein Adler in den Himmel, die Physik, entdeckte die Ausnahmen und hat andere nichtkausale Modelle (Kausalität und der Satz vom Grund hängen aufs engste zusammen) entwickelt: analogisierende, statistische, prozessuale, synchronizistische, holistische ... Nachdem die Ausnahmen zu Beginn unseres Jahrhunderts wirklich noch Ausnahmen zu sein schienen, hat sich inzwischen herausgestellt: Es gibt fast nur Ausnahmen. Das «Alte» war lediglich ein «Spezialfall», sagt der Physiker Hermann Dänzer und fügt mit klassischem *Understatement* hinzu: «Das ist gelegentlich *übersehen* worden.»

Es ist kaum zu fassen, daß wir die Ausnahmen erst in diesem Jahrhundert entdecken. Sie waren immer da – für jeden sichtbar. Es ist, als wären die Physiker drei Jahrhunderte lang «blind» für sie gewesen. In Wirklichkeit waren sie lediglich primär optisch orientierte Menschen, und gerade ihre sehende Wahrnehmungsweise hat mit der Auslegung, die sie dem Satz vom Grund gegeben haben, zu tun. Es besteht ein Zusammenhang zwischen dieser «Blindheit» und dem «Sehen» des Grundes. Heidegger zitiert Angelus Silesius:

> «Die Ros' ist ohn' Warum; sie blühet, weil sie blühet.
> Sie acht' nicht ihrer selbst, fragt nicht, ob man sie siehet.»

Heidegger: «In diesem Fall gilt nach dem Worte des Dichters der Satz vom Grund nicht.» – «Die Rose hat keinen Grund.» Sie blüht, weil sie blüht. «*Sonder warumbe*» nennt Meister Eckehart das.

II
EXPOSITION UND ERSTE TONART

«Noch ist die Reichweite von Martin Heideggers philosophischen Entdeckungen nicht abzuschätzen», schreibt Medard Boss. Viele Menschen meiner Generation haben sich – aus politischen Gründen – diesen Entdeckungen verschlossen. Auch ich habe das getan. Es wird Zeit, daß wir nachholen, was wir versäumt haben.

Heidegger zeigt uns, daß wir den Satz vom Grund auf drei verschiedene Weisen betonen und «hören» können. Damit die Philosophie-Studenten, zu denen er in Freiburg im Breisgau sprach, die musikalische Dimension dieser Aufforderung *ver-nehmen* konnten, spricht er – als handle es sich um ein Musikstück – von den «Tonarten» des Satzes:

1. Nichts ist ohne Grúnd.
2. Nichts íst ohne Grúnd.
3. Níchts ist ohne Grund.

Jedesmal hat der Satz einen anderen Sinn. Für das Wort «Tonart» verwenden englischsprachige Musiker den Ausdruck *key* (= Schlüssel). In der Tat ist die Art, in der wir den Satz vom Grund betonen, der Schlüssel zu ihm.

Der Rationalist betont den Satz allein auf dem Wort «Grund». Fast überspringt er die ersten vier Silben – im Lateinischen sogar fünf –, um so schnell wie möglich zur *ratio* – zum Grund – zu kommen. Dahin will er ja ohnehin.

Um sein Ziel noch schneller erreichen zu können, hat er sich sogar eine verkürzte Version des Satzes ausgedacht: *Nihil sine ratione.* Nichts ohne Grund. In seiner Eile läßt er das «*est*» aus. Dabei ist es das zentrale Wort des ganzen Satzes. Das «ist» nämlich markiert das Sein, den Seinsgrund, den Fluß, der uns trägt. Das «Sein» ist ein Zentralbegriff im Denken der Upanischaden. Der Rationalist kann wenig mit ihm anfangen.

Er kann auch (wie wir gleich sehen werden) mit dem Wort «nichts» – dem *nihil* –, das für das Weltverständnis des Buddhismus so wichtig ist, wenig anfangen. Die Hälfte der Wörter in dem Satz, der die Basis seines Wissenschaftsdenkens bildet, versteht der Rationalist nicht: *ver-nimmt* er nicht. Sie gehen nicht ein in seine *Ver-nunft,* auf die er doch so große Stücke hält.

III
HEIDEGGERS ZWEITE TONART

Heidegger bevorzugt die zweite Tonart. Er möchte den Satz nicht nur auf dem «Grund», sondern – und dies vor allem – auf dem «ist» betont wissen. Er möchte den Grund auf das Sein beziehen. Das «ist» ist der «alles stimmende Ton». Das «ist» ist der Grund.

In seiner Sprache, die hörend am Sinn der Worte entlangtastet, sagt Heidegger: Der Satz vom Grund «nennt [das Sein] als den Grund». Und: «Der Satz vom Grund ... ist nur deshalb wahr, weil in ihm ein Wort vom Sein spricht, das sagt: Sein und Grund: das Selbe.»

Noch deutlicher: «Der Satz vom Grund ... gibt uns eine Antwort auf die Frage: Was heißt denn Sein? Antwort: Sein heißt Grund.»

Wir bemerken nun vollends, daß der Rationalist den Satz vom Grund nie wirklich «ge-hört» hat. Er hat immer nur *ratione* «gehört» und darüber die anderen Worte des Satzes *über-hört.* Am Ende hat er selbst das ihm so wichtige Wort «Grund» nicht mehr *gehört*; er hat es – so Heidegger – nur noch *erblickt.*

Heidegger zeigt, daß der Satz vom Grund, wie ihn die Rationalisten verstanden haben, «gar nicht leistet, was sein Titel uns einredet». Im Gegenteil: Das (Miß-)Verständnis des Satzes ist «wie ein Gebirgszug», der sich «vor die Aussicht geschoben hat; ein Gebirgszug, der unübersteigbar zu sein scheint» – und in der Tat drei Jahrhunderte lang (nahezu) unübersteigbar gewesen ist.

IV
ANGELUS SILESIUS' KONTRAPUNKT

Wenn wir den Satz vom Grund in der von Heidegger vorgeschlagenen Tonart intonieren, befindet er sich nicht mehr im Gegensatz zu dem Zweizeiler von Angelus Silesius. Sondern es geschieht etwas Unerwartetes: Die beiden Sätze – der von Leibniz und der aus dem «Cherubinischen Wandersmann» – ergänzen einander. Erst beide zusammen machen die ganze Wahrheit aus.

Wir begreifen: Die einseitige – die «eindimensionale» – Auslegung des Satzes vom Grund durch das moderne Wissenschaftsdenken hat uns immer nur e i n e Hälfte erschlossen. Sie hat uns betrogen – um die Rose, w e i l sie blühet.

Wir spüren – wir hören: Die gar so eilig zum Grund strebende, die anderen Silben des Satzes *über-hörende* Intonation hat in ihrem *drive*, ihrer Zielstrebigkeit etwas Gewaltsames. Sie duldet nur eines: den Grund. Sie duldet kein Sein und keine Rose. In Gewaltsamkeit steckt Aggression, in Aggression Machtstreben.

Wir verstehen die innere Logik, nach welcher das von diesem Satz geprägte Wissenschaftsdenken in seiner Konsequenz auch zur Atombombe geführt hat – und all dem anderen, was zu ihrem Umkreis gehört: dazu, daß weit mehr als die Hälfte der Angehörigen jener Wissenschaft, die sich unter der eindimensionalen Auslegung des Satzes vom Grund entfaltet hat, Vernichtungswaffen erfinden, entwickeln, «verfeinern» und konstruieren.

Auch Heidegger stellt diesen Zusammenhang her. Er spricht von der «lärmenden, alles alarmierenden Gewalt» des Anspruchs, der von dem falsch verstandenen Satz vom Grund ausgeht. Man höre den vier Worten nach, die ich in Anführungszeichen gesetzt habe: das deutsche Wort «Lärm» stammt vom italienischen *allarme* = «Alarm», und dieses wiederum ruft zu den Waffen: *all' arme.* Was ist es, was zu den Waffen ruft? Der rationalistisch und mechanistisch intonierte Satz vom Grund. Heidegger: «Dieses Denken hat als neuzeitlich-europäisches die Welt in das heutige Weltalter, das Atomzeitalter, gebracht.»

Zum Schluß seines Buches vom Grund fragt Heidegger, ob wir uns und unser Denken «preisgeben [dürfen] zugunsten der Raserei des ausschließlich rechnenden Denkens und seiner riesenhaften Erfolge? Das ist die Frage... An ihrer Beantwortung entscheidet sich, was aus der Erde wird und was aus dem Dasein des Menschen auf dieser Erde.» Heidegger hat das gefragt, als es noch nicht *en vogue* war – 1956!

V
DAS DUO DER EINEN MÜNZE

Wir intonieren wieder den Satz vom Grund in der von Heidegger bevorzugten Tonart. Wir hören: Jetzt geht keine Gewalt mehr von ihm aus, keine Aggression, keine geradlinig und pfeilartig auf ein «Objekt» – als sei dies das Opfer – gerichtete Gezieltheit. Zwischen dem «ist» und dem «Grund» entsteht ein «Regelkreis» (wie die Kybernetiker das nennen): ein *feedback*, das die *ratio* auf das Sein bezieht. Der Satz denkt in Kreisen – wie auch der des Angelus Silesius. Und wir bemerken, daß die beiden Sätze nur gleichsam die zwei Seiten ein und derselben Medaille bilden.

Jahrhundertelang haben wir immer nur die eine Seite «gesehen». Aber wenn wir die Medaille aufnehmen und fallen lassen, wenn wir dem Klang, der dabei entsteht, vom «Grunde» her nachhorchen, dann hören wir: Es ist e i n Klang.

E i n e Münze kann immer nur e i n e n Klang haben. Der Klang ist nicht davon abhängig, auf welche Seite sie fällt – und es steht auch nicht in unserer Macht, dies zu regulieren. Wir können nur statistische Aussagen darüber machen, welche Seite die Münze «wählen» wird. Im allgemeinen «wählt» sie beide Seiten mehr oder minder gleich häufig.

Wenn wir aber die Einheit *hören* – den *einen* Klang –, wenn wir mit diesem einen Klang *ein*-verstanden sind, dann (so sagt uns die Sprache) haben wir *Ein*-sicht gewonnen. *Ein*-sicht – das kann nur bedeuten: eine Sache als *Eines* sehen. Wir haben *Ein*-sicht, wenn wir die in allen Dingen verborgene *Ein*heit erkennen.

Wenn wir aber die beiden Seiten der Münze als zwei verschiedene Dinge wahrnehmen, machen wir die Einheit ent-*zwei*. Wir verlieren die Sicherheit – die *Ein*-deutigkeit – unserer Ein-sicht. *Zwei*-fel entstehen, und *Zwei*-fel nähren Ver-*zwei*-flung. Lauschen wir auch diesem Wort aufmerksam nach! Es bedeutet: eine Sache, die vorher *Eines* – ein Ganzes – gewesen ist, zu ver-*zwei*-fachen – was uns wiederum zu dem Wort ent-*zwei* führt. Auch zu unserer eigenen Ent-*zwei*-ung.

Indem wir uns weiterhin von der Sprache tragen lassen, bemerken wir: Wer die Einheit ent-*zwei*-t, wer sie ver-*zwei*-facht, der *sondert* die Dinge voneinander. Aus diesem Wort *sondern* ist das Wort *Sünde* entstanden. Das also ist die *Ur-Sünde*: die *Sonderung*. Die Ent-*zwei*-ung der Einheit. Sie mag notwendig sein, aber: Sie bleibt – *Sünde*.

Die Keimzelle aller *Sonderungen* – aller *Sünden* – ist die *Ab-Sonderung* des Menschen von Gott. Sie führt zu all den anderen Sonderungen und Scheidungen, Unterscheidungen, Trennungen und Schismen, die mit dem Sündenfall – dem «Fall in die Sonderung» – unauflöslich verbunden sind. Sie führt auch zur «Sonderung» Gottes. Indem ich Ihn für «gut» halte, bedarf ich eines zweiten «Gottes», den ich für «schlecht» halten kann: des Teufels.

Die Sonderung hat nur am Anfang «Ver-*zwei*-fachung» – Polarisierung – bedeutet. Weil sie jeden der Pole erneut «sonderte», potenzierte sie die «Ver-*zwei*-fachung» – die Ver-*zwei*-flung – in nie aufhörender Progression.

Alle heute Lebenden haben diese Potenzierung erfahren. Und es gibt immer mehr Menschen, die – *zwei*-felnd und ver-*zwei*-felt – eine Behziehung zu spüren meinen zwischen ihr – zwischen der Ver-*zwei*-fachung – und der Aufspaltung der Welt – der Sonderung – in *Ratio*-nen. Daß aus der *ratio* das Wort *Ration* entstehen konnte, offenbart die Potentialität der *ratio*: Rationierung, Aufsplitterung, Aufspaltung, Vervielfachung, Sonderung, Sünde ...

VI
BUDDHAS TONART

Hören wir nun den Satz vom Grund in der dritten Tonart. Wir betonen:

Níchts – ist ohne Grund.

Wir haben nach dem «Nichts» eine Pause – und sogar der Rationalist, wenn er ausnahmsweise einmal einen Augenblick zuhört, vernimmt: Es gibt doch etwas, was ohne Grund ist – nämlich: das Nichts.

Im Lateinischen, in dem es keinen Artikel gibt, wird das noch deutlicher:

Níhil – est sine ratione.

Wahrhaftigkeit: Das Nichts ist ohne Grund.

Das mathematische Symbol für das *Nihil* ist die Null. Sie war den Griechen und den Römern unbekannt. Die großen buddhistischen und hinduistischen Mathematiker haben sie erfunden, und es ist deutlich: sie er-fanden – sie fanden – sie zwangsläufig, weil sie in jener Vorstellung des Nichts aufgewachsen waren, die tief in der indischen Spiritualität verankert ist. Auf sie mochten sie auch als Mathematiker nicht verzichten.

Im 8. und 9. Jahrhundert haben die dem Sufismus – der mystischen Tradition des Islam – nahestehenden Mathematiker der arabischen Welt die Null-Idee aufgegriffen. Durch sie haben auch die europäischen Wissenschaftler von ihr erfahren. Sie wußten nicht mehr, woher die Null kam und was sie ursprünglich bedeutete, aber sie rechneten und merkten: Die Null «funktioniert». Bald begriffen sie: Es ist nicht möglich, ohne sie Mathematik zu betreiben.

Die Null «wirkt» nun schon jahrhundertelang. Martin Heidegger würde sagen: Sie «west» – in allen mathematischen Rechenvorgängen; es gibt nur ganz wenige, in denen keine Null vorkommt –, und insofern am Ende ersichtlich ist, daß die Rechnung «stimmt», werden wir daran erinnert: Das *Nihil*, das die Null symbolisiert, «west»; es «stimmt»:

Das N i c h t s – ist ohne Grund.

Und nun dürfen wir es wagen, auch unsererseits den Satz zu kürzen – anders freilich, als ihn die Rationalisten des 18. und 19. Jahrhunderts gekürzt haben, und wir können das tun, ohne seine Aussage zu verfälschen. Wir können – im Sinne der Informationstheorie – seine «Redundanz reduzieren», einen «Code» aus ihm machen (wie dies für die Informationsingenieure oft notwendig ist). Wir können sagen:

Nihil est.

Das Nichts ist. Punktum!

Wir brauchen das Wort «Grund» nicht, denn das Wörtchen «ohne» macht ja ohnehin deutlich, daß es «ohne» Grund geht. Der Grund – es ist zum Lachen –, die geheiligte Basis der abendländischen Wissenschaft, ist in eben dem Satz, der dem Denken dieser Wissenschaft zugrunde liegt, *redundant* – überflüssig – geworden!

VII
MONOKAUSALE MONODIE

Was ich die «eindimensionale» Auslegung des Satzes vom Grund nenne, mündet in die Reduktion der *causa* auf die *mono-causa*. Die moderne Wissenschaftskritik eines Paul Feyerabend und anderer beanstandet am herkömmlichen rationalistischen und positivistischen Wissenschaftsdenken seine Tendenz zur Monokausalität. Die Betonung des Satzes vom Grund auf seinem letzten Wort – im Singular! – impliziert: Gemeint ist ein je einziger Grund.

Die Kybernetik, die Neue Physik, die «systemische» Biologie und andere neue Wissenschaftszweige haben dagegen gezeigt: Fast nichts hat nur e i n e n Grund. Fast alles ist eingebunden in eine Vielzahl von Gründen, die ihrerseits wieder andere Gründe haben und die alle untereinander «ver-netzt» sind. Die Kybernetik erforscht sogenannte «Regelkreise», auf denen jeder Punkt zugleich Ursache und Wirkung ist und seinerseits sowohl vorwärts (also zum Beispiel in die Zukunft) wie rückwärts (durchaus also auch in die Vergangenheit) «wirken» kann. Sie hat gezeigt, daß Probleme, die für das herkömmliche Wissenschaftsdenken unlösbar sind, auf diese Weise verhältnismäßig leicht «verstanden» und «sinnvoll beeinflußt» werden können – Probleme zum Beispiel des Großstadtverkehrs, der Ökonomie (in der das monokausale Denken dazu geführt hat, daß kaum noch eine Voraussage «stimmt»), des Waldsterbens und der Verkümmerung so vieler Öko-Systeme.

Trotzdem denkt und arbeitet der Großteil der herkömmlichen Wissenschaftler nach wie vor *monokausal* – sie tun das, obwohl zweifelsfrei erwiesen ist, daß fast nichts monokausal «funktioniert». Besonders verhängnisvoll wirkt dieses Denken in der Schulmedizin, die immer noch in der überwiegenden Zahl der Fälle davon ausgeht, daß jede Krankheit eine – und immer nur eine einzige – Ursache (zum Beispiel eine bestimmte Art von Bakterien oder Viren) hat, während längst offenbar ist, daß es nur ganz wenige Krankheiten gibt, die *monokausal* erklärt werden können; immer sind Erkrankungen eingebunden in ein «System», ein «Netz», einen «Regelkreis». Aids zum Beispiel ist eingebunden in einen Regelkreis. Deshalb reagieren verschiedene Völker und Menschen so offensichtlich verschieden auf das Virus. Die Fixiertheit, mit der die etablierte Wissenschaft auf das Virus starrt, löst die Aids-Katastrophe aus dem «Netz», dem «System», in dem allein die Aids-Viren virulent werden konnten.

Die «eindimensionale» Auslegung des Satzes vom Grund ist aber auch noch in anderer Hinsicht willkürlich: Sie geht davon aus, daß wir beliebige Ausschnitte schaffen können. Ein Prozeß beginnt für sie mit einer Ursache und endet mit deren Wirkung. In Wirklichkeit aber war die Ursache ihrerseits Wirkung einer – meist mehrerer! – ihr vorausgehenden Ursache/n, und auch sie ist/sind wieder von weiteren Ursachen bewirkt worden, in einer unendlichen Kette vorwärts und rückwärts, die an keiner Stelle unterbrochen werden kann – und dennoch tut das herkömmliche Wissenschaftsdenken genau dies: Es unterbricht die Kette an jeder ihr genehmen Stelle. Es reißt die Phänomene aus ihrem natürlichen Zusammenhang. Es hat wunderbare Ergebnisse auf diese Weise erzielt, aber doch eben nur in den Domänen des herkömmlichen mechanistischen und materialistischen Weltbildes, das doch eben nur ein «Bild» ist – in einem willkürlichen und – viel zu – kleinen Rahmen. Jetzt – nachdem wir es uns dreihundert Jahre lang in diesem Rahmen wohlgehen ließen – sind wir an seine Grenzen gelangt. Wir erkennen: Jenseits des Ausschnitts (und längst schon lebt ein Teil der Menschheit jenseits von ihm) versagt das Denken in Ausschnitten, und wenn wir es weiter anwenden, machen wir Fehler, die sich katastrophal auswirken können – wie gerade in den letzten Jahren an einer Fülle nicht mehr beherrschbarer Prozesse und nicht mehr steuerbarer Entwicklungen deutlich geworden ist.

VIII
HEISENBERGS ENGFÜHRUNG

Die lateinisch schreibenden Nachfolger des Aristoteles (auf den sich Leibniz bezogen hat) sprachen weniger von der *ratio* als von der *causa.* Auch sie war ursprünglich viel mehr als nur die (rationalistische und mechanistische) Ursache. Werner Heisenberg, der große Atomphysiker, erinnert (ohne Heideggers Buch «Der Satz vom Grund» zu kennen) daran, daß noch in der Scholastik «von vier Formen der ‹Ursache› gesprochen» wurde: «Dort wird die *causa formalis* genannt, die man heute etwa als Struktur oder als den geistigen Gehalt einer Sache bezeichnen würde; die *causa materialis,* das heißt der Stoff, aus dem eine Sache besteht; die *causa finalis,* der Zweck, zu dem eine Sache geschaffen ist, und schließlich die *causa efficiens.* Nur die *causa efficiens* entspricht etwa dem, was wir heute mit dem Wort Ursache meinen ... So wurde allmählich der Satz von der Kausalität eingeengt und schließlich gleichbedeutend mit der Erwartung, daß das Geschehen in der Natur eindeutig bestimmt sei, daß also die genaue Kenntnis der Natur oder eines bestimmten Ausschnittes aus ihr wenigstens im Prinzip genüge, die Zukunft vorauszubestimmen ...»

Man sieht: Auch für den modernen Atomphysiker und den Wissenschaftshistoriker ist der «Grund» ein sehr viel differenzierteres, vielschichtigeres Phänomen, als er das im Denken und in der Praxis der etablierten Wissenschaften der letzten dreihundert Jahre gewesen ist. Vollends deutlich ist damit: Heidegger hat seine «Tonarten» gewiß nicht in das *principium magnum* hineininterpretiert. Sie steckten von Anfang an in ihm. Aber die rationalistische abendländische Wissenschaft hat sie *heraus*interpretiert, hat sie *überhört.*

Nur in seinen verschiedenen «Tonarten» – samt den verschiedenen Arten der *causa*, an die Heisenberg erinnert – i s t der Satz vom Grund ein «großes, adliges, ehrwürdiges Prinzip», was er in der eindimensionalen Auslegung der rationalistischen Wissenschaft ganz gewiß nicht gewesen ist.

IX
DIE WÄSCHELEINE ALS NOTENLINIE

Die *ratio* ist die Wäscheleine des Battiste in Marcel Carnés und Jacques Préverts poetischem Film «Die Kinder des Olymp». Eben noch will sich der hoffnungslos Liebende an ihr aufhängen, da läuft ein Kind vorbei, entwindet sie ihm, spielt tanzend und lachend Seilhüpfen mit ihr, vergißt sie eine Minute später, der Liebende hebt sie auf, unternimmt noch einen weiteren Selbstmordversuch mit ihr, aber die Wäscherin braucht das Seil, um lustig im Wind flatternde Höschen und Hemdchen zu trocknen, und der Verzweifelte hält es ihr hoch, bis ihm der Arm müde und die Wäsche längst noch nicht trocken ist.

Für alles dies ist der Strick Grund – für Tod, Tanz, Lachen, Hüpfen, Flattern, Trocknen und Müdewerden.

Die *ratio* – die rechtverstandene – ist das *principium magnum* des Leibniz und das *nihil* des Buddha, sie schillert in den Tonarten Heideggers und blühet wie die Rose des Angelus Silesius, sie verwandelt sich chamäleonhaft in die verschiedenen *causae* der Scholastiker und dreht sich auf den Regelkreisen der Kybernetiker, daß dem Beobachter schwindlig wird.

Die *ratio* ist eine Parabel. N u r als solche ist sie brauchbar.

Sie ist ein Akkord, der aus vielen Tönen besteht. Sie muß gehört werden.

X
HÖLDERLINS VARIATION

Wir sehen, es passiert ganz schön viel, wenn wir mit dem Ohr denken. Wenn wir *vernehmen.* Wenn wir *vernünftig* sind. Es kann ja kein Zufall sein, daß es die Pythagoräer waren, die das Wort *philosophia* zum erstenmal geprägt haben – im 5. und 4. Jahrhundert v. Chr., und d i e dachten wahrhaftig mit dem Ohr!

Ich habe an den großen Beispielen des Satzes vom Grund und des analogen Denkens gezeigt, wie wunderbar sich das Potential unseres Geistes erweitert, wenn wir wieder stärker mit dem Ohr denken. Jetzt ein Beispiel aus der Poesie – ein ganz einfaches:

«Wer das Tiefste gedacht, liebt das Lebendigste.»

Viele von uns kennen diese Zeilen von Hölderlin, und jeder betont natürlich die Substantiva: das «Tiefste» und das «Lebendigste». Damit aber «überhören» wir, wie Heidegger zeigt, allzuleicht «die eigentlich sagenden und deshalb tragenden Worte. Die sagenden Worte sind die *verba.* Wir hören das Verbale des Verses, wenn wir ihn, dem gewöhnlichen Ohr ungewohnt, anders betonen:

Wer das Tiefste
g e d á c h t
l í e b t
das Lebendigste.

Die nächste Nähe der beiden Verba ‹gedacht› und ‹liebt› bildet die Mitte des Verses.» Nur wenn wir den Satz so betonen, wie Heidegger es uns hier vorschlägt, wird deutlich, «daß die Liebe darin ihren Grund hat . . . daß wir Tiefstes gedacht haben».

Wir konnten dies erkennen, weil wir «hörender» geworden sind für das, was das Gedicht sagt. Der Komparativ – die Steigerung – des Hörens ist wichtig für Heidegger. Und für dieses Buch. Das Ziel ist der Superlativ: «am hörendsten».

XI
WOLFFS RONDO

Ich will, bevor es weitergeht, einschieben: Wir hören Heidegger. Wir hören Leibniz. Wir hören Hölderlin. Und wir bemerken: Wenn wir sie hören – wirklich hören –, entfaltet sich, was sie gesagt haben, wie eine Blüte aus der Knospe. Wir vernehmen, was sie gesagt haben, sehr viel intensiver, wenn wir es hören. Es ist eine Intensität, die nicht nur von Heidegger, Leibniz, Hölderlin kommt. Das Hören bringt sie ein. Es wird – es ist – seine Intensität. Sein Komparativ und Superlativ. Diese Intensität bezieht sich nicht nur – um nur diese drei, stellvertretend für so viele andere, zu nennen – auf Heidegger, Leibniz, Hölderlin. Sie bezieht sich auf die Art und Weise, in der wir vernehmen und wahrnehmen. Lesen, denken, lieben, leben – auch fühlen und sehen, riechen und schmecken – alles wird intensiver, vielschichtiger, reicher, wenn wir hören. Wenn wir mehr und aufmerksamer hören, als wir es bisher getan haben.

Sehr schön klingt das in einem Gedicht von Kurt Wolff an, dem liebenswerten Förderer der deutschen Expressionisten:

«Wer Ohren hat
Höre.
Wer Augen hat
Höre und sehe.
Wer Hände hat
Höre und sehe und tue.
Wer Füße hat
Höre und sehe und tue und gehe.
Wer einen Mund hat
Höre und sehe und tue und gehe und rede.

Und schweige
und schweige
und schweige

und rede.»

XII
PAUSE MIT BHAGWAN

Wir haben gesagt: Das Hören bringt Intensität ein. Die größte Intensität – wir erfahren das in der Liebe – ist Einswerden. Die Frage «Wer hört was?» mag wichtig sein, aber sie bleibt an der Oberfläche. Es ist eine Sehfrage. Der Sehende steht da und blickt irgendwohin; dorthin sendet er seinen Seh-Strahl. Sehen ist nicht möglich ohne Trennung in Subjekt und Objekt. Aber der Hörende nimmt auf – nimmt in sich hinein. Er löst die Trennung auf. Hören löst «Sonderungen» auf.

Niemand hat das schöner gesagt als Bhagwan Shree Rajneesh: «Ob du mir zuhörst, oder einem Flötenspieler zuhörst, oder den Vögeln am frühen Morgen zuhörst, oder ob du an einem Wasserfall sitzt und ihm zuhörst, es kann die gleiche Erfahrung kommen. Sie kommt nicht aus dem, was du hörst, sie kommt, weil du hörst...»

XIII
KADENZ ÜBER DAS DENKEN

In diesem Zusammenhang, notwendig für das Folgende, ein weiterer Einschub: Das Denken ist nicht der bewußte Akt, für den wir es halten. Jeder schöpferische, produktive Mensch hat die Erfahrung gemacht: «Es» denkt. Tage, oft Wochen später, nachdem man einen Gedanken niedergeschrieben hat, realisiert man «aus heiterem Himmel»: Die Deduktion, die du da neulich geschrieben hast, stimmt nicht. Sie war schief. Oder: Du hast etwas vergessen. Oder: Das hättest du besser sagen können. Wir haben uns gerade verliebt, wir fahren Auto, wir schlafen und träumen, wir haben uns inzwischen mit dem betreffenden Problem überhaupt nicht mehr befaßt. Was ist es, was da gleichwohl weitergedacht hat?

Unser bewußtes Denken ist nur die Spitze eines Eisbergs. Die Spitze ist wichtig. Wir können sie sehen. Sie ist gewaltig und eindrucksvoll. Aber darunter gibt es andere Kräfte – noch gewaltigere –, die ebenfalls denken. Wir müssen dankbar sein, wenn sie uns benutzen – unsere Eisbergspitze. Wir *ver-nehmen*, wir empfangen, wir *hören* da etwas, das zu uns ausgesandt wird. Die Reduktion der Vernunft auf das Klare, Lichte, Durchschaubare (wie die Aufklärung sie betrieben hat) ist eine Simplifizierung – ist genau dies: Reduktion der Vernunft. Das ist der Grund, weshalb wir heute so oft an die Grenzen der Aufklärung stoßen – nicht nur in der Philosophie, auch in der Soziologie, Politik, Psychologie, im täglichen Leben. Wir sollten uns nicht als «anti-aufklärerisch» denunzieren lassen. Wir haben die Aufklärung in uns, wir bewahren sie – und können eben deshalb über sie hinausgehen. Wir m ü s s e n über sie hinausgehen.

XIV
SEITENTHEMA: HERAKLIT

Heidegger hat die Kategorie des *Horchsamen* eingeführt. Man horche diesem Wort nach. *Horchen* ist ein gesteigertes Hören. Die Silbe *sam* kommt auch in dem Wort *gehorsam*, natürlich auch in *aufmerksam* vor, auch in *zusammen* (siehe hierzu das Kapitel «Hörworte»). *Horchsam* also präzisiert: horchend gehorsam, dem Hören ge-hörend und es er-hörend, mit Aufmerk-*sam*-keit innerlich ge-*sam*-melt und bei-*sam*-men sein.

Die Bewegung, die in *horchsam* steckt, geht nach innen, tiefer noch als beim gewöhnlichen Hören. Ich könnte mir vorstellen, von einem meditierenden Menschen zu sagen, er sei *horchsam*. Heidegger: «Wir meinen fälschlicherweise, die Betätigung der leiblichen Gehörwerkzeuge sei das eigentliche Hören...» Aber zum «eigentlichen Hören» gehört «gerade dieses, daß der Mensch sich *ver*-hören kann, indem er das Wesenhafte *über*-hört... Wir hören nicht, weil wir Ohren haben. Wir haben Ohren und können leiblich mit Ohren ausgerüstet sein, weil wir hören...» Jeder hör- und musikempfindliche Mensch hat die Erfahrung gemacht: Wir hören nicht nur mit unseren Ohren; wir hören mit unserem Körper – buchstäblich mit jeder Pore und Zelle. Menschen, die von Geburt an taub sind – nie in ihrem Leben mit ihren Ohren hören konnten –, reagieren mit deutlichen Zeichen der Verstörung und meßbar höherem Blutdruck, wenn sie eine Zeitlang dem Lärm eines Preßlufthammers oder der dröhnenden Musik einer Disco ausgesetzt werden.

Horchsam ist eine Haltung. Pointiert ausgedrückt: Sogar ein Tauber – vielleicht gerade er? – kann *horchsam* sein.

Heidegger prägt das Wort *horchsam* in einem Aufsatz über Heraklit, den sagenumwobenen griechischen Philosophen aus dem Ephesus des 5. vorchristlichen Jahrhunderts, dessen Werk nur in einzelnen Aussprüchen, Zitaten und Gedanken überliefert ist. Eines dieser Fragmente – das fünfzigste – lautet:

«Habt ihr nicht mich, sondern den Sinn vernommen,
So ist es weise, im gleichen Sinn zu sagen:
Eins ist alles».

Mit der ihm eigenen Sorgfalt zeigt Heidegger, daß die letzte Zeile dieses Spruches nur dann sinnvoll ist, wenn es der ersten nicht einfach nur auf ein «äußeres Hören» ankommt, sondern: auf das Hören des Seins. Oder – ein Lieblingswort Heraklits– des *Logos*. Des Ur-Wortes. Und des Ur-Klangs. In der Sprache dieses Buches: des *Nada Brahma*.

XV
VARIATION ÜBER DAS SEITENTHEMA

Immer wieder ragen in dieses Kapitel – und in dieses Buch und in seinen Vorgänger – die beiden Gedanken:

1. Hören = Sein.
2. Alles ist eins.

Beide Gedanken hängen miteinander zusammen: Das Sein ist nur Eines. Der hörende Mensch *ver-nimmt* dies.

Ich darf zurückgreifen: Wenn wir schlafen, schließen wir Augen und Mund. Das Gefühl stellt sich (fast) ab. Aber: Unsere Ohren bleiben offen.

Ja, unsere Ohren sind geöffnet, noch bevor wir geboren werden. Bereits in dem der Geburt vorausgehenden Stadium ist das Ohr wichtiger als unsere anderen Sinne. Mit ihm beginnt unser Bewußtsein: Bereits wenige Wochen nach der Befruchtung bildet das Embryo Ohren. Das Kind hört im Mutterleib den Herzschlag der Mutter, später die Geräusche der Außenwelt – was doch bedeutet: Ehe der Mensch mit irgendeinem anderen Sinn «Welt» wahrnehmen kann, nimmt er sie mit dem Ohr wahr.

Entsprechend ist es am anderen «Ende» unserer Existenz. Die moderne Sterbeforschung hat darauf hingewiesen: Der menschliche Sinn, der in der überwiegenden Anzahl der Fälle zuletzt abgeschaltet wird, ist der Hörsinn. Wenn Seh-, Riech-, Schmeck-, Fühlsinn und Sprechfähigkeit längst «verstummt» sind, *hören* wir immer noch.

Also: Bevor wir diese Erde betreten – und unser ganzes Leben hindurch, auch dann, wenn in der Stunde des Todes bereits alle anderen Sinne versagen –, *hören* wir – was doch signalisiert: Mit keinem unserer Sinn sind wir so sehr, wie wir hörend sind! Muß das nicht der eigentliche Grund dafür sein, daß wir unsere Ohren nie und nimmer schließen können, solange wir leben? Weil Hören Sein ist?

XVI
MEHR MÜNZ-DUOS

> «Überwunden hat Wahn und Sorge,
> wer überall die Einheit sieht.»
> *Upanischaden*

Sluch heißt im Slowakischen das Gehör, *hluch* heißt taub. *Kan* ist bengalisch das Ohr, *kala* taub. *Kolto* bedeutet im Tibetanischen taub, aber *koling* in Bontok das Ohr.

Es gibt das in allen Sprachen der Erde: Gegensätzliches klingt (fast) gleich. Wer eine *Stimme* hat, kann nicht *stumm* sein, und doch gibt es auch bei uns den Gleichklang der *Stimme* mit dem *Stummen*. Wer sehend ist, meinen wir, kann nicht blind sein, aber in Dutzenden von Sprachen ist kaum ein Unterschied zwischen beidem; und auch im Deutschen ist ein Seh-Wort, nämlich *blinzeln*, dem *Blind*-Sein verwandt; der *Blitz* ist es auch.

Die *Lehre*, meint unser rationaler Verstand, sei das Gegenteil der *Leere*, aber in der Sprache scheint eine andere Auffassung aufgehoben zu sein – und nicht nur im Deutschen. Im Italienischen zum Beispiel heißt *senso* der *Sinn*, aber das aus der gleichen Wurzel abgeleitete Wort *senza* bedeutet *ohne*. Die Sprache scheint also zu meinen, daß es keinen großen Unterschied ausmache, ob etwas *mit* oder *ohne* Sinn geschehe.

In Hülle und Fülle lassen die Sprachen der Erde Worte für *Hülle* und *Fülle* und deren Gegenteil ineinander übergehen: griechisch *holos* (= ganz), in deutsch *hohl* in *voll* in *viel* in *Fehl* und *falsch*, aber *voll* auch in englisch *whole* (= das Ganze) in *hole* (= das Loch) in *kol* (hebräisch ganz) etc. – ausstrahlend in alle denkbaren Richtungen: *Garr* – zum Beispiel – ist arabisch der volle Mond, aber *gar* ist auch ein Hohlmaß. Ähnlich in Bengali: Dort ist *Chand* der Mond und *shunna* hohl.

Einige dieser «Polaritäten, die auf das gleiche hinauslaufen», habe ich schon in «Nada Brahma» erwähnt, zum Beispiel das italienische Wort *calda*, das eben nicht *kalt*, sondern im Gegenteil *warm* bedeutet. *Ciel* weist im Französischen hinauf zum Himmel, aber das entsprechende deutsche Wort, *Keller*, weist in die Tiefe, und auch wenn wir ganz in unserer eigenen Sprache bleiben, können wir einerseits fest auf dem *Boden* stehen und damit etwas unter uns Befindliches meinen, aber andererseits auf den *Boden* hinaufgehen, also nach oben streben.

Gerade das in die Höhe Ragende einerseits und das in die Tiefe Dringende andererseits – so sollte man meinen – müßten doch nun wirklich sorgfältig voneinander unterschieden werden, und dennoch gehen die entsprechenden Wörter ständig ineinander über: der *Wall* und das englische *valley* (= Tal), *Höhle* und *hill* (= Hügel). Im Lateinischen ist beides dasselbe: *altus* heißt hoch und tief.

Die *Höhle*, in der es doch dunkel ist, ist dem *Hellen*, der *Himmel* der *Hölle* verwandt. Wer in sie kommt, kann kaum *heilig* sein, und doch bezieht die Sprache *Höllisches* und *Heiliges* unmittelbar aufeinander.

Gut, sagt unser moralisches Bewußtsein, ist das Gegenteil von böse, aber in den Sprachen der Welt gehen die moralischen Kategorien so turbulent ineinander über wie in der Wirklichkeit. So muß die Wurzel *bad* (englisch *böse*, schlecht) ursprünglich beides – das Gute u n d das Schlechte – gemeint haben, denn sogar noch die Steigerung des Guten – das deutsche Wort *besser* – ist (über die in allen Sprachen nachweisbare t-s-Verschiebung) mit *bad* verwandt, als sei *besser* ein noch schlimmeres *Bös*-sein und das englische Wort *best* dessen Superlativ, während es doch in Wirklichkeit (aber was ist hier Wirklichkeit?) als Steigerung von *good* (= *gut*) gilt. Für *gut* übrigens wurde noch im Mittelhochdeutschen gern das Wort *baß* verwendet (das in dem altertümlichen *fürbaß* anklingt), das einerseits die Grundform des Komparativs *besser*, aber doch andererseits das exakte Äquivalent zum englischen *bad* und obendrein noch mit *Buße* und *büßen* verwandt ist. Lao Tse ist wahrhaftig wörtlich zu nehmen: «Wer da sagt gut, sagt zugleich ungut.»

Gut: das Wort evoziert Gott, aber auch in diesem Fall meint die Sprache: Gott und der Teufel sind eins – wovon ja auch viele Mystiker und esoterische Schulen überzeugt sind: *devil* (englisch: Teufel) und *divine* (englisch: göttlich) sowie: *dieu* (französisch: Gott), *Teufel* (deutsch), *Zeus* (griechisch), *deva* (im Sanskrit: Gott) etc.

Der griechische und neutestamentarische *logos* – das Göttliche Wort, das im Anfang war – ist mit der deutschen *Lüge* verwandt. Und damit niemand meint, dies sei «Zufall», sei angefügt, daß auch in vielen anderen Sprachen Wort und Lüge zusammenklingen, zum Beispiel *Quallu* und *Lulla* im indianischen Quechua oder *Njalme* und *Gjela* im Samojedischen.

Sogar die Worte für die gegensätzlichen Ur-Elemente der Alten – für Feuer und Wasser – laufen oft auf das gleiche hinaus, zum Beispiel im Deutschen, wo das Wasserwort *Brunnen* und das Feuerwort *brennen* (althochdeutsch *brinnan*) zusammengehören.

Was groß ist, kann nicht klein sein – und dennoch meinen viele Sprachen das Gegenteil. In Thai etwa ist *leg* klein und *laag* groß. Wer etwas *muß*, hat gewiß keine *Muße* – aber die Sprache muß einmal gemeint haben, er hätte.

Richard Fester hat nachgewiesen, daß es kaum ein Wort gibt, das nicht sein Gegenteil von Anfang an – und gerade im Anfang! – in sich getragen hat. Kaum ein Mensch ist sich dessen bewußt – und doch ist es so auffällig, daß man sich fragen muß: Warum bemerkt das niemand? Weil wir nicht hören?

Hörten wir, würden wir vernehmen, was uns die Sprache sagt: Was ihr für unvereinbare Gegensätze haltet, ist im Grunde das gleiche. Was euch der *Feind* ist, kann auch der *Freund* sein – auch dies wieder zwei Gegensatz-Worte, die einmal Eines gewesen sind.

«Der Weg nach oben und der Weg nach unten ist ein und derselbe», heißt es in den Sprüchen des Heraklit. «Wie oben so unten»

(Hermes Trismegistos) ist eine Ur-Weisheit vieler Kulturen. Der frühe, der archaische Mensch muß das noch gewußt haben. Deshalb bedachte er Gegensätze mit dem gleichen Wort, unterschied sie allenfalls durch den Tonfall, durch die Akzentuierung, durch einen vertauschten Vokal oder Konsonanten.

Die Linguistik hat gezeigt: Sprache bildet Wirklichkeit ab. Was für eine Wirklichkeit ist das, die sie uns auf diese Weise zeigt? Nur eine Antwort ist denkbar: Das, was wir für unvereinbar und gegensätzlich halten, ist lediglich um eine Kleinigkeit voneinander verschieden. Das ist die Wirklichkeit. Die Scheidung – die Sonderung – der Welt in Polaritäten ist Täuschung, ist Schein: *Maya.* Alles ist eins. Hörten wir, würden wir dies hören. Die Münze mag zwei Seiten haben, aber es ist eine Münze. Deshalb hat sie auch nur einen Klang.

Aber sie hat ihn nur, insofern sie zwei Seiten hat. Wir können die Einheit nicht haben ohne die Ganzheit, ohne die Pole: ohne Gott und den Teufel, ohne Gut und Böse, ohne Leben und Tod, ohne Liebe und Haß, ohne Freude und Leid. Wer dies nicht erkennt, verdrängt den jeweiligen Gegenpol in sein Unterbewußtes, wo er – wie C. G. Jung gezeigt hat – «wuchert» und dadurch um so größeres Übel schafft. Die «Heile Welt» ist die eigentlich unheile; sie sieht nur die eine Hälfte, ist un-heil in dem Sinne, daß sie nicht mehr ganz ist. Man beachte, daß dies auch eine politische Aussage ist.

Wir würden all dies wissen – wir wissen es ja im Grunde, aber wir leben nicht danach –, wenn wir hörten und lauschten: nicht nur der Sprache nachhorchten, sondern – indem wir dies tun – uns selber hörten, in uns selbst hineinhorchten. Der Satz «Erkenne dich selbst» heißt immer auch: Höre auf dich! Horche in dich hinein! Höre dich! Und der Satz «Werde, der du bist» heißt zwangsläufig: *Ge-höre* dir! Liebe deinen Nächsten wie dich selbst. Dann *gehorchst* du dir. Dann wirst du, der du sein sollst und als der du von Anfang an angelegt bist.

Wenn wir uns erkennen als das, was wir sind, wenn wir das Universum erkennen als das, was es ist – wenn wir uns und es *er-hören* –, *vernehmen* wir Einheit und Ganzheit: *Uni-versum* meint: zur Einheit gewendet. Was uns als Vielheit erscheint, ist «Schmuck». Das griechische Wort *kosmos* bedeutet eben dies: Schmuck!

Beide Worte – *Uni-versum* und *Kosmos* – ergänzen einander: die durch Vielheit geschmückte Ganzheit, die «Einheit in der Vielheit», die Hegel als «das Absolute» bezeichnete. Im Deutschen genügt ein einziges Wort: *Welt.* In ihm *wellt* sich und *wallt* und *waltet* die *Welle,* die nur ein Kräuseln ist auf der unendlichen Einheit des *Welt*-Meeres, das alle *Wellen* enthält. Wer diese Einheit vor lauter *Wellen* nicht wahrnimmt, ist wie jemand, der vor lauter Bäumen den *Wald* (in dem auch wieder die *Welt* und die *Welle* stekken) nicht sieht.

Welle und *Welt* sind die zwei Seiten der gleichen Münze. Die Münze selbst ist eine einzige. Das sagen uns alle diese Worte: *Universum, Kosmos, Welt, Welle . . .*

Vielleicht hat sich der eine oder andere Leser selbst beobachtet, als er vorhin die Ausführungen über die Ur-Einheit der Worte – die in ihnen verborgenen und dadurch aufgehobenen Gegensätze – gelesen hat. Warum lesen – warum hören – wir solche Gedanken mit so großer innerer Befriedigung?

Alles Glück ist Eins-Werden. Wir erfahren in solchen Augenblikken: Sprache wird eins und bildet unsere potentielle Einheit und Ganzheit ab. Gegensätze vereinen sich. Ist es nicht ein wenig, wie wenn wir ein Liebespaar in inniger Umarmung beobachten? Sind wir in solchen Momenten *Voyeure* der Sprache? Sehen wir Einheit? Beobachten wir Eins-Werden?

XVII
FUGA CANONICA

> «Wenn du nur aufhörtest, entgegengesetzten Begriffen anzuhängen, würde die Täuschung von allein aufhören.»
>
> *Huang-Po*

Dächten wir stärker durchs Ohr, hörten wir intensiver der Sprache und dem Gleichklang polarer Worte nach, dann würden wir viel häufiger Einheit und viel seltener Polaritäten wahrnehmen – und wir würden uns der Einheit in der Polarität bewußt werden. Polares Denken kommt auf dem kürzesten Weg von der Ursache zur Wirkung. Es ist Augen-Denken – und das heißt immer auch: Es ist simplifizierend. Es legt Leibniz' Satz vom Grund «eindimensional» aus.

Unser gesamtes Wissenschaftsdenken ist «eindimensional». Eben noch haben sich die Wissenschaftler fast ausschließlich mit der Konditioniertheit unserer Verhaltensmuster durch Gesellschaft und Umwelt befaßt. Jetzt entdecken sie mit einemmal wieder die Wichtigkeit der Vererbung, die ihnen ja auch schon wichtig gewesen ist, bevor sie sich so einseitig auf soziale Gesichtspunkte fixiert haben. Auf diese Weise pendeln sie nun schon 150 Jahre lang ständig zwischen den Polen «Umwelt» und «Vererbung» und bemerken nicht, daß diese beiden Aspekte nur die zwei Seiten der gleichen Medaille sind und daß sie die Wahrheit nicht erfassen können, wenn sie nicht endlich beginnen, die Pole als vereinfachende Abstraktionen zu begreifen, die mit dem wahren Geschehen nur auf sehr oberflächliche Weise zu tun haben.

Immer häufiger stoßen wir auf Probleme, die sich durch das überlieferte Denken in Polaritäten nicht lösen lassen. Dieses Denken hat geleistet, was es für uns leisten konnte. Jetzt kommen wir in Bereiche, in denen es Ergebnisse nicht mehr erschließt, sondern verstellt – in der Krebs- und Aids-Forschung, in Fragen des wuchernden Großstadtverkehrs, des Wucherns auch unserer Städte und Bürokratien, der Kostenexplosion im Gesundheitswesen, der Arbeitslosigkeit und Computerisierung, des Sterbens der Wälder, Flüsse, Seen, Meere ... (womit sich der Kreis schließt zu dem, was ich über das monokausal orientierte Wissenschaftsdenken gesagt habe).

Weiterkommen werden wir erst, wenn wir das, was wir bisher in Gegensätze auseinanderdividiert haben, als (immer wieder ist dieses Bild notwendig) die zwei Seiten der gleichen Münze – will sagen als Einheit – verstehen lernen. Es gibt bereits wissenschaftliche Disziplinen, die uns das vormachen – die Kybernetik mit ihren Regelkreisen, die Biologie mit ihren neuen systemischen Konzeptionen und vor allem natürlich – dort bereits seit Anfang unseres Jahrhunderts! – die Physik. Dem «gesunden Menschenverstand» mag es noch immer absurd erscheinen, einen physikalischen Vorgang gleichzeitig als Welle *und* als Partikel zu konzipieren, aber den Physikern macht das keine Schwierigkeit mehr. Wann werden wir daraus lernen? Und was ist es, was wir daraus lernen können?

Doch zweifellos dies: daß unsere herkömmlichen Vorstellungen von der Unvereinbarkeit von Welle und Partikel Täuschung sein müssen, daß also Welle und Partikel selbst – so, wie wir sie uns vorstellen – Täuschung sind; in Wahrheit bilden sie Einheit und Ganzheit.

Wir beginnen zu verstehen: Ähnliches gilt von all den anderen Polaritäten, in die das eindimensionale kausale Denken die Welt zerlegt hat.

XVIII
TRIPEL-FUGE FÜR HERAKLIT, BHAGWAN UND HEIDEGGER

Hans-Peter Hempel, Philosophie- und Politikdozent in Berlin und ein versierter Heidegger-Kenner, machte mich auf die Entsprechungen und Beziehungen zwischen den Heraklit-Aufsätzen von Heidegger und dem Heraklit-Buch von Bhagwan Shree Rajneesh, «Die verborgene Harmonie», aufmerksam. Sie sind verblüffend. Man fragt sich: Wie ist das möglich? Beide – Heidegger und Bhagwan – sind unabhängig voneinander zu ihren Ergebnissen gekommen, aber man begreift: Beide sind in einem gesteigerten Sinne hörende Menschen, sind *horchsam*.

Die Schlüsselworte für Bhagwans Heraklit-Buch lauten:

«Die verborgene Harmonie
Ist mächtiger
Als die offensichtliche.»

«Die Menschen sehen nicht,
Daß alles, was sich widerspricht,
Dadurch mit sich in Einklang kommt.»

Bhagwan: «Die offensichtliche Harmonie [die Harmonie, die jeder auf Anhieb hören kann] ist in Wirklichkeit gar keine Harmonie, und die verborgene Harmonie ist die einzig wirkliche Harmonie... Finde deshalb eine Stimmigkeit zwischen den tieferliegenden Unstimmigkeiten heraus, finde eine Harmonie zwischen den tiefsten Gegensätzen.» Bhagwan erinnert daran, daß «das Offensichtliche an der Oberfläche ist und die Oberfläche täuschen kann».

Den wahren Kontrast, auf den es Heraklit ankam, erkennt man freilich erst, wenn man die beiden Adjektiva, die da einander gegenübergestellt werden, sorgfältig abklopft – und auf das Klopfgeräusch, das dabei entsteht, horcht: *verborgen* und *offensichtlich*. Im griechischen Original sind beides Seh-Worte; das erstere ist die Verneinung des letzteren: *phaneros* und *aphanes* – sichtbar vor aller Augen, leuchtend, öffentlich; andererseits: nicht erscheinend, unsichtbar, verborgen.

Wir müssen aber auch untersuchen, was denn das Wort, mit dessen Hilfe Heraklit die beiden Arten von Harmonie vergleicht, genau bedeutet. Der vollständige Spruch umfaßt im Original nur vier Worte:

»*Armonía aphanés phanerós kreísson.*

Wahrhaftig ein Satz, an dessen nicht nur gedanklicher, sondern auch schriftstellerischer Prägnanz sich ganze Generationen von Philologen die Zähne ausgebissen haben! *Kreísson* – das Wort, auf das der Spruch zuläuft! – heißt: stärker, mächtiger, gewaltiger, vorzüglicher, trefflicher, nützlicher, besser, glücklicher; überlegen, obsiegend; Sieger, Herr. All das also schwingt mit, wenn Heraklit die öffentliche, für jeden sichtbare, leuchtende Harmonie mit der unsichtbaren, verborgenen vergleicht. Man könnte völlig richtig übersetzen: «Die verborgene Harmonie ist Sieger über die leuchtende» – und hätte damit einen Spruch vom Zuschnitt des Tao Te King.

Wie man freilich auch übersetzen mag, in jedem Fall wird deutlich: Harmonie, die das Auge sehen kann, ist nicht so «gewaltig» wie die für unseren Sehsinn nicht wahrnehmbare Harmonie. Der Komparativ *kreísson* impliziert: Zwar ist auch die sichtbare, «öffentliche» Harmonie gewaltig, mächtig, trefflich, nützlich; nur ist eben die verborgene noch gewaltiger, mächtiger, trefflicher, nützlicher...

Daß hier nichts hineininterpretiert wird, macht der zweite Heraklit-Spruch vollends deutlich:

«Die Menschen sehen nicht,
Daß alles, was sich widerspricht,
Dadurch mit sich in Einklang kommt.»

Das zu betonende Wort ist «dadurch». Heraklit will sagen: Die Dinge kommen eben dadurch in Einklang – in Harmonie –, daß sie einander widersprechen. Sie sind also nicht in wahrer Harmonie, wenn ihr Einklang «offensichtlich» ist: nur dem Auge ein-*seh*-bar und er-*sicht*-lich.

Nicht nur Heidegger, auch Bhagwan betont, daß diese Aussage des Heraklit das moderne Wissenschaftsdenken zutiefst angeht – und aus den Angeln hebt. Bhagwan schreibt: «A ist A, es kann niemals B sein. Dieses Prinzip des Aristoteles wurde zum Grundstein des gesamten westlichen Denkens ... Liebe ist Liebe, Haß ist Haß; und Liebe kann niemals Haß sein. Das ist töricht, denn alle Liebe schließt Haß ein – sie muß ihn einschließen; das ist naturgegeben.» Deshalb ist die eindimensionale, «logische Aussage von vornherein verkehrt, weil sie nicht eine Aussage des Lebens ist. Und eine lebendige Aussage ist von vornherein unlogisch, weil sich das Leben in Paradoxien äußert.» Noch einmal Heraklit: «Die Menschen sehen nicht, daß alles, was sich widerspricht, dadurch mit sich in Einklang kommt.» Genau diese Tatsache hat das abendländische Wissenschaftsdenken *über-sehen.* Indem es immer nur vorwiegend sah, *über-sah* es. Und zwar übersah es: Einklang. Genauer: den verborgenen Einklang, die nicht offensichtliche Harmonie.

Deshalb auch von Bhagwan – genau wie von Heidegger – die Höranweisung: «Höre! Aber indem du hörst, vergiß den Hörer. Werde ganz und gar Hören. Nur Ohren und Ohren und Ohren. Als verwandelte sich dein ganzer Körper in Ohren. Du wirst zwei riesengroße Ohren – und sonst nichts. Deine Augen hören. Deine Hände hören. Deine Füße hören. Jede Zelle deines Wesens soll hören!»

Heidegger gebraucht das Wort *ent-bergen.* Die Verborgenheit der Harmonie muß *ent-borgen* werden. Nur dann wird sie Wahrheit. Das griechische Wort für Wahrheit – *aletheia* – heißt ursprünglich Unverborgenheit. Die *letheia* ist das Verborgene und Vergessene. Griechisch – und herakliteisch! – gehört, ist Wahrheit ein ständig im Fluß befindlicher Prozeß zwischen Ver-Bergung und Ent-Bergung. Wahrheit geschieht, wenn die *letheia* zur *aletheia* wird: in genau diesem Moment! Sie ist noch nicht Wahrheit, wenn sie nur *letheia*, und nicht mehr Wahrheit, wenn sie ganz und gar *aletheia* – «offensichtlich» – geworden ist!

XIX
VARIATON À LA MOZART

An dieser Stelle fließen Sehen und Hören zusammen: inneres Sehen und inneres Hören. Heidegger zitiert einen Brief Mozarts, in dem dieser erklärt, daß für ihn eine Komposition, noch bevor er sie niedergeschrieben hat, als Ganzes schon «da» ist: «... wenn es auch lang ist, so daß ich's hernach mit einem Blick gleichsam wie ein schönes Bild oder einen hübschen Menschen im Geist wiedersehe, und es auch gar nicht nacheinander, wie es hernach kommen muß, in der Einbildung höre, sondern wie gleich alles zusammen. Das ist ein Schmaus!» Mozart gebraucht die Ausdrücke: das «Ganze mit einem Blick übersehen» und das «Ganze überhören, so alles zusammen» nebeneinander. Heidegger: «Sie sind eines und dasselbe.» – «Solcher Art Blicken und solcher Art Hören werden eins.»

XX
FINALE MIT T. S. ELIOT

Das innere Hören, das – im Sinne Mozarts – «alles auf einmal» hört (während doch das äußere Hören an den Ablauf – zum Beispiel – eines Musikstückes in der Zeit gebunden ist), ist unabhängig von der Wahrnehmung durch unsere Sinnesorgane, die – wie die moderne Physik und Neurologie gezeigt haben – nicht so sehr als Medium, durch das die Welt in uns eintritt, funktionieren, sondern vielmehr als *screen* – als Schirm (wie er zum Beispiel eine Lampe umgibt). Sie schirmen uns vor der Welt ab und lassen nur das ein – lassen nur das zu –, was der Evolution dient: was wir brauchen, um zu überleben. Unsere Sinnesorgane – das Auge zumal – schützen uns, indem sie die Wirklichkeit ausfiltern wie der Filter eines Photoapparates diejenigen Farb- und Lichteindrücke, die der eingelegte Film nicht verarbeiten kann.

Das innere Hören aber und das innere Erblicken hört und erblickt «alles auf einmal». Es ist unabhängig von Raum- und Zeitdimensionen. Ich finde diesen Gedanken in keinem Text überzeugender und schöner ausgedrückt als in den «Four Quartets» von T. S. Eliot:

«Worte bewegen sich, Musik bewegt sich
Bloß in der Zeit, doch was nur lebt,
Kann auch nur sterben. Worte, die gesprochen sind,
Reichen ins Schweigen.
Nur durch die Form, den Rhythmus
Können das Wort und der Klang
Die Stille erreichen, wie eine chinesische Vase
Sich im Stillen ständig bewegt.
Nicht wie die Stille der Geige, während der Ton dauert,
Nicht das nur, sondern die Gleichzeitigkeit,
Als wäre das Ende dem Anfang vorangegangen
Und Ende und Anfang wären immer da,
Auch vor dem Anfang, und nach dem Ende,
Und alles ist ständig jetzt.»

XXI
HEIDEGGERS, GOETHES UND HERAKLITS CODA

Als Coda ein Dreiklang: Heidegger, Goethe, Heraklit.

Heidegger: «Die Weise, wie wir beim Hören und Sehen etwas wahrnehmen, geschieht durch die Sinne, ist sinnlich. Diese Feststellungen sind richtig. Sie bleiben dennoch unwahr, weil sie Wesentliches auslassen. Wir hören zwar eine Bachsche Fuge durch die Ohren, allein wenn hier nur dies das Gehörte bliebe, was als Schallwelle das Trommelfell beklopft, dann könnten wir niemals eine Bachsche Fuge *hören*. Wir hören allerdings durch das Ohr, aber nicht mit dem Ohr... Wenn daher das menschliche Ohr stumpf wird, das heißt taub, dann kann es sein, daß, wie der Fall

Beethoven zeigt, ein Mensch gleichwohl noch hört, vielleicht noch mehr hört und Größeres hört als zuvor...»

Wie für Heidegger das gewöhnliche Hören nicht das eigentliche Hören ist, so ist für Goethe das gewöhnliche Sehen nicht das eigentliche Sehen. Dieses ist das «Sehen mit den Geistesaugen».

In den Worten Heraklits und Heideggers: Habt ihr nicht mich (also die meßbaren Frequenzen, die von mir ausgehen), sondern den Sinn (des Seins, den *Logos*, das Ur-Wort und den Ur-Klang) vernommen (habt ihr sie *ent-borgen* und ans Licht gebracht), dann ist es weise, im gleichen Sinne (im Sinne der verborgenen, nicht-offensichtlichen Harmonie) zu sagen:

EINS IST ALLES.
ALLES IST EINS.
EINS.

ANA-LOGIK FÜHRT WEITER ALS LOGIK

Harmonikales Denken ist analoges Denken. Wenn ich sage: «Die Welt ist Klang», stelle ich eine Analogie her – zwischen der Welt und dem Klang. Diese Analogie erscheint zunächst noch sehr vage. Je mehr ich ihr nachspüre, desto präziser wird sie. Am Ende ist deutlich: Die Welt IST Klang.

Das Nachspüren kann auf verschiedene Weise erfolgen:

intellektuell durch präzises Denken –
durch Fühlen –
durch Erleben und Erfahren –
durch Meditation.

Analoges Denken fordert diese verschiedenen Ebenen der Realisation. Logisches Denken fordert immer nur eine Ebene – die intellektuelle, es ist eindimensional. Analoges «Denken» ist mehrdimensional; deshalb habe ich eben das Wort Denken in Anführungszeichen gesetzt.

Die Logik gehört zur *ratio*. Beide lieben gerade Linien. Deshalb sind sie ein Lieblings-Spielfeld des Augenmenschen. Der Geraden haftet etwas Zupackendes und Vereinfachendes an.

Die *Ana*-logik gehört zum Ohr. Sie bewegt sich – vorsichtig und behutsam – auf Kurven und Spiralen – den Windungen unseres Ohres ähnelnd.

Menschliches Denken begann analog – und noch immer ist analoges «Denken» beweglicher, kreativer, revolutionärer, intuitiver, freier, spontaner, weniger rigide, weniger starr, weniger gewaltsam als logisches Denken.

Der frühe Mensch ERSCHLOSS sich die Welt, wie das Baby es tut – assoziativ, sich vom Bekannten zu Unbekanntem tastend und bewegend. Er verglich bereits Erforschtes und Bekanntes mit dem, was jeweils an Neuem in seinen Gesichtskreis trat, und er war bei diesem Bilden von Analogien um so kreativer, je überzeugender er das Bekannte dort fand, wo es nicht – oder kaum – zu vermuten war.

Die Wissenschaft nimmt an, daß der frühe Mensch das limbische System seines Gehirns – das sogenannte «Säugetierhirn» – sehr viel stärker benutzt hat als der heutige. Im limbischen System wird der Ursprung der Träume vermutet.

Träumen heißt Verbindungen herstellen zwischen Bekanntem und Unbekanntem. Wir alle wissen, daß wir dabei weite Brücken schlagen – so kühn, daß unser Wachbewußtsein sie oft kaum mehr begehen mag; ja, selbst erfahrene Psychologen haben oft Schwierigkeiten, der Spannweite unserer Traumbrücken zu folgen, will sagen: die Träume zu verstehen und zu deuten (was ohnehin immer nur der Träumende selbst kann, denn die Deutung «stimmt» erst dann, wenn der Träumende mit einem «Aha!» begreift, was ihm da gesagt werden sollte).

Sprache und Schrift – die größten Leistungen des Menschen – sind nicht (wie wir Heutigen wohl meinen würden) logisch, sondern *ana*-logisch entstanden. Die neue Wissenschaft der Paläolinguistik hat gezeigt: Der frühe Mensch hatte nur ganz wenige Worte. Sie bezeichneten Dinge in seinem unmittelbaren Umkreis – vor allem an seinem eigenen Körper: Brust, Kopf, Vagina, Penis ... Zwischen ihnen und dem ferner Gelegenen stellte er Analogien her – zum Beispiel zwischen der weiblichen Brust und einer Bergkuppe, zwischen der aus ihr dringenden Milch und einer Quelle, der Vagina und einer Höhle oder einem Tal oder einem Loch, des Mond-Hofes und dem Umkreis des eigenen Hauses und der Umgebung der eigenen Lagerstätte, des Flusses und dem Schall, den er macht, des Penis und einem Turm (oder dem Mann selbst), der Vagina und einem Gefäß, des Armes und des Astes eines Baumes, des Rückens und einem Bergrücken, der Zunge und einer Landzunge, des Kopfes und einer Kuppe oder einem Kap, der Geburt und des «Loches», durch das hindurch sie geschieht, des Mundes und der Mündung eines Flusses ... Deshalb gehen so viele dieser Worte in so vielen Sprachen auf die gleiche Sprachwurzel zurück. Richard Fester, der große Paläolinguist, hat das bis in Einzelheiten nachgewiesen – in Hunderten von Sprachen aller Kontinente.

Die «Sexualisierung der Sprache», die die Linguisten immer wieder voller Staunen konstatieren, ist analog geschehen. Der sexuelle Mensch ist der *Ana*-logiker par excellence. Das, was er in der Liebe erfährt, weitet sich ihm – in assoziativem Vergleichen – zum Erfahren der Welt.

Umgekehrt: Logik gefährdet – oft genug: tötet – Sexualität, Erotik, Liebe.

Ähnlich wie die Sprache entstand – Hunderttausende von Jahren später – die Schrift, – zunächst die sumerische, die ägyptische, die chinesische, vorher schon die Keilschriften (in denen – zum Beispiel – das Auge analogisch durch einen Pfeil bezeichnet wird). In der chinesischen Schrift ist immer noch erkennbar: Ein Mund und ein Vogel bedeuten «Gesang», eine Frau in einem Haus «Frieden», Sonne und Mond zusammen sind «Licht».

Analoges Denken hat die großen Symbole der Menschheit geprägt: das Kreuz als Begegnung der aufsteigenden und der waagerechten – der transzendierenden und der konkretisierenden – Linien, in deren Mitte – von ihnen zerschnitten, damit Leid erfahrend – der Mensch steht; das Dreieck als Symbol der drei Phasen des Mondes und des weiblichen Geschlechts; der Kreis als Metapher des Alls und der Einheit; der Pfeil als Zeichen der Aggression, der Befruchtung und der Maskulinität; drei Striche als Ausdruck der Trinität (und ebenfalls der Mondphasen); drei Kreuze als Versinnbildlichung gesteigerten Leids und dessen Überwindung in der Dreiheit (die auch Feminität bedeutet)...

Viele dieser Symbole werden auch heute noch gebraucht, und wenngleich wir sie rational oft nicht mehr verstehen können, so berühren und betreffen sie uns doch immer noch: Sie sind als archetypische «Buchstaben» unserer Seele tief eingeprägt. Der heutige, vorwiegend «logisch» und funktional denkende Mensch ist gar nicht mehr in der Lage, Zeichen von ähnlicher, über die Jahrtausende hinweg wirkender Kraft zu erfinden. Wie wenig symbolfähig er ist, wird an der Bilderschrift offenbar, die – auf Flughäfen und Bahnhöfen, bei internationalen Kongressen oder Olympischen Spielen – angeblich für alle verständlich sein soll.

Analoges Denken ist auch für uns Heutige wichtig, nur möchte der rational denkende Mensch dies nicht wahrhaben. Die größten Erfindungen der Wissenschaft wurden nicht logisch, sondern analog gemacht – von Keplers Planetengesetzen und Newtons Gravitationsverständnis über die Entdeckung der Elektrizität im vergangenen Jahrhundert bis hin zu Max Plancks Quantentheorie. Gleich die allererste Findung, mit der die Geschichte der abendländischen Wissenschaft beginnt, geschah als Analogie: Pythagoras soll an einer Schmiede vorbeigekommen sein, dort hörte er die verschieden langen Eisenstücke in verschiedenen Tonhöhen klingen; von daher kam er zu seinen harmonikalen Entdeckungen und zur Idee der Sphärenharmonie. Ähnlich – fast dreitausend Jahre später – das Bohrsche Atommodell: Niels Bohr fand es im analogen Vergleich zwischen den Verhältnissen im Planetensystem und im Mikrokosmos.

Es ist von hier nur ein kleiner Schritt zur gewaltigsten aller Analogien: der alten esoterischen Weisheit «Wie außen – so innen» und dem Wissen der Mystiker aller Kulturen: Gott ist in dir – du bist Gott.

An dieser Stelle wird deutlich: Jede Analogie steht stellvertretend für jede andere. Jede ist in jeder enthalten. Wie zum Beispiel die DNA, der genetische Code, im I GING, dem chinesischen Weisheitsbuch. Das I GING ist eines der ältesten Bücher der Menschheit, – vielleicht überhaupt das älteste. Und die DNA ist ebenfalls ein «Buch», – das Buch unseres genetischen Erbes. Sie besteht aus vier Basen (Adenin, Guanin, Cytosin, Thymin), die in Dreiergruppen angeordnet werden, – in $4^3 = 64$ «Triplets» (= Dreiergruppen). Man kann sie die «Worte» des DNA-Buches nennen. Die 64 «Worte» benötigen, um «ausgesprochen» werden zu können, $2 \times 3 \times 64 = 384$ «Silben» (wobei die Zahl Zwei den Doppelstrang der DNA und die Drei das Grundmodell des Triplets bezeichnet). Aus 384 Linien (= «Silben») sind aber auch die 64 Hexagramme des I GING gebildet.

Also: Die Zahlen 64 und 384 sind die Grundziffern für beide – das I GING und die DNA. Es ist undenkbar – auch logisch nicht nachvollziehbar –, daß eine solche Gemeinsamkeit «zufällig» entsteht. Sie widerspricht allen zufallsmathematischen Wahrscheinlichkeiten. Das Universum ist noch nicht alt genug dafür. Es gibt aber noch viel mehr Parallelitäten zwischen dem I GING und der DNA. Martin Schönberger hat sie in Dutzenden von Berechnungen, Tabellen und graphischen Darstellungen aufgezeigt.

Menschen hätten nicht Bücher, Worte, Buchstaben und Silben erfinden können, wenn ihre DNA nicht ein «Buch» wäre, das aus «Worten», «Silben», «Buchstaben» (alle diese Worte werden in der Tat von den Genforschern verwendet) bestünde.

Die Analogie zwischen der DNA und dem Buch ist die vielleicht folgenreichste und kreativste in der Evolution der Menschheit – womit auch deutlich wird, daß Analogien zu wirken beginnen können, noch bevor sie bewußt werden. Sie «geschehen» – wie zu Beginn dieses Kapitels gesagt – mehrdimensional: auf den verschiedensten Ebenen menschlicher Erfahrungsmöglichkeiten – auf bewußten und unbewußten.

Wenn das Buch ein Symbol menschlichen Denkens und menschlicher Kreativität ist und wenn das «Ur-Buch» des Lebens das Riesenmolekül der DNA ist, das die Zellen «lesen» müssen, damit wir Menschen werden können, dann – in der Tat – wird deutlich: Jede Analogie enthält alle Analogien. Wie in der Perle des Gottes Indra alle Perlen des Universums stecken. Und – nach der Bootstrap Physik – in jedem Elektron die Information aller Elektronen des Kosmos. Sprechen deshalb die großen Erleuchteten vorzugsweise in Analogien – Jesus, Buddha, Mahavir, die Zen-Weisen, die großen Sufis, die Schamanen…? «Gleichnis» ist nur ein anderes Wort für «Analogie». So allein können die Gleichnisse in den Evangelien des Neuen Testamentes – und all die anderen Gleichnisse in den spirituellen Überlieferungen der Menschheit – recht verstanden werden, so sind sie gemeint: In jedem stecken alle anderen, steckt letztlich der Göttliche Geist selbst – das *Brahman*.

Damit ist vollends deutlich: Nirgends ist der Geist – das Bewußtsein – ist auch der Mensch so schöpferisch wie als *Ana*logiker. Ja, Paul Feyerabends herbe Kritik am heutigen Wissenschaftsdenken läuft im wesentlichen darauf hinaus, daß dieses Denken nur noch logisch und kausal orientiert sei. Eben dadurch verbaue es sich den Zugang zu den schöpferischen Möglichkeiten der Analogie. Der Logiker kann Paradoxien und Absurditäten nicht verstehen – weshalb er dazu neigt, sie abzustreiten und zu leugnen, und dennoch hat jeder einzelne Mensch Dutzende Male erfahren: Die Welt – und unser eigenes Leben – ist voll von ihnen. Der analoge Denkprozeß aber exzelliert geradezu im Überwinden paradoxer und absurder Denkhindernisse.

Erst allmählich – im gleichen Maße, in dem uns die ausschließlich logische und kausale Orientierung des mechanistischen Zeitalters verdächtig wird und wir erkennen, daß auch dieses Denken uns in die Krise geführt hat, in der wir stecken – erschließt sich die Wissenschaft wieder bewußt analoges Assoziieren. Ja, es scheint, daß viele Entdeckungen der neuen Wissenschaften, die in unseren Jahren entstanden sind, nicht mehr durch einen Vorrang der Logik, sondern eher durch einen solchen der Analogien gekennzeichnet sind – und vielleicht auch dadurch, daß der Mensch endlich dazu kommt, beide Möglichkeiten als gleichrangig zu betrachten und souverän über sie zu verfügen – so wie wir allmählich auch lernen, unsere beiden Hirn-Hemisphären gleichrangig zu verwenden. (Das «logische Hirn» sitzt bei den meisten Menschen links, das analog «denkende» rechts.)

Es ist möglich, daß sich dem neuen Bewußtwerden der Möglichkeiten analogen «Denkens» auch jener Bewußtwerdungsprozeß verdankt, der zum harmonikalen «Denken» geführt hat. Die Harmonikale Grundlagenforschung stellt Analogien her zwischen kosmischen Beziehungen und Kristallproportionen und musikalischen Intervallen und Blatt- und Blütenformen und Proportionen in den architektonischen Meisterwerken der Menschheit und Frequenzzahlen bei Wetteränderungen ... undundund ... Am Ende wird deutlich, daß die Kette unendlich ist – ein, wie Peter Sloterdijk sagt, «ontologischer Sound», eine «Generalformel» für eine Erkenntnis, die notwendig ist für unser Überleben: Die Welt ist ein Ganzes. Alle Dinge hängen mit allen zusammen: Die Welt klingt. Sie ist ein Akkord.

Die Phantasie und Freiheit, die notwendig sind, um dies nicht bloß zu wissen, sondern zu fühlen, zu erfahren und zu (er)leben, fallen dem *ana*-logen Wahrnehmungsprozeß leichter als dem logischen Denken.

Logik will Sicherheit.
Der Ana-logiker hat den Mut zu Wagnis und Abenteuer.
Logik zielt und richtet.
Analogie wägt und vergleicht.
Der Logiker sieht.
Der *Ana*-logiker hört.

HÖR-WORTE

> «Der Mensch gebärdet sich, als sei er Bildner und Meister der Sprache, während sie doch die Herrin des Menschen bleibt.»
>
> *Martin Heidegger*

I
DER «GANZE ÜBERFLÜSSIGE REICHTUM DER SPRACHE»

Die Sprache bestätigt es: Unser Ohr ist aufnehmend, rezeptiv, passiv, weiblich, unser Auge aussendend, aggressiv, aktiv, männlich. Für passive Tätigkeiten gibt es weniger Worte als für aktive. Es gibt: *hören, lauschen, horchen ...* Wenn wir darüber hinaus gelangen wollen, müssen wir den Hörvorgang visualisieren durch bildliche Ausdrücke wie *die Ohren spitzen, die Löffel aufstellen* etc. oder wir benötigen Präfixe, um Worte wie *erhören, herhören, abhören, vernehmen, aufnehmen* etc. bilden zu können.

Demgegenüber räumen wir der visuellen Wahrnehmung sehr viel mehr (sprachliche und damit eben nicht nur sprachliche!) Möglichkeiten ein: *sehen, ansehen, übersehen, schauen, anschauen, beschauen, durchschauen, betrachten, mustern, starren, anstarren, glotzen, gaffen, begaffen, stieren, linsen, blinzeln, zwinkern, blicken, anblicken, erblicken, durchblicken, überblicken, gewahren, ansichtig werden, anvisieren, fixieren, spähen, erspähen, luchsen, äugen, schielen, gucken, lugen, glubschen, sichten* sowie das falsche und unschöne Sprachbild *ins Auge fassen.*

Ein ganz anderes Bild ergibt sich, wenn wir die Sprache nach den Ergebnissen der vielen Seh-Worte befragen – und andererseits nach denen der wenigen Worte, die die Tätigkeit des Hörens beschreiben. Da bestätigt sich zunächst, daß sich das Auge trotz seiner überlegenen Aktivitäten sehr viel häufiger irren kann als das Ohr. Auffällig viele Ausdrücke unserer Sprache (und auch der meisten anderen), die die Möglichkeit der Täuschung und des Irrtums implizieren, kommen aus der visuellen Sphäre: *Einbildung, es scheint mir so, Anschein, Versehen, imaginär* (von lateinisch *imago* = Bild), *schillernd* und *schimmernd* (für vieldeutig, ungenau) etc.

Das Illusionsträchtige des Auges wird unmittelbar deutlich, wenn wir uns vergegenwärtigen: Wir alle haben in unserer Retina ein Loch – ein gar nicht so kleines. Wir müßten also in allem, was wir mit den Augen wahrnehmen, in der Mitte einen leeren, schwarzen, kreisförmigen Fleck sehen. Aber wir tun das nicht. Wir sehen nicht, daß in der Mitte aller Dinge Schwärze und Leere ist. Der englische Biologe Rupert Sheldrake hierzu: *«We don't see that we don't see.»* Wir sehen nicht, daß wir nicht sehen.

Unser Auge tastet Oberflächen ab. Das bedeutet «Sehen» eigentlich: einen Strahl der Wahrnehmung, der Oberflächen abtastet. Schon eine Stunde lang blicke ich auf das Blatt, auf das ich diese Gedanken schreibe, und doch kann ich keinen Millimeter, keinen Bruchteil eines Millimeters in die weiße, mit Schriftzeichen bedeckte Oberfläche eindringen, die mein Auge gewahrt. Der Blick erblickt Fläche, er haftet an ihr, bleibt immer *ober-fläch-lich.* Das Ohr dringt tief in die Räume hinein, die es hörend erforscht.

Entsprechend ist die Anzahl der Worte, die Höreindrücke schildern, nahezu unerschöpflich. Ich nenne im folgenden einige dieser Worte (Verben, Zeitwörter). Man beachte die feinen, jeweils präzise nachempfindbaren Unterschiede, die sie erschließen, und vergegenwärtige sich die Genauigkeit, die das Ohr von der Sprache verlangt, damit sie das, was das Ohr hört, angemessen bezeichnet; diese Genauigkeit und Subtilität ist die des Ohrs selbst. Der Leser verlange sie – für einen Augenblick – von sich selbst, indem er bei jedem der folgenden Worte innehalte und versuche, in sich selber den Klang erklingen zu lassen, den der betreffende Ausdruck beschreibt; es könnte sein, daß das «Lesen» dieses Absatzes dann sehr lange dauert – aber es wird dadurch zu einer Schulung unserer Hörsensibilität und – darüber hinaus – unseres inneren Ohrs. Hier also ein paar dieser Worte:

Ächzen;
babbeln, bellen, bengeln, bersten, bibbern, bimmeln, blöken, blubbern, böllern, brabbeln, branden, brausen, brüllen, brummeln, brummen, brutzeln, bullern;
deklamieren, dengeln (= Sense oder Sichel schärfen), donnern, dröhnen, dudeln;

faseln, fauchen, fiepen, flattern, flennen, flöten, fluchen, flüstern, flunkern, flutschen, frotzeln;
gackern, gacksen, geifern, gellen, gewittern, gickeln, gicksen (= einen spitzen Schrei ausstoßen), gluckern, glucksen, greinen, grölen, grollen, grunzen, gurgeln, gurren;
hämmern, hallen, hecheln, heulen, hobeln;
jammern, japsen, jauchzen, jaulen, jodeln, johlen, jubeln, jubilieren, juchzen;
kabbeln (= streiten, zanken), keifen, keuchen, kichern, kicken, klacken (zum Beispiel ein Fenster), kläffen, klagen, klappen und klappern (man beachte die feine Differenzierung, die durch das eingeschobene R entsteht und genau dem Sound entspricht, den das R macht; ähnlich zum Beispiel später bei ticken und tickern), klatschen, klicken, klimpern, klingeln, klirren, klönen, klopfen, knacken, knacksen, knallen, knarren, knattern, knirschen, knistern, knurren, kollern, krachen, krächzen, krähen, krakeelen, kreischen, kullern;
lachen, läuten, lallen, lamentieren, leiern, lispeln;
mäkeln, meckern (zum Beispiel eine Ziege), mucken (= leise murren), munkeln, murmeln, murren;
näseln, nieseln, nörgeln, nuscheln;
petzen, pfeifen, piepen, piepsen, pladdern, plänkeln, plärren, plätschern, planschen, plappern, platschen, platzen, plaudern, plauschen, plumpsen, plustern, pochen, poltern, prahlen, prasseln, prickeln, protzen, purzeln;
quäken, quaken, quasseln, quatschen, quengeln, quieken, quietschen, quinquilieren (= fröhlich singen);
räuspern, randalieren, rascheln, raspeln, rasseln, ratschen, rattern, raunen, rauschen, röhren, rüffeln, rülpsen, rumoren, rumpeln;
sabbern, sägen (zum Beispiel als «sägender» Ton), säuseln, salbadern, schaben, schallen, scharren, schellen, schelten, scheppern, scherzen, scheuern, schimpfen, schlabbern, schlecken, schleichen, schliddern, schluchzen, schlucken, schlürfen, schmatzen, schmettern, schnattern, schnauben, schnaufen, schnüffeln, schnuppern, schnurren, schrubben, schubsen, schurren, schwätzen, schwafeln, schwappen, schwatzen, seufzen, sirren, splittern, spötteln und spotten, stammeln, sticheln, stöhnen,

stottern, surren und summen (auch hier bezeichnen die Konsonanten in der Mitte genau die Unterschiede, auf die es ankommt);
ticken und tickern, tirilieren, toben und tosen, trällern, trampeln, trappeln, tratschen, trillern, trommeln, trompeten, tropfen und tröpfeln, tschilpen, tuscheln;
wettern, wiehern, wimmern, winseln, wispern;
zanken, zetern, ziepen, zirpen, zischeln und zischen, zwitschern – wobei ich die ganz offensichtlichen Worte übergehe: sagen, reden, sprechen, schreien, singen etc.

Es ist aufschlußreich, daß viele dieser Worte zur Volkssprache gehören oder erst im Begriff sind, in die Schriftsprache einzugehen. Dies zeigt, daß einfache Menschen in der Wiedergabe akustischer Eindrücke ausdrucksfähiger und kreativer sind als Angehörige der «gehobenen» Schichten; diese sind es ja vor allem, die das Gros der herrschenden Augenmenschen stellen. Solch ein «Herrschender des Blickes» war auch Hegel. Kein Wunder, daß er all diese Hör-Worte für einen «ganz überflüssigen Reichtum der Sprache» hielt!

Die Informationstheoretiker haben herausgefunden: Es gibt eine Relation zwischen der Anzahl der Worte, über die wir in einem bestimmten Bereich verfügen, und dem Reichtum an Differenzierung, an Sorgfalt und Aufmerksamkeit, die in dem betreffenden Bereich möglich sind. Die Sprache bestätigt, was wir bereits durch andere Überlegungen (auch in «Nada Brahma») gefunden haben: mehr Präzision für das Ohr als für das Auge! Das Auge kann diesen Verlust wettmachen, indem es Tausende von Ausdrücken verwendet, um einen Seh-Eindruck zu *be*schreiben und zu *um*schreiben. Aber es bleibt eben ein «Wettmachen»: der Versuch, einen Ausgleich zu schaffen für die Präzision, über die das Ohr jeweils mit einem einzigen Wort verfügt. Besonders eklatant wird der Unterschied, wenn man die Präzision all dieser Zeitwörter mit der Ungenauigkeit vergleicht, mit der sich das Auge im Bereich der Farben – buchstäblich – abzuplagen hat (siehe hierzu das Kapitel «Vom Ohr und vom Auge»).

Resümieren wir, bevor wir weitergehen: In allem, was das Auge aktiv unternimmt, ist es dem Ohr überlegen (das letztlich nur hören, lauschen, horchen, vernehmen ... kann). Aber in allem, was das Ohr aufnehmen kann, ist es nicht nur der Rezeptivität, sondern auch der Aktivität des Auges um ein Vielfaches überlegen. Insofern dieser Befund – so exakt wie nur möglich durch die angeführten Worte untermauert – überraschend wirkt, macht er die ganze Fixiertheit des westlichen Menschen auf Aktivität offenbar. Selbst wenige aktive Möglichkeiten s c h e i n e n (!) ihm immer noch ergiebiger als die kaum mehr übersehbare Fülle des rezeptiven Potentials, obwohl ihm doch die Natur tagtäglich das Gegenteil deutlich macht – sei's in der Technik, wo, zum Beispiel, ein Radioempfänger Hunderte von Programmen aufnehmen kann, aber ein Sender, obwohl er im allgemeinen erheblich aufwendiger gebaut ist, meist nur ein einziges Programm sendet – oder sei's in der Biologie, wo ein weibliches Wesen um ein Vielfaches mehr an Energie und Zeugungskraft aufzunehmen vermag, als ein männliches hergeben kann (die Beziehung des Ohrs – in seiner Funktion und Form – zum Weiblichen sowie des Auges zum Männlichen habe ich in früheren Kapiteln angesprochen).

II
JIMI HENDRIX:
DER VORHANG IM TEMPEL ZERRISS

Viele Worte, die ich eben genannt habe, empfinden wir als *onomatopoetisch* (= lautnachahmend, lautmalend). Die Sprache – so klingt es für unsere Ohren – macht nach, was der durch das betreffende Wort bezeichnete Vorgang vormacht. Der Ausdruck *onomatopoetisch* wird weitgehend ungenau und undifferenziert verwendet – auch in der Schulwissenschaft. Uns erscheint die Beziehung zwischen dem Klang einer *Klapper* (und was ich hier sage, gilt für den größten Teil der vorhin angeführten Worte) und dem Wort *klappern* als nahezu zwangsläufig: Die *Klapper klappert*. Das Wort *klappern*, so meinen wir, bezeichnet exakt den Klang, den die *Klapper* macht. Wenn das aber stimmen würde, müßten (da doch französische und englische Babies mit der gleichen Art von *Klappern* spielen wie die unseren) Franzosen und Engländer das gleiche Wort haben wie wir. In Wirklichkeit heißt *klappern* auf französisch *cliqueter* und auf englisch *clatter* und *rattle*.

Auch Franzosen und Engländer halten ihr Klapper-Wort für *onomatopoetisch.* Auch sie empfinden die Beziehung zwischen dem Klang, den ihr Wort schreibt, und dem Klang des Wortes selbst als zwangsläufig, was doch bedeutet – und darauf will ich hinaus: Verschiedene Menschen – gar Angehörige verschiedener Völker und Kulturen, selbst wenn sie der deutschen so nahe sind wie Franzosen und Engländer – hören den gleichen Klang, das gleiche Geräusch, den gleichen Sound anders.

Dies betrifft nicht nur Völker, sondern auch Epochen – wie man deutlicher noch als an der Sprache an der Musik erkennen kann: zum Beispiel, indem man das originale Klangbild Bachscher Musik (wie es ja auf vielen verdienstvollen Plattenaufnahmen rekonstruiert wurde) mit modernen Bach-Aufnahmen vergleicht. «Der Vorhang im Tempel zerriß»: Bach wollte wirklich, daß man das in der Musik seiner Matthäus-Passion hören konnte. Und seine Zeitgenossen h a b e n es auch gehört. Mit großer Eindringlichkeit. Auch – und das allein war ja damals möglich –, wenn die berühmte Stelle auf den Instrumenten der Bach-Zeit mit ihrem viel geringeren Volumen, ihrer großen Zartheit und Subtilität, mit geringerer technischer Kraft und Brillanz gespielt wurde. Wir Heutigen brauchen, wenn wir die Impression des zerreißenden Vorhangs mit auch nur annähernd ähnlicher Suggestivität empfinden wollen, modernere Instrumente – *high fidelity* in viel größerer Lautstärke und Präsenz. Ja, vielen jungen Menschen wird auch das nicht genügen. Sie werden sagen: «Das soll das Zerreißen eines Vorhangs sein? Da kann ich nur lachen!» Sie werden an das Fetzen, Reißen, Schlagen und Springen in einer Gitarrenimprovisation von Jimi Hendrix denken. Da zerreißt für sie der Vorhang, den die Bürger vor das Geheimnis gehängt haben.

Wir sehen: Menschen verschiedener Völker und verschiedener Zeitläufte hören verschieden. Sie sehen auch verschieden. Und schmecken und riechen verschieden. Aber dies eben ist aufschlußreich: Die Fachleute der Medien, der Werbung, der *public relations* wissen genau, daß – zum Beispiel – der gleiche *spot,* ja sogar das gleiche Bild einer Fernsehwerbung von Zuschauern in Süddeutschland «anders» gesehen und aufgenommen werden kann als in Norddeutschland. In den USA gibt es – von hochdotierten Werbefachleuten sorgfältig erstellt – detaillierte Untersuchungen darüber, daß bei Menschen in New England bestimmte Fernsehbilder anders ankommen als in New Mexico oder in Louisiana. Und natürlich hat die Kunstwissenschaft seit Generationen sorgfältig erforscht, daß und warum – zum Beispiel – die italienische Malerei des *Quattrocento* aus einem ganz anderen – fast schon entgegengesetzten – Sehbewußtsein gespeist wird als die entsprechende deutsche.

Was nationale und regionale Unterschiede des Schmeckens und Riechens betrifft, so sind natürlich auch sie längst von der Lebensmittel-, Parfüm- und Toilettenwaren-Industrie erschöpfend untersucht. Nichts Vergleichbares gibt es im Bereich auditiver Wahrnehmungen – und dies trotz der Tatsache, daß sie doch offenbar noch viel reicher differenziert sind, noch viel stärker voneinander abweichen als die des Auges oder der Zunge oder der Nase.

Ja, wenn man die diversen *onomatopoetischen* Ausdrücke verschiedener (zumal verwandter!) Sprachen miteinander vergleicht – die alle einander so ähnlich und doch auf so bedeutsame Weise voneinander verschieden sind –, stellt sich die Frage, ob es nicht gerade die Verschiedenheit menschlicher Hörgewohnheiten sei, durch die die Verschiedenheit der Sprachen entstanden ist.

Daß tatsächlich unsere Hörgewohnheiten Sprache prägen, machen, für jeden nachvollziehbar, die Dialekte deutlich – für uns Deutsche etwa der Klang des Schwyzerdütsch. Da werden weitgehend die gleichen Worte verwendet, meist nur um ein geringes variiert, und gleichwohl ist der Klang beim Sprechen so verschieden, daß man den Eindruck hat, es handle sich um eine andere Sprache. Es kann also nicht allein an den Worten liegen. Noch deutlicher sieht – richtiger: hört – man das am Österreichischen – etwa am «Weanerischen»: Nur wenige Worte kommen hinzu, nur wenige werden verändert, und doch entsteht eine ganz andere Sprachmelodie, von der Kenner gesagt haben, daß sie den Sprachen des Balkans ähnlicher sei als etwa der Sprechweise der Norddeutschen.

Sprachmelodie wird geprägt durch die Art, wie die sprechenden Menschen sich selbst hören. Sie wollen gleichsam ihre eigene, innere «Melodie» in ihrer Sprechweise – und in der ihrer Mitmenschen – wiederfinden.

Mit den Dialekten beginnt die Differenzierung, die im Laufe der Entwicklung zu verschiedenen Sprachen geführt hat. Was früher einmal nur Dialekt war, ist später Sprache geworden. Sprache hat sich später entwickelt als das Hören. Die Aufspaltung in verschiedene Sprachen könnte also auch damit zu tun haben, daß sich das Gehör schon sehr früh in verschiedene Hörweisen differenziert hat.

All dies (auch die anderen in diesem Kapitel angesprochenen Phänomene) bedarf der Untersuchung. Generationen von hör-sensiblen Fachleuten und Forschern werden damit zu tun haben. Es ist begrüßenswert, daß jetzt endlich – zwar noch nicht bei uns, aber doch in den USA – damit begonnen wird. Keine Frage – längst wäre dies geschehen, wenn es sich um Phänomene des Optischen handelte!

Wir werden der Mißachtung unserer Ohren – und der dadurch ausgelösten, kaum noch erträglichen «Verschmutzung» unserer Umwelt durch Lärm – erst dann Herr werden, wenn wir die akustischen Phänomene mit der gleichen Sorgfalt – und natürlich auch dem gleichen Kapitalaufwand! – untersuchen wie die optischen.

III
VIERZEHN VARIATIONEN ÜBER DAS HÖREN

Die Sprache weiß alles. Wir müssen nur *ver*-nehmen, was sie weiß, sie *er*-hören, uns nicht immer dazwischendrängen zwischen das, was sie von allem Anfang an bewahrt hat, und dem, was auch wir von allem Anfang an sind. Hören wir unter dieser Prämisse, was die Sprache in dem Wort *hören* – und in einigen ihm unmittelbar benachbarten Worten – *ge-borgen* hat; wir brauchen es nur – im Sinne Heideggers – zu *ent-bergen*, und der ganze – oder fast der ganze – Inhalt dieses Buches entfaltet sich in den Worten, wenn wir sie nur sorgfältig genug – und mit *Ver-nunft* – *ver-nehmen*. Obendrein *ver-nehmen* wir dabei noch etwas, was der Autor in «Nada Brahma» *über-hört* (oder nur angedeutet) hat: die Gefahren des Hörens. Seine gesellschaftlichen und politischen Implikationen.
Dies sind die Wörter, die wir (er-)hören wollen:

gehören
gehorchen
horchen
Gehorsam
gehörig
verhören
vernehmen
Vernunft
erhören
sich gehören
verstehen
überhören
abhören
aufhören

Fast jedes dieser Worte hat ein Präfix, und jedes Wort mit Präfix ist weniger als ohne Präfix. Die heikelsten fangen mit *ge-* an, einer der diffusesten Vorsilben der deutschen Sprache. Was ist das *Ge*meinsame, das so verschiedene *ge*-Bildungen wie *ge*loben, *ge*wahren, *ge*brauchen, *ge*hört, *ge*sehen, *Ge*rede, *Ge*stank, *Ge*spinst und *Ge*spenst verbindet?

Das *ge* des Perfektums deutet auf einen abgeschlossenen Akt, der bereits *ge*-schehen ist und nicht mehr weiter geschieht. Wer *ge*hört hat, hat gestern gehört, er hört nicht notwendig heute, aber wenn er sagt: «Ich habe gehört», ist es wahrscheinlich, daß er sich das, was er gehört hat, gemerkt hat – womöglich, um sich in der Zukunft danach zu richten. Insofern ist es von dem *Gehört-Haben* zu dem genau gleichen Wort *gehören* – also jemandem *gehören* – nur ein ganz kleiner Schritt: der vom Akkusativ zum Dativ (und damit halten es viele Menschen, wie wir wissen, ohnehin nicht so genau).

Gehören ist einfacher als hören. Hören erfordert ständig neue Wertungen, Gewichtungen, Entschlüsse (wie wir wissen, kann unser Ohr niemals Zustände, sondern immer nur Veränderungen wahrnehmen), das Gehören aber verlangt nur eine einzige Entscheidung: dem anderen zu eigen sein. Von da an entscheidet der andere. Das Gehören vermeidet Veränderungen – zum Beispiel in der Liebe.

Es ist sinnvoll, daß die Worte *gehören* und *gehorchen* einander so ähnlich sind. Fast alles, was ich eben über das *Gehören* gesagt habe, könnte in nahezu gleicher Gewichtung über das *Gehorchen* gesagt werden. Wer heute einem einzelnen Menschen *gehorcht*, hat vielleicht in der Vergangenheit vielen verschiedenen Menschen *zugehört*, mag dessen müde geworden sein und hört schließlich nur noch einen. Er reduziert sein *Hören* – auf einen einzigen Menschen. Am Ende hört er auch ihn nicht mehr. Man nennt es deshalb nicht mehr *hören*, sondern *gehorchen*.

Horchen wir weiter dem *ge-* nach. Wenn ich jemanden *brauche*, so nötig dies auch sein mag, lasse ich ihm seine Freiheit. Ich kann sagen: Komm zu mir, ich brauche dich – aber er oder sie entscheidet, ob er/sie kommen will oder nicht. Wenn ich aber ihn/sie *ge*-brauche, nehme ich ihm/ihr die Freiheit.

Ähnlich ist es mit dem Wort *loben*, das auch wieder – dem Hören entsprechend – mehr ist als das *Ge*-loben. Vasallen und Gefolgsleute gelobten ihrem Ritter Gehorsam und Treue. Solange sie ihn lediglich lobten, waren sie freie Menschen. Als sie ihm aber *ge*-lobten, hörten sie auf, frei zu sein. Sie hatten ihn so lange gelobt, jedesmal wieder neu – und jedesmal in neuen Entscheidungen –, daß sich ihnen das Perfektum des Lobens (in dem loben und geloben exakt das gleiche Wort ist: *ge-lobt*!)in ein Präsens verwandelte: nun gelobten sie's einmal – und damit für immer.

Was es mit dem Präfix *ge-* auf sich hat, machen auch die Worte *gewahren* und *ge-währen* deutlich. Das erstere reduziert Wahrheit auf weniger: auf eine einzige Sache, der ich *ge-wahr* werde. Meist ist es nur eine Kleinigkeit, braucht also den großen Atem des *Wahren* und der *Wahrheit* nicht zu besitzen.

«Hübscher» noch wird die Minderung, die das *ge-* impliziert, beim *Gewähren* deutlich. Lassen wir uns nicht täuschen von diesem Wort. Es scheint von der Aura des Großzügigen umgeben. Wir freuen uns: Es ist toll, uns wird etwas gewährt! Erst hinterher bemerken wir: Meist ist es nur wenig. Es gibt einen häufigen Zusammenhang zwischen den Worten *gewähren* und *Gunst*. Wir können aber auch in diesem Fall das Wort öffnen, größer machen. Wir brauchen nur wieder das *ge-* fortzulassen; dann gewinnen wir – und das ist wirklich ein Gewinn! – *währen*. Dieses Wort bezieht sich in unserer Sprache, in der es ja immer noch eine Ahnung davon gibt, daß sie einmal die Sprache Martin Luthers war, auf lange Zeiträume. Man sagt: Etwas *währt* ewig. Diesen riesigen Raum des Währens reduziert das *ge-* auf die wenigen Minuten, in denen ein Herrscher seinem Untertanen eine Audienz oder ein Vorgesetzter seinem Angestellten ein Vorrecht *gewährt.* Erst dann, wenn die Gunst wirklich *«währt»* – ohne das davorgesetzte *ge-* –, *währt* sie lange.

Wie gesagt: Fast alle *ge-*Worte sind ohne das *ge-* «größer» als mit *ge-.* Ich habe das *ge-* deshalb so ausführlich untersucht, um den Leser die «Hör-Minderung» – die Defizienz – vernehmen zu lassen, die im *Gehorchen* und *Gehören* steckt.

Auf amüsante Weise nähern wir uns ihr auch in dem Wort *Geheiß.* Solange ich nur einfach *heiße* – sagen wir Berendt heiße –, bin ich frei. Am freiesten bin ich, wenn niemand weiß, wie ich heiße. «Ach wie gut, daß niemand weiß, daß ich Rumpelstilzchen heiß», sagt und singt der Märchen-Zwerg. Er hatte Grund zum Tanzen und zur Freude: Er war frei. Aber jemand hörte es eben doch – und damit hörte die Freiheit auf. Man *heißt* nicht mehr bloß, jemand kann einen *heißen,* man beginnt, unter jemandes *Geheiß* zu stehen.

Für mich, der ich noch miterlebt habe, wie ein ganzes Volk einem einzelnen Mann *gehorchte* und diesem in einem fast physischen Sinne so sehr *gehörte,* daß Millionen für ihn gestorben sind, haben die Worte *gehören* und *gehorchen* etwas Beängstigendes. Daß man «dem Führer gehöre», lernten die Jungen und Mädchen der Hitler-Jugend, und viele von ihnen haben diese Lehre bis in ihren Tod verinnerlicht.

Hitler hat oft gesagt: Ohne den Lautsprecher hätte er «das deutsche Volk nicht erobern» können. Man sollte das nicht verdrängen, wie damals Millionen von Menschen an den sogenannten «Volksempfängern» – den zu diesem Zweck billig unter die «Volksgenossen» gebrachten Radioapparaten – gesessen und gebannt der Stimme ihres «Führers» gelauscht haben, Horchen unmittelbar in Gehorsam und in Gehören verwandelnd. (Aber wir wissen natürlich inzwischen auch, wie sehr das Fernsehen uns «fesseln» kann – noch mehr als das Hören – und daß heutige Politiker diese Fessel fast so virtuos zu handhaben wissen wie Hitler die seine.)

Aber es ist wohl so, daß die Vorsilbe *ge-* allein nicht stark genug ist. Die Tendenz zu dem, was die Worte *gehören* und *gehorchen* implizieren, muß schon ein wenig im Hören und Horchen selbst stecken. Im Griechischen brauche ich keine Vorsilbe *ge-*; schon die Worte für *hören* – ἀκούειν *(akoúein* – daraus ist Akustik entstanden) und κλύειν *(klýein)* – genügen, um auch im Sinne von *ge-horchen* gebraucht werden zu können. Und wenn im Deutschen die Mutter dem Kind sagt: «Wer nicht hören will, muß fühlen», meint sie ja ebenfalls nicht bloß, daß ihr Kind einfach höre, sondern daß es gehorche.

Ich höre Bachs «Kunst der Fuge»: Ich schließe die Augen – und für die Dauer des Stückes *ge-höre* ich der Musik. Was ich höre– wenn ich mit Intensität und Aufmerksamkeit höre –, wird eins mit mir. Kein vergleichbarer Einswerdungsprozeß ist durch einen Vorgang des Sehens möglich. Wir sehen den anderen immer woanders: Da steht er. Dort ist er. Aber wir hören mit Hingabe: Wir geben uns dem, was (oder den) wir hören, hin. Wir schenken uns ihm: von nun an *ge-hören* wir ihm.

Das *Gehörte* dringt in den *hörenden* Menschen ein – und dieses Eindringen bedeutet immer ein wenig, was das Eindringen in der Liebe bedeutet. Man ist ver-bunden, und die beiden, die da verbunden sind, sind zumindest in diesem Moment nicht mehr ganz frei. Das *Ver*-bunden-sein ist der erste Schritt zum *Ge*-bunden sein.

Darf man so weit gehen zu sagen, im Hören stecke eine minimale, nur gerade erahnbare Tendenz zur Unfreiheit? Niemand kann auf diese Frage so einfach mit «Ja» oder «Nein» antworten. Heidegger bringt das Hören mit dem Geborgensein zusammen. Wir alle brauchen Geborgenheit, und d a r i n steckt die Tendenz zur Unfreiheit. Es ist eine freiwillige Unfreiheit. Aus der Geborgenheit kann ich jederzeit wieder in die Freiheit zurücktreten.

Heidegger hat das mit seinem weisen Sprach-Gehör wunderbar *vernommen*: Sehen führt in die Freiheit, Hören in die Geborgenheit. Beide Tendenzen können defizient werden. Freiheit wird dann zur Bindungslosigkeit, Geborgenheit kann zu *Gehören* und *Gehorchen* führen, am Ende zu *Hörigkeit*.

Noch deutlicher wird das in der griechischen Sprache. Da heißt das Wort *unterwerfen*: ὑπακούειν *(hypakoúein)*, wörtlich ins Deutsche übersetzt: *unterhören*. Das ist ein sehr sorgfältiges Sprachbild: Der Unterworfene ist tief unten und hört die Befehle dessen, dem er von nun an *gehört* und dem er *gehorchen* muß, aus dessen erhabener Höhe zu sich herabtönen. Das ist seine Strafe: Weil er unterworfen ist, darf er nicht mehr als Gleichberechtigter hören; er hört «von unten» – er *unterhört* – er ist unterworfen. Entsprechend bezeichnet das Wort ὑπήκοος *(hypékoos)* den Untertanen, wörtlich: den unten Hörenden.

Man hat gesagt, die Geistesgeschichte des europäischen Menschen sei eine Geschichte von Befreiungen – von Emanzipationen –, und man tut gern so, als sei auf dieser Linie etwas zweifelsfrei Großartiges geleistet worden. Viele meinen, jetzt stehe nur noch eine Emanzipation aus – die der Frauen (doch natürlich auch die der sexuellen Minderheiten und der sogenannten «Sekten»). Aber sind wir durch die jahrhundertelange Kette von Emanzipationen – durch all die ungeheure Energie, die in sie gesteckt wurde – wirklich frei geworden?

Die erste Emanzipation war die von Gott und vom Mythos. Sie stand am Anfang. Sie hat alle anderen nach sich gezogen. Und nun hören und erfahren wir immer häufiger, daß die «Kette» der Emanzipationen wirklich eine Kette geworden ist. Ketten fesseln. Wir sind «gefesselt» von unserer eigenen Freiheit, fasziniert von ihr, verliebt in sie, als sei sie ein Selbstzweck. Verabsolutierte Freiheit ist Ungebundenheit. Wir alle kennen den Gemeinplatz: Frei-Sein impliziert nicht nur frei von etwas, sondern immer auch frei zu etwas sein. Der moderne Mensch fühlt sich in erster Linie frei von, aber nicht mehr frei zu. Sein Verständnis von Freiheit ist defizient.

Auch insofern «stimmt» es, daß der Ruf nach dem Hören lauter wird. Noch sind diejenigen, die ihm Laut geben, in der Minderheit. Aber wir alle spüren: Die Minderheit wächst. Eben deshalb sollten wir nicht vergessen: Auch das Hören kann defizient werden. Es kann zum *Gehören* und *Gehorchen* führen. Im *Hören* kann auch *hörig* stecken, und es bedurfte nicht einmal einer Vorsilbe, um diese Abart (ich gebrauche das Wort mit Absicht, denn *abartig* ist daraus entstanden) zu benennen.

Es gibt aber noch einen anderen Sinn, der in der Vorsilbe *ge-* – früher sehr häufig, heute nur noch selten – verborgen ist. *Ge-* kann ein Synonym für *zusammen* sein – in Worten wie *ge*meinsam, *Ge*meinschaft, *Ge*schlecht, *Ge*sellschaft, *Ge*meinde oder der ursprünglichen Bedeutung von *ge*mein. Wahrscheinlich ist diese

Bedeutung von *ge-* die ältere. Wir spüren das an dem Wandel, den das Wort *ge*mein durchgemacht hat. Erst bezeichnete es den einfachen «gemeinen Mann», später wurde es zur «Gemeinheit», die man jemandem antut; erst also steckte in dem *ge-* die Gemeinsamkeit, später wurde daraus ihre Minderung. Wir können dem nachdenken: Ein Präfix, das früher eine Gruppe bezeichnet hat – also eine «Vergrößerung» –, bedeutet heute eine «Verringerung». Unser ganzes Verhältnis zur Gemeinschaft verbirgt sich in dieser Wandlung. Auch unser Verhältnis zur Demokratie. Denn natürlich waren es die «gehobenen Schichten» – also gerade die, die selber die größten *Gemein*heiten tun –, die den «gemeinen Mann» so sehr mit der Gemeinheit assoziiert haben, daß sich das Wort gewandelt hat. Sie sind es ja gewesen, die es gewandelt haben.

Es ist möglich, daß die Gemeinschaft implizierende Bedeutung der Vorsilbe *ge-* auch ein wenig in *gehorchen* und *gehören* mitschwingt. Dann weitet sich der Sinn dieser Worte. Dann tragen sie viel weniger Tendenz zur Defizienz in sich. Deutlicher noch als in den Verben schwingt das *ge-* der Gemeinschaft in dem Substantiv *Gehorsam*. Horchen wir diesem Wort für einen Augenblick nach (aber nicht so flüchtig, wie es das Wort «Augenblick» signalisiert; unser inzwischen geschärftes Bewußtsein bemerkt im Vorübergehen, daß wir gerade wieder einem Seh-Wort aufgesessen sind, das Flüchtigkeit und Oberflächlichkeit impliziert).

Die Nachsilbe *-sam* von Gehorsam (es ist viel mehr als nur eine Nachsilbe) eröffnet ungeahnte Zusammenhänge. Der Paläolinguist Richard Fester hat sie in der ganzen Welt gefunden – auch außerhalb des indo-europäischen Sprachkreises, der ja ohnehin nur eine Fiktion ist. Im Sanskrit bezeichnet *-sam* die Eins und das Eine, in dem alles noch zu*sam*-men ist. Das *-sam* des Zu-*sam*-men-seins kann auch sexuelle Bedeutung haben. Unsere Wörter *Scham* und *Samen* (und viele andere Wörter in vielen Sprachen) deuten in diese Richtung.

Wir sehen jetzt, daß das Wort GE-HOR-SAM wie ein gerahmtes Bild ist: Sowohl das *ge-* am Anfang wie das *-sam* an seinem Ende bedeuten Gemeinschaft, Zu-*sam*-men, Eins-Sein. Das doppelte Eins-Werden umrahmt das Hören. Wir verstehen jetzt die Intensität des Wortes *Gehorsam*, wir haben sie immer gespürt, aber jetzt wissen wir, warum das Wort so stark ist: Ein verstärktes, doppeltes

Hören wird eingebunden – am Anfang und am Schluß – in «das Eine».

Wir erfahren auf diese Weise, daß Gehorsam, seiner wahren Bedeutung nachgehorcht, gewiß keinen Gehorsam im Sinne von *Hörig*-Sein einem politischen Führer oder auch einem Vorgesetzten impliziert. Es meint: mit Aufmerksamkeit hören auf den Zusammenklang: *zusammenhörenzusammen.* Oder: *Einheithöreneinheit.*

Unter diesem Aspekt ist in dem Wort *ge-horchen* die Instanz bereits eingeschlossen, der wir gehorchen sollen: nämlich dem Horchen. Nur deshalb konnte die Sprache das Verbum *horchen* im *Ge-horchen* verbergen, weil sie meint: Gehorche dem Hörbaren. Dem Ge-*horchens*-werten: dem Klang des Seins, der tief in dir verborgen ist. Werde *horchsam*! Darauf kommt es der Sprache an: Das eigentliche *Gehorchen*, meint sie, ist immer das *Dem-Horchen-Gehorchen.* Alle anderen Bedeutungen und Bezüge von *gehorchen* sind lediglich abgeleitete, erst später hinzugekommene, übertragene, analogisch gebildete: Man stellte Analogien her zwischen dem *Horchen* und anderen Instanzen, denen man möglicherweise a u c h noch *gehorchen* könnte.

Denn natürlich kann auch ein solches Wort defizient werden. Ich habe in einer Anmerkung in «Nada Brahma» darauf hingewiesen: Der Apostel Paulus – der sexuell verklemmte Eiferer – braucht das Wort «Gehorsam» neunundvierzigmal (!), aber in den Evangelien – in allen vier zusammengenommen – kommt es kein einziges Mal vor (und «gehorchen» nur achtmal!).

«Sprache», schreibt Hans Jürgen Schultz in seinem Buch über die Einsamkeit, «ist Hoffnung, gehört zu werden.» Alles wird hoffnungslos, wenn wir die Hoffnung der Sprache nicht erfüllen, aber wir sollten sie eben nicht nur dem Sprechenden (was wir ja gleichfalls oft nicht tun), sondern der Sprache selbst erfüllen, was unser ganzes Verhältnis zu der Gesellschaft und der Welt, in der wir leben, transparenter machen würde.

Wir sind *ver-nünftig*, wenn wir die Hoffnung der Sprache, *vernommen* zu werden, erfüllen. Daß unsere Sprache *Vernunft* auf das Hör-Wort *vernehmen* bezieht, ist ein Signal, das wir bereits im Vorwort und im Heidegger-Kapitel *vernommen* haben, das wir aber nicht richtig *vernehmen* können, wenn wir weiterhin *Vernunft* auf *ratio* reduzieren. Denn es ist ja der rationalistische Mensch, der aufschreckt und sich wehrt und Widerspruch anmeldet, wenn er gebeten wird, zu *vernehmen* – nun endlich die in allen großen Kulturen der Menschheit (nur nicht in seiner eigenen) einsichtige – ja sogar für das Auge *ein-seh-bare* – Wahrheit zu *vernehmen*, daß *Vernunft* mit Hören zu tun hat. *Ratio*, so haben wir gezeigt, hat mit Sehen zu tun, und das eben ist es, was der Rationalist getan hat: Er hat die früher und ursprünglich mehr hör-orientierte, die *ver-nehmende Vernunft* zu einer sehenden gemacht. Er hat sie damit ihres Ursprungs und ihrer Basis beraubt, die die Sprache ja nicht einfach konstruiert, sondern abbildet. Wir *überhören* einen großen Teil dessen, was unsere Sprache *vernünftig* nennt, wenn wir die *vernehmende* Herkunft der *Vernunft überhören*.

Dieses Wort *über-hören* birgt viel Ironie in sich. Wenn wir uns das Bild vorstellen, das darin verborgen ist, bemerken wir, daß es ein verkapptes Seh-Wort ist: Jemand steht hoch *über* dem Hören und schaut aus der Höhe des Blicks und des Lichtes auf das, was er hören soll(te), hinab. Da kann es ihm leicht geschehen, daß er etwas *über-hört*.

Wer aus der Höhe und der (zu) dünnen Luft des *Überhörens* hinabsteigt und in die Tiefe kommt, gerät in die (zu) dicke Luft des *Abhörens*. Das ‚ist ein Fachwort der Funk- und Studiosprache geworden – interessanterweise auch der Verfassungsschützer. Ein Redakteur sagt zu einem Musiker: «Ich konnte die Kassette, die du mir geschickt hast, noch nicht abhören.» Oder: «Wir haben deine neue Platte abgehört ...» Es klingt immer ein wenig nach Aburteilen – nach der Tiefe und Dunkelheit des Präfixes *ab*: Hinab-in-den-Orkus! Das Wort *Abrichten* liegt in unmittelbarer Nähe – nicht nur mit seiner Evokation des Richtenden, des Richters, der «eine Sache erledigt», damit sie «*ab*gelegt» werden kann, sondern auch im Sinne von *Abrichten* eines Tieres, zum Beispiel eines Hundes, damit er den Knüppel zurückbringt. Wenn ein Musikstück erfolgreich *abgehört* worden ist, dann wird es für einen bestimmten Zweck – sagen wir für eine bestimmte Kategorie von Rundfunksendungen – als geeignet befunden, es kann dazu kommen, daß es fortan geradezu dafür *ab*-ge-richtet ist; ja, die meisten Werke, die Funk-Redakteure in ihre Programme einsetzen, sind in diesem Sinne *ab*-ge-richtet – eben deshalb, weil zu Beginn des Prozesses *ab-gehört* wurde. Niemand, der Musik als etwas Zu-Erfahrendes und Zu-Erlebendes wahrnimmt, kann sich vorstellen, sie *ab-zuhören*.

Aber wir waren im Begriff, das Wort *vernehmen* zu vernehmen. Es steckt ein diabolischer Doppelsinn in ihm. Nicht nur unsere *Vernunft vernimmt* etwas, auch die Polizei kann uns vernehmen. Und wenn wir nach einem anderen Wort dafür suchen, ist es schon wieder ein Hör-Wort: *Verhör.* Man glaubt, sich *ver-hört* zu haben: Daß aus Hören Sich-*ver-hören* wird, ist ja plausibel, aber auch das *Verhör(en)* im polizeilichen Sinne? Wer hat sich da *ver-hört*? Derjenige, der *verhört*? Oder der, der *verhört* wird?

Im polizeilichen Sinne der Worte *verhören* und *vernehmen* ist Hören vollends auf den Hund gekommen. Man denkt an andere *ver*-Worte: verderben, versauen, vernaschen, verhauen, verleumden ... In deren Sinne wird hier hören *ver-hört* = verdorben.

Wir können die Fußangel, die uns das *ver-* stellt, auch weniger gefährlich auslegen. Dann kommen wir zu dem Wort verlieben. Man muß sich – legt uns die Sprache nahe – oft *ver*-liebt haben, um wahrhaft lieben zu können. In diesem Sinne gilt: Man muß sich oft *ver-hört* haben, um wahrhaft hören zu können. Die Sprache gibt uns also eine wunderbare Chance – als könnten die Jahrhunderte des *Sich-Verhörens* und des *Überhörens* uns am Ende doch noch zum rechten Hören führen.

Wir bemerken jetzt schon – und werden es im folgenden bestätigt finden: Auch die negativen Hör-Worte – oder genauer: auch die Hör-Worte, die die Tendenz zur Negativität in sich tragen – sind eigentümlich präzise. Die meisten bezeichnen Zugehörigkeiten, Zusammengehörigkeiten, Bezüge. Man kann kaum irgendwo etwas Ungenaues, Schillerndes, Scheinhaftes in ihnen finden – wie in so vielen Seh-Worten. Hören heißt finden, haben wir gesagt – und haben andererseits auf den Zusammenklang der Worte *Sehen* und *Suchen*, die auf die gleiche Wurzel zurückgehen, hingewiesen. Wer *sieht*, ist auf der *Suche*. Wer hört, kommt an.

Auf wunderbare Weise kommt er an im Tatbestand des *Erhörens*. Mit diesem Wort läßt sich fast so gut leben wie mit dem *Hören* ohne Präfix. «Erhöre mich, erhöre mich, ich will Dich preisen ewiglich», läßt Johann Sebastian Bach den Chor am Schluß seiner Johannes-Passion singen.

Wenn eine Frau einen Mann *er-hört*, dann tut sie das im allgemeinen, weil sie ihm eine Weile *zu-gehört* hat. Das ist komisch: Im Perfektum steckt bereits das *Ge-hören*. Die Sprache meint also: Während sie ihm *zu-hörte*, hat sie etwas Hörenswertes für sich *erhört*. Sie h a t ihn schon *er-hört*, als sie ihm *zu-gehört* hat; sie h a t ihm schon *zugehört*, als sie ihn *hörte*. Das De-facto-*Er-hören* ist nur noch der Vollzug dessen, was sie sich, als er zu ihr sprach, *er-hört* hat: was sie in seinen Worten gefunden hat. Erinnern wir uns an Heideggers und Heraklits Auffassung, Hören schaffe Eins-Werden: Es gibt nur wenige Worte in unserer Sprache, die dies so überzeugend deutlich machen wie das *Er-hören*, das dem *Erhören* folgt.

Ist das Wort *er-hören* im Begriff, altertümlich zu werden? Klingt es vielleicht schon ein wenig altmodisch? Ich fände das schade. Menschen sollten einander – im doppelten Sinne dieses Wortes – *erhören*. Wenn wir das Wort aus unserem Wortschatz verbannen, verbannen wir auch seinen Sinn aus unseren Beziehungen – was immer auch ein wenig bedeutet: Wir verbannen: Hören. Vielleicht ist das Wort *erhören* deshalb seltener geworden, weil es immer nur Frauen waren, die Männer *erhören* sollten. Aber auch Männer – und das geschieht doch jetzt häufiger – müßten Frauen erhören.

Wenn wir an dieser Stelle noch einmal an die ältere Bedeutung des Präfixes *ge-* erinnern, dann könnten wir das, was da heute geschieht, auch in dem Wort *gehören* vernehmen. Dann k a n n es gar nicht mehr negativ klingen, es bedeutet nämlich: *zusammen hören*, in Gemeinschaft hören – jeder den anderen. Das Wort *zusammengehören* gewinnt von hierher seinen eigentlichen Sinn. Und wir bemerken: Wenn wir das Wort *gehören* als *zusammen hören* interpretieren, dann kann es auch wieder in der Sprache der Liebe und der Liebenden sinnvoll gebraucht werden; dann bedeutet es keinen Freiheitsverlust.

Dann gewinnt mit einemmal auch die Redewendung, daß *sich etwas gehöre*, einen faszinierenden, exakten Sinn. Stärker noch als in den anderen *ge*-Worten wirkt hier das *ge-* der Gemeinschaft. *Es gehört sich* will sagen: Höre auf die *Ge*meinschaft, die *Ge*sellschaft, die Gruppe, deinen Mitmenschen. Und es ist schon erstaunlich – aber auch, wie wir inzwischen verstehen, sinnvoll –, daß die Sprache gerade für eine solche Botschaft ein Hör-Wort benötigt. Als wolle sie sagen: Wenn es um das Zusammenleben der Menschen geht – um das, was *sich gehört* –, kann aufs Hören nicht verzichtet werden.

Es gehört sich heißt jedenfalls zuallererst einmal: *es gehört sich*, zu *hören.* Wenn du hörst, bist du *in tune* mit den anderen – eingestimmt auf sie. Dann klingst du – klingen deine Umgangsformen, deine Art, anständig und fair zu sein – mit den anderen zusammen: Das kannst du dann *hören.*

Viele fühlen sich unangenehm an ihre Eltern, an Lehrer und Erzieher erinnert, wenn jemand sagt, *etwas gehöre sich nicht.* Vielleicht ist es auch deshalb in Verruf gekommen, nach dem zu fragen, was *sich gehört.* Vor allem aber kam es in Verruf, weil wir nicht mehr *(zu)hören* – weil wir nur immer «Blicke aussenden»; weil wir das Sehen an die Stelle des Hörens gesetzt haben, obwohl doch das Hören unser wichtigster Kommunikationssinn ist.

Paßt es nicht zu dem vorrangig sehenden – dem kaum noch hörenden – Menschen, daß er nicht mehr weiß, was *sich gehört*, und es hochmütig für unter seiner Würde hält, auf das, was *sich gehört, Rücksicht* zu nehmen? Ja, horchen wir auf das Wort *Rücksicht*! Die Sprache muß das Sehen geradezu widerrufen, es rückwärts lenken, in die ihm entgegengesetzte Richtung, wenn sie Sehen mit dem assoziieren will, was *sich gehört*: mit *Rücksicht.* Das Wort *Rücksicht* will sagen: Wenn du *rücksichtsvoll* sein willst, mußt du nicht in die Richtung sehen, in die du normalerweise blickst, nicht vorwärts, sondern zurück: *rücksehend = rücksichts*-voll.

In der Gemeinschaft hören – der eine den anderen – und auf den anderen hören – rücksichtsvoll sein – heißt: *verstehen* – auch dies ein Hör-Wort von aufschlußreicher Bedeutung. Wir sagen: Ich versteh dich nicht, wenn wir jemanden nicht gut hören können. Das Wort wird also nicht erst auf das Verständnis eines Gedankengangs bezogen, der möglicherweise schwierig ist, sondern bereits auf das Hören selbst: auf das Wahrnehmen dessen, was einer sagt. Die Sprache meint also: Ohne Hören ist Verstehen nicht möglich. Verständnis braucht Hören. Die Sprache wiederholt an dieser Stelle noch einmal, was sie uns mit dem Bezug der Vernunft aufs Vernehmen signalisiert. Wir verstehen nun auch das Bild, das zu dem Wort *verstehen* geführt hat. Da ist ja nicht jemand gemeint, der so lange auf seinen zwei Beinen gestanden hat, daß er sie sich *ver*-standen hat (so daß sie sich vielleicht anfühlen, als seien sie eingeschlafen). Die Vorsilbe *Ver-* des *Verstehens* ist nicht das *Ver-* des *Verderbens*, sondern das *Ver-* des *Ver*arbeitens: Jemand stand so lange, bis das, «worauf er stand» (im Sinne der Umgangssprache junger Leute), ganz und gar eins mit ihm wurde: Da hatte er es endlich *verstanden*. Dieses – Einheit schaffende – *Ver-* kann auch das des *Verliebens* sein, aber die Sprache ist weise, wenn sie uns in diesem Fall eine doppelte, durchaus entgegengesetzte Möglichkeit offenläßt.

IV
TUMB – TAUB – DUMM – DOOF

Hör endlich auf mit den Hör-Worten! Niemand kann dieses Wort *aufhören*anders verstehen als so: Wenn du *aufhörst* zu hören, dann hörst du auf: hörst auf zu leben. Aufhören zu hören = *aufhören* = nicht mehr hören = nicht mehr sein. Damit ist alles gesagt. Nur «tödliches Schweigen» – das Schweigen des Todes, das eintritt, wenn einer *aufgehört* hat zu sein – kann noch folgen. Von hierher gewinnt der Ausdruck «tödliches Schweigen» (der doch ein zwiespältiges Licht auf unser Verhältnis zur Stille wirft) einen geradezu existentiellen Sinn.

Wenn du aufhörst, dann hörst du zu hören auf. Dann lebst du, als seiest du taub. Dann vergehen dir Hören und Sehen. Der Volksmund weiß schon, warum er das Hören zuerst nennt. Wenn dir das Hören vergeht, vergeht dir das Sehen sowieso.

In der sprachlichen Entwicklung vom Alt- über das Mittelhochdeutsche zum heutigen Deutsch ist dies eine deutliche Linie: *tumb – taub – dumm – doof.* Wer Ohren hat zu hören, der höre!

Du kannst aber auch aufhören, *taub, tumb, doof* zu sein, und bemerkst mit Erstaunen: Du kannst dazu das gleiche Wort verwenden; du brauchst es nicht einmal umzuakzentuieren, nur umzuempfinden; in deinem Bewußtsein muß sich etwas ändern: *Höre auf* – zum Beispiel: auf mich. Oder auf einen Menschen, den du liebst. Oder auf deine innere Stimme. Dann hörst du auf, aufzuhören! Dann wirst du eins. Dann – und da fließen beide Verständnisse des Wortes *aufhören* wieder zusammen – *hört auf (!)*, was *aufhörens*-wert ist.

LANDSCHAFT FÜR OHREN

Eine Sommer-Erfahrung

Die Weltliteratur quillt über von Landschaftsschilderungen – beschreibend, was der Autor gesehen hat. Fortlassend – überhörend –, was ge-hört und er-hört werden kann. In diesem Kapitel versuche ich das Umgekehrte: Wir blenden das Visuelle aus. Und erfahren die Fülle des Auditiven. Die Ohren «sehen» die Landschaft. Die Augen – auf weite Strecken geschlossen – «lauschen» mit – andere, größere Autoren fragend: Wie wär's, wenn auch Ihr Eure Sinne öfter mal lauschen ließet?

Ort der Handlung: Der *Crane Prairie Lake* im Gebirge der *Cascades Mountains* in Oregon, 1700 Meter hoch. Ich liege auf einem Bett aus Kiefernnadeln am Rande des Sees.

Zeit: August 1984, ein heißer Sommertag, 35 Grad Hitze, unerträglich in den Tiefen der viel befahrenen Route *Ninety Seven*, aus denen ich hier heraufgeflüchtet bin.

Ich sehe, hineinblinzelnd in die Helle des Sommerhimmels: drei senkrecht über mir in die Höhe ragende Kiefern – *pine trees* – vor leuchtend blauem Hintergrund. Keine einzige Wolke. Ab und zu ein seine Bahn ziehender Vogel. Näher bei mir: schnell vorbeihuschende Fliegen, sich wiegende Libellen, kreisende Moskitos. Nicht viel für die Augen.

Aber ich höre: Stille. Sie höre ich zuerst. Wie ein Gewicht, das ich greifen kann. Ein schweres, glattes Gewicht. Meine Ohren befühlen es, als seien sie tastende Finger. Ich nehme wahr: Das Gewicht fühlt sich gut an. Ich denke: Solche Stille hast du lange nicht gehört.

Ich beschäftige mich mit: Stille. Sie ist lebendig. Ein Tropfen aus Stille. Meine Ohren dringen ein in ihn. I c h bin in ihm. Der Tropfen wird Universum. Ein Kosmos, der – zu tönen beginnt.

Dies ist der Kosmos: Zuerst: der See. Ein rhythmisches Glucksen. Ein tiefer Ton – blubbernd ein wenig – und zwei höhere: klackend und klatschend. Ein Dreier-Rhythmus. Als tanze der See Walzer. Es ist kein fröhliches Tanzen. Ein schlaffes, sich hingebendes, gemächliches. An jemandes Hals hängendes. An wessen Hals?, denke ich. Am glühenden, dicken, stierhaften Nacken des Sommers.

Das tiefe Glucksen klingt wie ein schlaffes Tom-Tom. Die beiden höheren Töne haben einen hölzernen Klang, ähnlich dem eines Ballaphons, dem westafrikanischen Xylophon. Ein See, der Tom-Tom und Ballaphon spielt?

Dann meldet sich die erste Libelle. Bevor ich sie sehen kann, höre ich sie. Das schwirrende Geräusch ihrer kreisenden Flügel. Der Ur-Helikopter. Immer noch funktioneller als alle von Menschen gemachten. Weitere Libellen folgen, und ich erfahre: Es gibt viele verschiedene Libellen-Sounds. Hellere, schnell sirrende und langsamere, dunkel summende. Samt allen zwischen ihnen möglichen Übergängen. Eine Tonleiter aus Libellen. Ich brauche lange, bis ich das bemerkt habe, denn es fliegt nur selten eine Libelle vorbei.

Andere Insekten kommen häufiger. Sie schlagen Kurven über meinem Gesicht, als prüften sie mich als mögliches Opfer. Keines setzt sich auf mich. Also: Sie verwerfen mich. Ich höre nur selten, wie sie sich nähern. Mit einemmal sind sie da. Dort, wo die Kurve ihres Fluges meinen Ohren am nächsten kommt, sitzt der tiefste Ton, der schnell wieder nach oben gleitet, wenn sich das Insekt entfernt. Ein Moskito-*glissando.* Manchmal eine leicht jaulende Qualität darin.

Die differenziertesten Klänge machen die Fliegen. Zum Beispiel: ein dunkles Brummeln mit einer hohen Komponente. Als sei eine Flöte darin versteckt, die freilich nur leis angeblasen wird, während der tiefe Ton stark und kompakt ist, der Fliege ähnelnd: Die ist schwarz. Als habe man in einen dunklen Kasten einen kleinen, hell leuchtenden Gegenstand gepackt.

Wieder bemerke ich nach einer Weile: Es gibt viele verschiedene Fliegen-«Schattierungen». Das dunkle Brummen – freilich auch dies in verschiedenen Abstufungen – haben fast alle, aber eine langsamer fliegende, eher zum Kreisen tendierende Art verbirgt darin weniger eine Flöte als eine Oboe, vielleicht ihre arabische Form, die *Zoukra* genannt wird, das Instrument der großen Karawanen. Der vorderste Reiter spielte es, wenn sich der Zug der Kamele einer Oase näherte oder in eine Stadt einzog.

Wieder eine andere Art hat – tatsächlich! – einen meckernden Klang, einer Ziege ähnlich, mit einem näselnden Unterton. Ich wundere mich: Warum habe ich nicht schon früher sorgfältiger Insekten zugehört? Warum tendieren wir dazu, ihre Sounds zu über-hören? Weil sie uns daran erinnern könnten, daß nahezu alle tierischen und menschlichen Laute *in nuce* in den Insekten angelegt sind – was doch wegen des ungewöhnlichen Alters der meisten Insektenarten bedeutet: 100 bis 200 Millionen Jahre, bevor wir – die Hominiden und unsere Vorfahren – darangingen, all diese Laute auszuprägen und zu entwickeln!? Haben die Insekten sie uns – haben ihre Gene sie unseren Genen – vorgemacht?

Plötzlich setzt sich ein Insekt in meine Ohrmuschel. Es schießt pfeilschnell heran; ich kann das nicht sehen, aber ich höre es: den Pfeil und das Schießen. Im nächsten Moment fühle ich's auch; zwar bewegt es sich nicht, aber ich weiß, es ist da. Es kitzelt ein wenig; ich vertreibe es nicht. Das Insekt sitzt in meinem Ohr, und nach einer Weile höre ich: Obwohl es nicht fliegt, gibt es einen ganz leisen Sound von sich. Die Ahnung eines Pfeifens. Die höhere Potenz des Brummens, mit dem es sich genähert hat. Dessen homöopathische Verdünnung. Ein hochgezüchteter Wagen im Leerlauf.

Das Kitzeln wird stärker, ich bewege den Kopf; als das Insekt – dadurch aufgescheucht – fortfliegt, spüre und höre ich – im Bruchteil einer Sekunde, bevor es abhebt – den Vorgang des «Gasgebens». Die Potentialität wird Realität, die Ahnung des Pfeifens laut brummende Gegenwart – fast (weil dies doch alles in meinem Ohr geschieht) an der Grenze des Dröhnens. Das Insekt verschwindet aus meiner Ohrmuschel, als verließe ein Flugzeug seinen Hangar, kraftvoll dem Sound so viel Fülle und Breite gebend, daß das Pfeifen darin verschwindet wie die dünne Sichel des Mondes in einer Wolke.

Manchmal entsteht Polyphonie. In vielerlei Lagen und Schichtungen. Zum Beispiel (und alles, was ich hier aufschreibe, sind Exempel, mehr oder minder willkürlich ausgewählt aus Hunderten anderer; dieses Kapitel gewänne die Dimension einer Abhandlung, versuchte ich – es ist ja unmöglich – alles zu beschreiben, was ich in den fünf Stunden dieses Nachmittags gehört habe): Zwei Insekten kommen – verschieden schnell – und entfernen sich in entgegengesetzte Richtungen: schnurrend das eine, rumpelnd das andere. Genau so: Es schnurrt wie ein Elektromotor, und das andere rumpelt, entsprechend «verdünnt», wie ein LKW auf einer Holperstraße.

Oder: das murmelnde Gesumm vieler Insekten, aus denen hohe, rasant pfeifende Töne herausdringen wie fröhliche Menschenstimmen aus einem dunklen Hausflur. Aber dann – diese noch übertreffend – ein Moskito, der wie eine gestopfte Trompete klingt. Wie Miles Davis. Schneidend. Einschlagend. Ein Blitz für das Ohr.

Je tiefer die Sonne sinkt, desto reicher wird das Konzert. Vom Kontra-Fagott bis zur Piccolo, jedes Instrument *glissando* übergehend in jedes andere. Duos, Trios, Quartette, Kammer-Ensembles ...

Zwei Stunden wohl war es windstill. Dann kommt ein einziger Stoß. Zunächst nur dieser eine. Bevor ich ihn auf der Haut fühlen kann, höre ich ihn. Er rauscht durch die *pine trees*, in hohen Frequenzen beginnend, Nadel für Nadel anschlagend, als seien sie Tasten. Als er sie alle berührt hat – Millionen von Nadeln –, jauchzt er auf. Ein wehender Schrei. Schreien die Tannen? Vor Freude? Weil sie – für einen Moment – erlöst sind vom Surren der Hitze?

Nach einer Weile der zweite Windstoß. Diesmal im Rauschen ein Dröhnen. Wachsend wie ein Crescendo. Das Decrescendo nicht zulassend, denn vorher kommt schon der dritte ... Dann ein vierter. Jeder ist e r – ganz und gar «er»: ein Windstoß, der eine Persönlichkeit ist. Nicht zu verwechseln mit irgendeinem anderen. Gemächlichen, ruhigen. Springenden, stolpernden. Zupackenden, keinen Widerspruch zulassenden. Tanzenden. Stolzierenden. Rauschenden. Rumpelnden. Wispernden. Knisternden. Eine ganze Familie: Männer, Frauen, Kinder aus Wind. Als seien die Bäume ihr Spielzeug. Oder: ihr Instrument? Beides verlangt: Spielen. Die Kiefern als Orgelpfeifen. Der Wind als ihr Spieler. Mal bläst er die eine, mal die andere an. Er *registriert* sie zu einem Konzert – bis er alle erregt hat. *Con organum plenum.*

Aber: Ich will ja hindurchhören. Ich konzentriere mich auf die *pines* und – über-höre: Da ist ja auch Schilf. Ein schmaler Streifen am See. Raschelnd. Klatschend. Klappend. Klappernd. Klagend. Klackend. Knarrend. Raspelnd. In allem der A-Laut. Was Ah! alles sagen kann! Verwunderung. Frage. Lust. Schmerz. Ermutigung. Bestätigung. Befremden. Ja! All dies sagt das Schilf. Variationen über den Vokal a.

Schon lange habe ich die Augen geschlossen. Um besser hören zu können. Zu sehen ist ja nicht viel.

Das Schilf fragt den See. Dessen Dreier-Rhythmus hat sich verändert. Sicher schon eine Weile, aber es passiert so viel, daß ich noch nicht dazu gekommen bin, es zu erwähnen. Das Wasser tanzt nicht mehr Walzer – den lahmen, lässigen, den es so lange getanzt hat: das Metrum, das allem unterlag, was ich zu schildern versucht habe.

Der «Takt» aus Wasser hat sich vergrößert. Jetzt kann ich bis fünf zählen, bevor er sich wiederholt: Das glucksende Anrollen nimmt drei Zählzeiten in Anspruch, das Zurückweichen zwei: ein Fünfer-Rhythmus, wie es ihn nicht in der Musik gibt. Der Akzent genau in der Mitte: auf der Drei, und dennoch sitzt dort nicht die Eins. «Fünfer» in der Musik setzen sich im allgemeinen aus einem Dreier und einem Zweier zusammen – oder umgekehrt: Zuerst kommt der Zweier, dann der Dreier. Der wäßrige «Fünfer» meines Sees in Oregon besteht aus zwei Zweiern mit einem trennenden, dunklen Schlag in der Mitte. Keine Ähnlichkeit mit Dave Brubecks und Paul Desmonds «Take Five», dem Stück, an dem so viele Menschen «Fünfer» zu hören gelernt haben.

Längst schon hat zunächst einer der über mir in den Himmel ragenden Bäume, wenn er sich unter dem Zwang des Windes (ver-) beugt und wieder in seine senkrechte Stellung zurückkehrt, zu knacken begonnen. Ein knarrendes Knacken. Ein älterer Herr, der darauf besteht, daß er recht hat. Jedesmal, wenn es zwei- oder dreimal knackt, denke ich, er meint: Ich hab's ja gleich gesagt. Andere Bäume knacken mit. Sagt jeder das gleiche? Die anderen ab-, gar zurechtweisend? Ob sie sich nicht mögen? Oder klingt es nur so?

Ich öffne die Augen – wohl weil ich instinktiv meine: Wo viel zu hören ist, da müßte es doch ebensoviel zu sehen geben. Aber ich täusche mich. Ich sehe: einige wenig gebogene Baumkronen – sich wiegend –, die Zweige in die Richtung des Windes gestreckt, die Stämme senkrecht wie vorher. Fast nichts hat sich verändert: für das Auge. Unendlich viel, seit das Wehen begann: für das Ohr. Wieviel früher also beginnt die Wahrnehmungsfähigkeit unseres Hörsinns! Wieviel mehr müßte geschehen, bis sich auch für das Auge Nennenswertes ereignete! Als Ohrenmensch höre ich seit den ersten vier oder fünf Windstößen: Die Welt ist jetzt anders. Als Augenmensch sehe ich: Sie ist die alte. Wieder einmal wundere ich mich: Um wieviel empfindlicher ist das Ohr.

Ich schließe noch einmal die Augen, denn ich verliere ja – fast nichts. Verliere jedenfalls weniger, als ich dadurch gewinne: intensiveres Hören. Kann ich mir das Umgekehrte vorstellen: Die Ohren schließen – sie womöglich zuhalten –, damit ich besser sehen kann?

Ich wünsche mir, das Rauschen würde heftiger werden, orkanartige Stärke erreichen. Die vier Orgeln im Freiburger Münster gleichzeitig gespielt. Ich habe mich in der Mittagsglut auf mein Kiefernnadelbett gelegt und spüre: Der Wind kündigt den Abend an. Ich wünschte, er brächte Wolken heran. Es würde zu regnen beginnen. Ich stelle mir die «Tropfen-Sounds» vor. Ich würde sie auf meiner Haut vernehmen, als sei ich eine Trommel, auf die eine himmlische Hand irgend etwas ganz Leichtes – gerade nur schwer genug, damit mein «Fell» anspricht – herabfallen läßt.

Ich stelle mir vor, was es da alles zu hören gäbe, – aber dann bin ich froh, daß es nicht regnet. Es wäre hoffnungslos, die Fülle der Klänge, die dann entstünden, beschreiben zu wollen. Es rauscht und rauscht und rauschtrauschtrauschtrauschtrauschtrauschtrauscht... Das wäre fast alles, was man sagen könnte. Man hätte nicht annähernd die zwei oder drei Dutzend Rauschworte, über deren klangliches Pendant der Regen verfügt. Pladdern und platschen und die paar anderen, die es noch gibt, sind nicht genug. Eskimos haben neun verschiedene Worte für «weiß», weil das meiste, was sie sehen, weiß ist. Ob die Völker zur Zeit der Sintflut – als es (wie Wissenschaftler meinen) generationenlang gegossen haben muß – ein reicheres Vokabular für die Klänge des Regens gehabt haben? Warum hat sich so wenig davon erhalten? Weil wir nicht hören?

Ich höre jemanden meinen Namen rufen. Und in diesem Augenblick höre ich: mich! Ich höre – ohne ihn zu ertasten – das Pochen meines Pulses, das Schlagen meines Herzens, das Vibrieren meiner Schläfen, das Rauschen des Blutes in meinen Adern: den Ur-Strom und Ur-*Nada* – das Mini-Modell aller Ströme der Welt. Ich höre all dies so deutlich wie vorher See und Insekten, Wind, Bäume und Schilf – und meine, es länger und intensiver zu hören, als ich es je zuvor in meinem Leben gehört habe. Aber mein Name erklingt wieder und wieder – und erst nach einer Weile bin ich frei zu antworten.

Ich werde gefragt: «Was hast du den Nachmittag über gemacht?» Ich: «Gehört.» Frage: «Sonst nichts? Gab's nichts zu sehen?» Ich: «Blauen Himmel und drei *pines.*» Die mich Abholende (ich reduziere unser Gespräch auf das Wichtige): «Du Armer, du hast dich gelangweilt.» Ich: «Im Gegenteil. Es war toll.» Sie: «Ich hab's ja immer gesagt: *You are crazy.*» Ich denke mir: *Crazy* vor Langeweile wäre ich geworden, wenn ich die fünf Stunden lang nicht zugehört hätte. Weil ich aber gehört habe, war's ein erfüllter Nachmittag.

Kaum etwas gesehen, aber aufs intensivste gelebt.

WATTE IM OHR

Über den Lärm

«Das Schweigen ist die Mitte
des Menschen...
Das ist Schweigen heute:
Lärm, der nicht funktioniert!»
Max Picard

I
LÄRM IST HÖRBARER MÜLL

Es kann kein Zufall sein, daß es der vorrangig sehende Mensch gewesen ist, der den Lärm zugelassen hat – ach, was sage ich, der jenen Lärm m a c h t, der unsere Städte füllt wie die Federn das Kissen. Der primär hörende Mensch hätte es dazu nicht kommen lassen. Er hätte es nicht ertragen können. Er k a n n es nicht ertragen.

Lärm ist hörbarer Abfall. Nicht der Müll und all die anderen Abfälle, welche auf die wie Aussatz wachsenden Schutthalden in den Weichbildern unserer Städte und Dörfer gekippt werden, bilden das größte Abfallproblem unserer Zivilisation, sondern Lärm. Die «sichtbaren» Abfälle werden von den Müllwagen abgeholt, aber der «hörbare» Abfall bleibt da – als wolle die Hör-Dimension sagen: Damit räche ich mich für die Unterdrückung, die mir in Jahrhunderten der Zurücksetzung, Kränkung und Beschädigung widerfahren ist; wenn schon die hörenden Menschen sich nicht rächen, i c h räche mich.

II
SCHWEIGEN ALS HÖHERE POTENZ VON KLANG

Das Gegenteil von Licht ist Dunkelheit. Aber das Gegenteil von Klang, Schall, Laut, Sound ist nicht Stille. Diese ist deren Potenzierung. Dichter sprechen vom Dröhnen der Stille. Von der Orgel des Schweigens. «Nichts im Universum», sagt Meister Eckehart, «gleicht so sehr Gott wie das Schweigen.» Wenn die Welt Klang ist und wenn Gott mehr ist als seine Schöpfung, dann ist Er Schweigen. Stille geriete in die falsche Nachbarschaft, wenn man sie als Gegenteil von Klang empfände. Das Gegenteil von Klang ist Lärm. Wer nicht hören will, muß – wenigstens – Lärm hören.

III
LÄRM MACHT KRANK!

Wer nicht hören will, muß fühlen, sagt der Volksmund. In der Zivilisation, in der wir leben, können wir den Lärm körperlich fühlen. Nicht bloß in der Nähe der Anflugschneisen der Flughäfen. In jeder großen oder größeren Stadt. Auf – und in der Nähe – jeder Autobahn. An jeder stärker befahrenen Straßenkreuzung. Am Arbeitsplatz. Bereits 1976 wurde mehr als ein Drittel aller Berufskrankheiten durch Lärm verursacht! Lärm ist damit der gefährlichste Krankheitserreger in der Berufswelt. Nicht nur «wir» fühlen ihn, sondern auch unsere Organe – und reagieren mit Krankheit.

Im Umkreis des Internationalen Flughafens von Los Angeles liegt die Sterblichkeitsrate unter den dort wohnenden Menschen um 20 Prozent höher als im übrigen Los Angeles. Es gibt dort 31 Prozent mehr Nerven-, 14 Prozent mehr Leberkranke. Bereits Kinder leiden dort an hohem Blutdruck und haben verhältnismäßig größere Probleme, Mathematikaufgaben, ja sogar einfache Rätsel zu lösen oder Puzzles zusammenzusetzen, als die in den Vergleichsgebieten lebenden Kinder.

Amerikanische Akustiker schätzen, daß der Lärmpegel in den meisten Großstädten pro Jahr um ½ bis 1 Dezibel wächst: eine erschreckende Zahl (wie wenige Seiten später deutlich werden wird)!

IV
«BERGE AUS LÄRM»

> «Eines Tages wird der Mensch den Lärm ebenso bekämpfen müssen wie die Cholera und die Pest.»
> *Robert Koch*

Es gibt kaum noch Stille. Selbst auf dem Land, in bäuerlichen Gegenden, ist die Luft von den Geräuschen der Rasenmäher, Säge- und Dresch- und vielerlei anderer Maschinen erfüllt, auf die heute niemand mehr verzichten mag. Wo immer Menschen wohnen, hören sie nicht nur die eigenen Radios, Fernseher, Plattenspieler, Kassettengeräte, sondern zusätzlich noch die der anderen aus den Nachbarwohnungen und Nachbarhäusern. Wie in fast allem haben die modernen Architekten und die Bauämter auch in diesem Bereich versagt. Sie sind nicht an Schallisolierungen und schallschluckenden Materialien interessiert – obwohl die entsprechenden Stoffe und technischen Möglichkeiten vorhanden sind.

Kein Haushaltsgerät – nicht einmal die Ölheizung und der Kühlschrank, die Waschmaschine und der Trockner schon gar nicht – funktioniert geräuschlos. Selbst der simpelste Entsafter, die einfachste Gemüsezerkleinerungsmaschine, die Getreidemühle, die Brotschneidemaschine, der Mixer, der Ventilator, der elektrische Rührbesen, der Staubsauger, die Geschirrspülmaschine, die Wäscheschleuder oder der Abfallzerkleinerer sind lauter, als es nach heutigem Stand der Technik notwendig wäre. Die Konstrukteure und Ingenieure entwickeln bewundernswerten Einfallsreichtum hinsichtlich der Form und der Farbe solcher Geräte, es ist ihnen wichtig, wie sie sich anfühlen und wie und wo sie verwendet und gelagert werden können, aber sie sind gedankenlos – *careless*, lieblos – hinsichtlich ihrer Geräusche.

Millionen Amerikaner – aber auch immer mehr Europäer – sind Tag und Nacht vom leisen Summen ihrer Klimaanlage umgeben. Das ist der «Grundton», auf den ihr Leben bezogen ist. Wie indische Musik auf die *drone* der Tambura. Nur daß die «stimmt» – harmonikal, physiologisch, musikalisch, physikalisch –, während der «Summ» der *air conditioning* völlig willkürlich ist; in 99 Prozent aller Fälle steht er im Widerspruch zu organischen Klängen und

Schwingungen, diese aufhebend, denn – so leise er ist – lauter als sie ist er allemal (siehe hierzu den Abschnitt VI «Die harmonikale Verseuchung» im Kapitel «Die Welt ist Klang»).

Zu den leisesten öffentlichen Räumen gehören die großen Bibliotheken. Viele von ihnen sind Inseln der Stille im geschäftigen Treiben einer Universität oder Großstadt. Jetzt gibt es bereits die ersten Bibliotheken – in Kalifornien, in Südafrika, in Japan –, in die ständig (dies der einschlägige Ausdruck) «Musik eingespeist» wird. Der kanadische Akustiker Murray Schafer berichtet von einer Schule in Nova Scotia, in der in allen Klassenräumen, zentralgesteuert, von Beginn bis zum Ende der Unterrichtszeit sanfter Hintergrund-Rock erklingt.

Ich arbeite in einer großen deutschen Rundfunkanstalt. Deren Architekten – fest angestellt und unkündbar, also, wie man erwarten sollte, von einiger Einfühlung in die Probleme des Hörfunks – haben in die Aufnahme- und Sendestudios Klimaanlagen eingebaut, die einen *Eigenton* besitzen. Die Architekten sagen – ich schwöre, daß ich diese Antwort erhalten habe –: «Man hört ihn doch nicht.» Aber man braucht nur die Mikrophonregler aufzuziehen, dann ist er «da» als ein akustischer Stempel, der nahezu allem, was in diesem Hause produziert wird, anhaftet. Wer ihn nicht haben will – Regisseure von Hörspielen, Produzenten von Kammermusik, Aufnahmeleiter literarischer Sendungen –, muß immer erst herumtelefonieren, damit jemand von der «Zentralen Klimasteuerung» gefunden wird, der dann – meist widerwillig – die Anlage abstellt. Ich weiß kaum ein besseres Beispiel für die Taubheit – den völligen Mangel jeglicher Hörsensibilität – heutiger Architekten als diese Tatsache. Wie weit wird es mit unserer auditiven Kultur – beziehungsweise Unkultur – noch kommen, wenn nicht einmal eine Rundfunkanstalt über Baufachleute verfügt, die hören können?

Das Wort *Eigenton* ist ein Terminus der Akustik – es wird auch in amerikanischen, französischen, englischen Veröffentlichungen deutsch verwendet. Jeder Raum hat seinen *Eigenton*, auch dann, wenn keine Klimaanlage läuft. Er entsteht durch die Reflexion der Schallwellen zwischen gegenüberliegenden Wänden. Er liegt – man kann das beim Singen verschiedener Töne in dem betreffenden Raum feststellen – dort, wo die Resonanz zwischen gesunge-

Die «Berge aus Lärm» . . .

... machen unserem Gehörsinn schwer zu schaffen. Aber auch unsere übrigen Sinne werden durch die Flut der Reize häufig überstrapaziert.

Und wenn es in einem mittelalterlichen Sprichwort heißt: «Wo Geld gezählt wird, sehen auch Blinde», ist das wohl eher ironisch gemeint. Immerhin: Geld, sofern man rechtzeitig welches gespart hat und sicher und zinsgünstig angelegt hat, kann einem dabei behilflich sein, sich so mancher Reizüberflutung zu entziehen ...

nem und reflektiertem Ton am stärksten hörbar ist. Es gibt umfangreiche Literatur über die psychologischen und physiologischen Probleme der *Eigentöne*, und dennoch sind moderne Architekten – jedenfalls die überwiegende Mehrheit – nicht dazu zu bringen, von ihnen Notiz zu nehmen. Aber es versteht sich, daß sie hinsichtlich der *Eigenfarbe* der Materialien, die sie verwenden, von äußerster Sorgfalt sind!

Das genau ist die Situation: Was immer sichtbar ist, wird aufmerksam beachtet, aber die «Hörfelder» unserer Umwelt und unserer Umgebung verkommen. Sie sind «Zufallsfelder». Städteplaner, Architekten, Bauherren und Baufirmen kümmern sich nicht um sie, sind unserem Ohr gegenüber, dem sensibelsten unserer Organe, von einer Rücksichtslosigkeit, die sie dem Sehsinn nie zumuten würden. Selbst die einfachsten Lärmschutzmaßnahmen werden vergessen, allenfalls nachträglich als häßliche Schutzwände zwischen – zum Beispiel – einer Autobahn und einer Neusiedlung emporgezogen, obwohl es bei entsprechend vorausplanendem Hörbewußtsein leicht gewesen wäre, bessere Lösungen zu finden.

Noch ein einziges weiteres Beispiel (Hunderte wären möglich): Seit einigen Jahren werden kaum mehr Abfälle in die Seen der Alpen und Voralpen – in der Schweiz, in Norditalien, in Österreich, in Bayern – gekippt, keine Fäkalien und Abwässer mehr in sie geleitet. Aber immer noch ist es auf den meisten dieser Seen gestattet, daß hochgezüchtete Renn- und Sportboote auf ihnen herumrasen, den Lärm ihrer Maschinen gegen die Bergwände schleudernd, von denen er – vielfach verstärkt – auf Spaziergänger und Wanderer, Erholungssuchende und Badende so laut herabtönt, daß man oft – etwa auf den Promenaden des Lago di Como oder in den Strandcafés des Lago Maggiore – nicht mehr sein eigenes Wort verstehen kann. Wer mit Kurdirektoren, Fremdenvereinschefs oder einfach mit Ortsansässigen hierüber spricht, bemerkt schnell: Sie halten den «akustischen Abfall» für unvermeidlich, haben sich damit abgefunden, aber gegen den materiellen und sichtbaren Abfall haben sie sich erfolgreich gewehrt!

Einer der ärgsten Lärmmacher unserer Umwelt ist das Auto. Auch hier wurden längst Technologien entwickelt, die uns vor den übelsten Auswüchsen schützen könnten – beispielsweise

Geräuschkapseln, in die der Motor gepackt werden kann. Aber die meisten Firmen halten es nicht für nötig, sie anzuwenden, obwohl – wie der ADAC anmerkt – diese Methoden «aus allen Wagen wahre Flüster-Autos machen könnten und vor allem die größten Krachmacher, nämlich die Lastwagen, gehörig dämpfen» würden: «Wer einen solchen in Watte gepackten LKW hört, wird staunen, wie leise die Brummis schnurren können.»

Der größte Lärm entsteht dann, wenn rücksichtslos gefahren wird. Ein einziger Fahrer, der seinen Motor plötzlich auf viertausend Umdrehungen «hochjubelt», macht «so viel Lärm wie 32 [in Worten: zweiunddreißig!] Fahrer zusammen, die sich mit jeweils 2000 Umdrehungen zufriedengeben».

Noch rücksichtslosere Krachmacher sind die meisten Motorräder, obwohl auch für sie längst lärmdämpfende Technologien zur Verfügung stehen. Ein BMW-Händler: «Wir würden die Dinger einfach nicht mehr verkaufen, wenn sie leise wären.» Wenn Lärm akustische Umweltverschmutzung ist, dann kann man sich die «Heuler» der jungen Leute als Maschinen vorstellen, die immerzu «Dreck» in ihre Umgebung blasen. Nur ist es eben hörbarer «Dreck»; wäre er sichtbar, würde die Polizei einschreiten.

Wir leben «sound-blind». Undenkbar, daß wir «licht-taub» lebten! Das ist der eigentliche Grund für das – oft nicht mehr erträgliche – Anwachsen des Lärms in unserer Umwelt: Niemand kümmert sich um ihn. Als wären Bürgermeister, Stadträte, Polizisten, Städteplaner, Ordnungsbeamte taub.

Der Lärm wird weiterhin wachsen, es wird «Berge aus Lärm» geben – es gibt sie ja schon –, wie es Berge von Küchenabfällen vor unseren Türen gäbe, wenn sie nicht beseitigt würden. Wir werden des Lärms – und der Nervosität, Krankheit und Verzweiflung, die durch Lärm entstehen – erst dann Herr werden, wenn wir für unsere Ohren genausoviel Liebe und Sorgfalt aufwenden wie für unsere Augen. Wenn wir das nicht tun, wird uns der Lärm wie eine Welle aus stinkendem Schmutz ertränken.

V
«ROCK AROUND THE CLOCK»

Je tiefer wir in die Welt des Hörens und des Ohrs eindringen, desto mehr «stimmen» die Dinge. Es «stimmt» – im wörtlichen und im übertragenen Sinne (welches ist der wörtliche? welches der übertragene?), ja es ist von einer diabolischen Logik: Musiker – überhaupt Menschen, die im Umkreis von Musik arbeiten und leben – sind im Begriff, taub zu werden. Der Berufsstand, der eigentlich der «hörendste» sein müßte, ist in der Zivilisation des hypertrophierten Optischen der am meisten hörgefährdete. Denn das sind nicht etwa die Fabrikarbeiter in den Walzwerken der Stahlindustrie oder die Straßenarbeiter, die Preßlufthämmer bedienen, oder das Wartungspersonal auf den Airports, das dem Gedröhn der startenden Flugzeuge ausgesetzt ist – die haben die Hypertrophie des Optischen ernst genommen: Sie hören nicht mehr, sie tragen Ohrenschutz und stecken außerdem noch Watte ins Ohr – wie weiland die Gefährten des Odysseus! Musiker aber können mit Ohrenschützern und Watte im Ohr nicht arbeiten. Am Arbeitsplatz in Fabriken gelten 85 Dezibel als oberste Grenze des Erlaubten, aber die Menschen, die in den Discos und in den Aufnahmestudios für Rock- und Punk-Musik arbeiten, sind 100 Dezibel und mehr ausgesetzt. Die Zeitschrift «Der Stern» hat deutsche Discos getestet. Sogar die «leiseste» – das Berliner *Far out* – war noch zu laut – 100 Dezibel wurden gemessen. Die anderen erreichten mühelos 110 und 120 – das *Round up* in München zum Beispiel 119.

Man denke nicht, 110 läge «nur» um 10 Dezibel über 100. Das Dezibel (dB abgekürzt) ist ein schwieriges logarithmisches Maß, das aus den Quotienten der Quadrate zweier physikalischer Größen der gleichen Größenarten gebildet wird. Seine Kurve steigt von einer bestimmten Lautstärke an steil in die Höhe – viel steiler noch als die Jumbo-Jets, deren Lärm sie mißt: 86 dB ist bereits 66 Prozent mehr für das menschliche Ohr als 80 dB. Im Bereich zwischen 100 und 110 dB wächst die Lautstärke um das Doppelte. Das *Far out* ist schon laut, aber wer ins *Round up* geht, hat es fast dreimal so laut! Der – ohnehin furchtbare – Lärm eines Stahlwerks ist um das Vierfache «leiser» als der einer Top-Disco! Für viele liegen die dB-Bereiche einer Disco längst jenseits der «Schmerzgrenze».

An der University of Tennessee konnten 1981 rund 33 Prozent der Studienanfänger sehr hohe Töne nicht hören. Ein Jahrgang später waren es schon 60 Prozent. David Lipscumb, der zuständige Professor, kommentiert: «Das Gehör junger Leute ist oft doppelt so alt wie sie selbst.» Oder ein deutscher HNO-Arzt: «In keinem Organ beginnt heute die Vergreisung früher als in dem des Gehörs.» Und ein Arbeiter im Korfschen Walzwerk in Kehl, angesprochen auf den Höllenlärm, der dort herrscht: «Ich arbeite hier nun schon zwanzig Jahre lang jeden Tag, aber ich bin weniger hörgeschädigt als die jungen Leute, die nur übers Wochenende in die Disco gehen.»

Noch 1968 bezifferte der Bund Schweizerischer Schwerhörigen-Vereine die Zahl der hörgeschädigten Rekruten auf 50000 bis 100000. Anfang der achtziger Jahre liegt die Zahl bei 300000. Die Schweizer Zeitschrift «Pro» resümiert auf ihre Weise: «Wohl möglich, daß immer mehr Schweizer und Schweizerinnen den poppigen Kopfhörer ihres Walkman noch vor dem Rentner-Alter gegen ein Hörgerät tauschen müssen.»

Ähnlich die Ergebnisse an deutschen Universitäten und Hochschulen. Von hundert Studenten der Technischen Universität München waren 35 hörgeschädigt. Die schwedische Marine schreibt es der schlechten Hörfähigkeit ihrer Soldaten zu, daß es den sowjetischen U-Booten so oft gelingt, in die geschützten Gewässer vor Stockholm einzudringen. Die jungen Leute können die Schalldetektoren nicht mehr richtig bedienen. «Sie hören zuviel Rockmusik», sagt er zuständige Stabsoffizier. «Vor zwanzig Jahren – bevor es Discos gab – hatten wir keine Probleme, die Detektoren zu besetzen.»

VI
MIT ZUNEHMENDER LAUTSTÄRKE WÄCHST DIE VERSTIMMUNG

Am meisten gefordert sind die Ohren derer, die Rockplatten produzieren. Ich weiß, wovon ich spreche, denn ich habe – zusammengerechnet – ein paar Jahre meines Lebens in Studios verbracht. Zwar habe ich «nur» Jazz produziert – rund 250 Platten –, aber die Toningenieure und das Personal, das in ihnen arbeitet, sind an die Lautstärken der Rockmusik gewöhnt. Wenn beim Aufnehmen oder beim Abmischen sechs oder sieben Leute im Studio sind, ist mindestens einer dabei, dessen Ohren schon geschädigt sind. Der Hörschwächste bestimmt den Pegel – was bedeutet: Wer immer in Tonstudios arbeitet, ist, ob er das will oder nicht, zwangsläufig zu hohen Dezibelwerten ausgesetzt. Hinzu kommt, daß man in äußerster Lautstärke hören m u ß, um alles – auch die Feinheiten, die in lautstarker Musik verborgen sind – entdecken zu können. Auf sie aber kommt es an. In erster Linie an ihnen mißt sich das Niveau einer Produktion und der Perfektionsgrad einer Aufnahme und ihrer Mischung.

Bei einer Untersuchung in der Hals-Nasen-Ohren-Poliklinik des Universitätsspitals Zürich im Jahre 1984 wurde bei 70 Prozent der Discjockeys und Hard-Rock-Musiker «eine starke Gehörverminderung festgestellt».

Für viele Musiker und Ingenieure in den Studios «beißt sich die Katze in den Schwanz» – insofern, als sie einerseits in (zu) großer Lautstärke hören müssen, aber andererseits – so René Chocholle in seinen Untersuchungen über «Das Qualitätssystem des Gehörs» – die Töne «einen bestimmten tonalen Charakter nur [dann haben], wenn ihre Intensität weder zu hoch ... noch zu niedrig ist».

Zu hohe Lautstärke ist nicht nur der Kategorie des Musikalischen abträglich, sondern auch exakter Stimmung. Fritz Winckel hat in Experimenten festgestellt, daß «mit zunehmender Lautstärke eine Verstimmung bemerkbar wird ... So beträgt für einen Flötenton, geblasen auf c′, bei einer Lautstärkensteigerung von [nur!] 50 auf 80 Dezibel (das ist die normale Steigerung von piano zu forte) die Verstimmung der Tonhöhe [bereits] 6 Prozent.» Beide – Chocholle und Winckel – haben gezeigt, daß es einen wunderbar «richtigen», physiologischen Zusammenhang zwischen Lautstärke und Stimm-Möglichkeit gibt. Am genauesten können Musiker ihre Instrumente bei leisen bis mittleren Lautstärken stimmen. Es ist, als ob die Natur jenseits dieser Bereiche – also jenseits eines Volumens, das für unser Ohr «angenehm» ist – auf exakte Stimmung keinen so großen Wert mehr legte. Aber es gibt nicht nur den offensichtlichen, sondern – jenseits davon – auch noch einen tieferen Zusammenhang zwischen diesen drei Kategorien: dem «Angenehmen», dem «Stimmenden» und der mittleren Lautstärke. Platon hat gesagt: «Das Wesen des Schönen und Guten ist im richtigen Maß ... enthalten.» Als sei die mittlere Lautstärke mit ihrer besonderen «Stimmbarkeit» und «Stimmigkeit» die psycho-physische Hör-Landschaft, in der sich Menschen am besten mit Genuß ergehen können. Wenn der Mensch das «Maß aller Dinge» ist, dann muß das Volumen, in dem besonders präzis gestimmt – und damit «gemessen» – werden kann, eben auch das sein, das ihm besonders gut gefällt.

VII
LÄRM KOMMT VON *ALL'ARME*: ZU DEN WAFFEN!

Noch vor wenigen Jahren hat man angenommen, dem Ohr sei es egal, ob es laute Musik oder Preßlufthämmer höre. Es komme allein auf die Lautstärke an. Inzwischen weiß man: Impulsschall ist weniger gefährlich als Dauerschall. So paradox es klingen mag: Die Preßlufthämmer auf der Straße, die immer wieder ein paar Sekunden lang aussetzen, um neue Ansatzstellen zu finden, verursachen geringere Hörschäden als laute Musik, die ohne Unterbrechung über längere Zeit hinweg gehört wird.

Sobald die Tonstärke 80 Dezibel übersteigt, steigt auch der Blutdruck. «Magen und Darm arbeiten langsamer, die Pupillen werden größer, die Haut wird blasser, egal, ob das Geräusch als störend oder angenehm empfunden oder nicht bewußt wahrgenommen wird ... Unbewußt reagieren wir auf den Lärm immer noch wie Steinzeitmenschen. Damals bedeutete ein lautes Geräusch fast immer Gefahr» («Der Stern»).

Das also ist uns einprogrammiert, das registrieren Millionen junger Menschen, wenn sie zu laute Musik hören: Gefahr. Sehnen sie sich etwa danach, in Gefahr zu sein? Das deutsche Wort *Lärm* stammt – wie wir bereits gesehen haben – vom italienischen *Alarm*, und dieses wiederum ruft *all'arme*: zu den Waffen! Unbewußt werden wir alle ständig «zu den Waffen gerufen», wenn wir Lärm hören. Wir werden *alarmiert*. Ist auch dies ein Grund für die geballte Aggressivität des heutigen Menschen – neben dem Fernsehen und all dem anderen? «Stimmt» uns sogar unsere Musik auf Aggressivität ein?

Viele junge Leute glauben das Gegenteil: daß die laute Musik sie von der Aggressivität der modernen Gesellschaft abkapsele. Daß sie ihnen «Frieden» gebe. Kaum einer von ihnen macht sich bewußt, daß die «Sounds», die sie für «die ihren» halten, exakt der Gesellschaft, von der sie sich distanzieren wollen, und ihrem Lärm entsprechen. 29 Prozent der jungen Leute gehen häufig in Discos. Aber noch mehr – nämlich rund 40 Prozent – lassen sich zu Hause beschallen. Viele sind «*walkman*-süchtig». Sie liegen auf dem Bett oder auf dem Boden und lassen sich die Musik aus den Kopfhörern «in die Ohren laufen», als «söffen» sie durch ihr Hör-Organ – durchschnittlich 24 Stunden pro Woche mit um die 100 Dezibel. «Irre» sei das – und «geil» –, sagen sie. Sie meinen, daß ihnen ohne die tägliche «Musikspritze» die Alltagsrealität nicht erträglich wäre. Musik als Rauschmittel. Als *dope*. Wie der Rausch der Geschwindigkeit auf ihren Maschinen, den «schnellen Heulern» (!), die ja ebenfalls Lärm generieren. Sie sind *sound junkies*. Die Macht der Dezibel wird die ihre. Wie die Macht der PS ihrer Yamahas. (Yamaha macht beides: schnelle und Sound-Maschinen!) Sie sagen «volle *power*», und es bleibt offen, worauf sie das beziehen: auf die Sounds oder auf die Motorräder oder einfach auf – Macht. Nirgendwo haben sie sie. Hier bekommen sie sie.

Anderen – den mehr Introvertierten – ist die Musik eine Mauer. Beton aus Lärm, die Geräusche der Außenwelt «auf keinen Fall reinlassend» – dichter noch als dreifach verglaste Fenster und all die anderen schallschluckenden Materialien: eine «Schallmauer». Sie verschanzen sich hinter ihr. Sie meinen, die Welt der Erwachsenen könne sie auf diese Weise nicht erreichen, und ahnen nicht, daß auch (und gerade!) die Musik ein Produkt der Welt ist, die sie «draußen lassen» wollen. Ihre Sounds musikalisieren den akustischen Abfall, den Lärm, seinen Ruf zur Aggressivität, der auf diese Weise musikalisiert und dadurch – furchtbarer Gedanke! – um so wirksamer wird.

VIII
VERLIEBT IN EXPLOSIONEN

Es gibt einen Zusammenhang zwischen Lärm und Maschinen. Vor allem zwischen Lärm und solchen Maschinen, deren Leistung auf Explosion beruht: jener Kette, die mit dem Otto-Motor begann und mit der Atombombe – so oder so – endet. Was all diese «Maschinen», so verschieden sie sein mögen, verbindet, ist das Mißverhältnis zwischen Energie und Leistung. Am deutlichsten wird das bei der Art Motor, an die wir zuerst denken, wenn wir «Motor» sagen – bei den Otto- und Dieselmotoren unserer Autos, bei denen eine substantielle Menge der aufgewendeten und freigesetzten Energie – die Luft verpestend, Landschaften vergiftend – zum Auspuff herausgeblasen wird. Das Auto ist ein Symbol der Überflußgesellschaft. Es veschwendet. Eines der Produkte des Verschwendungsprozesses ist akustischer Abfall: Lärm.

Viele Leute – nicht nur junge – sind noch immer von Autos begeistert. Sie halten sich für modern, aber ich sage «noch immer», denn das Auto ist eine antiquierte Art der Fortbewegung. Es entspricht nicht unserem Wissensstand – schon gar nicht unserem Bewußtsein – am Ende des 20. Jahrhunderts. Seiner Idee nach gehört es in das vergangene Jahrhundert, dessen mechanistischem Weltbild es sich verdankt. Nichts Wesentliches wurde seither verändert an ihm. Es gab – und gibt in einer endlosen Kette, an der sich die Industrie zu immer neuen Profiten emporhangelt – lediglich Verbesserungen.

Nicht nur *Science-fiction*-Autoren (die freilich mehr über die Welt von morgen wissen als die meisten Wissenschaftler und Zukunft mit entwerfen, denn es sind unsere Gedanken, die die Welt schaffen), sondern auch Futurologen, Technologen, Kybernetiker, Physiker, Städtebauer haben die Vision eines geräuschlos durch unsere Städte und über unsere Straßen gleitenden Verkehrsmittels entwickelt, bei dem kaum noch etwas verschwendet wird. Sie verweisen auf die Modelle der Natur (nach denen wir uns doch sonst so gern richten): die Reibungslosigkeit des «Verkehrs» der Blutkörperchen in unseren Venen und Adern oder der Insekten in Bienenstöcken, Termiten- und Ameisenhügeln, wo die Population weit dichter ist als in den Großstädten der Menschen und es gleichwohl keine – oder kaum – Zusammenstöße gibt. Und Verschwendung und Lärm sowieso nicht. Sie haben gezeigt, daß die einschlägigen Techniker und Ingenieure während dieses ganzen Jahrhunderts fixiert waren auf die Idee des Automobils und daß die Industrie, auch Politiker, Banken und Wirtschaftsbosse, geradezu besessen waren von ihr, weil sie sicher waren, dadurch immer noch mehr Kapital akkumulieren und maximieren zu können. Geist, Kraft, Energie, Geld waren nicht mehr frei – sollten auch nicht mehr frei sein –, um andere Modelle zu verwirklichen – Modelle, wie sie durch die Möglichkeiten der Elektronik, der drahtlos übertragbaren Kraft, des Wasserstoffs und der Sonnenenergie in unseren Gesichtskreis getreten sind. Die Lobbies der Industrie – auch der Elektrizitätswerke – haben Universitäten und Politiker beeinflußt, um zu verhüten, daß größere Geldsummen und das volle geistige Potential der heutigen Menschheit in die Erforschung und Entwicklung alternativer Energie- und Fortbewegungsmodelle investiert wurden. Geld stand – und steht weiterhin – in erster Linie für «explosive» Technologien zur Verfügung.

Der Mensch des 20. Jahrhunderts ist in neurotischer Weise auf Explosionen fixiert. Neurosen schlagen in Aggressivität um. Aggressivität will Waffen. Nicht zufällig kulminiert diese Fixierung in der Atombombe, die doch anders denn als Fixierung gar nicht erklärbar ist. Die Aggressivität der Atombombe ist die des optisch hypertrophen – sich ständig über sich selbst und die Welt täuschenden – Menschen.

Wir rasen über die Autobahn, rasten irgendwo an einer Parkstelle und bemerken – wenige Meter entfernt vom Dröhnen des Verkehrs – einen Grashalm, der sich am Rand der Straße durch die Asphaltdecke gebohrt hat. Wir spüren das Zittern der Straße und das Donnern der «Brummis», die jahrelang brauchen, bis sie den Asphalt so weit abgefahren haben, daß Reparaturarbeiten erforderlich sind, und wir sehen diesen Halm, der sich – ohne Donnern und Explosionen, ohne Abgase und Lärm – in einem einzigen Frühjahr seinen Weg gebahnt hat. Was ist falsch gelaufen mit unserem Sensorium – mit unserer Art, die Welt wahrzunehmen –, daß niemand bemerkt, wo die größere Kraft steckt?

IX
JE MEHR KRACH, DESTO MEHR KRAFT!

Die Fixierung auf Explosionen ist auch eine auf Lärm. In ihr sind alle sich einig: die jungen Leute, die auf ihren BMWs, Hondas und Yamahas durch die Straßen rasen, und die Bürger, die den Kopf schütteln über sie. Alle sind davon überzeugt: Je mehr Krach, desto mehr *power*. Sie können es sich nicht vorstellen – und wenn sie das könnten, dann würden sie den Gedanken nicht mögen –, daß es Energie-Modelle gibt, bei denen kein Lärm-Abfall mehr entsteht. Sie brauchen den Lärm als «Beweis» dafür, daß Energie da ist. Der «Beweis» ist fast wichtiger als die Energie selbst.

Ein amerikanischer Hersteller von Elektrogeräten hatte einen geräuschlos arbeitenden Staubsauger entwickelt. Die Hausfrauen kauften ihn nicht. Sie glaubten, wenn er nicht Lärm mache, dann sauge er nicht richtig.

Die Fixierung auf Lärm und Explosion ist auch eine sexuelle. Nicht nur Männer, auch Frauen sind von Kraft und *power* fasziniert. Auch sie brauchen den Lärm als «Beweis», ja oft genug als die «Sache selbst». Die Mädchen, die hinter ihren Freunden auf den «Kraft(!)rädern» sitzen, spüren – intensiver noch als die Fahrer –, warum das, was sie da er-fahren, so gut ist. Sex dauert für sie stunden-, oft einen ganzen Tag lang. Er beginnt, wenn sie aufsteigen, und hört erst auf, wenn sie absteigen – auch dies eine logarithmische Kurve, die steigt und steigt und steigt.

X
DAS POTENTIAL DES PIANISTEN: 17 BIS 19 TONNEN!

Daß Sound und Lärm mit Kraft und Macht zu tun haben, ist keine Spekulation. Der Zusammenhang besteht nicht erst in der modernen Welt, er ist in jeder Form von Klangerzeugung tief verwurzelt. Wir vergrößern die Lautstärke unserer Stimme, wir schreien jemanden an, wenn wir ihn unsere Kraft und unsere Macht spüren lassen wollen; auch wir selber müssen dazu mehr Energie aufbringen.

Daß Kraft in Sound verborgen ist, macht die Geschichte vieler Musikinstrumente deutlich. Im alten einmanualigen Cembalo der Barockzeit steckte ein Saitendruck von 500 Kilo, im zweimanualigen einer von 800 Kilo. Beim modernen Konzertflügel gar sind es 17 bis 19 Tonnen! Das also ist die Kraft, mit der ein Pianist umgeht! Potentiell steckt sie in jedem Ton, den er anschlägt!

In den sechziger Jahren, als die jungen Spieler elektrischer Instrumente noch nicht so gut mit der Elektronik Bescheid wußten, vermeldete der *Melody Maker* – die englische Musikzeitschrift für Rock und Pop – alle paar Monate, daß jemand durch eine schlecht geerdete, falsch isolierte E-Gitarre getötet worden sei. Die «elektrisierende» Energie, die wir zu spüren meinen, wenn wir eine Platte von Jimi Hendrix auflegen, war als physikalische Energie wirklich «da», als Hendrix diese Musik spielte. Sie ist immer noch da – wo immer elektrische Instrumente gespielt werden.

XI
TÜV FÜR *BODY AND SOUL*

Es ist bemerkenswert, daß sich die Maschinenzivilisation keineswegs im zunächst geistig, kulturell, intellektuell und zivilisatorisch höher stehenden Italien und Spanien entwickelte, sondern nördlich der Alpen, wo die Verdrängung des körperlichen Narzißmus am strengsten war. Das erste mechanisierte Land war auch das puritanischste: England. Und es waren gerade die leibfeindlichen Immigranten aus England und Holland – nicht etwa die Einwanderer aus anderen Teilen Europas –, die am entschlossensten, eiligsten und erfolgreichsten in der Etablierung der amerikanischen Maschinenzivilisation voranschritten.

Wir selber – unser Körper, unsere Seele, unser Bewußtsein und Unterbewußtsein – bilden das Modell für das, wozu wir die Welt machen. Zwischen uns und der Welt besteht ein «Regelkreis». Indem der Mensch die Natur maschinell interpretierte, empfand er sich selber als Maschine. Indem er sich so empfand, machte er sich zur Maschine. Die Menschen gehen nicht nur zum Arzt (der seinerseits nicht mehr mit heilendem Wissen und heilender Kraft, sondern mit Maschinen arbeitet), sondern auch zum Analytiker, damit sie «repariert» werden, auf daß sie in der Gesellschaft – oder in ihrer Ehe oder Firma – «funktionieren» können. Wie Maschinen. Der «TÜV» für *Body and Soul*.

Die Neurosen, die beim Menschen «abfallen», sind reziprok dem Lärm, der bei der Maschine «abfällt». Maschinen könnten nicht Lärm produzieren, trügen wir «Lärm» nicht in uns. Den Explosionen der Technik – und ganz gewiß denen der Bombe! – entsprechen diejenigen in unserer Seele und in unserem Geist.

DIE WELT IST KLANG

Harmonikales und Harmonikal-Nahes

> «Gesetzt, es gelänge, eine vollkommen richtige, vollständige und in das einzelne gehende Erklärung der Musik ... in Begriffen zu geben, so würde diese sofort auch eine genügende ... Erklärung der Welt in Begriffen, also die wahre Philosophie sein.»
>
> *Arthur Schopenhauer*

I
HARMONIKALES ALS WEG

Die Welt ist Klang: Das «Nada Brahma»-Buch hat Fakten, Phänomene, Theorien, Indizien, Beobachtungen, Überlieferungen, Einsichten mitgeteilt, die den Klang-Charakter der Welt deutlich machen. Überall im Kosmos haben wir «Musik» gefunden – in Planetenbahnen, Pulsaren, Genen, Sauerstoffatomen, Kristallen, Blattformen undundund ... Dieses Kapitel enthält weiteres Material. Auch hier wieder kann nur eine Auswahl gegeben werden. Wenn, wie wir gesehen haben, nahezu alles im Makro- und Mikrokosmos sowie in unserer irdischen Welt harmonikalen Gesetzmäßigkeiten gehorcht, dann ist deutlich: Ein Buch über sie alle müßte die Ausmaße einer Enzyklopädie gewinnen.

Dies Buch ist kein Beitrag zur harmonikalen Grundlagenforschung. Den haben Hans Kayser, Rudolf Haase und andere besser geleistet – Haase mit solcher Präzision, daß auch das positivistische Wissenschaftsdenken – es sei denn, es stellte sich blind – nicht mehr daran vorbeigehen kann. Heisenberg hat das harmonikale Denken bereits dort, wo es entstand – bei Pythagoras –, zu den «stärksten Impulsen menschlicher Wissenschaft überhaupt» gerechnet. Er findet, daß die Entwicklung «dem Glauben der Pythagoräer in einem nicht vorstellbaren Maße recht gegeben» hat.

Mir kommt es auf das Hören an. Denn ich habe erfahren – und immer wieder gezeigt: Beides – äußeres und inneres Hören, ohnehin nicht voneinander zu trennen – verändert Bewußtsein –

stärker als alles andere in unserer augen-orientierten Zeit. Deshalb sind harmonikale Fakten notwendig, machen sie doch deutlich, daß es da wirklich etwas gibt, was gehört werden kann – im wörtlichen und im übertragenen Sinne – und welches die Reise ist, die uns das Hören erschließt, und wohin sie führt. Harmonikales also als Weg.

Dieser Weg ist ein Weg ganzer Zahlen. Wir finden sie in der Obertonreihe und in den Intervallproportionen, im Gesetz des *Lambdomas*, in den *spins* der Elektronen, den Planetenbahnen und all den anderen Phänomenen, von denen in diesem Buch (und seinem Vorgänger) die Rede ist. Es ist aber notwendig zu realisieren: Auch Rhythmus ist ein «Ganzzahl-Phänomen». Rhythmen, die wir nachvollziehen, nach-tanzen, denen wir körperlich nachspüren können, sind Brüche ganzer Zahlen. Und es ist hier wie bei der Obertonleiter: Je niedriger die Zahlenverhältnisse, desto größer die «Konsonanz». Was auf der Obertonleiter das 1 : 2-Verhältnis der Oktave ist, das ist unter den Rhythmen das 1 : 2-Metrum des Marsches.

Auf welch gleitender Skala Rhythmen und Klänge ineinander übergehen, wird deutlich, wenn wir eine Beziehung zwischen unserem Herz (das im Ruhezustand etwa sechzigmal in der Minute schlägt) zu einer doppelt so schnellen Pulsation (120 Schläge pro Minute) herstellen. 120 : 60 ist gleich 2 : 1, ich kann das Verhältnis also als einen einfachen Zweier-Rhythmus empfinden, wie er auch einem Marsch unterliegt. Wenn nun jede der beiden Pulsationen immer schneller wird, gehen sie an irgendeiner Stelle aus dem «Schlagen» – dem «Pulsieren» – in ein Klingen über, aber die beiden Töne, die dabei entstehen, stehen weiterhin im Verhältnis von 2 : 1, bilden also eine Oktave. Wir sehen an dieser Stelle: Klänge sind Rhythmen, die so schnell sind, daß ich sie als Rhythmen nicht mehr wahrnehmen kann. Oder umgekehrt: Rhythmen sind Klänge, die so langsam schwingen, daß sie als Klänge nicht mehr gehört werden können.

II
DAS WUNDER DER OKTAVE

«Octavus sanctos omnes docet
esse beatos.»

Das Motto, das diesem Abschnitt vorangestellt ist, findet sich auf den geheimnisumwobenen Kapitellen der Abteikirche zu Cluny: «Die Oktave lehrt alle Heiligen, glückselig zu sein.» Bei keiner anderen Proportion fällt Musikalisches und Universales, Physikalisches und Spirituelles, Künstlerisches und Mathematisches auf so wunderbare Weise zusammen wie in der Oktave. Oktavieren heißt: eine Proportion verdoppeln – oder vervier-, verachtfachen etc. (jede Potenz der Zahl zwei). Eins : zwei = Oktave.

Wenn Männer und Frauen zusammen singen, singen sie – häufiger als in irgendeinem anderen Abstand – in Oktaven. Wenn die *Mitose* in der DNS die Zelle teilt, wählt sie – als sei die Zelle eine Saite – genau die Stelle, an der die Oktave «sitzt». Indem sie exakt halbiert, «oktaviert» sie. Dane Rudhyar: «Die erste Oktave ... symbolisiert die Liebesvereinigung des Männlichen und Weiblichen ... die göttliche Liebe von Shiva und Shakti.»

Platons Idee – sein Bericht über die uralte Idee! –, daß der männliche und der weibliche Körper jeweils nur eine gespaltene Hälfte seien und der ganze – der volle – Mensch erst in der Vereinigung entstünde, ist auch eine pythagoräische. Die Trennung – die Halbierung – ist die Oktave nach unten, die Vereinigung – die Verdopplung – oktaviert nach oben. Liebe also als oktavierender Prozeß.

Die Oktave schwingt doppelt oder halb so schnell, ist aber dennoch der gleiche Ton. Sie ist etwas «völlig anderes», liegt um viele Hertz unter oder über dem Grundton, – und dennoch: noch mal dasselbe. Wenn eine Frau eine Melodie im Oktavabstand von der eines Mannes singt, singt sie «noch einmal die gleiche Melodie». Für Töne, die sich im Oktav-Abstand voneinander befinden – sei es auch der Abstand vieler Oktaven – gebrauchen wir die gleichen Ton-«Namen». Die Oktave ist das überzeugendste Symbol der Einheit, das wir in der Natur finden. Und sie ist allgegenwärtig in ihr.

Die Oktave ist auch der erste Ton der Obertonreihe – und ihr größtes Intervall (1 : 2). Das nächste ist die Quinte (2 : 3), dann folgt die Quarte (3 : 4), dann die große Sexte (3 : 5) usw. Die Abstände werden immer kleiner. Am Ende – beginnend etwa in der siebenten Oktave – werden sie so klein, daß das Ohr kaum einen Unterschied mehr hört. Für die Griechen – für Ptolemaios – war das Verhältnis 45 : 46 – ein enharmonischer Viertelton – das letzte musikalisch sinnvolle Intervall.

Also: Wenn die Obertonreihe mit der Oktave als einem Symbol der Einheit beginnt, dann führt sie auch wieder in die Einheit. An ihrem Anfang und an ihrem «Ende» sind Einheit. Das Wort «Ende» habe ich in Anführungszeichen gesetzt, weil die Obertonreihe unendlich ist, aber die «Einheit» – jetzt muß ich dieses Wort in Anführungszeichen setzen – beginnt für unser Ohr schon viel früher, wie gesagt bald nach der siebenten Oktave.

Die Oktave ist der einzige Ton in unserem Tonsystem, der nicht temperiert wird. Das Ohr mißt zwar alle Intervalle mit überraschender Genauigkeit, aber keines genauer als die Oktave. Sogar der unmusikalische Mensch mißt es genau.

Seit alters gilt der Teufel als Zerstörer der Einheit. Das ist seine Definition: Er zerstört Einheit. Das Intervall, das dies in auffälligster Weise tut, ist der Tritonus. Er teilt die Oktave in zwei Teile. Galt er deshalb den Alten als der *diabolus in musica*?

Die Oktave ist die Keimzelle der Polyphonie: zwar noch dasselbe, aber doch bereits der Beginn der Differenzierung. Für die Pythagoräer bedeutete das Wort *harmonia* zuallererst Oktave.

Die Oktave ist das «ganzzahligste» der ganzzahligen Verhältnisse, welche die Obertonreihe tragen und in der Natur in so überwältigender Fülle – jeder statistischen Wahrscheinlichkeit trotzend – allenthalben erkennbar sind – deutlich bereits in den *spins* der Elektronen und Protonen; sie «oktavieren» das Drehmoment: «Die Drehung kann parallel oder antiparallel zum Bahn-Moment verlaufen.» Im ersteren Fall spricht man von Plus-*spin*, im letzteren von Minus-*spin*. In ersterem springt die Oktave nach unten, im letzteren nach oben.

Mit der Oktave beginnt, was der Physiker Paul Gohlke in die Worte faßt: «Wenn Max Planck recht hatte, daß alle Wirkung in der Welt nur jeweils ein ganzzahliges Vielfaches einer kleinsten Wirkung sein kann ... dann kommt der ganzen Zahl für die Erkenntnis einer so beschaffenen Welt eine einzigartige Bedeutung zu. Dann müssen die Gesetze der ganzen Zahlen Weltgesetze sein.»

III
VOM DREIKLANG DER ERDE: TAGES-, JAHRES- UND MONDTON

Musik ist nicht denkbar ohne das Oktavieren. Wenn ein Kind eine Melodie nachsingt, die sein Vater ihm vorgesungen hat, dann wird es sie – in der überwiegenden Anzahl der Fälle – nach oben oktavieren. Wenn ein Mann eine Melodie singen will, die für Piccolo-Flöte notiert ist, wird er sie – im allgemeinen – nach unten oktavieren. Gewiß, er könnte die Melodie auch in eine andere Tonart transponieren, aber die Erfahrung zeigt, daß gerade einfache Menschen dies zu vermeiden trachten, wahrscheinlich weil sie fühlen, daß sie der Melodie damit einen anderen «Charakter» geben. Es gibt in der Musikwissenschaft eine umfangreiche Literatur über die «Charaktere» der Tonarten – das «strahlende G-Dur», das «solide C-Dur», das «spirituelle d-Moll» etc. Der Grund für diese Verschiedenheit ist noch immer nicht widerspruchsfrei geklärt. Die Wissenschaft meint, es komme allein auf die Proportionen an, und die sind ja – dank der temperierten Stimmung – in jeder Tonart exakt die gleichen. Ahnen wir auch im Prozeß der Transponierung die ursprüngliche – die «richtige» – Stimmung, und hören wir die «falsche» (= temperierte) Übertragung eines Stückes von einer Tonart in eine andere «zurecht» auf die jeweils «richtigen» Distanzen zwischen den Tönen? Dies allerdings wäre ein besonders überzeugendes Indiz für die Fähigkeit unseres Ohrs, sowohl mathematisch exakt zu messen, wie gefühlsmäßig-seelisch zu werten (eine Fähigkeit, der – wie wir gesehen haben – nichts Vergleichbares unter den Möglichkeiten des Auges gegenübersteht). Unser Ohr hätte dann die faszinierende Begabung, im Falle jeder Transponierung die temperierte «Ver-stimmung» gleichsam zu unterlaufen, im Grunde das wieder rückgängig zu machen, um dessentwillen die Temperierung im 18. Jahrhundert eingeführt wurde: die Möglichkeit zu beliebigen Modulationen von Tonart zu Tonart. Genauer: Das Ohr akzeptiert zwar diese Möglichkeit, ja es stimmt – wie wir aus unserem Musik-Erleben wissen – ihr gern zu, aber doch nur bis zu einem gewissen Grad. Es «hinterfragt» sie in jedem einzelnen Fall.

Um so deutlicher wird: Wer genau transponieren will, muß oktavieren. Kein genaueres Verfahren ist denkbar. Es ist das Verfahren, das jeder Musik *a priori* immanent ist.

Dieses Verfahren hat der Schweizer Forscher Hans Cousto angewandt, um die Musik der Planeten hörbar zu machen. Die Himmelskörper erklingen dadurch «mit ihren eigenen Tönen ... Das Abbild ist zum Original homophon, die Tonbezeichnungen sind die gleichen, nur oktavverschoben.»

Die Frequenzen der Planeten sind die Umlaufzeiten: für die Erde 24 Stunden, für die Venus 224 Tage, für den Jupiter 4332 Tage etc. Rotationen sind Schwingungen. Um aus planetarischen Schwingungen in diejenigen unserer irdischen Musik zu gelangen, muß man – je nach Abstand des Planeten von der Sonne – 26- bis 50mal oktavieren. Unser Sonnensystem hat einen Tonumfang von exakt zehn Oktaven. Den aber – schon wieder solch ein Wunder! – hat auch unser Ohr! Damit es die Planeten «hören» kann? Mit dem «inneren Ohr»?

Wer in den Sehbereich kommen will, muß noch einmal etwa vierzig Oktaven dazulegen. Da strahlt dann der Pluto in tiefem Blau, Neptun hat ein dunkleres, Uranus ein leuchtendes Orange. Das Rot des Jupiters übertrifft noch das glänzende Preußisch-Blau des Saturns an Leuchtkraft. Blau ist auch die Farbe des Mars und des Merkurs, Orangerot die unserer Erde und Gelb-Orange die der Venus.

Ich will meine Leser nicht mit Mathematik langweilen, aber das Oktavieren – vereinfacht: das Verdoppeln oder Halbieren einer Frequenz – ist so einfach, daß jeder es kann. Zeit (ich beziehe mich weiterhin auf die Cousto-Methode) und Frequenz verhalten sich umgekehrt proportional zueinander:

$$\text{Frequenz} = \frac{1}{\text{Zeitdauer}}$$

Die Frequenz der Erdbahn um die Sonne (365¼ Tage) erhalte ich also, wenn ich 1 : 365¼ dividiere. Um diese Frequenz hörbar zu machen, muß ich sie so oft verdoppeln – also oktavieren –, bis ich in den Bereich der mit dem Ohr wahrnehmbaren Tonschwingungen gelange. Cousto: «Außer der Bildung eines Kehrwertes und dem Multiplizieren mit der Zahl 2 bedarf es keinerlei mathematischer Kenntnisse zur Berechnung eines Metrums, eines Tones und einer Farbe analog zu einer astronomischen Periode.» Es ist das präziseste und plausibelste der vielen seit Pythagoras gefundenen Verfahren, die Töne der Himmelskörper – die Harmonie der Sphären» – hörbar zu machen. Von einem Kind, das die Melodie nachsingt, die sein Vater mit seiner tiefen Stimme ihm vorsingt – ein oder zwei Oktaven höher –, sagt man, es singt «die gleiche Melodie noch einmal», lediglich oktaviert in den ihm entsprechenden Tonbereich. In diesem Sinne sind auch die mit dem Cousto-Verfahren hörbar gemachten «Urtöne» der Erde, der Sonne, des Mondes etc. «die gleichen Töne noch einmal», lediglich oktaviert in den unserem Ohr entsprechenden Tonbereich.

Gehen wir zunächst von der wichtigsten Frequenz des Lebens auf diesem Planeten aus, dem Erdentag (24 Stunden, exakt: 23 Stunden 56 Minuten 4 Sekunden = 86 164 Sekunden). Wir spüren unbewußt, wie sie unsere Existenz auf vielfältige Weise durch-«schwingt». Wir gehen nach ihr schlafen und stehen nach ihr auf. Wir richten uns in unseren Mahlzeiten und Eßgewohnheiten, in unseren Arbeitsstunden und in unserer Freizeit nach ihr, Blumen blühen, Vögel singen nach ihr... Fast nichts in unserem täglichen Leben, das nicht nach ihr «tanzt». Aber es ist wunderbar zu sehen, daß dies nicht nur in einem gefühlsmäßig-ungenauen, sondern auch in einem konkret-mathematischen – und obendrein noch in einem musikalischen – Sinne geschieht. Um die Frequenz (Schwingungen in Hertz, abgekürzt Hz) des mittleren Erdentages zu erhalten, muß ich den Kehrwert aus 86 164 Sekunden bilden. Das sind 0,000 001 160 576 Hz. Es versteht sich, daß dies eine Frequenz weit unter dem Hörbereich ist (der bei etwa 16 Hz anfängt). Wenn ich sie aber nur 24mal oktaviere, kann ich sie hören und erhalte ein g von 194,71 Hz (und es ist in diesem Fall unerheblich, auf welchen Kammerton ich mich beziehe – den alten englischen von 432 Hz, den Pariser von 435 Hz oder den heutigen von 440 Hz. Das g liegt so genau mittendrin, daß in jedem Falle dieser Ton entsteht).

Es ist das g, das der Violin-Schlüssel anzeigt – also von zentraler Bedeutung für unser Notensystem: die Quinte von c aus und damit das Schlüssel-Intervall für die meisten Stimmprozesse. Im Französischen heißt es *sol*, und es ist seltsam, wie sich in diesem Namen die beiden Himmelskörper selber nennen, auf die doch Ton und Erdentag sich beziehen: *sol* (= Erde im Sinne von Boden) und *soleil* (= Sonne). Im Französischen nennt man das Intonieren von Tonstufen *solfier*: auf Sonne und Erde beziehen? Freilich wurde der Name *sol* «unbewußt» gewählt. Er geht zurück auf die gregorianische Johannes-Hymne *Ut queant laxis*, nach deren Notenfolge der Benediktinermönch Guido von Arezzo im 11. Jahrhundert die Namen der Töne gewählt hat. Im fünften Takt dieser Hymne fällt auf die erste Silbe (*sol-*) der Worte *solve polluti* das g. Es fällt «zufällig» darauf, aber es ist ein «Zufall» von jener Art, nach der der attische Fuß der alten Griechen exakt auf den Äquatordurchmesser der Erde bezogen war, ohne daß diejenigen, die dieses Maß gefunden hatten, je die Möglichkeit gehabt hätten, den Äquator zu berechnen.

Längst schon mag der ungeduldige Leser fragen, welche Farbe denn dem Erdentag entspreche. Wir müssen, um von dem bezeichneten g in den Sehbereich (für den nur eine einzige Oktave zur Verfügung steht) zu gelangen, noch weitere vierzig Oktaven dazulegen. Dann kommen wir in der fünfundsechzigsten Oktave zu einer Frequenz von 427 Billionen Hertz, die in den Maßen der Physiker als 702 Nanometer angegeben wird und einem leuchtenden Orangerot entspricht. Das ist seit fast dreitausend Jahren – länger vielleicht noch? – die Farbe der Sannyasins – der Mönche des indischen Kulturkreises, sowohl im Hinduismus wie im Buddhismus und natürlich auch die Farbe vieler heutiger Sannyasins. Wenn wir noch eine Oktave mehr zulegen, gewinnen wir exakt die Eigenresonanz der DNS (Desoxyribonukleinsäure), wie Fritz-Albert Popp sie berechnet hat. Die Trägersubstanz der Erbmasse des Menschen schwingt also in der sechsundsechzigsten Oktave des Erdentages: Orangerot resoniert im Abstand von einer einzigen Oktave – das ist die direkteste und am stärksten wirksame aller harmonikalen Beziehungen – mit unserer DNS! Es schwingt in dem Ton g, der für unsere Musik von zentraler Bedeutung ist, der Dominante der Grundtonart C-Dur. Es schwingt in Beziehung zur Frequenz des Erdentages.

Aber natürlich hat die Erde nicht nur einen Tages-, sondern auch einen Jahreston. Er errechnet sich aus dem «tropischen» Jahr, das 365,2422 Tage dauert, das sind 525 948 Minuten, 46 Sekunden (beziehungsweise exakt 31 556 926 Sekunden). Zusammen mit der Tages- und Monatsschwingung ist auch dies eine besonders wichtige Frequenz des Lebens auf diesem Planeten. Wenn wir sie oktavieren – also nochmals das Natürlichste und Selbstverständlichste tun, was in jeder Musik geschieht: sie einfach «höher nehmen» –, kommen wir nach 32 Oktaven in den Hörbereich und gewinnen einen Ton von 136,102 Hz, der knapp unter dem cis der chromatischen Skala liegt (bezogen auf den alten Pariser Kammerton).

Während beim Erdentag das g wegen seiner zentralen Bedeutung für unser Ton- und Musiksystem eine frappante Beziehung zu der entsprechenden kosmischen Schwingung herstellt, muß man im Falle des Jahrestons konstatieren, daß praktisch keine Beziehung besteht. Um so bemerkenswerter ist es, daß es sie in der indischen Musik gibt. Ihr Grundton, der sogenannte *Sa* oder *Sadja*, entspricht exakt – und zwar ohne Veränderung seit Jahrtausenden – dem Jahreston der Erde. In Indien lehrt der Meister den Schüler – oft der Vater den Sohn – diesen Ton (136 Hz) mit einer Intensität, von der es in westlichen Lehrer-Schüler-Verhältnissen kaum eine Ahnung gibt; der angehende Musiker muß ihn praktisch jahrelang spielen oder singen, bis der Ton ein schwingender Teil seiner selbst geworden und sichergestellt ist: Nie wieder kann er sich bezüglich der Tonhöhe täuschen. Wer mit indischen Musikern gearbeitet hat, weiß, wie genau sie das nehmen.

Das indische *Sa*, der Jahreston der Erde, auf den die Inder ihre Instrumente einrichten, wird seit alters der «Vater der anderen» (Töne) genannt. Dieser Ton – man kann ihn auch Sonnenton nennen (den auf die Erde bezogenen Sonnenton) – ist nicht nur die Grundlage der gesamten indischen Musik, auch Glocken – zum Beispiel Tempelglocken – und Gongs werden bevorzugt auf ihn gestimmt – sowohl in Indien wie in Tibet und Indonesien. Und seit alters wird auch das Ur-Wort OM, das geheiligte Mantra, am liebsten auf ihm intoniert.

Im «Nada Brahma»-Buch habe ich von den Experimenten der amerikanischen Biologin Dorothy Retallack an ihrem Institut in Denver, Colorado, berichtet: Sie spielte verschiedenen Pflanzen in verschiedenen Gewächshäusern verschiedene Arten von Musik vor. Am meisten «liebten» die Pflanzen indische Musik. (Danach folgte die von Johann Sebastian Bach.) In ihrem Bestreben, die Quelle dieser Musik zu erreichen, legten sie sich fast in die Horizontale – mit für die betreffenden Pflanzenarten extremen Winkeln von bis zu sechzig Grad, um den Lautsprecher zu umranken. Sie «haßten» Rock-Musik. Wenn sie erklang, wuchsen sie von den Lautsprechern fort; wenn die Rock-Musik lange gespielt wurde, gingen sie ein.

Ich habe, als ich «Nada Brahma» schrieb, angenommen, daß dies mit der Musikart zusammenhängt – und das ist sicher auch weiterhin richtig –, aber könnte es nicht auch damit zu tun haben, daß die indische Musik «organisch und kosmisch richtig gestimmt» ist – auf ihr *Sa*, den «Vater der Töne», den Sonnenton – ein Ton, zu dem sich alles, was auf diesem Planeten geschieht, in einer seit Jahrmillionen bewährten Beziehung befindet? Seit je wachsen die Pflanzen und bilden die Bäume ihre Jahresringe zu diesem Ton – während doch die Rock-Musik auf den höhergezogenen Kammerton (440 Hz, oft noch höher!) gestimmt ist, der kosmisch und biologisch keine Legitimation besitzt und nur gewählt wurde, damit die Instrumente effekt- und glanzvoller klingen.

Junge Wissenschaftler in München haben im Winter Geranien zum Blühen gebracht, indem sie nur einmal täglich wenige Minuten lang, bis der Ton jeweils verklungen war, eine ihrer genau auf den Sonnenton gestimmten Stimmgabeln an den Blumentopf hielten.

Fragen wir nun auch noch nach dem Monats- beziehungsweise Mondton, der drittwichtigsten Frequenz des Lebens auf unserem Planeten. Wir können verschiedene «Monate» zugrunde legen: den synodischen, den siderischen, den tropischen etc. Der für den Menschen «offensichtlichste» ist der synodische, denn er ist die Zeitspanne zwischen zwei gleichartigen Mondphasen – also von Vollmond zu Vollmond oder von Neumond zu Neumond. Er dauert 29 Tage, 12 Stunden, 44 Minuten und 2,8 Sekunden. Das sind 42 524,047 Minuten oder 2 551 442,8 Sekunden. Der reziproke Wert dieser Zahl ergibt eine Frequenz von $3{,}919\,351 \times 10^{-7}$ Hz. Wir müssen dreißigmal oktavieren, um diese Schwingung in den Mittelbereich der Hörbarkeit zu transponieren, und gewinnen dann

420,837 Hz. Das ist heute ein gis, kein sehr wichtiger Ton für unsere Musik. Auch zwischen dem Mond und heutiger Musik besteht also keine starke Beziehung. Anders freilich war es in der Barock-Ära und in der Zeit der frühen Klassik. Sie stand in Resonanz mit dem Mond. Mozarts Stimmgabel zum Beispiel hatte 421,6 Hz, Händels 422,5 Hz, Bachs – nach der Dresdner Sophienorgel – 415,5 Hz, die Berliner Stimmhöhe betrug Mitte des 18. Jahrhunderts 422 Hz, die Pariser lag 1810 bei 423 Hz.

Erst nach 1820 setzte – aus den oberflächlichen Gründen des Effektes – das Steigen des Kammertons ein, und erst damit verließ die abendländische Musik immer stärker das Resonanzfeld des Mondes (der nach alter astrologischer Überlieferung in besonderem Maße für Kunst und für Künstler «zuständig» ist).

Erstaunlicherweise erreicht auch der Mondton – wenn wir noch weitere vierzig Oktaven dazulegen – in der siebzigsten Oktave des synodischen Monats die Sannyasin-Farbe Orange (entsprechend einer Wellenlänge von 648 Nanometern).

Wir können auf die gezeigte Weise die Frequenzen – und damit die Töne – sämtlicher Planeten realisieren, jeweils durch einfaches Oktavieren. Wir erhalten dann ein d für den Merkur, ein a für die Venus, ein d für den Mars, ein fis für den Jupiter, ein d für den Saturn, ein gis für den Uranus, ein a für den Neptun, ein cis für den Pluto – bezogen auf den alten Pariser Kammerton von 435 Hz.

Zwischen Jahres-, Erden-, Mond- und den verschiedenen anderen Planetentönen können wir eine Fülle hochinteressanter harmonikaler Beziehungen feststellen. Nicht nur die einzelnen Himmelskörper «klingen», auch ihre Beziehungen tun dies – in einem vielschichtigen Geflecht von großer musikalischer Ergiebigkeit.

IV
DIE HARMONIE DER SPHÄREN ODER VON PYTHAGORAS BIS KEPLER

Kepler hatte den Grundton seiner «Planetenmusik» noch willkürlich – wenn auch in tiefer, aus pythagoräischer Überlieferung genährter Weisheit – gewählt. Inzwischen aber ist deutlich: Jeder

Planetenton, auch also der Grundton, ergibt sich zwangsläufig durch das Verfahren des Oktavierens – was bedeutet (wie schon Kepler gewußt hat), daß auf diese Weise das Horoskop jedes Menschen in klingende – in hörbare – Musik verwandelt werden kann. Auf diese Weise schließt sich der Kreis, der mit Pythagoras begonnen hat. Jetzt endlich «stimmt» er.

Die wohl älteste pythagoräische Planetenharmonik hat Nikomachos von Gerasa – ein Neupythagoräer des 2. Jahrhunderts n. Chr. – überliefert. Es ist ein Modell, das sich – wie Hans Schavernoch gezeigt hat – auf zwei Tetrachorde (oder Quarten) stützt. Der Mond war der nächste («unterste»), der Saturn der entfernteste («höchste») Himmelskörper. Dazwischen standen – in dieser Reihenfolge – Venus, Merkur, Sonne, Mars und Jupiter, wobei die erste und zweite Stufe jeweils einen Ganzton, die dritte – also zwischen Merkur und Sonne – einen Halbton voneinander entfernt waren. Diese Abstände wiederholten sich im zweiten Tetrachord. Auf diese Weise ordneten sich den Planeten folgende Töne zu:

Saturn	e
Jupiter	f
Mars	g
Sonne	a
Merkur	b
Venus	c′
Mond	d′

– entsprechend der gegenläufigen Stimmung der griechischen Kithara: die Saitenebene stand senkrecht; die oberste – dem Kopf des Spielers am nächsten liegende – Saite war auf den tiefsten, die unterste Saite auf den höchsten Ton gestimmt. Die Bewegungsrichtung der griechischen Melodik war fallend, der Tiefe zustrebend, die ihr Ziel war.

Dieses Modell wurde ständig verfeinert und variiert. So entwickelte Plinius der Ältere (23/24–79 n. Chr.) ein neungliedriges Modell, indem er dem Mond die Erde vorausstellte und auf den Saturn noch die Fixsterne folgen ließ – ein Modell, das sechs Ganztöne umfaßte und in der christlichen Zeit von den Kirchenvätern übernommen, aber auch hier noch weiterentwickelt und verändert wurde. Die Welt erschien als das «Musikinstrument Gottes» (Censorinus, 3. Jahrhundert n. Chr.), die «sieben Planeten als das Analogon der siebensaitigen Leier» (Schavernoch). Sinn und Aufgabe der Sphärenmusik ist es, einen «immerwährenden Lobgesang von Sonne, Mond und Sternen zu Ehren Gottes zu singen. Jenseits der Kreise der Wandelsterne aber, vor dem Throne Gottes, erschallen die jubelnden Chöre der himmlischen Heerscharen. Ihr Singen und ihr Musizieren wird im späteren Mittelalter das Tönen der Planeten entbehrlich werden und in Vergessenheit geraten lassen» – bis Kepler, der deutsche Pythagoras *redivivus*, es wiederentdeckt hat. Bereits in seinem Jugendwerk, dem *Mysterium Cosmographicum*, dichtete er:

«Ich aber suche die Spur deines Geistes draußen im Weltall,
Schaue verzückt die Pracht des mächtigen Himmelsgebäudes,
Dieses kunstvolle Werk, deiner Allmacht herrliche Wunder,
Schaue, wie du nach fünffacher Norm die Bahnen gesetzt hast,
Mitten darin, um Leben und Licht zu spenden, die Sonne.
Schaue, nach welchem Gesetz sie regelt den Umlauf der Sterne,
Wie der Mond seine Wechsel vollzieht, welche Arbeit er leistet,
Wie du Millionen von Sternen ausstreust auf des Himmels Gefilde.»

Mit großer Präzision und unwiderlegbarer mathematischer Konsequenz fand Kepler die sieben «Ur-Harmonien» Oktave, Quinte, Quarte, große Sexte, große Terz, kleine Terz und kleine Sexte, indem er die Winkelgeschwindigkeiten der Planetenbewegung an den Extrempunkten ihrer Ellipsen – dem *Perihel* (Sonnennähe) und dem *Aphel* (Sonnenferne) – maß. Schavernoch folgert (in seiner kenntnisreichen Zusammenfassung der verschiedenen «sphärenharmonikalen» Konzeptionen):

«Die Harmonie der Sphären wird daher unmittelbar von der Sonne vernommen; der Mensch erfreut sich geistig an dem Nacherleben dieses Einklangs» – wobei auch Kepler, wie schon Pythagoras und alle seine Nachfahren, die irdische Musik dadurch entstanden sieht, daß der Mensch unbewußt kosmische Musik abbildet:

«Es sind also die Himmelsbewegungen nichts anderes als eine fortwährende mehrstimmige Musik ... eine Musik, die durch dissonierende Spannungen, gleichsam durch Synkopen und Kadenzen hindurch ... auf bestimmte, vorgezeichnete, je sechsgliedrige Klauseln lossteuert und dadurch in dem unermeßlichen Ablauf der Zeit unterscheidende Merkmale setzt. Es ist daher nicht mehr verwunderlich, daß der Mensch, der Nachahmer seines Schöpfers, endlich die Kunst des mehrstimmigen Gesangs, die den Alten unbekannt war, entdeckt hat. Er wollte die fortlaufende Dauer der Weltzeit in einem kurzen Teil einer Stunde mit einer kunstvollen Symphonie mehrerer Stimmen spielen und das Wohlgefallen des göttlichen Werkmeisters an seinen Werken so weit wie möglich nachkosten in dem so lieblichen Wonnegefühl, das ihm diese Musik in der Nachahmung Gottes bereitet.»

V
DIE RECHNUNG GEHT AUF – BESTÄTIGT DIE WISSENSCHAFT

Wie richtig – gerade auch im wissenschaftlichen Sinne – die Idee der Harmonie der Sphären ist, können erst wir Heutigen beurteilen. Erst wir können sie exakt überprüfen. Auf jener Reihe, die von Pythagoras über Platon, Cicero, Philo von Alexandria und all den anderen zu Kepler und von ihm in unsere heutige Zeit zu Hans Kayser, Rudolf Haase und Cousto führt, gibt es zwei Berechnungen der Planetenentfernungen auf Grund harmonikaler Überlegungen, die so genau sind, als stammten sie von der modernen Wissenschaft selbst.

Der deutsche Naturwissenschaftler Johann Daniel Titius (1729–1796) hat in den mittleren Abständen der damals bekannten sechs Planeten von der Sonne eine Gesetzmäßigkeit gefunden, die Johann Elert Bode (1747–1826), Direktor der Berliner Sternwarte, zur Annahme eines transsaturnischen Planeten führte, der dann auch wenige Jahre später entdeckt und Uranus genannt wurde. Die Titius-Bodesche Reihe postulierte zusätzlich noch einen Himmelskörper zwischen Mars und Jupiter. 1801 wurde dort der winzige Ceres entdeckt. Inzwischen sind rund 1700 derartige Kleinplaneten bekannt; sie werden Asteroiden genannt und haben in der Tat den von Titius und Bode berechneten mittleren Abstand zwischen Mars und Jupiter. Viele Astronomen sind der Ansicht, daß sie die Trümmer eines größeren Planeten darstellen, der sich exakt auf der von den beiden Astronomen gefundenen Bahn bewegt hat.

Die Titius-Bodesche Formel ist in logischer Konsequenz aus den von Pythagoras begonnenen und im Laufe der Jahrhunderte immer weiter verfeinerten Überlegungen entstanden. Sie führt beim Merkur – alle Entfernungen bezogen auf die Distanz Sonne–Erde = 1 – zu einem Abstand von 0,4 (während der wahre Abstand 0,39 ist), bei der Venus zu 0,7 (wahrer Abstand 0,72), beim Mars zu 1,6 (wahrer Abstand 1,52) etc., ist also von erstaunlicher Präzision. Nennenswerte Abweichungen gibt es lediglich bei Neptun und Pluto, aber gerade sie bestätigen das Verfahren, weil nämlich das Ergebnis der Berechnung des damals noch nicht bekannten Neptun (38,8) den Abstand des ebenfalls noch nicht bekannten Pluto (39,46) bezeichnet.

Zu ähnlich verblüffenden Ergebnissen ist 1917 E. Zederbauer gekommen. Überzeugt von der Richtigkeit der pythagoräischen Idee, bediente er sich des rechtwinkligen, gleichschenkligen Dreiecks, dessen harmonikale Proportionen bereits den Griechen bekannt waren. Er errichtete über den Seiten – in der Manier der Pythagoras-Schüler im Hellenismus – Quadrate, deren Eckpunkte in einen Kreis fielen, und ermittelte die Entfernung auf diese Weise noch genauer als Titius und Bode – mit minimalen Abweichungen, die sich gerade nur zwischen 0,01 und 0,46 bewegen – um so vernachlässigenswerter, als ja überhaupt nur m i t t l e r e Abstände berechnet werden können.

Vor allem aber können die Abweichungen vernachlässigt werden, weil – wie ich in «Nada Brahma» gezeigt habe – der Kosmos überhaupt nur «in Abweichungen funktioniert». Schavernoch erinnert an den Ausspruch des großen Arztes und Naturphilosophen Carl Gustav Carus (1789–1869), «daß sich das reine Gesetz nie ganz scharf in der Naturerscheinung aussprechen kann, weil sonst die Erscheinung das Gesetz selbst» wäre. Und Rudolf Haase verweist auf Theodor Lipps' ästhetischen Grundsatz, wonach in der Kunst und in der Musik «minimale Abweichungen von den exakten Proportionen notwendig sind, damit diese besonders schön und reizvoll wirken».

Diese Überlegungen sind universal gültig – im gesamten Kosmos. Überzeugend bestätigen sie sich in der Existenz der sogenannten «Zurechthörbereiche», die seit der Barockzeit bekannt sind und eine entscheidende Grundlage des Systems der temperierten Stimmung bilden. Jeder, der dem Klang eines verstimmten Klaviers zuhört, erfährt ihre Wirksamkeit: Nach einer Weile spürt er die Verstimmung nicht mehr. Das Ohr hört den Ton exakt auf die Frequenz «zurecht», die jeweils «gemeint» ist.

Kein Zweifel: Wenn es in der Musik «Zurechthörbereiche» – bis zu 40 Prozent eines Halbtonschrittes! – gibt, dann muß es sie (davon handeln ja unsere Überlegungen!) auch in der Natur geben. Es wäre absurd, von der Natur eine größere Genauigkeit zu verlangen als von der Musik, die doch die Proportionen der Natur abbildet – und umgekehrt: Wir können von der Musik keine Genauigkeiten verlangen, die in der Natur nicht vorhanden sind – Genauigkeiten, die auch gar nicht wünschenswert sind, da es sich hier wie dort auch um seelische Qualitäten handelt und die Seele – «Spiel-Raum» braucht. Gerade die Tatsache der «Abweichungen» also ist eine Bestätigung für den harmonikalen Charakter des Universums. Es gibt die «Abweichungen» übrigens nicht nur im Planetensystem, sondern auch in Blatt- und Körperproportionen und natürlich ebenfalls im Mikrokosmos – wie gesagt: überall in der Natur.

Aufschlußreich ist auch, daß Titius und Bode einerseits und Zederbauer andererseits völlig verschieden vorgegangen sind – die ersteren arithmetisch, der letztere geometrisch. Sie waren aber überzeugt von der pythagoräischen Idee der Harmonie des Planetensystems und von der Symmetrie und der Wohlproportioniertheit der Verhältnisse in ihm sowie vom Gesetz der Ganzzahligkeit – und haben all diese Hypothesen überzeugender verifiziert, als es unter den Prämissen der positivistischen Wissenschaft je hätte erwartet werden können.

VI
DIE HARMONIKALE VERSEUCHUNG

Wir haben gesehen, daß sich die indische Musik und die europäische Musik des Barocks und der frühen Klassik in mehrfacher Hinsicht in Resonanz mit dem Erdentag, dem Erdenmonat und dem Erdenjahr befinden beziehungsweise befanden. Diese Übereinstimmung – dieses Zusammenschwingen von kosmischer und irdischer Musik – besteht heute in westlicher Musik nicht mehr.

Wir müssen uns das deutlich machen: Die Musik, die uns täglich umgibt – in Radio und Fernsehen, auf Plattenspielern und Kassetten, in Supermärkten und Hotelhallen –, schwingt in Disharmonie zu den Schwingungen des Kosmos. Andere disharmonische Frequenzen kommen hinzu. Allgegenwärtig sind die 50 Hz (in den USA 60 Hz) unseres Stromnetzes, in das wir eingefangen sind, als sei es wirklich ein «Netz» – uns nirgendwo freigebend in unseren Häusern und auf unseren Straßen –, und das keinerlei kosmischen (und auch keinen biologischen) Bezug besitzt – was ja zwangsläufig bedeutet: Es widerspricht und durchkreuzt kosmische und biologische Schwingungen.

In welch unvorstellbarem Maße könnten wir die «guten», mit der Natur und dem Kosmos in Übereinstimmung befindlichen Schwingungen und Schwingungsfelder verstärken, wenn eine Frequenz, die uns so stark und ständig meßbar umgibt wie der elektrische Strom unserer Wohnungen, zu einer wichtigen kosmischen Schwingung in oktavierbarer Relation stünde!

Zur Verseuchung der uns umgebenden natürlichen Schwingungsfelder tragen auch Radar-Wellen und Starkstromleitungen, Mikrowellen aus Herden und anderen technischen Geräten, Leuchtstoffröhren, Röntgenstrahlen und Ultraschall bei. Der letztere wird immer noch zu Diagnosezwecken angewandt, obwohl längst – zum Beispiel am Institut für Vorsorgemedizin der Illinois University – besorgniserregende Erkenntnisse über die Zerstörung von DNS-Zellen und verzögerte Reifung gefunden wurden, ja sogar ein Verdacht auf Krebsbildung durch Ultraschall besteht.

Allgegenwärtig schließlich – wie der elektrische Strom – sind die uns täglich umgebenden elektromagnetischen Wellen von Funk und Fernsehen in den verschiedensten Wellenbereichen. Sogar nach Ansicht der Fernmeldetechniker befinden sie sich in einem «chaotischen Durcheinander» (Jahresbericht 1979 der Deutschen Bundespost). Dazu kommen neuerdings in immer stärkerem Maße die Frequenzen von Satelliten und Kabelnetzen.

Auf die Verseuchung des natürlichen Schwingungsfeldes durch Klimaanlagen habe ich bereits in dem Kapitel über den

Lärm aufmerksam gemacht. Es ist, als habe sich der moderne Mensch in einem Netz unnatürlicher, technischer Schwingungen, Strahlungen, Frequenzen geradezu «eingesponnen», damit ihn die organischen Schwingungen dieses Planeten und des Kosmos nur ja nicht erreichen können – als wolle er sich unbewußt ihrer Wirkung und Kraft entziehen.

VII
DAS KOSMISCHE IN DER ARCHITEKTUR

Marius Schneider hat auf die geheimnisvollen Beziehungen zwischen großer Architektur und den Proportionen sowohl unserer irdischen Musik wie auch des Kosmos hingewiesen. Seit langem wird vermutet, daß die alten Ägypter diese Verhältnisse teils bewußt, teils unbewußt – «gekannt» haben. Sie hatten (wie John Michell in seinem Buch «City of Revelation» zeigt) drei Längenmaße: das *Remen* mit 37,1 cm, die *Kube* mit 52,4 cm und das megalithische *Yard* mit 82,9 cm. Berechnet man die Zeit, die das Licht braucht, um ein *Remen* oder eine *Kube* oder ein megalithisches *Yard* zu durcheilen, so erhält man Zahlen, die durchweg in Beziehungen zur Erdumdrehung beziehungsweise zum Umlauf der Erde um die Sonne stehen. Das *Remen* entspricht dabei dem Tageston g, die *Kube* dem Jahreston cis und das megalithische *Yard* dem Ton des platonischen Jahres f (jeweils durch einfaches Oktavieren der Frequenz gewonnen).

Viele Fachleute vertreten heute die Ansicht, daß «die Cheopspyramide eine symbolische Darstellung der Erdenmaße im Maßstab 1 : 43 200 ist» (Cousto). Die Zahl 43 200 ist die Hälfte der Sekunden, die einen mittleren Sonnentag ausmachen, sowie der zwanzigste Teil des Sonnendurchmessers in Meilen oder das Hundertfache des alten englischen Kammertons (432 Hz).

Aufregend wird es, wenn man die Maße der Cheopspyramide mit denen der Kathedrale von Chartres vergleicht – die eine sowohl wie die andere Höhepunkte in der Baukunst der betreffenden Kultur. Die Grundkantenlänge der Cheopspyramide beträgt 231,92 m. Der zehnte Teil davon – also 23,192 m – entspricht auf den Millimeter genau der Seitenlänge der berühmten quadratischen Tafel von

Chartres. Die Grundfläche von Cheops ist folglich exakt hundertmal so groß wie die Grundfläche dieser Tafel.

Die sogenannte «Elle» von Chartres beträgt 0,738 m, das ist millimetergenau der zweihundertste Teil der Höhe der Cheopspyramide (= 147,6 m) oder der zweitausendste Teil der Gravitationslänge der Sonne (= 1476,6 m).

Die Höhe der Cheopspyramide entspricht aber auch exakt dem Äquatordurchmesser (12 756 km) geteilt durch die 86 400 Sekunden des mittleren Sonnentages – was also bedeutet, daß sogar diese Maße sich in der Kathedrale von Chartres wiederfinden.

Kosmische Bezüge sind in vielen großen Sakralbauten der Menschheit präsent. Beides ist dabei möglich: daß die Architekten die kosmischen Maße kannten und ihren Plänen und Bauten von Anfang an zugrunde legten; es ist aber auch denkbar, daß viele Baumeister in unbewußter – und dadurch um so überzeugenderer – Über-*ein*-stimmung mit dem Universum gearbeitet haben. Daß freilich die großen Architekten des Mittelalters nicht gar so «unbewußt» planten, wie man dies noch vor wenigen Jahren – entsprechend der heute überwundenen Vorstellungen vom «finsteren Mittelalter» – angenommen hat, darf als erwiesen gelten. Auf vielen mittelalterlichen Bauplänen von Domen und Kathedralen erscheinen Abbildungen der Sonne, des Mondes, der Planeten verteilt über den Horizont, unter dem sich das Bauwerk befindet, und es ist kaum anzunehmen, daß die Architekten die Himmelskörper nur aus ornamentalen Gründen in ihre Skizzen gezeichnet haben.

Wenn wir die Maße eines künstlerisch bedeutenden Bauwerkes in Musik übertragen, ergibt sich stets, daß die Klänge, die auf diese Weise gewonnen werden, in einer überzeugenden Weise harmonikal «stimmen».

Paul Brunton, der Jazzmusiker Paul Horn und viele andere haben von den wunderbaren Erfahrungen berichtet, die sie beim Meditieren in der Grabkammer der Cheopspyramide gemacht haben. Millionen von Christen haben ähnliche Erlebnisse in den großen Bauwerken der europäischen sakralen Architektur gehabt. Empfinden wir die Meisterwerke der Architektur – das *Taj Mahal* in Nordindien oder Vierzehnheiligen oder den *Borobudur* auf Java oder die Wieskirche oder den *Bayon* von Angkor Vat oder *Miyajima* bei Hiroshima oder, wie gesagt, Chartres und die Cheopspyramide –

deshalb als so wunderbar, weil sie im Einklang mit dem Kosmos stehen? Weil sie – im höchsten Sinne dieses Wortes – «stimmen»? Und weil auch wir auf kosmische Maße «gestimmt» werden, wenn wir uns in diesen Bauwerken sammeln und in ihnen beten und meditieren?

VIII
HUMANE UND HARMONIKALE ARCHITEKTUR

Große – zumal sakrale – Architektur aller Kulturen «stimmt» in dreierlei Hinsicht:

1. Indem sie harmonikal «stimmt», das heißt, den Proportionen der Obertonreihe entspricht: Sie bildet Oktaven, Quarten, Quinten, Terzen ab. Sie ist – im Sinne Schellings – «erstarrte Musik».

2. Indem sie sich auf kosmische Maße bezieht – wie ich es im vorausgehenden Abschnitt am Beispiel der Cheopspyramide und der Kathedrale von Chartres gezeigt habe.

3. Indem sie den Formen und Proportionen des menschlichen Körpers entspricht – gemäß dem Ausspruch des Vitruv: «Kein Tempel kann ohne Symmetrie und Proportion eine vernünftige Formgebung haben, wenn seine Glieder nicht in einem bestimmten Verhältnis zueinander stehen, wie die Glieder eines wohlgeformten Menschen.»

Fast alle Maßeinheiten der alten Architektur sind auf den menschlichen Körper bezogen: Die Elle (Länge des Unterarms vom Ellbogen bis zur Spitze des Mittelfingers), die Spanne (Abstand zwischen den Spitzen von Daumen und kleinem Finger bei gespreizter Hand), die Handbreite, die Daumen- und Fingerbreite, der Fuß, der Schritt, die Klafter (Abstand zwischen den Fingerspitzen der ausgestreckten Arme) usw. Diese Maße kannten auch die Griechen: Ihr kleinstes Längenmaß, der *daktylos* (= Fingerbreite), betrug ein Viertel der *palaiste* (= Handbreite); diese war viermal im *pous* (= Fuß) und sechsmal in der *pechys* (= Elle) enthalten. Bei den Römern gab es: *palmae* (= Handbreiten), *pollices* (= Daumenbreiten), *digiti* (= Fingerbreiten) etc.

Entscheidend freilich ist: Die Möglichkeiten 1, 2 und 3 markieren lediglich verschiedene Wege – Methoden –, mittels derer die

Architekten die «Harmonie» ihrer Bauwerke realisierten. Da auch der menschliche Körper und der Kosmos harmonikal strukturiert sind, ist die harmonikale Struktur (1) die übergreifende.

Der österreichische Kunstwissenschaftler Paul von Naredi-Rainer, auf dessen Werk «Architektur und Harmonie» ich mich beziehe, hat mit profunder Kenntnis die der abendländischen Baukunst immanenten harmonikalen, humanen und kosmischen Proportionen aufgezeigt. So ist (worauf auch Hans Kayser hingewiesen hat) der *Athena-Tempel* von Paestum ein einziges großes architektonisches *Exercitium* harmonikaler Verhältnisse. Zum Beispiel können die «Zahlen der Achsmaße des Tempels, 40 × 96, aus den für die Pythagoräer heiligen Zahlen der Tetraktys abgeleitet» werden.

Noch bewußter haben sich die Architekten der Renaissance an harmonikalen Gesichtspunkten orientiert. Leon Battista Alberti (1404–1472) fordert in seinem – für die Renaissance-Architektur exemplarischen – Traktat *De Re Aedificatoria Libri Decem* (gedruckt 1485), man solle «von den Musikern, welche diese Zahlen am besten kennen ... das ganze Gesetz der [architektonischen] Beziehung ableiten». Auch ihm kommt es auf die Zahlen der Tetraktys 1, 2, 3, 4 an und auf die als Konsonanzen geltenden Intervalle der Oktave (2 : 3), Quarte (3 : 4), Duodezime (1 : 3), Doppeloktave (1 : 4) und des Ganztons (8 : 9).

Raffael hat in sein berühmtes Bild «Die Schule von Athen» (1509/10) beide Formen der Tetraktys – 1, 2, 3, 4 und 6, 8, 9, 12 – als das große Geheimnis der Pythagoräer «hineingeschrieben».

Alberti ermahnt seine Bauführer am *Tempio Malatestiano* in Rimini, die Maße und Proportionen der Pfeiler nur ja nicht zu verändern, damit nicht *«tutta quella musica»* – die ganze Musik – durcheinandergebracht werde. Naredi-Rainer zeigt, daß die Arkadenfront dieses Bauwerks aus einer Folge von Oktavverhältnissen besteht, während seine Flächenproportionen dem Verhältnis der Duodezime (Oktave + Quinte) entprechen.

Im Gegensatz zu den «betont einfachen Proportionen des *Tempio Malatestiano*» hat Alberti an der wenige Jahre später entworfenen Fassade des *Palazzo Rucellai* in Florenz «alle übrigen Intervall-Verhältnisse zu einem kunstvollen Proportionsgefüge verknüpft». So ist die durch das Portal akzentuierte mittlere Achse gegenüber

Palazzo Rucellai in Florenz
(Fassadenausschnitte – nach Naredi-Rainer)

den übrigen Achsen im Verhältnis eines Ganztons verbreitert. Die kleine Terz kommt ins Spiel, wenn man das Maß dieser Verbreiterung von der Gesamtbreite abzieht und zur Gesamthöhe in Relation stellt. Deren Komplementärintervall, die große Sexte, «bestimmt die Proportion der zentralen, mit einem Wappenschild ausgezeichneten Schaufläche im ersten Obergeschoß, dem *Piano Nobile*». Dort sind die Schauflächen der übrigen Achsen nach dem Verhältnis der großen Septime, im zweiten Obergeschoß nach dem der kleinen Septime proportioniert, aber auch die kleine Sexte wurde in dieses Geschoß noch hineingeheimnist – was um so wichtiger ist, als sie auch durch das Verhältnis von Portalhöhe zu Portalbreite gebildet wird. Terzen, Quarten, Sexten und Septimen schwingen in den Hochrechtecken der Fenster (siehe die Abbildungen): die ganze Musik – *tutta quella musica!* – in einem einzigen Bau!

Mit – womöglich – noch größerer harmonikaler Raffinesse arbeitete Filippo Brunelleschi (1377–1446) am Florentiner Dom. Dessen Kuppel ist vorrangig nach Fibonacci-Zahlen konstruiert. Die Reihe dieser Zahlen wurde von dem mittelalterlichen Mathematiker Leonardo da Pisa (um 1180–1240) gefunden, der den Beinamen *Fibonacci* trug. Er soll sie als Antwort auf die von Kaiser Friedrich II. gestellte Frage entwickelt haben, «wie viele Kaninchenpaare während eines Jahres aus einem Paar entstehen, wenn jedes neue Paar vom zweiten Monat nach seiner Geburt an jeden Monat ein neues Paar zur Welt bringe». Die Zahlen der monatlich geborenen Kaninchenpaare ergeben die Folge 1, 1, 2, 3, 5, 8, 13, 21, 34, 55, 89, 144 etc. Jedes Glied der Reihe ist die Summe der beiden vorhergehenden. Rudolf Haase hat die *Fibonacci*-Reihe als Sexten-Phänomen gedeutet. Sie ist aber auch ein wunderbarer Ausdruck der alten harmonikalen Weisheit: «Der Ursprung aller Verhältnisse ist die Gleichheit.» Wenn wir ein Rechteck aus der *Fibonacci*-Folge nehmen, zum Beispiel 13 × 8, und dann ein Quadrat davon abtrennen, dann ein weiteres und noch eins – solange es geht …

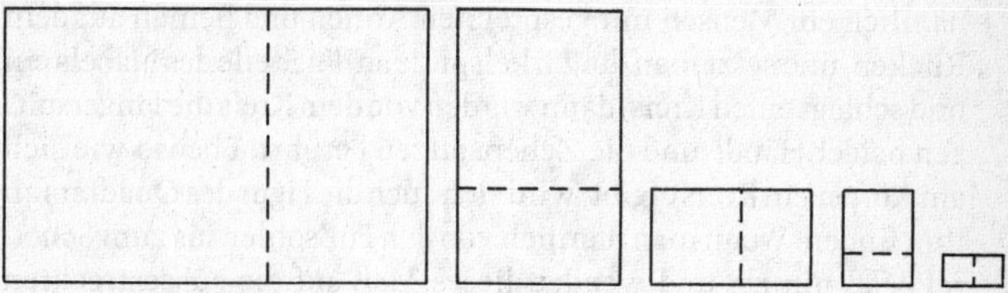

… dann bleiben am Ende zwei gleich große Quadrate übrig. Selbst also eine so komplizierte Reihe wie die des *Fibonacci* führt auf die direkteste Weise über das Oktav-Verhältnis (1 : 2) zu Gleichheit und Einheit (Prim-Verhältnis 1 : 1). Der tragende «Grund» dieser Reihe ist die «Eins», die Einheit. Aus ihr emaniert sie.

Der Niederländer Guillaume Dufay (um 1400–1474) – wohl der bedeutendste Musiker seiner Zeit – hat für die Weihe des Doms zu Florenz *Santa Maria del Fiore* am 25. März 1436 eine Fest-Motette komponiert, in der er seinerseits Bezug auf die Architektur – eben auf die *Fibonacci*-Zahlen der Kuppelmaße – nahm. Man muß sich das deutlich machen: Die Architekten bezogen sich auf die Musik, während umgekehrt sich die Musiker auf eben die Architektur bezogen, die nach musikalischen Proportionen erbaut worden war!

Ich habe schon darauf hingewiesen, daß die Proportionierungen großer Architektur nach harmonikalen Intervallen und nach den Maßen des menschlichen Körpers einander ergänzen.

Ein bekannt gewordenes Proportionsschema der menschlichen Gestalt hat Leonardo da Vinci geschaffen; aber auch Francesco di Giorgio Martini, Alberti, Albrecht Dürer und andere haben in ihren Tafeln und Zeichnungen Bezüge zwischen dem menschlichen Körper und der Architektur hergestellt – wie dies noch Le Corbusier in seinem *Modulor* von 1950 getan hat (seltsamerweise, denn das kennzeichnet doch gerade die moderne Architektur, daß sie von humanen, harmonikalen und kosmischen Proportionen so wenig weiß).

Ahnherr all dieser Bezüge ist der im 1. Jahrhundert v. Chr. lebende, von hellenistischen (und damit pythagoräischen) Vorstellungen geprägte Römer Vitruv, von dem der Satz stammt: «Liegt nämlich ein Mensch mit gespreizten Armen und Beinen auf dem Rücken, und setzt man die Zirkelspitze an der Stelle des Nabels ein und schlägt einen Kreis, dann werden von dem Kreis die Fingerspitzen beider Hände und die Zehenspitzen berührt. Ebenso wie sich am Körper ein Kreis ergibt, wird sich auch die Figur des Quadrats an ihm finden. Wenn man nämlich von den Fußsohlen bis zum Scheitel Maß nimmt und wendet dieses Maß auf die ausgestreckten Hände an, so wird sich die gleiche Breite und Höhe ergeben wie bei Flächen, die nach dem Winkelmaß quadratisch angelegt sind.» Vitruv ging davon aus, daß die Säulen der Tempel, insofern sie menschlichen Proportionen entsprechen, auch «menschliche Charaktere» haben.

In der christlichen Auslegung des Mittelalters stellte das dem Kreis und dem Quadrat eingezeichnete Menschenbild eine Verbindung «zwischen Gott und der körperlichen, sichtbaren Welt» her.

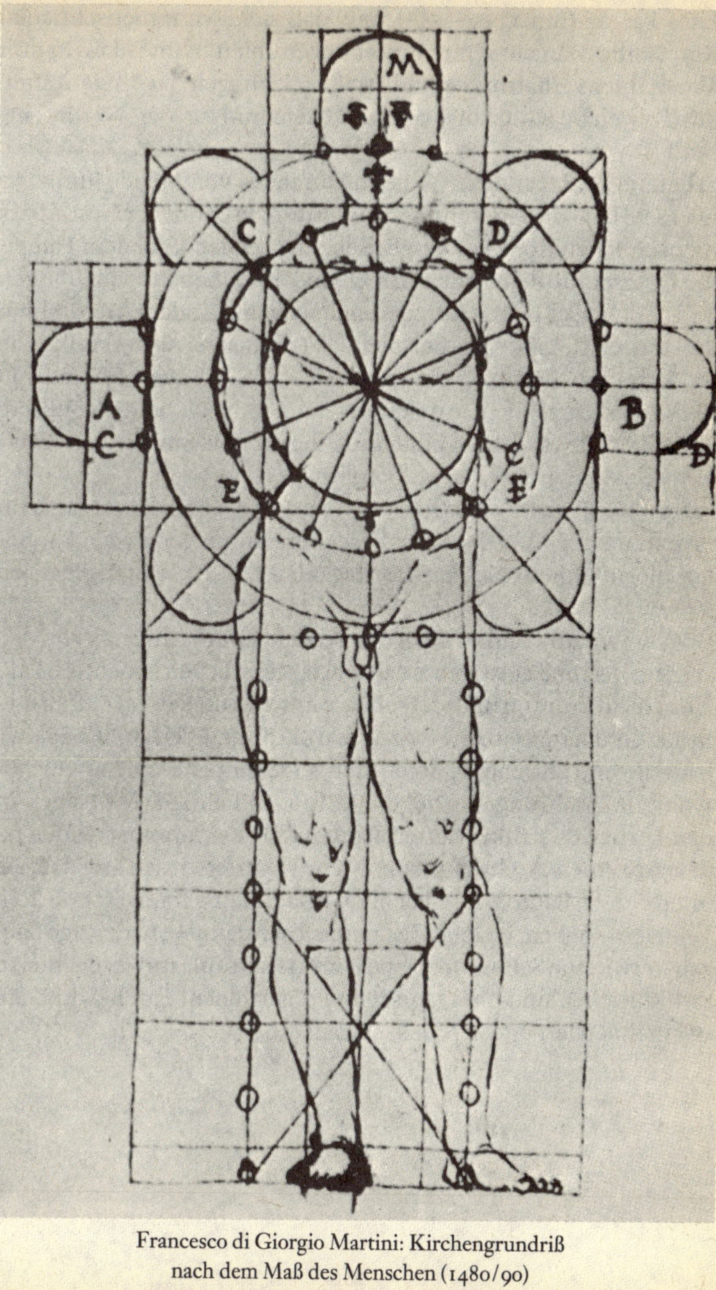

Francesco di Giorgio Martini: Kirchengrundriß
nach dem Maß des Menschen (1480/90)

Luca Pacioli (um 1445–1514) fand, daß sich «vom menschlichen Körper alle Maße und ihre Beziehungen ableiten und [daß] in ihm alle Zahlenverhältnisse und Maßbeziehungen zu finden sind, durch welche Gott die tiefsten Geheimnisse der Natur enthüllt...»

Bereits der Liturgiker Wilhelm Durandus von Mende (um 1230 bis 1296) hat «die Anordnung des Gotteshauses mit der Gestalt des menschlichen Körpers» verglichen, «wobei der Altar dem Haupt, die Querschiffe den beiden Armen und das Langhaus dem übrigen Teil des menschlichen Körpers entsprechen». Andere Architekten des Mittelalters – zum Beispiel der Baumeister der Abteikirche St. Trond bei Lüttich – haben sogar Hals, Brust, Bauch, Hüften und Beine den einzelnen Bauteilen zugeordnet. Noch heute ist unsere Sprache voll von diesen bildhaften Bezügen, wenn wir von «Baukörper», Säulenfuß», «Querhausarm», «Chorhaupt», «Gewölbescheitel», «Front», «Fassade» usw. sprechen – und dies sogar dann tun, wenn der bildhafte Sinn dieser Bezeichnungen in den Bauteilen, die mit ihnen charakterisiert werden, längst verlorengegangen ist.

Wenn wir am Schluß des vorhergehenden Abschnittes von den spirituellen und geistigen Erfahrungen gesprochen haben, die Paul Horn, Paul Brunton und viele andere in der Gruft des *Taj Mahal* und in den Grabkammern der Pyramiden und in anderen großen Sakralbauten gemacht haben, dann muß jetzt gefragt werden, welches wohl die Erfahrungen sind, die Millionen heutiger Menschen in den bezugslos strukturierten Bauten – den «Wohnmaschinen» – der modernen Architektur machen. Wenn erwiesen ist, daß die alten großen Bauten die Gedanken gesammelt – zentriert und konzentriert – haben, welche Gedanken lösen dann wohl heutige Bauten – etwa eine Schule oder eine Universitätsaula mit ihren (meist) willkürlichen und unorganischen Proportionen – im Bewußtsein der in ihnen lernenden Menschen aus?

IX
AKUPUNKTUR ODER DER MENSCH ALS RESONANZKÖRPER

Die in London lebende Akupunktur-Forscherin Irmgard Widemann hat gezeigt, daß der menschliche Körper nicht nur in bezug auf seine Maße «ein-gestimmt» ist, sondern auch in bezug auf die Akupunktur-Meridiane, die unsere Gesundheit und unser Wohlbefinden «be-stimmen». Sie vergleicht die Meridiane mit den Saiten eines Streichinstruments: Ein Musiker «stimme» die Saiten seines Instruments, indem er den Steg verschiebt oder die Saiten anzieht. Nichts anderes tue der Akupunkteur: «Mit der Nadelung eines Punktes wird er auf dem jeweiligen Meridian genau jenen Energiezustand ‹anspielen›, über den die ‹Saite› des entsprechenden Punktes gespannt ist ... Der Einstich der Nadel und deren Drehung in der vorgeschriebenen Richtung bedeuten dasselbe wie die Verstellung des Stimmknebels an der zu stimmenden Tonsaite eines Musikinstruments.» Irmgard Widemann hat exakte Beziehungen zwischen bestimmten Meridianen und Tönen beziehungsweise Intervallen gefunden.

X
DAS WETTER KLINGT

Der Meteorologe Hans Baumer konnte in Zusammenarbeit mit Professor Josef Eichmeier von der Technischen Universität München nachweisen, daß die Frequenzmaxima im Spektrum der das Wetter bestimmenden Impulsstrahlung (zwischen etwa 3 und 60 Kilohertz) bei 4, 6, 8, 10, 12, 28 und 50 kHz liegen. Sie können dort einzeln oder kombiniert auftreten. Der harmonikale Charakter der Reihe ist auffällig. Die gemessenen Frequenzen stehen in einfachen Zahlenverhältnissen, die der Oktave, Terz, Quinte, Quarte etc. entsprechen.

Um das Phänomen zu verstehen, muß man wissen, daß es in der Atmosphäre sogenannte «Ladungswolken» gibt, die man sich ähnlich vorstellen muß wie sichtbare Wolken. Da sie mit positiven und negativen Ionen aufgeladen sind, kommt es zwischen ihnen ständig zu Entladungen, die einerseits Blitze erzeugen können, aber auch in Form von unsichtbaren «Blitzen» – sogenannten «Dunkelentladungen» – geschehen, so daß die Meteorologen davon ausgehen, daß es viel mehr Blitze als die für uns sichtbaren gibt. Jede dieser Entladungen, die sich täglich und stündlich in großer Fülle ereignen, gibt elektromagnetische Wellen ab – Wellen, die sich ausbreiten wie die Schwingungen, die ein Stein erzeugt, wenn er ins Wasser fällt. Das Erstaunliche dabei ist, daß die Frequenzmaxima dieser Schwingungen harmonikal «gequantelt» sind.

Baumer und Eichmeier schreiben: «Jede Änderung des Wetters läßt sich in Ton- beziehungsweise Intervallsignalen kodieren: Am Klangmuster ist unschwer zu erkennen, ob und wann sich eine angekündigte Kaltfront aufgelöst hat oder ob plötzlich ein nicht erkannter Kaltlufteinbruch innerhalb der Reichweite der Antenne erscheint.»

Mit fünffacher Oktavierung kann man die «Atmosphärentöne» leicht in den Hörbereich transponieren. Wenn man einen Kammerton a von 437,78 Hertz zugrunde legt, ergibt sich die diatonische Tonfolge C – G – c – e – g – a′ – g″ – also eine Obertonreihe, aus der lediglich das eingestrichene a herausfällt. Dieses a′ stört aber nicht nur die Tonreihe, man kann sagen, es stört auch das Wetter, denn die entsprechenden Schwingungen (die – nun wiederum fünfmal nach oben transponiert – um 28 000 Hertz liegen) treten bei genau jenen Turbulenzen auf, die in Schlechtwettergebieten vorkommen. Das Wetter «klingt» dann nicht nur schlecht, es «ist» auch schlecht.

Walter Sönning, der die atmosphärische Impulsstrahlung – die *Sferics* – zusammen mit Hans Baumer eingehend untersucht hat, schreibt: «Die Atmosphäre macht Musik! Meine Frau konnte sicher als erste [Ostern 1981] ein originales Wettermotiv auf dem Klavier spielen ... Die Atmosphäre liefert alles – die komplette Musik mit der Differenziertheit einer Symphonie, also nicht nur Tonhöhen [Frequenzen], sondern auch Tonlängen, Klangfarben, Crescendi, Metren und Rhythmen ...»

XI
DIE VISUALISIERUNG DER VERBORGENEN HARMONIE

Manche Leser mögen sich an die Chladnischen Klangfiguren erinnern, die viele von uns im Physik-Unterricht ihrer Schulzeit kennengelernt haben: wie sich da wahllos auf eine Glasplatte gestreute Sandkörner und Staubpartikelchen durch einen Strich mit dem Geigenbogen verblüffend zügig zu den schönsten symmetrischen Gebilden ordnen. Mit einem hierauf basierenden Verfahren hat der Anthroposoph Hans Jenny die große Musik des Abendlandes im wahrsten Sinne des Wortes «sichtbar» gemacht. Da wird dann der Triller im neunundfünfzigsten Takt des ersten Satzes von Mozarts Jupiter-Symphonie zu einem kosmischen Milchstraßensystem von eindrucksvoller Strahlkraft, die die «verborgene Harmonie» des Heraklit in jedem Quadratzentimeter offenbart.

Jenny hat gezeigt, daß die Muster, die er durch die «Visualisierung» großer Musik erhielt, genau denen entsprechen, die die Natur in ihren eigenen Gestalten bevorzugt – bei der Bildung von Schäfchenwolken und in der Formung von Sanddünen, auf den Häusern von Muscheln und Schnecken, in Bodenstrukturen im Meer und in Seen bei verschieden bewegtem Wasser, bei Schaumbildungen, auf Straußen- und Pfauenfedern, Schlangenhäuten und -skeletten, in Korallenformen und Samenkapseln, in Blüten und Blättern. Unter dem Titel «Kymatik» hat er – Rudolf Steiner gewidmet – zwei Bildbände veröffentlicht, die die «Musikalisierung» und «Harmonikalisierung» der Welt in faszinierender Weise belegen. Man sieht da buchstäblich vor sich, was George Leonard so prägnant formuliert hat: «Bevor wir Musik machen, macht die Musik uns... Die Tiefenstruktur der Musik ist identisch mit der Tiefenstruktur aller Dinge.»

Auf diese Weise öffnet sich die Vision einer neuen Art von Phänomenologie. Jenny schreibt: «So ist das ganze Pflanzenreich ein gigantisches Beispiel sich wiederholender Elemente, makro-, mikro- und elektronenmikroskopisch ein unendliches Bild von Geweben – liegt doch schon im Begriff des Gewebes der periodische Charakter... Viele Würmer, die Gliederfüßler und die Wirbeltiere bekommen durch diese Gesetzmäßigkeit ihres eigene Prägung.

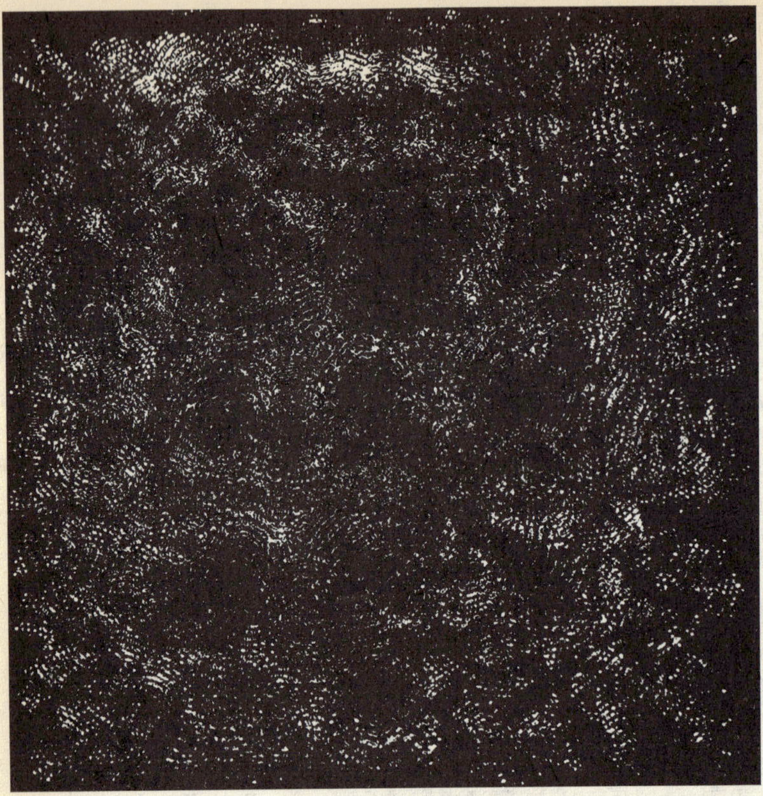

Mozart, Jupiter-Symphonie, Satz 1, Takt 59, Schlag 1 (*Triller*)
(aus Hans Jennys «Kymatik»)

Von einem bestimmten Punkt der Keimentwicklung an wiederholt sich in grandioser Weise das Organisationsprinzip... Alle Systeme sind von ihm ergriffen: Skelett, Muskulatur, Nerven, Gefäße, Organe...»

Die Arbeiten und Erkenntnisse Jennys können nicht als die eines Außenseiters abqualifiziert werden. In einem 1958 in der Berliner Kongreßhalle gehaltenen Vortrag zum hundertsten Geburtstag

▶

Paraffin- und Terpentinöl, durch einen Sinus-Ton erregt. Die beiden Bilder sind um ca. 2 sec. voneinander entfernt. Der Figurenwechsel vollzieht sich sprunghaft – «in Quanten». Jenny: «Die durch die Ton-Schwingungen entstehenden mehrphasigen Systeme weben und wellen, strömen und pulsen in großer Vielfalt, doch immer in den Grundordnungen von Zahl, Maß und Symmetrie ... Die Potenz liegt beim Ton, beim Laut. Der Ton und der Laut sind sozusagen die Entelechien, die hier schaffen ... Nehmen wir den Ton weg, so verschwindet augenblicklich das ganze Bild mit seiner Dynamik, um beim Wiedereinsetzen des Tones sofort wieder zu erscheinen. Die Erscheinungen sind gesetzmäßig und jederzeit wiederholbar ... An diesen Phänomenen wird offenbar, daß sie in allen Erscheinungskategorien harmonikal sind – in der Zahl, im Maß, in der Form, in der Zentrierung, in der Symmetrie, in ihrer Dynamik, ihrer Pulsation, ihren Umwandlungen, Polaritäten usw ...» (aus Hans Jennys «Kymatik», Band 2).

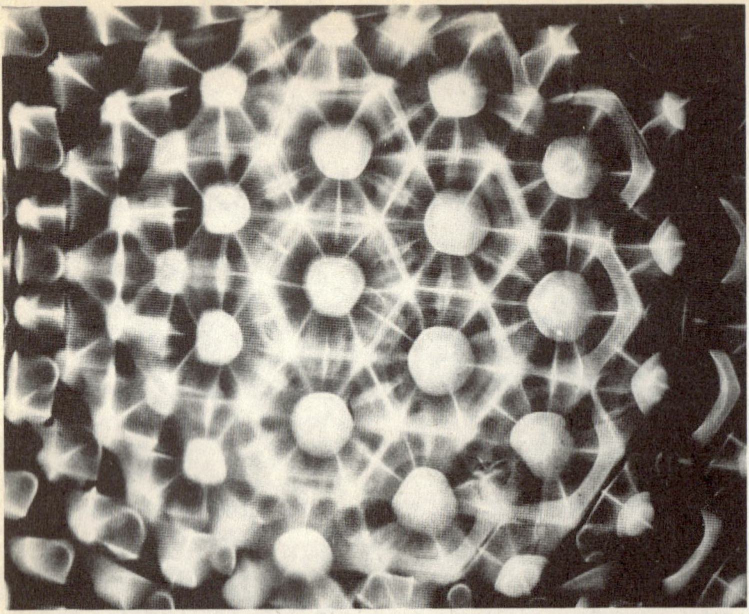

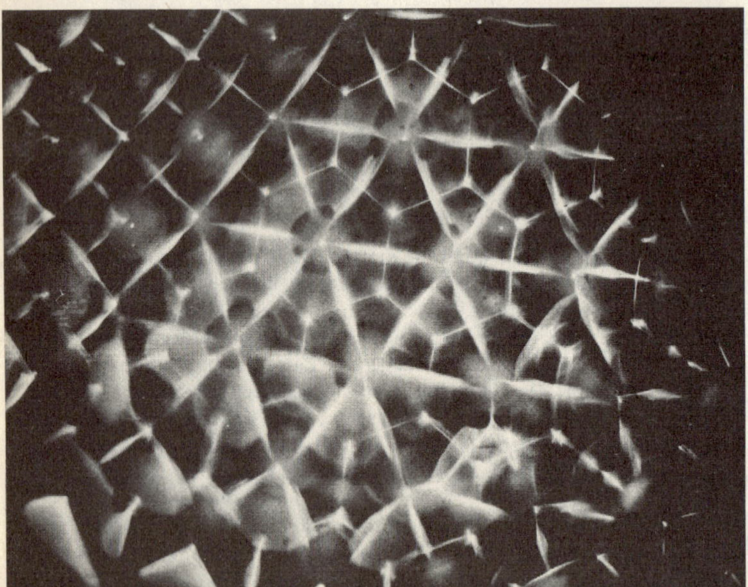

Max Plancks vergleicht Heisenberg die Symmetrie in den Gleichungen der von Planck geschaffenen Quantenmechanik mit den «kunstvollen Bandornamenten arabischer Moscheen»: «Die mathematische Struktur, nämlich das rationale Zahlenverhältnis als Quelle der Harmonie – das war sicher eine der folgenschwersten Entdeckungen, die in der Geschichte der Menschheit überhaupt gemacht worden sind ... Die mathematische Beziehung war damit auch die Quelle des Schönen ... Und damit [also mit Pythagoras] ist eigentlich schon das ganze Programm der heutigen exakten Naturwissenschaft vorweggenommen.»

XII
IM ANFANG WAR DER KLANG

Es gibt die Chladnischen Klangfiguren nicht nur auf der Zweidimensionalität der Fläche, sondern auch in der Ein- und Dreidimensionalität. Immer dort, wo Ganzzahligkeit «erfüllt» ist, «sitzt» der Ton. Wir können ein Gefäß mit Flüssigkeit füllen und Teilchen (des gleichen spezifischen Gewichts) hineinstreuen, dann das Gefäß durch Töne (also durch ganzzahlige Schwingungen) vibrieren lassen – und wir beobachten durch die gläserne Wand des Behälters, wie sich die Teilchen in symmetrischen Mustern und Gebilden sammeln. Jetzt brauchen wir das Ganze nur noch einzufrieren und werden Kristalle zu sehen meinen. Wir werden den Eindruck haben, wir hätten einem Kristallisationsprozeß beigewohnt; die Frage liegt nahe: Sind so Kristalle entstanden? Haben ganzzahlige harmonikale Schwingungen von ungeheurer Kraft die Atome zu kristalliner Ordnung gerufen? Wir werden sehen (im Kapitel «Der hörbare und der unhörbare Klang»), daß Klang nicht davon abhängig ist, ob wir ihn hören oder nicht. Er ist durch ganzzahlige Schwingungen definiert – und unterscheidet sich eben dadurch von den vielen anderen möglichen Schwingungen, die nicht ganzzahlig sind und deshalb «Schwingung» bleiben und «Klang» nicht genannt werden können.

Jetzt brauchen wir nur noch konsequent weiterzufragen: Wenn Klang kristallisationsartige Prozesse auslösen kann, ist es dann nicht wahrscheinlich, daß er auch all die anderen Muster in der

Natur geschaffen hat – alles, was wir als «schön» empfinden: an Blättern und Blumen, auf Muscheln und Schnecken, auf Fellen und Häuten, auf Körpern und Früchten, auf Sand und auf Stein, in der Luft und im Wasser, in der Struktur von Molekülen – etwa der Doppelhelix der DNS – oder in den Spiralen von Galaxien ...?

Die «mathematischen Beziehungen», die Heisenberg als Quelle des Schönen bezeichnet, sind eine Abstraktion. Wenn man den Ausdruck «mathematische Beziehungen» konkretisieren will, bietet sich das Wort Klang an. Also: Ist Klang die Quelle des Schönen? Und weiter: Da es (wie wir sehen werden) kein Chaos gibt – da Chaos nur eine für unsere Sinne (noch) nicht erkennbare Ordnung und Harmonie ist: Ist Klang die Quelle alles Geschaffenen?

Ist der Urknall: Klang? Nähern wir uns sogar unter den Prämissen der Wissenschaft der Auffassung der Mythen, Sagen, Legenden und spirituellen Überlieferungen in nahezu allen Kulturen der Erde: Gott schuf die Welt durch Klang –? Erweist sich auch hier: Die alten Mythen sind wahr –?

Wird in der Idee des Urknalls – als eines mit ungeheurem Lärm verbundenen *«Big Bang»* – vielleicht lediglich die Lärm- und Explosions-Fixierung des modernen Menschen deutlich? Am Anfang – so meinen viele Kosmologen – war Lärm, war Explosion. Nicht Logos, nicht Geist, nicht Wort! Sondern Krach. Ihn meinen die Kosmologen in ihren hochsensiblen Geräten immer noch nachklingen zu hören. Ihn können sie messen – als das durch Milliarden von Lichtjahren und durch das immer noch wachsende Universum geschwächte Echo einer ungeheuren Explosion, mit der das Universum begann. Die ersten, die dieses Echo gehört haben, waren 1965 die beiden amerikanischen Nachrichtentechniker Arno A. Penzias und Robert Wilson. Sie hielten es für eine «Störung» ihres Radioapparates. Der Physiker Robert H. Dicke identifizierte die «Störung» als das «Hintergrundrauschen», das er bereits vorher errechnet und vorausgesagt hatte.

Paramahamsa Muktananda – der bedeutende indische Erforscher der *Kundalini*-Energie – fragt: «Warum muß es eigentlich ein Knall gewesen sein, der da nachhallt?» Und damit die Frage nicht mißverstanden wird, hakt er nach: «Warum lieben sie den Knall so sehr?» Und Ken Wilber: «Der Urknall war in Wirklichkeit das dröhnende Gelächter Gottes ...»

Die Kosmologen und Physiker hören den Nachhall eines Sounds, der – so haben sie errechnet – vor 12 bis 15 Milliarden Jahren entstanden sein muß. Daß aber das Universum mit einem ungeheuren Ton, dem Ur-Ton – dem Ur-Wort! – begann, meinen die Mythen und Schöpfungsgeschichten vieler Völker der Erde.

Sicher hören die Kosmologen richtig, wenn sie ein Echo und einen Nachhall – eine «Hintergrundstrahlung» – hören. Aber es könnte ja auch jener «Hall» sein, von dem der schlesische Mystiker Jakob Böhme im 17. Jahrhundert schrieb, er sei der Nachhall des Ur-Wortes und des Ur-Tones. Warum der Nachhall eines Knalls? Sagen die Forscher damit nicht viel mehr etwas über sich selber aus als über das Universum?

Die moderne Wissenschaftskritik hat gezeigt: Auch wissenschaftliche Theorien können «Mythen» sein – oft nicht beweisbar, aber für die, die die betreffende Theorie erdacht haben, völlig plausibel. Nur eben von der Plausibilität a l l e r Mythen. Auch die Schöpfungsgeschichte der Upanischaden ist plausibel – sogar für moderne Menschen. In diesem Sinne könnte die Theorie des *«Big Bang»* ein plausibler moderner Mythos sein – dem zeitgenössischen Bewußtsein so angemessen, wie die Schöpfungsgeschichte des Moses dem Bewußtsein des zweiten vorchristlichen Jahrtausends angemessen war.

Paul Feyerabend hat gezeigt: Das entscheidende Charakteristikum des Mythos ist das «Spiegelphänomen»: Er spiegelt die Gesellschaft, in der er entstand und lebendig ist. Die Idee des Urknalls – wahrhaftig! – spiegelt die zeitgenössische Gesellschaft mit ihrer Explosionsverliebtheit.

Es ist möglich, daß sogar die zentrale Idee des jetzt zu Ende gehenden mechanistischen und materialistischen Zeitalters Mythos war – die Idee, der dieses Zeitalter seinen Namen verdankt: Materie. Hat je jemand Materie gesehen? Wir können Holz oder Eisen, die Strahlen der Sonne oder des Mondes sehen. Aber Materie? Ist also Materie – Mythos? Nicht einmal mehr ein plausibler, da doch in den Vorstellungen der Neuen Physik nichts übrig bleibt von ihr als Leere und Feld!

Die Grundlage des materialistischen Weltbildes – des mythenfeindlichsten, das es je gegeben hat – könnte genau das sein, was diejenigen, die ihm anhingen, ein für allemal überwunden zu haben glauben: Mythos!

Zurück in die Wissenschaft: Der amerikanische (in der Tschechoslowakei geborene) Techniker und Physiker Itzhak Bentov spricht vom Urknall als «hallendem Schall», in dem «alle nur möglichen Frequenzen enthalten sind» – einem «mächtigen Klang ... der eine unendliche Zahl von Interferenzmustern potentieller Wesen und Ereignismatrizen» erzeugt hat – und weiter erzeugt. Dieser Klang erklingt in der flexiblen «subjektiven Raum-Zeit» des Schöpfungsaktes (oder des Schöpfers des Universums) – einer Raum-Zeit, die «sehr weit ausgedehnt» ist. «Doch uns schlichten Sterblichen, die wir diese Vorgänge irgendwie aus der Ferne betrachten, kommt alles ganz plötzlich vor, denn wir verbringen den Großteil unserer bewußten Zeit in der objektiven Raum-Zeit. Darum s c h e i n e n wir einen Knall zu erleben, den Urknall, während der Schöpfer sich Zeit läßt ... Nur für uns ist das Ganze auf einmal da.»

Es könnte unser filterndes, beschränktes, Zeit und Raum mißverstehendes Bewußtsein sein, das den göttlichen «Hall» Jakob Böhmes, den Ur-*Nada* der indischen Überlieferung, den Ewigen Ur-Klang der Sufis, den *Logos* des Johannes-Evangeliums, die über den Wassern schwebende Ur-Stimme des Schöpfers in der Genesis des Moses, den schöpferischen *Naam* der Sikhs auf den Sekundenbruchteil eines *Bang*, eines Knalls, reduziert – weil es «das Ganze» nicht wahrzunehmen vermag.

Und jetzt muß ich noch einmal auf das Urbild all dieser sichtbar gewordenen Schwingungsmuster zurückkommen – die Chladnischen Klangfiguren: Der Geigenbogen streicht die Glasplatte – die Platte schwingt – und der auf die Platte gestreute Sand bildet symmetrische Figuren. Wo entstehen diese Figuren? Die Antwort muß lauten: Dort, wo die Platte n i c h t schwingt! Die Sandkörnchen «fliehen» auf die wenigen Stellen der Platte, die nicht vibrieren. D o r t verteilen sie sich, d o r t bilden sie Muster, Figuren, Formen. Die Physik unterscheidet zwischen schwingenden und stehenden Wellen. Was sichtbar wird, ist nicht die Schwingung, die Bewegung, sondern die Ruhe, der Stillstand: die stehende Welle!

Da aber, wie wir gesehen haben, die Chladnischen Klangfiguren ein Ur-Verhalten der (sichtbaren und unsichtbaren) Materie – ein

Ur-Verhalten des Kosmos – deutlich machen, ist dieser Befund zu verallgemeinern. Er gilt – zum Beispiel – auch für die schwingende Saite. Oder von der Luftsäule in einem Blasinstrument. Die Töne «sitzen» dort, wo die Welle «steht». Die formende Kraft ist nicht die Bewegung, sondern: die Stille: das Schweigen.

Lao Tse könnte das gesagt haben: Ruhe ist stärker als Bewegung. Schweigen stärker als Laut.

TOTAL LISTENING

Die sieben Implikationen des neuen physikalischen Weltbildes der *holomovement*

> «Alle Dinge sind geschaffen aus Nichts. Darum ist ihr wahrer Ursprung das Nichts.»
>
> *Meister Eckehart*

T*otal listening... To listen to it all...»* – «Totales Hören! Auf alles hören!»

In diesen Worten kulminierte ein Gespräch, das David Bohm, Einstein-Schüler und Atomphysiker aus England, und Renée Weber, Philosophie-Professorin an der Rutgers University, Ende 1977 in New York über das neue physikalische Weltbild der *holomovement* geführt haben. Versuchen wir nachzuzeichnen, wie es zu solch für den Umkreis der theoretischen Physik ungewöhnlichen Worten kommen konnte.

Die Neue Physik begann mit Einsteins beiden Relativitätstheorien 1905 und 1916 sowie mit der im Jahre 1900 von Max Planck formulierten Quantentheorie. Beide – Einstein und Planck – waren durch ihre eigenen Findungen verunsichert, sie hielten es für wichtig – zunächst noch für wichtig –, sie in das alte kartesianische, am Materiebegriff und den klassischen Kausalitätsvorstellungen orientierte Weltbild zu integrieren. Sie glaubten: Irgend etwas stimmt nicht, wenn die neuen Theorien den alten, die das physikalische Denken seit Descartes, Bacon und Galilei bestimmt haben, widersprechen. Einsteins Hilfskonstruktion – und mehr als das war es ja nicht – des «gekrümmten Raumes» war der verzweifelte Versuch, die Folgerungen, die sich aus der neuen Theorie ergaben, in die euklidischen Raumvorstellungen einzupassen.

Es liegt etwas Rührendes in dieser Idee: Laßt uns annehmen, der Raum sei gekrümmt, dann stimmt er wenigstens einigermaßen mit der Konzeption überein, die für unsere Väter und Großväter so wunderbar funktioniert hat. Er bleibt dann der alte Raum, nur ist er eben «gekrümmt».

Der entscheidende Einschnitt liegt später, am erkennbarsten

1927 bei der Formulierung der Unschärferelation durch Werner Heisenberg: «Die Naturgesetze, die wir in der Quantentheorie mathematisch formulieren, [handeln] nicht mehr von den Elementarteilchen an sich, sondern von unserer Kenntnis und von unserer Betrachtungsweise der Elementarteilchen. Die Frage, ob diese Teilchen ‹an sich› in Raum und Zeit existieren, kann in dieser Form nicht mehr gestellt werden ...» – aber sofort hatte der konservative Einstein den Sechsundzwanzigjährigen gewarnt: «Nicht wir sollten bestimmten, welche Größen beobachtbar sind. Die Größen sollten gegeben sein, sollten uns durch die Theorie angezeigt werden.»

Inzwischen gibt es keinen Zweifel mehr: Wir bestimmten die Größen. Kein Vorgang in der Mikrowelt, bei dem nicht wir mittendrin stecken! Die klassische Situation des Beobachters und des Beobachteten – dergestalt, daß der Beobachter hinter einer Glaswand sitzt – hinterm Elektronenmikroskop – vor Geräten und Zifferblättern – und beobachtet, was vorgeht, hörte schlagartig zu bestehen auf. Der Beobachter und das Beobachtete sind Täuschungen. Wir nehmen teil, wenn wir beobachten. Der amerikanische Physiker John A. Wheeler: «Der wichtigste Akt ist der Akt der Teilnahme. ‹Teilnehmer› ist der unbestrittene neue Begriff, den die Quantenmechanik hervorgebracht hat; den ‹Beobachter› der klassischen Theorie gibt es nicht mehr.» Richard P. Feynman – auch er ein bedeutender Forscher der Neuen Physik – forderte: «Wir müssen ein neues Weltbild finden.»

An Versuchen, neue Weltbilder zu finden, hat es nicht gefehlt. Es gibt inzwischen ein halbes Dutzend, aber es ist erstaunlich, wie all die Konzeptionen, die da aus verschiedenen Richtungen zusammengetragen wurden, in ihren Grundzügen einander entsprechen. Deshalb haben sich diejenigen, die die Entwicklung beobachtet haben, kaum noch gewundert, als David Bohm in den siebziger Jahren seine *holomovement* formulierte, vielleicht das konsequenteste, in sich selbst «stimmigste» Weltbild, das die Neue Physik bisher hervorgebracht hat. Neu war zunächst, daß sich die *holomovement* aus den Entdeckungen zweier Wissenschaften speiste, die bisher nichts miteinander zu tun hatten – nämlich der Neurologie und der theoretischen Physik.

Im Jahre 1965 führte die Entdeckung der Laser-Strahlen zu einer neuen Form photographischer Darstellungen, die man *Hologramm* nannte. Der Name macht deutlich, daß sich die Physiker, die diese Art von Photographie entwickelt hatten, sofort über die Konsequenzen im klaren waren. Das griechische Wort ὅλος *(hólos)* heißt *ganz*, *Hologramm* bedeutet Zeichnung, Bild vom Ganzen.

Die «Bilder» der holographischen Laser-Photographie sind dreidimensional. Sie «stehen» im Raum. Wenn man einen Menschen aufnimmt – die ganze Gestalt von Kopf bis Fuß – und das Gesicht genauer sehen möchte und zu diesem Zweck die oberen Körperpartien herausschneidet, um sie zu vergrößern, dann sieht man auf dem neu gewonnenen Bild nicht etwa das vergrößerte Gesicht, sondern – wieder den ganzen Menschen. Man kann gar nicht «schneiden». Denn: Jede Information, die auf dem ursprünglichen Photo das Gesicht reproduziert hat, enthält gleichzeitig die Information über den ganzen Menschen. Und: Der ganze Mensch ist unteilbar. Lediglich die Schärfe des Bildes vermindert sich. Der *blurr* – die Verschwommenheit, die Unschärfe – wird mit jeder Vergrößerung, mit jedem Versuch, das Detail genauer zu beobachten, störender.

Wer mit *Hologrammen* arbeitet, wird bei jedem Teilungsversuch zurück an das Ganze verwiesen. Das Phänomen macht unwiderlegbar deutlich, daß Teil und Ganzes untrennbar sind – das Gegenteil also dessen, was die seit Descartes vorrangig aufs Teilen und Analysieren gerichtete Wissenschaft drei Jahrhunderte lang geglaubt hatte.

Die Entdeckung des *Hologramms* wirkte wie ein Stein, der in den (allerdings schon lange nicht mehr ruhigen) See der Wissenschaften fiel. Sofort wurde das Phänomen auch in anderen Bereichen evident. Zunächst in der Biologie, ein paar Jahre später in der Neurologie. Am stärksten natürlich in der Teilchenphysik. Aber auch in der Kybernetik und Informationstheorie.

Im Jahre 1969 gab der in Wien geborene, an der Stanford University lehrende Neurologe Karl Pribram bekannt, daß das *Hologramm* bisher unerklärliche Gehirnprozesse erkläre und als «Modell dessen, was im menschlichen Gehirn geschehe, geeignet» sei. Pribram hatte als Gehirnchirurg (zusammen mit seinem Lehrer Karl Lashley) dreißig Jahre lang nach dem *engram* gesucht, dem Sitz und der Substanz des Gedächtnisses. Lashley hatte Affen und andere Tiere zu besonderen Gedächtnisleistungen trainiert und dann wesentliche Teile ihres Gehirns herausoperiert, um auf diese Weise diejenigen Hirnteile und -substanzen zu finden, die die Gedächtnisinformation speicherten. Er kam zu dem Ergebnis – und fand dieses Ergebnis beim Menschen bestätigt –, daß er zwar die Gedächtnisleistung verschlechtern konnte, daß er aber selbst große Teile des Gehirns – bis kurz vor dem Punkt, an dem die Entfernung noch größerer Teile den Tod des betreffenden Wesens verursacht hätte – entfernen konnte, ohne auszulöschen, was das Wesen gelernt hatte.

Wenn die Hälfte der Neuronen herausoperiert wird, geht nicht etwa die Hälfte des Gedächtnisses verloren. Pribram und Lashley haben festgestellt, daß selbst dann, wenn nur noch zwei oder drei Prozent der Nervenzellen erhalten bleiben, die Gabe der Erinnerung praktisch sichergestellt ist. Auch das Gehirn also – so Pribram – «ist ein Hologramm». Jede einzelne Zelle speichert die ganze Botschaft. Wenn ich diesen Satz im Sinne der Informatik «kodiere», ergibt sich folgende «Leiter»: Jede Zelle enthält das ganze Gedächtnis. Jede Zelle enthält das Ganze. Jede Zelle ist Gedächtnis. Jede Zelle ist das Ganze. Das Ganze ist jede Zelle. Nur dürfen wir nicht vergessen: Der *blurr* (in diesem Fall: die «Unschärfe» der Erinnerung) wächst.

Diese beiden Entdeckungen – die neurologische und die der Laser-Photographie – haben David Bohm, der aus der konservativen Schule Einsteins hervorgegangen ist, zur Formulierung der *holomovement* geführt – *movement* deshalb, weil das Wort *Hologramm* Statik und Unbeweglichkeit impliziert, die Welt aber in ständiger Bewegung ist.

Bohm erklärt, *holomovement* sei die Kombination eines griechischen und eines lateinischen Wortes: Man könne auch *holoflux* sagen. Das Ganze bewegt sich. Das Ganze fließt. Ein Hologramm ist nur gleichsam die statische Aufnahme eines einzelnen Bewegungsprozesses – wie eine Photographie: eine Abstraktion der ganzen Bewegung, der *movement* des *holos*, des Ganzen.

Bohm geht von zwei Realitäten aus, der «entfalteten» und der «unentfalteten». Die unentfaltete ist die übergeordnete, Bohm nennt sie auch die «wirkliche», und mit «wirklich» meint er eine Realität, die «wirklicher» ist als die, die wir mit unseren Augen sehen. Auf diese Weise entsteht ein fast platonisches Weltbild:

einerseits die Welt der Ideen und andererseits die des Sichtbaren, des «Materiellen» und Greifbaren.

Die *holomovement* spielt sich in einer «impliziten Ordnung» ab, die sich «entfalten» kann, aber auch «unentfaltet» als Ordnung – als ordnende, gestaltende, schöpferische Kraft – wirkt. Als «entfaltete Ordnung» ist sie «manifest», als «nichtentfaltete» ist sie «nichtmanifest», mit unseren Sinnen nicht wahrnehmbar. Dennoch ist sie es, die das Ganze «macht» – und ununterbrochen in Bewegung hält.

David Bohm bietet sein Modell nicht als theoretisches Konstrukt an. Er schuf es nicht als Philosoph, sondern als Physiker. Er und seine Mitarbeiter haben es mit all seinen Folgerungen und Implikationen durchgerechnet. Auf Renée Webers Frage, ob denn die Mathematik dafür überhaupt schon existiere, antwortete Bohm: «Aber natürlich. Wir gebrauchen sie täglich.» Viele Quantenphysiker meinen: Mathematisch funktioniert die *holomovement* besser als alle vergleichbaren Modelle.

Noch einmal David Bohm: «Was wir sehen können, ist nur ein sehr kleiner Teil der unentfalteten Ordnung. Wir müssen deshalb die Unterscheidung zwischen dem, was ‹manifest›, und dem, was ‹nichtmanifest› ist, einführen. Das ‹Entfaltete› mag sich wieder ‹einfalten› und ‹nichtmanifest› werden – und umgekehrt – in ständiger Veränderung ...»

Das solcherart (gewiß nur andeutend) skizzierte Weltbild der *holomovement* trägt – um die Sprache Bohms zu benutzen – sieben Implikationen in sich, die darin «eingefaltet» sind. Ich möchte versuchen, sie zu «entfalten». Vorher noch ein Hinweis auf die – hochinteressante und aufschlußreiche – menschliche Konstellation, in der dieses Weltbild erarbeitet wurde. In der modernen Welt hat es nie zuvor etwas Ähnliches gegeben: Einerseits ist da ein in Wien geborener Neurologe und erfolgreicher Gehirnchirurg, Karl Pribram, andererseits der englische Atomphysiker David Bohm, der sich in der humanistischen Tradition des Abendlandes auskennt, und jeder der beiden hat einen spirituellen Begleiter und Freund: Bohm den großen indischen Weisen Krishnamurti (der den Begriff *Total Listening* geprägt hat), Pribram den verehrungswürdigen Meister der Kundalini-Energie Swami Muktananda, den er immer wieder – sogar in seinen wissenschaftlichen Veröffentlichungen! –

als «my guru» bezeichnet. Fast denkt man an die forschenden Mönche in den Klöstern des Mittelalters, an die Mathematiker des Islam, an die Chemiker unter den Sufis: Auch sie forschten «in spiritueller Begleitung». Sie hätten sich nicht vorstellen können, ohne solche «Begleitung» zu arbeiten. Wie Pribram! Wie Bohm! Wird hier nicht nur ein neues Wissenschaftsbild, sondern auch ein neues Bild des Wissenschaftlers – als Vision zunächst – sichtbar, ein neues, das gleichwohl ein uraltes ist? Der «entfremdete», «getrennte», «nicht partizipierende», ständig «von sich selbst abstrahierende» Wissenschaftler wäre dann nur ein schnell vorübergegangenes Intermezzo gewesen: von Descartes und von Newton (der diesem Typ des Wissenschaftlers nicht entsprach, denn er war auch Alchimist, aber ihn dennoch mitgeprägt hat) bis zur Mitte unseres Jahrhunderts.

Die sieben – miteinander «vernetzten» – Implikationen der *holomovement* beziehen sich auf:

1. Materie
2. Zeit
3. Die Verbundenheit aller Dinge
4. Bewußtsein
5. Gesellschaft
6. Psi
7. Epochaler Umbruch *(Paradigma Shift)*

I
MATERIE – EIN KRÄUSELN UND SÄUSELN

«Materie ist Leere,
Leere ist Materie.»
Hannya-Shin-Gyo

Daß sich Materie unter den Theorien, Apparaten und Berechnungen der Physiker aufgelöst hat, war schon vor Bohms *holomovement* bekannt. Das Phänomen liegt nicht so sehr darin, daß der Stuhl, auf dem ich sitze, aus nahezu nichts besteht, sondern eher in der Frage, warum ich dann nicht durch ihn hindurchfalle. Was hält mich auf der Brooklyn Bridge, wenn sie ohnehin nur aus Energie und – so David Bohm – *spirit* besteht?

Bohm ersetzt das Wort «Materie» durch die Annährungsbegriffe *less subtle and more subtle.* Geist – Energie – Feld – Materie: Es geht alles ineinander über und ist nur insofern – und lediglich graduell – unterschieden, als es am geistigen Ende der Skala *more subtle* – subtiler –, am materiellen Ende *less subtle* – weniger subtil – zugeht. Materie ist verdichtete Energie und verdichteter Geist; oft gebrauchen die Physiker bereits das Wort *consciousness*: Materie ist lediglich dichteres Bewußtsein als Geist. Eugene Wigner, Physiker an der Indiana University und Nobelpreisträger: «Die Erkenntnis, daß physische Gegenstände und geistige Werte über eine ähnliche Art von Realität verfügen, hat einen guten Teil zu meinem Seelenfrieden beigetragen.»

Und Bohm: «Materie ist wie ein leichtes Kräuseln auf dem unermeßlichen Ozean aus Energie, auf dem sie eine gewisse Stabilität besitzt und für unsere Augen und Meßinstrumente manifest wird. Der impliziten Ordnung der *holomovement* zufolge geht die Wirklichkeit über das, was wir Materie nennen, hinaus. Vor ihrem Hintergrund ist Materie nur wie ein Kräuseln und Säuseln.»

II
WELCHEN RAUM NENNEN WIR ZEIT?

> «Da ihr meint, daß Zeit lediglich vergeht, lernt ihr nicht die Wahrheit über das Wesen der Zeit.»
> *Bassui Zenji*

> «Zeit ist wie Ewigkeit und Ewigkeit wie Zeit,
> So du nur selber nicht machst
> einen Unterscheid.»
> *Angelus Silesius*

Auch die Zeitvorstellungen der Physik hatten sich bereits vor Bohms *holomovement* verändert – seit Einsteins Relativitätstheorien. Bohm geht darüber hinaus: «Zeit ist nur die Reihenfolge des

Manifest-Werdens.» Jeder noch so kleine Moment von Zeit enthält Information über die ganze Zeit – über alles, was in der Zeit geschieht. Seit dem Anfang des Universums. Was uns als Zeit erscheint, ist lediglich das, was sich aus der nichtmanifesten Realität entfaltet und «Raum» benötigt, um Ereignis werden – sich bewegen und sich verändern – zu können; diesen «Raum» nennen wir Zeit.

Die theoretische Physik geht schon einige Jahrzehnte lang – und das östliche Denken seit je! – davon aus, daß Zeit sowohl von der Vergangenheit über die Gegenwart in die Zukunft wie umgekehrt von der Zukunft über die Gegenwart in die Vergangenheit ablaufen kann. Experimente der Teilchenphysiker haben das bestätigt. Vergangenheit und Zukunft also sind illusorisch. Nur – so sagte man bisher – die Gegenwart zählt. Bohm fragt: «Wenn wir sagen, daß die Vergangenheit als solche nicht existiert und auch die Zukunft nicht, wenn die Gegenwart die Trennungslinie zwischen diesen beiden ist, dann ist es logisch, anzunehmen, daß auch keine Gegenwart existiert ... Vergangenheit, Gegenwart, Zukunft sind lediglich Abstraktionen ... Im holographischen *Paradigma* existiert Zeit nicht als ein unendliches lineares Vorbeigleiten, das vom ‹Jetzt› zum ‹Dann› fließt; statt dessen könnte es sein, daß Zeit multidimensional existiert und sich gleichzeitig in viele verschiedene Richtungen bewegt.» Also nicht nur in Zukunft und Vergangenheit, sondern außerdem noch in andere Richtungen, von denen wir nichts wissen und für die wir deshalb auch keine Worte haben – ähnlich jenen Dimensionen des Raums, die über die drei sichtbaren Dimensionen hinausgehen und die wir ebenfalls in unserer Sprache nicht adäquat bezeichnen können.

«In Wirklichkeit befinden wir uns außerhalb einer Realität, die wir Zeit nennen. Wenn die wahre Realität Schweigen und Leere heißt, dann gibt es weder den Begriff des Raums noch den der Zeit, aber in diesem Schweigen und in dieser Leere mag uns etwas erscheinen, das wie ein leichtes Kräuseln ist, und von diesem Kräuseln nehmen wir – ähnlich wie bei der Materie – an, daß es Zeit sei.»

III
DIE VERBUNDENHEIT ALLER DINGE

> «Das ganze Universum ist dein
> Auge.
> Das ganze Universum ist deine
> eigene Lichtquelle.
> Das ganze Universum ist innerhalb
> deiner eigenen Lichtquelle.
> Im ganzen Universum gibt es
> niemanden, der nicht dein eigenes
> Selbst ist.»
> *Ch'an-sha Ching-ts'en*
> *(chinesischer Zen-Meister,*
> *9. Jahrhundert)*

Jack Sarfatti – einer der amerikanischen Physiker, die an der Entwicklung der neuen Weltvorstellungen beteiligt waren – stellt die Frage: «Können alle Teilchen zusammen möglicherweise e i n Teilchen sein?»

Bereits die Physiker John A. Wheeler und Richard P. Feynman gingen davon aus, daß es im Universum nur ein einziges Elektron gibt. Dieses Elektron enthält alle übrigen Elktronen. Wie die Perle des indischen Gottes Indra, die alle Perlen der Welt enthält und gleichzeitig in jeder dieser Perlen verborgen ist.

Bohm hat den Begriff der «ungebrochenen Ganzheit» geprägt: «Ein Quanten-Vielkörper-System kann nicht richtig zerlegt werden in unabhängig voneinander existierende Teile ... Wie müssen die klassische Idee der Zerlegbarkeit der Welt verneinen ...»

Und an anderer Stelle: «In der Tat ist der Versuch, gemäß der Vorstellung zu leben, die Teilstücke (in die wir die Welt zerlegen) seien wirklich voneinander getrennt, wesentlich schuld an der Zunahme äußerst bedrohlicher Krisen, die uns heute reihenweise ins Haus stehen. So hat uns diese Lebensweise bekanntlich die Umweltverschmutzung, die Zerstörung des natürlichen Gleichgewichts, die Überbevölkerung, das weltweite ökonomische und politische Chaos beschert ...»

Die Physiker sprechen von Magie – zum Beispiel John A. Wheeler von der Princeton University: «Vielleicht gibt es den funkelnden Mechanismus im Zentrum des Universums gar nicht ... Vielleicht läßt sich der Schatz, der uns dort erwartet, doch eher als Magie und nicht als Mechanismus beschreiben.» Jack Sarfatti vergleicht die Wissenschaft mit einer «magischen Sammlung von Regeln und Standpunkten» – nicht anders als die magische Sammlung von Vorstellungen und Ideen, mit denen ein Medizinmann in Afrika oder ein Dorfschamane auf einer polynesischen Insel die Welt versteht – mit dem gleichen Ergebnis: Für beide funktioniert ihre Art von Magie, beide dürfen also sicher sein: Die Magie «stimmt».

In diesem Sinne – und in ihm allein – ist es angebracht, das Wort Magie zu verwenden. Dann ist es aber notwendig, sich zu vergegenwärtigen, daß auch das herkömmliche mechanistische Weltbild pure Magie ist, basierend auf einem *Set* von Vorstellungen und Regeln, die immer nur innerhalb der Gültigkeit dieses *Sets* überprüft wurden (und meist so angelegt waren, daß sie sich in einer Art von *feedback* gegenseitig bestätigten).

Kurt Gödel hat in seinen Arbeiten über die Grundlagen der Mathematik überzeugend dargelegt, daß «jedes Wissenssystem sinnvolle Lehrsätze beinhaltet, deren Wahrheit oder Unrichtigkeit nicht festgestellt werden kann, wenn man gänzlich innerhalb dieses Systems bleibt». Das genau tun sowohl Medizinmann wie Schulwissenschaft: Indem sie alles, was von außerhalb ihres Systems kommt, als «tabu» (der Medizinmann) und als «unwissenschaftlich» (der Wissenschaftler) ablehnen, kann die letztgültige Wahrheit der Thesen, die ihrem Weltbild zugrunde liegen, nie überprüft werden. Was überprüft werden kann, ist immer nur das Funktionieren des «Zirkels», innerhalb dessen das Ereignis das Weltbild und das Weltbild das Ereignis bestätigt. In diesem Sinne ist «wissenschaftliches» Denken ein pleonastischer Prozeß, der sich durch ununterbrochene Zirkelschlüsse selbst am Laufen hält.

Als «pure Magie» mag man auch das empfinden, was für David Bohm die entscheidende Aussage seiner *holomovement* ist. Aber erstaunlicherweise ist es die gleiche Magie, die uns Schamanen, Medizinmänner und spirituelle Menschen seit je gelehrt haben: Alles ist ein einziges großes, ganzes, umfassendes, in ständiger Bewegung befindliches System.

Bohm: «Wir könnten wahrscheinlich die gesamte Natur auf diesem Planeten identifizieren, wenn wir nur eine einzige Zelle eines einzigen menschlichen Wesens wirklich verstehen könnten.» Oder Sarfatti: «Ein einziges Elektron könnte genügen, um diesen ganzen Planeten von neuem wiedererstehen zu lassen!»

Alle Weltbilder der Neuen Physik laufen darauf hinaus – auch die sogenannte *Bootstrap*-Theorie, die in Berkeley entwickelt wurde: Die Natur kann nicht auf ihre Teile reduziert werden; wir erhalten falsche Ergebnisse, wenn wir das dennoch versuchen. Die *Bootstraper* sagen: «Jedes Teilchen besteht aus allen Teilchen.»

IV
DAS *DÉJÀ VU* DES BEWUSSTSEINS

> «Die Welt, die hält dich nicht,
> du selber bist die Welt ...»
> *Angelus Silesius*

Daß alles eins ist, ist uraltes Wissen der Menschheit. Nur einzelne Menschen – auch einzelne Zivilisationen – können es verlieren. Die Menschheit als Ganzes bewahrt es. Sie kann es nicht verlieren; ihre Gene wissen es. Deshalb ist es nicht unbedingt nötig, daß ihre Köpfe es wissen. Stellvertretend für uns alle bewahren es: Indianer, Zen-Meister und Sufis, mexikanische Zauberer und afrikanische Medizinmänner, balinesische Dorfpriester und tibetanische Mönche, die Schamanen und Heiler aller Kulturen. Aber es sind nicht nur die Heiligen, die Mönche, Gurus und Priester, die es wissen: Jeder einzelne Mensch in ihren Völkern – auch noch der Ärmste und Ungebildetste – weiß es – und lebt es und fühlt es.

Und nun gehen wir einen Schritt weiter: Auch wir «wissen» es. Beobachten wir uns selbst: Das ungläubige Erstaunen, das wir empfinden, wenn *Bootstraper* oder Fachleute der *holomovement* uns erklären: «Alles ist eins», existiert nur an der Oberfläche. Es ist nur ein «Kräuseln». Darunter erschauern wir: *déjà vu*. Nicht ich interpretiere das hinein; kalifornische Physiker haben die beiden Worte gebraucht, als sie – wieder einmal! – erschrocken waren über die Implikationen, zu denen ihre Gleichungen sie zwangen – und sich wunderten über die Selbstverständlichkeit, mit der sich die Folgerungen einstellten –, als seien sie von allem Anfang an «da» gewesen. Wenn man sie fragt: «Wo schon gesehen?», deuten sie zögernd auf sich: in unserem Unterbewußtsein. Es ist ein «Archetypus», tief in uns eingeschrieben: Alles ist eins.

Dennoch hüten sie sich, die Bereiche zu vermengen. David Bohm hat einen spirituellen Meister aus Indien und sagt gleichwohl: «Es würde kindisch sein, wenn Mystiker ihre Auffassung durch die Ergebnisse der Physik belegen wollten. Genauso kindisch ist es, wenn Physiker ihre Theorien durch die Erfahrungen der Mystiker bestätigen wollen.»

Es gibt inzwischen Menschen, die fühlen: Die neuen Erkenntnisse der Physik (und wir wissen ja: es gibt ähnliche in den meisten Wissenschaften – unser ganzes Weltbild ist im Begriff, ganzheitlich zu werden) sind eine Befreiung. Denn daß die *déjà-vu*-Reaktion so verschwommen ist, liegt auch daran, daß sie so lange verdrängt war. Wir hatten geglaubt: So darf man nicht denken. Die Wissenschaft ist dagegen, daß du so denkst. Sie hat «bewiesen»: Was du da gern denken möchtest, ist «falsch».

Wir wissen aus der Psychologie, was geschehen kann, wenn wir etwas verdrängen. Wir bekommen eine Neurose. Diese Neurose hat die abendländische Menschheit gehabt, und viele haben sie immer noch. Wir können sie die «mechanistische Neurose» nennen. Das kartesianische Weltbild funktioniert um so besser, je schlechter die tief in uns verborgenen «Mechanismen» unserer Seele funktionieren. Den Sand, der das mechanistische Getriebe möglicherweise hätte verstopfen können, haben uns die Mechanisten ins «Getriebe» unseres Unterbewußtseins gestreut.

Jetzt wird der Sand ausgespült. Wir brauchen nichts mehr zu verdrängen. Wenn wir David Bohm oder John A. Wheeler – oder früher schon Heisenberg und Niels Bohr – lesen, spüren wir: *déjà vu*. Es ist nicht wichtig, ob Mystik und Physik in Übereinstimmung sind, aber: Wir sind in Übereinstimmung.

Wir partizipieren. Wenn das Fernsehen die Skelette von in der Sahel-Zone verhungerten Kindern zeigt und in wenigen Tagen drei Millionen Mark gespendet werden, dann geschieht das, weil wir spüren: Auch diese Kinder – uns so fremd wie nur wenige andere menschliche Wesen auf diesem Planeten – sind Teil eines Ganzen, zu dem wir gehören. Wenn auf der gegenüberliegenden Spur der Autobahn ein Unfall geschieht, wenn Blut aufspritzt, wenn wir

Verletzungen und Verstümmelungen sehen und aufschreien und uns lange nicht beruhigen können, dann tun wir das, weil es eine Stelle in uns gibt, die den Zusammenhang mit den fremden Menschen da drüben unbewußt spürt. So schrien wir ja: als seien wir selbst verletzt worden. (Es versteht sich, daß diese Art Teilnahme nur noch ein verkümmerter Rest ist!)

Ständig spüren wir das: Die Dinge sind mehr – größer, umfassender –, als der Rationalismus uns weismachen will. Warum schauen wir, wenn es Vollmond ist, voller Beziehung zum Himmel hinauf? Warum empfinden so viele Menschen – auch wenn ihnen noch gar nicht bewußt ist, daß der Mond rund und leuchtend wieder am Himmel steht – innere Unruhe, Kreativität, gesteigerte Sexualität – und sagen, wenn sie es dann bemerken: Natürlich, es ist wieder Vollmond? Warum spüren die Frauen den Mond sowieso – in ihrem Zyklus, der seinen Phasen folgt –, oft auch in ihren Stimmungen? Warum vernimmt die Wissenschaft das Signal nicht, das darin verborgen ist, obwohl es doch jeder sehen – und fühlen – kann?

Man beobachte Menschen, die den Vollmond anschauen – es können durchaus Rationalisten sein: Es ist, als träumten sie. Ein entrückter, trunkener Ausdruck erscheint auf ihrem Gesicht. Wovon träumen sie? Was ahnen sie? Spüren sie die Beziehung zwischen dem größeren Ganzen und sich selbst?

Viele moderne Wissenschaftler sind – wider ihren Willen – Archäologen unseres Unbewußten geworden. Es ist, als grüben sie, als «buddelten» sie «Fossile unserer Seele» aus, und wenn wir betrachten, was sie zutage gefördert haben, registrieren wir: *déjà vu*. Die ersten, die das getan haben, waren die großen Physiker unseres Jahrhunderts. Einstein, Planck, Bohr, Schrödinger, Eddington und andere haben sehr früh schon das spirituelle Geheimnis erspürt, das hinter ihren Findungen verborgen war. Jetzt folgen wir ihnen – und was wir finden, nachdem wir den Sand und den Staub unserer «mechanistischen Neurose» abgeschüttelt haben, sieht aus wie etwas Wohlbekanntes. Wo nur haben wir es gesehen? Oder haben wir es schon gehört? In uns? An was erinnert es uns?

Von Gregory Bateson, dem Schöpfer der Systemtheorie (gleichsam der biologischen und anthropologischen *holomovement*), stammt der klassisch gewordene Ausspruch: «*The map is not the territory.*» Die Landkarte ist nicht die Landschaft. Krishnamurti:

«Die Beschreibung ist nicht das Beschriebene.» Die Physiker haben uns Landkarten gezeichnet. Jetzt betreten wir das Gelände – und wir bemerken: Wir kennen es schon. Wir selber sind das Beschriebene, wir brauchen die Karten kaum noch.

Stärker noch als die Physik und die anderen Wissenschaften verändert sich unser Bewußtsein. Der Theologe Hans Küng: «Die Standardantwort auf die Frage: Glaubst du an Gott? pflegte zu sein: ‹Natürlich nicht, ich bin ein Wissenschaftler.› Jetzt aber lautet sie: ‹Natürlich, denn ich bin ein Wissenschaftler.›»

V
PHYSIK ÄNDERT GESELLSCHAFT

> «Bewußtsein ist das Mittel,
> Bewußtsein ist der Schlüssel,
> Bewußtsein ist das Ziel!»
> *Satprem*

Die Physik war immer die Schlüsselwissenschaft. Schon bei den Vorsokratikern. Philosophie begann mit physikalischen Vorstellungen. Damit, daß im Anfang das Wasser war. Oder das Feuer. Oder daß «alles fließt».

Die Physik war auch die Schlüsselwissenschaft für das Weltbild, das in den hinter uns liegenden drei Jahrhunderten geherrscht hat. Wenn wir es «mechanistisch» und «materialistisch» nennen, dann machen schon diese beiden Worte deutlich: Wir haben auch das Nichtphysikalische an ihm – das Biologische, das Gesellschaftliche, das Philosophische, das Theologische – als physikalisch konditioniert empfunden. Nachdem die Physik etwa zwei Jahrhunderte lang höchst erfolgreich mit dem mechanistischen Weltbild gearbeitet hatte, schlug es – im 19. Jahrhundert – voll auf die anderen Wissenschaften durch.

Für die Biologen funktionierte die Evolution mechanistisch. Für die Mediziner wurde der Mensch eine chemische Fabrik. Die Chemiker setzten Elemente zueinander in Beziehung, als seien sie Teile einer Maschine. Die Soziologen konzipierten Gesellschaftssysteme, als seien sie Räderwerke. Die Theologen vertrieben den Mythos aus der Religion, die dadurch aufhörte, Gott-Erfahrung zu sein, und «Wissenschaft» wurde. Freud begründete die Psychologie aus einem mechanistischen Verständnis der menschlichen Seele. Als sei sie eine Dampfmaschine. Statt Dampf werden Triebe verdrängt.

Am Ende war mechanistisches und materialistisches Denken so allgegenwärtig geworden, daß wir auch mechanistisch und materialistisch zu fühlen begannen. Wir meinten, wir seien Gegenstände, die zu funktionieren hätten – und irgend etwas sei falsch an uns, wenn wir das nicht täten. Wenn Mediziner beteuert haben, sie hätten den menschlichen Körper in tausend Teile zerschnitten und nicht die Spur einer «Seele» gefunden, dann konnte es auf «Seele» nicht ankommen. Dann in der Tat konnten wir «Sachen» werden – dankbar sogar noch (es ist ja unfaßbar!), wenn wir als solche behandelt werden: *sach-lich!*

Der unstillbare Drang des alten, mechanistischen Denkens, die Welt in ihre Teile zu zerlegen und die *Summa* der Teile als das Ganze mißzuverstehen, hat auch die Menschheit und den einzelnen Menschen in Teile aufgelöst: in *bits* im Sinne der Informationstheorie, der Mensch dem Menschen entfremdet, bis es am Ende auch das Individuum nur noch in *bits* und Fragmenten gab. Wer getrennt ist, ist dem, von dem er getrennt ist, nicht verpflichtet. Die «Analyse», die «Sezierung», die Trennung standen am Anfang; daraus geworden sind: Bezugs- und Verpflichtungslosigkeit, Chaos, Gewalt und Zerstörung.

Bohm weist – wie Heidegger! – darauf hin, daß die letzte Konsequenz all der unendlich vielen *bits* die Zertrümmerung des Atoms gewesen sei – so zwangsläufig daraus entstanden wie all das andere: «Wenn die Leute diese gigantische Fragmentierung in uns allen sehen, dann gewinnen sie doch daraus die Bestätigung für die Notwendigkeit der Zertrümmerung in immer noch kleinere Einheiten. Sie werden geradezu legitimiert zu zertrümmern.»

Wenn wir aber erkennen, daß die Welt ein lebendiges, offenes, sich ständig veränderndes System ist – daß sie keine starren, maschinenartig funktionierenden Strukturen aufweist –, dann muß zwangsläufig auch diese Sicht – wie vorher die mechanistische – darauf einwirken, wie Menschen mit Menschen umgehen sollten: «Wenn in der nichtmanifesten Welt alles verbunden ist und ineinander dringt und wenn wir sehen, daß auch die Menschheit ein einziges System ist, ein einziges großes lebendiges Wesen, ja, wenn wir wissen, daß sogar Materie eines ist, dann müssen lebendige Menschen um so mehr eines sein ... Dann kann die neue Weltsicht eine viel bessere Zivilisation hervorbringen» – wirkliche Zivilisiertheit!

Der Nobelpreisträger Eugene Wigner betont: «Ein Wesen mit einem Bewußtsein spielt in der Quantenmechanik eine ganz andere Rolle als eine leblose Meßvorrichtung.» Wir müssen uns vor Augen führen, daß es eben noch genau umgekehrt war: Eine leblose Meßvorrichtung spielte in der mechanistischen Weltsicht eine viel größere Rolle als ein Wesen mit einem Bewußtsein!

Wenn uns das neue Weltbild erst einmal so selbstverständlich «durch die Adern rinnt» wie bisher das alte mechanistische, dann wird jedes Kind begreifen, was doch die *Bootstrap*-Physik und die *holomovement* und die Komplexe Relativitätstheorie (und im Grunde ja bereits die Unschärferelation) implizierten: Mein Bewußtsein ist ver-ant-wort-lich. Ich habe zu ant-worten: der Verbundenheit der Welt Ant-wort zu geben. Immer häufiger gebrauchen Physiker das Wort «Verantwortung»! Aber: Noch eben existierte es kaum in ihrem Wortschatz.

Wir haben die Erfahrung gemacht: Das alte Bewußtsein hat dazu geführt, daß jeder empfand: Ich bin nicht verantwortlich. Wir denken also nicht utopisch, wir haben ja bereits erfahren – drei Jahrhunderte lang: Das physikalische Weltbild hat a u c h mit Moral zu tun. Es hat unser aller Hart-Herzigkeit – die Kälte unseres Funktionierens, die Zweck-Orientiertheit unserer Beziehungen, damit auch die Lieblosigkeit uns selbst und anderen gegenüber – konditioniert und legitimiert. Dürfen wir also mit füglicher Sicherheit schließen: Auch das neue physikalische Weltbild wird mit Moral zu tun haben? Und es wird, diesem Weltbild entsprechend, eine andere Moral sein?

Wir wissen, zu welchem Zusammenbruch der Moral das bisherige Weltbild gerade auch bei denen geführt hat, die am engsten mit ihm verbunden waren – den Wissenschaftlern. Haben wir Grund zu der Erwartung – der zögernden Hoffnung –, daß das neue Weltbild – zwar nicht von heute auf morgen, aber doch in der Zukunft – einen neuen Typ des Wisenschaftlers hervorbringen wird, der, weil er nicht mehr mit Teilen und Funktionen, sondern mit Systemen und mit dem Ganzen befaßt ist, realisiert, daß auch er selbst zu dem System gehört – und damit diesem verantwortlich ist?

Haben wir weiterhin Grund zu der Annahme, daß auch im kommenden Weltbild der Typ des Wissenschaftlers als Modell empfunden werden wird? Daß deshalb auch das neue Bild des Wissenschaftlers durchschlagen wird auf den Typ des Menschen? Daß also der neue Mensch, weil er ja zwangsläufig von dem neuen Weltbild durchdrungen sein wird, auch von einem neuen Bewußtsein durchdrungen sein muß?

Renée Weber folgert: «Physik und Ethik werden eines ...»

VI
DIE NORMALITÄT DER PSI-PHÄNOMENE

«Was einer denkt, das geschieht.»
Daisetz T. Suzuki

Die siebente Implikation des neuen Weltbildes ist eine zusätzliche. Gleichsam ein Nachtrag. Die Aufregung legt sich: Psi-Phänomene werden «normal»: wissenschaftlich erforschbare Erfahrungstatsachen.

Wenn alles eins ist und wenn es nichts gibt, das nicht auf irgendeine Weise «systemisch» mit seinen Gliedern verbunden ist, und wenn alle Untersysteme untereinander und im umfassenden System des Universums «vernetzt» sind, dann heißt kausal denken: flach denken.

Dann wird zum Beispiel Astrologie etwas völlig Normales – wie sie auch in den großen alten Kulturen «normal» gewesen ist. Denn es ist ja nicht so, wie es sich das Ein-Weg-Denken des Rationalisten vorstellt: Die Venus beeinflußt heute abend mein Liebesleben. Es ist anders: Wenn alles mit allem verbunden ist, dann bin ich selbstverständlich auch mit der Venus verbunden – und sie mit mir. Verantwortungsbewußte Astrologie sieht das Horoskop quasi als «Hologramm».

Ein Hilfsmittel zur Akzeptanz der Astrologie bietet das Machsche Prinzip. Es besagt, daß die Masse eines einzelnen Teilchens von der Masse des gesamten Universums abhängt. Und Hilfestellung leistet natürlich auch hier die Erkenntnis vom universalen harmonikalen Zusammenhang: vom Zusammenklang aller Dinge mit allen. Wenn selbst ein Elementarteilchen auf das Universum bezogen ist, dann muß dies selbstverständlich auch der Mensch sein.

Was Psi-Phänomene im engeren Sinne betrifft, so hat sich der erwähnte amerikanische Physiker Jack Sarfatti eingehend mit ihnen befaßt: «Ich glaube, daß die in Einsteins Allgemeiner Relativitätstheorie vorausgesagte Gravitationsverzerrung von Raum und Zeit eine mögliche wissenschaftliche Erklärung für die verschiedenen Arten des Hellsehens (*Präkognition, Retrokognition* und *Clairvoyance*) und die astrale Projektion bietet...»

Wenn unser Bewußtsein – im Sinne der Neuen Physik – die «versteckte Größe» ist, die die Abweichungen der *de facto* gemessenen Ergebnisse vom errechneten und zu erwartenden Befund erklärt, dann könnte es auch in dem Sinne «versteckte Größe» sein, daß es Telepathie und Psychokinese auslöst. Bob Toben, der enge Beziehungen zwischen Neuer Physik und Psi-Phänomenen gefunden hat, schreibt: «Die Möglichkeit der Psychokinese folgt unmittelbar dem Postulat, daß das Bewußtsein das Biogravitationsfeld steuert und daß das Biogravitationsfeld wiederum in Wechselwirkung mit dem herkömmlichen Einsteinschen Gravitationsfeld steht.»

Ich weiß nicht – und bezweifle –, ob Psi-Phänomene für den Durchbruch zum neuen Bewußtsein von großer Bedeutung sind. Ihre Akzeptanz aber – einfach in dem Sinne, daß es sie in allen Kulturen der Menschheit gegeben hat und weiterhin gibt – halte ich für unabdingbar. Dies ist auch eine Frage von Offenheit und Toleranz – nicht zuletzt in dem Sinne, daß wir uns endlich davon freimachen müssen, das mechanistische Weltbild als Ideologie, ja fast als eine Art «Religion» zu betrachten: als sei alles, was nicht da hineinpasse, Ketzerei, Täuschung, Aberglaube, Lüge.

Potentiell steckt die Fähigkeit, Psi-Kraft zu entwickeln, in jedem Menschen. Wir haben uns nur einfach damit abgefunden, sie nicht mehr zu nutzen. Für immer?

VII
DER UMBRUCH IST JETZT! *(PARADIGMA SHIFT)*

Karl Pribram stellt fest: «Ich glaube, wir stecken mitten in einem epochalen Umbruch – einem *Paradigma Shift* –, der alle Wissenschaften betrifft.»

Paradigma Shift heißt: Die Grundvoraussetzungen unseres Denkens ändern sich. John Battista von der University of California: «Es scheint offensichtlich, daß im Lichte der neuen Entdekkungen alle Bereiche der Wissenschaften revidiert werden müssen.» Mit neuen Entdeckungen meint er: die Systemtheorie von Gregory Bateson in der Biologie und Anthropologie, die Holographie von Emmet Leith, die neurologischen Entdeckungen von Karl Pribram und die *holomovement* von David Bohm.

Fritjof Capra sieht die eigentliche Krise, in der wir stecken, als eine Krise der Wahrnehmung: «Unsere Gesellschaft, unsere Universitäten, unsere Korporationen, unsere Ökonomie, unsere Technologie, unsere Politik sind alle noch nach dem alten kartesianischen *Paradigma* strukturiert. Wir brauchen die Wandlung.»

Die Wissenschaften vollziehen sie um so leichter, je jünger sie sind. Am leichtesten fiel sie der Kybernetik. Leicht fällt sie auch der Informationstheorie, die mit einemmal – ohne viel Aufhebens – davon ausgeht, daß es sinnlos sei, von Information zu sprechen, ohne den Empfänger einzubeziehen. Das ist ein Grundgesetz der neuen Informatik: Eine Information ist überhaupt nicht vorhanden ohne ihren Adressaten. Also: Heisenbergs Unschärferelation bezogen auf die Kommunikation zwischen Menschen.

Schwieriger hat es da die Biologie, aber immer mehr Biologen geben zu, daß die Mechanismen einer reduktionistisch aufgefaßten Evolution (Anpassung, «Kampf ums Dasein», das Überleben des Stärkeren, die sich «zufällig» ergebenden Mutationen, die Auslese – alle unstreitig gegeben) nur einen Ausschnitt bilden. Sie reichen nicht aus, um die Entwicklung vollständig zu erklären.

Noch schwieriger haben es Medizin und Soziologie. Die (Schul-) Medizin war die letzte Wissenschaft, die sich dem mechanistischen Weltbild angepaßt hat, und wird möglicherweise auch wieder die letzte sein, die sich von ihm löst. Und die Soziologie – im 19. Jahrhundert als Kind des mechanistischen Denkens geboren –

könnte in Gefahr geraten, sich selbst aufzuheben, wenn die Voraussetzungen, denen sie sich verdankt, für die Mehrheit der Menschen nicht mehr akzeptabel sind (siehe hierzu das Kapitel «Politik durchs Ohr»).

Einen hilfreichen Gedanken bietet Fritjof Capra an. Er erinnert daran – viele haben das schon fast vergessen –, daß der klassische Reduktionismus – das analytische und mechanistische Denken – in der Tat für bestimmte Situationen und Organismen wunderbar zweckmäßig gewesen ist; er erklärte nicht nur unser Überleben, er war sogar dessen Funktion.

«Wenn du essen mußt, dann ist es wichtig, daß du lernst, zwischen Kleinigkeiten zu unterscheiden, um das richtige Essen zu finden. Heute aber sind wir in einer entgegengesetzten Situation. Zum erstenmal geht es nicht mehr um das Überleben des einzelnen oder auch nur einer einzelnen Gattung, es geht um das Überleben des Planeten. Das ist der wahre Grund für die Wandlung des *Paradigmas*: Die Evolution braucht die Synthese, die ölkologische Perspektive, die holistische Sicht, damit Leben auch künftighin möglich ist. Der Wandel von der alten, die Welt in immer kleinere Teile aufspaltenden Sicht in die ganzheitliche ist biologisch konditioniert.» Entsprechend Morris Berman: «Der gegenwärtige Zusammenbruch der Industriegesellschaft könnte somit die Art und Weise sein, in der der Planet einen größeren Tod zu vermeiden sucht.»

Am deutlichsten aber spüren wir die Wandlung in der Art, in der der einzelne reagiert. Jahrhundertelang hat niemand daran gezweifelt, daß wir die Natur beherrschen müssen und können. Das war Standardüberzeugung jedes Menschen der westlichen Zivilisation – seit Descartes und Bacon. Glaubt heute noch jemand ernstlich daran? Morris Berman fragt: Sind wir nicht jetzt schon so weit, daß die Vorstellung, wir könnten die Natur, den Kosmos, das Universum beherrschen, «Schulkinder zum Kichern bringt und in den Gesichtern von Erwachsenen einen leeren, verständnislosen Ausdruck hervorruft»?

Als Gregory Bateson 1967 darauf hinwies, «daß eine bloß zweckorientierte Rationalität, die ohne Rücksicht auf Phänomene wie Kunst, Religion, Traum oder Phantasie verfährt, notwendig pathogen und lebenszerstörend sein» müsse, wirkte dies revolutionär.

Ist heute nicht bereits eine Mehrheit einsichtiger Menschen von der Richtigkeit dieses Satzes überzeugt?

SUMMA

«Total listening!»
Krishnamurti

Das neue Weltbild der Physik läuft auf die alte Zen-Weisheit hinaus: «Die Leere, welche die Fülle ist.» David Bohm gebraucht den entsprechenden Ausdruck der indischen Spiritualität: *Sunyata* – und übersetzt ihn mit «Leere und Schweigen». Die Philosophin Renée Weber fragt, wie man das «fassen» (*grasp*) könne. Daraufhin die Antwort: «*To listen to it all.*»

Auf alles – auf das Ganze – ganz und gar hören!

Beide – Weber und Bohm – beziehen sich auf einen Begriff, den Krishnamurti in die Debatte geworfen hat: *Total listening.* Totales Hören. Ganz und gar hören.

Renée Weber versucht einzuschränken: «Ich nehme an, mit *Total listening* meinte er das Hören auf das Ganze, das leere Plenum, die leere Fülle, nicht auf das ‹Kräuseln› an der Oberfläche.» Aber Bohm: «*Well*, auch auf die Oberfläche. Auf alles hören.»

Bohm weiter: «Was uns beim Hören dazwischenkommt ... ist das schnelle Hereinspringen der Gedanken und all ihrer Assoziationen, die so schnell entstehen, daß wir sie für Wahrnehmungen halten.» Auch er hält es für notwendig, das Sehen einzugrenzen: «Ich glaube, das ist inzwischen eine bekannte Idee *(a familiar idea)*, daß das, was wir sehen, in Wirklichkeit eine sehr oberflächliche Angelegenheit ist, während doch der Positivist zu sagen pflegte, daß nur das zählt, was wir sehen können, und daß unsere Gedanken im Grunde nur die Aufgabe hätten, Beziehungen zwischen dem, was wir sehen, herzustellen.»

Bohm, der Atomphysiker, ist sich ganz sicher: Die Leere der Fülle und die Fülle der Leere – sie sind es ja, die die *holomovement* impliziert – können wir nur erfahren durch: *Total listening.* Durch «Totales Hören».

An dieser Stelle schließt sich ein Kreis. Wir haben gefunden (in dem Kapitel «Wir sehen drei Dimensionen, aber wir hören – wie viele?»), daß unsere Augen gegenüber allem, was über die drei Raumdimensionen hinausgeht, eine Sperre – eine Blockierung – besitzen, während unsere Ohren mit der Mehrdimensionalität keine Schwierigkeit haben, also dazu tendieren, die Welt «richtiger» wahrzunehmen.

Wir haben ferner gesehen: Die Entdeckung, die das neue ganzheitliche Denken am stärksten motiviert hat, war die Holographie. In der einschlägigen Literatur wird immer nur *en passant* darauf hingewiesen – und dennoch ist es entscheidend: Die Holographie ist eine «linsenlose» Photographie. Die Linse stellt in optischen Geräten – Photoapparaten, Fernrohren, Mikroskopen, Brillen etc., auch in der Elektronenoptik – die stärkste Relation zum menschlichen Auge her. Für viele ist sie – *pars pro toto* – geradezu ein Symbol des Auges. Auf sie also mußte verzichtet werden, damit die Wissenschaft eine ganzheitliche, der Wirklichkeit entsprechende, sie nicht mehr in beziehungslose Teile zerlegende Vorstellung von der Welt gewann. Viel stärker als durch Schauen – wie früher in der alten Newtonschen Physik – wird diese Vorstellung durch Hören erfaßbar – durch Totales Hören!

DER HÖRBARE UND DER UNHÖRBARE KLANG

> «Im Grunde gibt es zwei kosmische Wahrheiten: Klang und Nicht-Klang. Nun aber ist es so, daß der innere Klang nur durch den äußeren Klang offenbar wird. Dies also ist der Weg.»
>
> *Upanischaden*

I
WO SITZT DAS *DRITTE OHR*?

Hörbarkeit und Unhörbarkeit gehen auf gleitender Skala ineinander über. Klänge, die für die eine *Spezies* hörbar sind, sind für die andere unhörbar. Polizeihunde reagieren auf Pfeifen, deren Frequenzen Menschen nicht wahrnehmen können. Fledermäuse benutzen zu Ortungszwecken Klänge im Ultraschallbereich, 20 000 bis 100 000 Hertz über den höchsten für Menschen hörbaren Frequenzen. Die in einer späteren Phase der Evolution entstandenen Nachtmotten haben eine Hörfähigkeit im Bereich zwischen 40 000 und 80 000 Hertz – wahrscheinlich, um sich vor gierigen Fledermäusen schützen zu können. Wale und Delphine spielen mit Klängen und Lauten bis 50 000 Hertz. Im Sensorium bestimmter Tiefseefische vermengen sich hörbare und elektromagnetische Schwingungen. Biologen vermuten, sie hören, als seien sie kleine, schwimmende Radioapparate, und sofort entsteht die Frage: Hören auch andere Lebewesen auf diese Weise?

Das Wort «hörbar» bezeichnet einen Raum, in dem sich ein Klang für mich aufhält, und in den meisten Fällen muß man hinzufügen: aufzuhalten scheint. Denn der Raum, in dem der Klang sich befindet, kann, physikalisch gesehen, ein ganz anderer – meist ein sehr viel größerer – sein als der, in dem ich «Hörbarkeit» geortet habe.

Zwei Schlüsselbegriffe der klassischen indischen Musik sind *anāhata* und *āhata*: der nicht gespielte und der gespielte Ton. Beide sind von gleicher Bedeutung, ja bestimmte Schulen sagen, der nicht gespielte sei wichtiger, denn er ist die Basis des gespielten. Die gespielten ihrerseits sind Symbole der nicht gespielten. Die Weisen des Islam nennen das *anāhata* auch *anhad*, was unaufhörlich, grenzenlos, unendlich bedeutet. Shah Niaz: «Dieser Ton, da er weder Anfang noch Ende hat, wird *anhad* oder der Unendliche genannt.»

Es gibt in der indischen Tradition – auch in bestimmten Yoga-Schulen – die Übung, sich die Ohren mit dem Daumen zu verschließen, damit man dadurch um so besser die unhörbaren Töne wahrnehmen könne. Marius Schneider dazu: «Dann kommt man zum Inneren Hören und vernimmt das Geräusch des Äthers, der im Herzen ist.»

Wir wissen bereits: Das «Innere Hören» beginnt nicht an irgendwelchen Grenzbereichen. Es beginnt dort, wo gehört wird: an dem Punkt in der *Cochlea* des Innenohrs, von dem aus die logarithmische Kurve des Hörvorgangs aufsteigt.

Die Menschen haben seit alters die Ahnung und Vision eines *Dritten Auges* gehabt, das zwischen den Augenbrauen liegt und spirituelle «Ein-Blicke» ermöglicht. Vielleicht hatten sie sie deshalb, weil sie die Unvollkommenheit unserer beiden sehenden Augen empfanden und spürten, es müsse einfach noch eine weitere, darüber hinausgehende Möglichkeit geben. Das Einhorn gilt nicht zuletzt deshalb als mythisches, heiliges Tier, weil sein eines Horn etwa an der Stelle des *Dritten Auges* sitzt – als sei es sein Symbol und sein Gleichnis in der organischen Welt.

Das *Dritte Auge* ist Mythos. Ein notwendiger Mythos. Anders ist es mit dem Ohr. Insofern die Überschreitung – die Transzendenz – dem Hörvorgang implizit ist, implizieren unser erstes und zweites Ohr bereits das dritte. Einen Mythos vom *Dritten Ohr* hat es nie gegeben. Niemand braucht ihn. Die beiden Ohren, die wir haben, führen uns ohnehin in die Bereiche des «Dritten». Sie können nicht funktionieren, ohne zu transzendieren – während die Funktionsweise des Auges von Transzendierungsprozessen unabhängig ist. Deshalb braucht das Auge ein «Drittes», das Ohr hat es schon. In dem Titel «Das Dritte Ohr», den ich für dieses Buch gewählt habe, schwingt Ironie. Wir haben das *Dritte Ohr* ja! Wir müssen es nur zu gebrauchen wissen. Seine Botschaften nicht *über-hören*.

II
WER VON «SCHWINGUNGEN» SPRICHT, DENKT UNGENAU

Wir haben gefunden: Die Welt ist Klang. *Nada Brahma* heißt genau dies. Nicht etwa: Die Welt ist Schwingung. Präzisieren wir also: Physikalisch gesehen gibt es Milliarden möglicher Schwingungen. Aber – so hat die harmonikale Grundlagenforschung, so haben Hans Kayser, Rudolf Haase und viele andere gezeigt – der Kosmos, das Universum, die Natur besitzen die Tendenz, aus diesen Milliarden von Möglichkeiten die wenigen tausend auszuwählen, welche harmonikalen – was letztlich immer auch heißt: musikalischen – Sinn ergeben: die ganzzahligen Proportionen der Obertonreihe, der Dur-, seltener schon der Moll-Tonleiter und bestimmter gregorianischer und indischer Skalen, die 1 : 2-Polarität der Oktave...

Es ist wichtig, sich zu vergegenwärtigen, daß die eben genannten Proportionen, so zahlreich sie auf den ersten Blick zu sein scheinen, wirklich nur eine minimale Auswahl aus der unübersehbaren Fülle dessen darstellen, was unter den Begriff «Schwingung» subsumiert werden kann. Nicht nur der Mensch wählt sie für seine Musik und Kunst, die Natur wählt sie – für Planetenbahnen und Blatt- und Kristallformen, für die Verhältnisse im Periodischen System der Elemente, für die Formen des tierischen und menschlichen Körpers, die Quantelung im Atomkern, die *spins* der Elektronen, die Proportionen in der DNS, welche unseren genetischen Code enthalten, für die Botschaften der Pulsare, Milliarden von Lichtjahren entfernt, für Sonnenwinde und Erdmagnetismus etc.

Mit anderen Worten: Nicht jede Zahl stellt einen Tonwert dar, wohl aber jeder Tonwert eine Zahl; gleichwohl bevorzugt die Natur in der überwältigenden Anzahl der Fälle solche Zahlen, die gleichzeitig Tonwerte darstellen, das heißt, sie bevorzugt nicht Zahlen, sondern Tonwerte. Sie will – sie besteht auf Klang.

Es ist ein Verhältnis von 1 : 1 Million, mit dem sich das Universum für klanglich sinnvolle Proportionen entscheidet – ein Verhältnis also, das selbst bei der großzügigen (und durchaus nicht wissenschaftlichen) Auslegung des Begriffs «Zufall», den sich die positivistische Wissenschaft zu eigen gemacht hat, gewiß nicht als «Zufall» interpretiert werden kann.

Wer also in unserem Zusammenhang das Wort Schwingung verwendet, denkt ungenau. Das Wort ist zu unscharf, um d i e Schwingungen bezeichnen zu können, auf die es im Universum ankommt, nämlich nicht irgendwelche «Schwingungen», sondern Klänge. Nicht Zahlen, sondern Tonwerte.

Nirgendwo steht geschrieben, daß Klänge hörbar sein müssen. Im Gegenteil – die Sprache verwendet das Wort seit je auch für Unhörbares. Die klassische Definition des Musikinstruments (daß es nämlich dazu da ist, Klänge hörbar zu machen) impliziert, daß die Klänge vorher schon da sind; sie müssen eben nur hörbar gemacht werden. Jeder Musiker, der eine Partitur liest, hört – während er liest – die durch die Noten bezeichnete Musik. Viele Komponisten hören, während sie komponieren, i n s i c h die Musik erklingen, noch bevor sie zum erstenmal gespielt wird. Wenn sie sie dann wirklich hören, begegnen sie etwas, das sie bereits kennen: Sie haben es schon vorher gehört.

Jeder musikliebende Mensch hat ähnliche Erfahrungen gemacht: Wir hören bestimmte Melodien und bestimmte Musikstücke in uns auch dann, wenn sie im Augenblick akustisch nicht hör- oder verfügbar sind. Es ist seltsam – aber wohl auch charakteristisch für ihren Berufsstand –, daß es Musikkritiker gibt, die diesen Sachverhalt bezweifeln, obwohl ihr Beruf doch – mehr noch vielleicht als jeder andere im Bereich der Musik – von der Forderung lebt, die das Unhörbare stellt: Es setzt den Maßstab. *Ver-nehmen* Musikkritiker diese Forderung nicht mehr? Gehört auch dies zum Niedergang ihrer Profession? 35 Jahre seit Adornos «Philosophie der Neuen Musik» und kein wesentlich neuer Gedanke!

III
WIR HÖREN UNABHÄNGIG DAVON, OB EIN TON DA IST ODER NICHT

Die Literatur und Dichtung der Welt – in allen Kulturen – ist voll des Bewußtseins, daß wir Klänge auch dann hören, wenn sie nicht hörbar sind. Eichendorff und die Romantiker haben vom Lied gesungen, das in allen Dingen schwebt. Novalis hat einen großen Teil seines Werks im Bewußtsein der geheimnisvollen Wirksamkeit unhörbarer Klänge geschaffen: «Die musicalischen Verhältnisse scheinen mir recht eigentlich die Grundverhältnisse der Natur zu seyn.»

Bettina von Arnim schrieb an die Günderode: «... wenn ich der Natur lausche, Zuhören will ich's nicht nennen, denn es ist mehr, als man mit dem Ohr fassen kann, aber lauschen, das tut die Seele ...»

Oder Friedrich Rückert:

«Du bist einfacher Ton, die siebenfachen Saiten
Der Weltenleiter sind's, die dich mit dir entzweiten.
Du bist der Grundton, der in sieben Strahlen träuft,
Die Leiter nieder- und zurück zum Anfang läuft.
Du selber bist der Laut und bist der Lautenschläger
Und alle Schwingungen der Seele deine Träger.»

Hermann Hesse läßt – im «Steppenwolf» und im «Glasperlenspiel» – Musik stattfinden, «ohne daß ein einziger Mensch in eine Flöte bläst oder eine Geige streicht». Rudolf Steiner schreibt: «Dieses ‹Klingen› ist ein rein geistiger Vorgang. Es muß ohne alles Mitdenken eines physischen Tones vorgestellt werden. Der Beobachter fühlt sich wie in einem Meer von Tönen. Und in diesen Tönen, in diesem geistigen Klingen drücken sich die Wesenheiten der geistigen Welt aus ... Dem Besitzer des ‹geistigen Ohres› ist die ‹Sphärenmusik› nicht bloß etwas Bildliches, Allegorisches, sondern eine ihm wohlbekannte geistige Wirklichkeit ...»

Hrotsvit (Roswitha) von Gandersheim (935–1002), die Dichterin der ältesten dramatischen Versuche des Mittelalters, schrieb in ihrem Drama «Paphnutius» den folgenden Dialog zwischen einem Schüler und dem weisen Helden ihres Stückes:

«Schüler: Was ist Musik?
Paphnutius: Ein Lehrbereich aus dem Quadrivium der Philosophie.
Schüler: Was nennst du Quadrivium?
Paphnutius: Arithmetik, Geometrie, Astronomie ...
Schüler: Worin besteht die himmlische Musik?
Paphnutius: In den sieben Wandelsternen und den himmlischen Räumen.

Schüler: Was meinst du damit?
Paphnutius: Sie besteht natürlich darin, worin auch die Instrumentalmusik besteht: ebenso viele Intervalle, die gleiche Zeitdauer der Töne, dieselben Harmonien...
Schüler: Warum hört man sie nicht?
Paphnutius: Auf manche Art wird das erklärt. Die einen sagen, weil es unablässig tönt, sei unser Ohr des Klanges so gewohnt, daß es uns gar nicht zum Bewußtsein komme; die anderen legen es der allzu dichten Luft zu Laste; noch andre bringen vor, daß unser Ohr zu klein sei, den gewaltigen Klang zu fassen; auch gibt es welche, die da meinen, der Klang sei so süß und herrlich, daß alle Menschen, wenn er ihnen hörbar würde, Haus und Hof und ihr Geschäft verließen, um nur vom Aufgang bis zum Niedergang dem süßen Tone zu folgen...»

Die Weisheit aller östlichen Kulturen – von China und Japan über Indien bis hin zu den Sufis Persiens und den Derwischen der Türkei – ist zutiefst von der Überzeugung geprägt, daß die Welt voller unhörbarer Klänge sei und daß eben dies das Kennzeichen des höheren Bewußtseins ist: sie im eigenen Inneren hören zu können. «Der *Shabd* – der innere Weltenton – kann durch die Sinne nicht erfaßt werden, er kann gesehen werden ohne Augen, und er kann gehört werden ohne Ohren», heißt es bei dem Sikh-Weisen Majh War.

Kirpal Singh schreibt: «Die himmlische Harmonie ist bereits in jedem von uns, und man kann sie ganz deutlich hören, wenn man den Geist von der Sinnesebene zurückzieht.» Das *Naam*, das Tonprinzip des ewigen *Nam*ens, «durchdringt alles. Ob es wahrgenommen wird oder nicht, tönt es vom Kopf bis zu den Füßen. Es ist die bewirkende Ursache des Universums.» Oder in den Upanischaden: Das *Nada*, das Unhörbare, «ist der königliche Pfad zur Erlösung». Die Idee des *Nada Brahma* ist nicht denkbar ohne die Idee des unhörbaren Klangs (Kirpal Singh). «Die Fähigkeit zu hören besteht fortwährend, und so hören wir unabhängig davon, ob ein Ton da ist oder nicht.» Und Shah Niaz: «Höre die unaufhörliche unendliche Musik – eine Musik, die ewig ist und über die Grenzen des Todes hinausreicht.»

Es ist hilfreich, sich der eben genannten Namen zu erinnern: Eichendorff und die Romantiker, Novalis, Bettina von Arnim,

Friedrich Rückert, Hermann Hesse, Roswitha von Gandersheim, Rudolf Steiner, Majh War, Kirpal Singh, die Upanischaden, Shah Niaz (dazu die in anderen Kapiteln dieses Buches und seines Vorgängers zum gleichen Thema zitierten Goethe, Jakob Böhme, Meister Eckehart, Luther, Nietzsche, der Prophet Jesaja, der Psalmist, Celan, Kandinsky, Morgenstern, Heraklit, Heidegger etc.). Es ist notwendig, die undurchdachte und von Ressentiments durchtränkte Rubrizierung unter «Asiatisches» zu durchschauen.

IV
MUSIK DER SONNENWINDE UND DES ERDMAGNETISMUS

Signale – *Codes* – für die «Entbergung» (Heidegger) der verborgenen Harmonie, für die Überführung von Unhörbarem in Hörbares geben amerikanische Wissenschaftler, die Klänge des Makro- und Mikrokosmos realisiert haben. Sie transponieren unhörbare in hörbare Klänge. (Ich erinnere in diesem Zusammenhang an die Ausführungen über Oktavierungen und Transponierungen im harmonikalen Kapitel «Die Welt ist Klang». Genau das Entsprechende geschieht hier: Physiker, Astronomen und Biologen transponieren kosmische und mikrokosmische Proportionen aus Bereichen, in denen sie nicht hör- oder realisierbar sind, in solche, die der Disposition des menschlichen Ohrs – und der zu verwendenden Instrumente – entsprechen.)

Hier ein paar Beispiele:

Faszinierend klingen die DNS-Sequenzen, die David Deamer, Zellbiologe an der University of California in Los Angeles, hörbar gemacht hat. Man hat die vier stickstoffhaltigen Basen – *Adenin* und *Guanin* sowie *Cytosin* und *Thymin* –, aus denen die DNS besteht, als die Buchstaben des genetischen Alphabets bezeichnet, die alle biologischen Eigenschaften eines Lebewesens kodieren. Wenn man Deamers Kassetten hört, empfindet man die DNS-Information weniger als Buchstaben denn als Noten einer genetischen Melodie. Wir können diese Melodie hören, und sie ist es, die die biologischen Eigenschaften eines Lebewesens weniger kodiert als singt.

Musiker haben sich mit besonderem Interesse auf die Klänge gestürzt, die durch die Reibung zwischen dem Solarwind – dem Sonnenwind – und dem magnetischen Feld der Erde entstehen. Man muß dazu folgendes wissen: Der ungeheure natürliche Nuklear-Hochofen, als welchen man die Sonne bezeichnet hat, schleudert ständig gewaltige Mengen von Gasen, Wärme, Strahlung, Partikeln in unser Planetensystem. Durch das Gefälle des Energie-*levels* vom Kern der Sonne hinaus in den interplanetarischen Raum entstehen die sogenannten Sonnenwinde. Sie würden tief und lebensgefährdend in unsere Erdatmosphäre eindringen, wenn uns das magnetische Feld der Erde nicht abschirmte. Ständig stoßen also Solarwinde auf das magnetische Feld unserer Erde, und ständig stößt das magnetische Feld, uns beschützend, gegen die Sonnenwinde. Diese Aktivität wird durch den sogenannten «*kp*-Index» bezeichnet, der alle drei Stunden an zwanzig Punkten der Erde gemessen und in ein Diagramm eingetragen wird, das wie Notenschrift aussieht. Die Physiker haben es deshalb von Anfang an – also noch bevor ihnen die musikalischen Implikationen dieser Dinge bewußt wurden (was ja erst in den letzten Jahren geschehen ist) – als «Bartels' musikalisches Diagramm» bezeichnet – nach dem 1899 geborenen deutschen Physiker Julius Bartels, der die Aktivität des Erdmagnetismus als erster erforscht hat. Eine Gruppe von Musikern und Physikern an der Princeton University, am Columbia University Computer Center und in den Bell Telephone Laboratories hat nun Bartels' Diagramme, bezogen auf das Jahr 1961, mit den Techniken der modernen Computermusik in einen IBM-Computer – und zwar, um genau zu sein, in das Modell IBM 360/91 – eingespeist und auf diese Weise – Musik erhalten, eine Musik, die inzwischen auch im Plattenhandel erhältlich ist.

Was man auf diese Weise hören kann, ist – so hat einer der beteiligten Physiker es bezeichnet – «Die Musik, die die Sonne auf dem magnetischen Feld der Erde spielt»: Musik, die unseren Planeten (auch dieser Ausdruck stammt von den amerikanischen Wissenschaftlern) «ständig badet», in der also wir alle «baden». Es ist bewegende, irisierende, in viele verschiedene Richtungen strebende Musik, deren meditative Grundstimmung immer wieder durch Reibungen und Ausbrüche gestört wird. Es ist dabei aufschlußreich, sich zu vergegenwärtigen: Früher mochten es Dichter und Mystiker sein, die aus einem schwärmerischen Weltgefühl heraus Sätze formuliert haben wie «die Erde bade in Musik» oder «die Sonne spiele Musik auf der Erde». Heute sind es Physiker, die solche Sätze formulieren, um damit exakt den Zustand zu beschreiben, den sie durch ihre Experimente und Berechnungen verifiziert haben: Wir baden in Musik.

V
VOM FELL ZUR ELEKTRONIK

Wer wegen des elektronischen Charakters solcher Realisierungen kosmischer und mikrokosmischer Musik Bedenken hat, möge folgendes erwägen: Was in die Computer und die Synthesizer eingespeist wird, sind Proportionen. Ein anderes Wort für Proportion ist Intervall, also: die Beziehung zwischen zwei Zahlen. Zum Beispiel: 6 : 5 im Fall einer kleinen, 5 : 4 im Fall einer großen Terz, 4 : 3 für die reine Quarte, 2 : 1 für die Oktave. Ein Musiker, der moderne computerisierte Instrumente verwendet, tut exakt dies: Er speist Intervalle in sein Instrument ein. Tut dies nicht aber auch der Spieler einer Geige oder eines Klaviers? Er entnimmt die Zahlenproportionen – also die Intervalle – dem Notenblatt oder der Partitur und macht sie hörbar, indem er die entsprechenden Töne anschlägt oder streicht.

Instrument bedeutet ursprünglich *Ausrüstung*. Jedes gute Lexikon belegt, daß das Wort sehr viel häufiger in technischen als in musikalischen Zusammenhängen gebraucht wird. Nicht nur Musiker spielen *Instrumente*, Handwerker arbeiten mit ihnen; kein technischer Prozeß, der ohne *Instrumente* möglich wäre. Der Hammer, mit dem wir einen Nagel einschlagen, ist ein *Instrument*: Er bewirkt die Fixierung des Nagels.

Ingenieure gebrauchen *Instrumente*, um Zahlenverhältnisse anzuzeigen. Das Cockpit in einem Flugzeug ist von *Instrumenten* übersät. Man spricht von «*Instrumenten*flug», wenn ohne Boden- und Horizontalsicht geflogen wird. Der Tachometer, auf den wir im Auto schauen, ist ein *Instrument*. Er zeigt Zahlenverhältnisse an. Genau in diesem Sinne ist die Geige ein *Instrument*: Sie zeigt unserem Ohr Zahlenverhältnisse an. Auch hier stoßen wir wieder auf das Phänomen und das Wunder des Ohrs: seine Fähigkeit, Meßbares (Quantitatives) in Wertbares (Qualitatives) zu wandeln.

Der technische Vorgang, mit dessen Hilfe die Klänge von Planetenbahnen, Genen, Sonnenwinden etc. realisiert werden, ist der gleiche, mit dem auch konventionelle Musik hörbar gemacht wird: Die Proportionen werden in ein *Instrument* «gespeist», damit man sie hören kann.

Wer sich am technischen Charakter der Prozesse stört, sitzt einer Illusion auf. Klänge sind nicht *a priori* hörbar, sie müssen hörbar gemacht werden. Auch das Klavier oder die Orgel sind hochdiffizile Apparate, deren technischer Aufwand zu der Zeit, als sie erfunden und entwickelt wurden, nicht weniger kompliziert erschien als heute ein Musik produzierender Computer. Man muß sich das deutlich machen: Für die Menschen des 17. Jahrhunderts war die Pfeifenorgel ein mechanisches und technisches Wunderwerk – mehr noch vielleicht, als es für heutige junge Menschen ein Synthesizer ist.

Das «soziale Umfeld», das Musik besitzt, beginnt damit, daß ihre «Mittel» – also ihre Instrumente – dem Zivilisationsstand entsprechen, auf dem sie gemacht werden. Afrikanische Musik wird vorwiegend auf Trommeln und Xylophonen gespielt, denn der Dschungel und seine Tiere liefern Holz, Felle und Häute. Afrikanische Menschen konnten damit schon in sehr früher Zeit hervorragend umgehen. Als der Mensch in der Bronzezeit die Kunst der Metallverarbeitung zu lernen begann, entstanden sofort auch Musikinstrumente – Hörner, Tuben, Trompeten – aus Metall. Das ist nun schon seit Jahrtausenden so: Die sich ständig verfeinernden Metallverarbeitungstechniken einerseits und die Herstellung von Blasinstrumenten andererseits – damit aber auch die Musik, die auf ihnen gespielt wird – haben sich parallel zueinander entwickelt – in innigster Korrespondenz.

Ähnliches gilt für die Entwicklung der Saiteninstrumente. Vom Tierhaar und -darm über die Metallsaite bis zur Kunstfaser entspricht ihre Geschichte der fortschreitenden Differenzierung unserer Fähigkeit, Fäden, Drähte, Seile und andere bindende Materialien herzustellen. Ja, oft genug wurden neue technische Möglichkeiten z u e r s t von Musikinstrumentenbauern entwickelt und erprobt, noch bevor sie in Handwerk, Technik und Industrie eingingen. So ist zum Beispiel das Hammerklavier ein «Apparat» von einer mechanischen Diffizilität und Sensibilität, die alles übertreffen, was im 18. Jahrhundert in anderen Bereichen der Mechanik möglich schien.

Was immer entdeckt und verarbeitet werden konnte – von der Eisenzeit an –, Eisen, Kupfer, Zinn, Bronze, vorher schon Holz, Stein, Bambus, Häute, später Glas: Alles wurde, sobald es verfügbar war, in den Dienst der Musikerzeugung gestellt. Oft gab es die musikalische «Nutzung» früher als die handwerklich-technische.

Es ist also logisch und historisch weder ungewöhnlich noch verdammenswert, daß der Mensch, nachdem die Technik die Elektronik erschlossen hatte, sofort daranging, ihre Möglichkeiten für die Herstellung von Klängen auszuprobieren, will sagen: Musik-Synthesizer und -Computer und überhaupt elektronische Musikinstrumente – in ihrer immer unübersehbarer werdenden Fülle – zu bauen. Elektronik ist «Material» – genau wie es früher Holz, Häute und Felle oder später die Winde in den Pfeifen der Orgel oder die mechanischen Druckverhältnisse im Hammerklavier oder Konzertflügel gewesen sind.

Ich habe das Wort «ausprobieren» mit Absicht gebraucht. Es bezeichnet einen «spielerischen» Vorgang. Das «Spielen» von Musik und mit Tönen und Klängen beginnt früher, als wir meinen – nämlich nicht erst, wo Musik «gemacht» wird, sondern schon dort, wo Instrumente erfunden, konstruiert und entwickelt werden –, denn dies könnte nicht geschehen, ohne daß nicht mit den Materialien, aus denen sie bestehen, «gespielt» würde. Gerade in unserer Zeit ist dies wieder bewußt geworden – ich sage «wieder», weil es in den alten Musikkulturen – in denen des Ostens, Afrikas und beider Amerika – selbstverständlich so gewesen ist. Noch nie wurden so viele neue Instrumente erfunden wie heute, wurde so intensiv nicht nur a u f, sondern m i t Instrumenten gespielt wie seit etwa den sechziger Jahren.

Das Vorurteil gegen elektronische Instrumente entspricht dem Vorurteil jener Leute, die zur Zeit Beethovens das Hammerklavier abgelehnt haben, weil Cembalo und Spinett angeblich so viel «reiner» und «edler» klängen. Für uns Heutige – man kann das aus Tausenden von Plattenbesprechungen in den einschlägigen Zeitschriften herauslesen – klingt der Konzertflügel «reiner» und «edler» als ein elektronisches *keyboard*.

Eduard Hanslick – der berühmt-berüchtigte Kritiker im Wien des 19. Jahrhunderts – hat die Pianisten beschimpft, welche statt des zarten Cembalos immer entschiedener das *Fortepiano* bevorzugten. Hanslick ist zu einem Synonym für Beckmessertum geworden – zu einem Modell freilich auch für den Beruf des Kritikers!

Man versuche, sich klar zu machen: Es wäre fatal, wenn keine elektronischen Musikinstrumente gebaut würden, denn das würde bedeuten, daß der Mensch – erstmals in seiner Geschichte! – darauf verzichtete, eine neu gefundene technische Möglichkeit auch in den Dienst von Musik zu stellen. Es wäre die Kapitulation des menschlichen Kunstwillens vor der Technik – genau das also, was diejenigen, die ein Ressentiment gegenüber elektronischen Klangrealisationen haben, ihrerseits tun: Sie kapitulieren in ihrem Kunstbedürfnis und Kunstverständnis vor der Zeit, in der sie leben.

Keimzelle aller musikalischen Apparate in unserer Kultur ist das Monochord des Pythagoras, und da wird vollends deutlich: Die Pythagoräer hätten nicht zu trennen gewußt: Ist das Monochord nun ein physikalischer oder ein künstlerischer Apparat? Sie hätten nicht einmal antworten können – wie der moderne Mensch: Beides. Sie hätten der Trennung des Physikalischen vom Musikalischen verständnislos gegenübergestanden.

VI
KEPLER: «GIB DEM HIMMEL LUFT...»

«The instrument – that's you!»
Sun Ra

Als ich bei einem Seminar in Zürich Kassetten von Pulsaren, DNS-Genen, Planetenbahnen, Sonnewinden und des Erdmagnetismus vorspielte, meldete sich ein weißhaariger älterer Herr und sagte: «Ich brauche die Elektronik nicht. Ich kann diese Klänge auch so hören.» Er erzählte, daß er mit einer Gruppe junger Leute auf den Mont Ventoux in der Provence gestiegen sei; dort hätten sie im

Angesicht des Sternenhimmels eine Nacht lang meditiert – und dann, wörtlich: «Ich habe alle die Klänge, die Sie eben vom Band vorgespielt haben, in der Natur wirklich gehört.»

Ähnliches wird von tibetischen und von Zen-Weisen berichtet. Pythagoras ließ keinen Zweifel daran, daß er die Harmonie der Sphären wirklich vernommen hatte. Nicht nur seine Schüler, auch Platon und die Pythagoräer bis in die Zeit des Hellenismus hinein waren sich absolut sicher: Pythagoras hatte gehört, was er lehrte. Iamblichos zum Beispiel: Pythagoras «richtete ... kraft eines unsagbaren und schwer vorzustellenden göttlichen Vermögens sein Gehör und seinen Geist fest auf das erhabene Zusammenklingen der Welt. Daher hörte und verstand er ...»

Wir müssen uns auch an dieser Stelle deutlich machen: Letztlich sind wir selber – ist der Mensch selbst – das Instrument. Und all die technischen Mittel sind nur Werkzeuge, um uns daran zu erinnern, was tief in uns verborgen ohnehin klingt. Platon nannte es die *anamnesis*, die Erinnerung an das, was in unseren Seelen von allem Anfang an – Platon meinte: aus vorirdischen Existenzen – eingeprägt ist. Musik ist gar nicht möglich ohne diesen Wiedererkennungsprozeß. Sie ist ohne ihn auch physikalisch und physiologisch nicht zu erklären. Sie zerfiele ohne diese Erinnerung in einzelne, völlig zusammenhanglose Tonwahrnehmungen.

Es ist deshalb gleichgültig, wie wir die Musik spielen. Es sind die gleichen Proportionen – die gleichen Zahlenverhältnisse und Intervalle –, die im Kosmos und in unseren Genen, in unserer Seele und – eben deshalb! – auch in unserer hörbaren Musik erklingen. Die hörbare Musik bildet die unhörbare Musik ab – gleichermaßen mittels der Geige wie mittels eines Synthesizers.

Johannes Kepler: «Gib dem Himmel Luft, und es wird wirklich und wahrhaftig Musik erklingen.» Das ist es, was der alte Herr aus Zürich auf dem Mont Ventoux getan hat: Er hat dem Himmel Luft gegeben!

VII
DER *DRIVE* ZUR HARMONIE

«Die verborgene Harmonie ist mächtiger als die offensichtliche.» Der Drang – der *drive* –, «offensichtlich» zu werden, ist der verborgenen Harmonie immanent. In der musiktherapeutischen Arbeit mit Gruppen wird gern das folgende Experiment gemacht, um einer Gruppe zu helfen, ihre eigene Identität zu finden: Auf «drei» muß jeder Anwesende schlagartig und ohne abzuwarten (und natürlich ohne auf den Nachbarn zu hören) einen Ton singen. Zwanzig oder dreißig Menschen «schreien» (so klingt es meist) spontan «ihren» Ton. Ein mißtönender *cluster* vieler verschiedener Töne entsteht. Vorher hat der Therapeut die Anweisung gegeben: Jeder soll «seinen» Ton – so lange wie's geht – aushalten und sich nicht von ihm abbringen lassen. Aber schon nach einer Minute – oft beginnt es schon nach dreißig Sekunden – streben die vielen verschiedenen Töne einem e i n z i g e n Ton zu. Wenn dann möglicherweise auch weiterhin noch eine Weile verschiedene Töne ausgehalten werden, tendieren sie dazu, sich zueinander in harmonischen Verhältnissen zu bewegen. Der dem Ohr wehtuende *cluster* ist nicht lange durchzuhalten. Er strebt zur Harmonie. Anfangs noch mag sie «verborgen» sein, aber in verhältnismäßig kurzer Zeit wird sie eine «offensichtliche» – richtiger: eine «offenhörbare».

Es gibt keinen vernünftigen Grund anzunehmen, daß dieses Experiment n i c h t ein Modell ist. Im «Nada Brahma»-Buch habe ich Beispiele gesammelt: Bei nebeneinanderliegenden Herzoperierten tendieren die Herzen, sobald der Chirurg sie freigelegt hat, dazu, im Gleichklang zu schlagen. Gehirnwellen von Menschen, die einander gut verstehen – auch von Pfarrern und ihrer Gemeinde, von Politikern und ihren Zuhörern, von Professoren und ihren Studenten –, bewegen sich, so extrem verschieden sie zu Beginn des Vortrags gewesen sein mögen, mit bemerkenswerter Schnelligkeit auf die «Resonanz» zu. Bald schon schwingen sie zusammen. Frauen – junge zumal, die längere Zeit zusammenwohnen – «synchronisieren» ihre Perioden. Dutzende technischer Apparate – zum Beispiel unsere Fernseher – arbeiten nach dem «Resonanz-Prinzip». Eben noch nicht zueinander passende Schwingungen «rasten ein» und sind mit einemmal «synchron».

Der *drive* zur Synchronizität – zur Harmonie – ist so elementar und universal, daß nachvollziehbar wird: Die in uns «verborgene» Harmonie gibt uns die Kraft, die im Kosmos und im Universum «verborgene» Harmonie zu finden. Je «chaotischer», je «atonaler» der *cluster*, desto schneller wächst Harmonie daraus hervor. Die Disharmonie ist ein federndes Sprungbrett, das uns in die Harmonie befördert. Wer sich dieser Tendenz – dieses Ur-*drives* der Natur und des Kosmos – bewußt ist, wird um so leichter und schneller «gefedert» – als sei sein Bewußtsein ein «Katapult». Auch das ist ein Sinn dieses Buches – und vieler ähnlicher Bücher, Hinweise, Veröffentlichungen, die plötzlich überall erscheinen: ein Bewußtsein zu schaffen, das dem *drive* zur Harmonie (aktuell kann das zum Beispiel bedeuten: zum Frieden!) seine Aufgabe erleichtert. Uns hellhörig zu machen für die «Ent-Bergung» der verborgenen Harmonie, auf daß das Chaos – welches das Chaos in uns ist – nicht sich selbst überlassen bleibe.

VIII
DAS HÖREN IST DER WEG

> «Hören ist in Wirklichkeit eine Art Gehorsam.»
>
> *Julian Jaynes*

Der überschreitende Charakter des Gehörs (siehe hierzu und zu diesem ganzen Kapitel auch «Das Ohr überschreitet») sagt uns: Das Hörbare und das Unhörbare sind eins. Es gibt spirituelle Menschen, die meinen, es komme a l l e i n auf die unhörbaren Klänge an. Ich kann ihre Meinung verstehen, aber dennoch ist sie kaum weniger einseitig als der Standpunkt des Rationalisten, dem es a l l e i n auf die hörbaren Klänge ankommt. Wir haben gesehen: Hörbares und Unhörbares schließen einander nicht aus. Der gleitende Charakter der Übergänge zwischen ihnen – an vielen verschiedenen Stellen, für viele verschiedene Arten von Wahrnehmung jeweils woanders sitzend, nirgendwo genau ortbar – macht deutlich, daß es ungenau gedacht ist, sie als Gegensätze zu betrachten. HÖREN IST HÖREN. PUNKTUM! Insofern mich das Hören bruchlos hinüberführt aus dem einen Bereich in den anderen, ist das Hören selbst das Transportmittel. Insofern ich mich diesem «Vehikel» anvertraue und es nicht zu früh wieder verlasse und mit Aufmerksamkeit benutze, führt es mich zwangsläufig vom Hörbaren zum Unhörbaren. Und natürlich auch wieder zurück.

Man kann an die Stelle des Wortes «Transportmittel» auch das Wort «Weg» setzen – im Sinne des chinesischen *tao* und des japanischen *do* und des Mottos aus den Upanischaden, das diesem Kapitel vorangestellt ist. Das Hören ist der Weg. Der Weg ist das Hören.

POLITIK DURCHS OHR

> «Wenn die Ereignisse auf der Welt fehlerhaft verlaufen, dann stimmt mit mir selbst etwas nicht. Wenn ich sensibel bin, so erkenne ich daher, daß ich zuerst mich selbst verbessern muß.»
>
> *C. G. Jung*

I
«LINKS, WO DAS HERZ SCHLÄGT»

Links, wo das Herz schlägt», sagt Leonhard Frank. Aber warum schlägt es links? Daß 1814 die Herren (versteht sich, daß keine Damen dabei waren) der «Bewegungsparteien» – also derjenigen, die die politischen und gesellschaftlichen Verhältnisse «in Bewegung bringen» wollten – in der französischen Deputiertenkammer auf die linke Seite gesetzt wurden, ist fast alles, was Linke darüber wissen, warum sie *Linke* heißen.

Lee Sulk hat bereits 1961 Mütter und ihre Neugeborenen daraufhin beobachtet, wo sie ihr Kind tragen. 80 Prozent bevorzugten die linke Seite. Als dieses Ergebnis angezweifelt wurde, wiederholte sie es 1973 – mit dem gleichen Resultat. Als Gegenprobe nahm sie den Müttern das Baby für einen Augenblick fort und gab es ihnen dann wieder zurück. «77 Prozent wählten spontan wieder die linke Seite» (so die Verhaltensforscher und Psychologen Doris F. Jonas und A. David Jonas, auf die ich mich in den folgenden Ausführungen beziehe).

Nicht nur Lee Sulk (1961), sondern auch A. Weiland (1964) wies nach, daß sogar linkshändige Mütter die linke Seite bevorzugen, um ihr Baby zu tragen. E. Finger hat 268 Photos von europäischen, chinesischen, japanischen und nordamerikanischen, auch indianischen Müttern und deren Säuglingen gesammelt: Die meisten hielten sie links. Den gleichen Sachverhalt erwies eine Untersuchung der Kunstwerke der Welt – von den Madonnendarstellungen des Mittelalters bis Henry Moores «Mutter und Kind» und bis hin zur afrikanischen, indischen und balinesischen Kunst (auch dann, wenn die betreffenden Kunstwerke von Männern stammen!)

Doris und David Jonas haben in verschiedenen Entbindungsstationen den Rhythmus des Herzschlags mittels eines Lautsprechers in ein Säuglingszimmer übertragen; in einem jeweils benachbarten Zimmer lagen Babies, die keine Herzschläge zu hören bekamen. Das Resümee der beiden Psychologen: «Um den Unterschied zwischen den beiden Gruppen auszumachen, brauchte man gar keine tonmessenden Instrumente mehr.» In dem Raum ohne Herzschläge schrien die Kinder viel lauter und häufiger als in dem anderen. Die Babies, die Herzschläge hörten, wuchsen viel schneller und nahmen auch rascher an Gewicht zu als die «Kontrollkinder».

Andere Forscher fanden heraus, daß Frauen ihr Baby auch dann bevorzugt auf der linken Seite tragen, wenn sie andere Lasten – zum Beispiel Pakete und Einkaufstaschen – lieber mit der rechten Hand ergreifen. In einem weiteren Versuch wurden Frauen aufgefordert, einfach ein Kopfkissen an sich zu drücken. Es war keine Bevorzugung – weder für die linke noch für die rechte Seite – festzustellen. «Dies änderte sich jedoch, sobald die Versuchsleiter die Frauen veranlaßten, sich vorzustellen, das Kopfkissen sei ein Kind in Not: Nun wanderte das Kissen plötzlich bei fast allen nach links.»

Der Herzschlag der Mutter ist für jeden Menschen ein «Ur-Klang»: der erste Sound, den wir hören. Die Babies wollen ihn weiter hören. Die Mütter «wissen» das. Deshalb halten sie ihre Kinder links. Und deshalb schreien die Kinder weniger, wenn sie links gehalten werden. Biologen nehmen an, daß bereits die *praesapiens*-Frauen dies «gewußt» haben. Sie hielten ihr Kind auf dem linken Arm und mußten deshalb alle Geschicklichkeit erfordernden Handlungen mit der rechten Hand ausführen. So erklären die Wissenschaftler es, daß sich die linke Gehirnhälfte als Steuerzentrum für die praktischen Betätigungen der rechten Hand stärker entwickelt hat.

Die Gehirnhälften programmieren uns «über Kreuz»: Die linke ist für rechts, die rechte für links zuständig. Eine Mutter muß ruhig sein, wenn sie ihr Baby – links! – hält. Dann kann das Kind die Herzschläge am lautesten hören. Deshalb ist die rechte Gehirnhälfte die «rezeptive». Sie wird um so stärker aktiviert, je stärker nach innen gekehrt wir sind. Neurologen haben herausgefunden, daß die Gehirnströme in unserer rechten Gehirnhälfte im Zustand der Meditation, der Kontemplation, der äußersten Ruhe am intensivsten fließen. Auch beim Anhören von Musik, beim Hören von weniger rationalen als poetischen Texten, Märchen, Gedichten, Mythen «strömt» es besser aus der rechten Hirn-Hemisphäre.

Es ist also deutlich: Mütter tragen ihr Kind nicht deshalb links, damit sie die rechte Hand zur Arbeit frei haben. Die Lage des Herzens ist – entwicklungsgeschichtlich – viel, viel älter als die rechtsseitige Arbeitspräferenz. Sie ist auch stabiler. Die «Händigkeit» wechselt häufig, aber die Herzlage fast nie; nur einer unter 1 500 000 Menschen hat sein Herz auf der rechten Seite.

Wenn eine Mutter, die ihr Baby links trägt, etwas von einer Stelle auf die andere legen will, muß sie das mit der Rechten tun. Zu einer solchen Handlung gehört Ge-*richtet*-heit. Deshalb sind die Worte *rechts* und *Richt*ung fast deckungsgleich. Für das Gehirn macht es keinen Unterschied, ob wir etwas tun oder denken. Auch das ge*richtete* – *richt*ende – Denken – das *Recht* sitzt vorrangig in der linken Hirnhälfte. Die linke Hand, die das Baby trägt, würde gestört, die Ruhe des Herzschlags beeinflußt, käme «Recht» – in jederlei Sinn! – aus der rechten Hemisphäre, für die doch gelten muß: Recht oder Unrecht – mein Baby!

Neurologen meinen, der westliche Mensch gebrauche seine rechte Gehirnhälfte verhältnismäßig weniger als seine linke. Die linke steuert Sprache, rationales, kausales, mechanistisches, geradlinig von einer Ursache auf ein Ziel ge-richt-etes Denken, Zweckmäßigkeit, den Sinn für Konformität und Realität. Jedenfalls tut sie das stärker und bei einer größeren Anzahl von Menschen.

Andererseits: Gefühl, Intuition, unser Sinn für Innovation und neue Ideen, ein Denken, das um unsere Verbundenheit mit der Natur und dem Kosmos weiß – die Kybernetiker würden sagen: ein Denken in «Regelkreisen» –, das weniger an Analyse als an Beziehungen interessiert, mehr künstlerisch und spirituell als rational und utilitaristisch orientiert ist: all das kommt stärker aus der rechten Hemisphäre – und wirkt deshalb mehr auf die linke Körperhälfte. Das linke Hirn denkt logisch, das rechte analog.

Lao Tse bringt es im «Tao Te King» auf den Nenner: «Der Weise bevorzugt links, der Krieger bevorzugt rechts.»

Wer vorwiegend – oder gar ausschließlich – rationalistisch denkt, wer glaubt, daß Mensch-Sein und rationales Denken synonym seien – und das haben wir ja im Abendland seit Descartes und Bacon geglaubt –, schöpft nicht das volle Potential seiner beiden Gehirnhälften aus. Er denkt zwar nicht (wie es in den Anfangsjahren dieser Entdeckungen simplifizierend dargestellt wurde) nur mit einer Hälfte des Gehirns, aber er gebraucht nur die eine voll und setzt die andere lediglich teilweise ein. Er nutzt nicht alle seine Möglichkeiten.

Diese Erkenntnisse der modernen Neurologie widersprechen keinesfalls der Erfahrung, daß jede Zelle *the full message* – die ganze Botschaft – enthält. Es ist derselbe Forscher – Karl Pribram –, auf den beide Entdeckungen zurückgehen. Zwar verfügt jede Zelle über alle Informationen, aber dennoch brauchen wir Millionen von Zellen, die – verteilt auf unsere Gehirnteile – verschiedene Funktionen haben. Bezögen wir die volle *info* aus nur einer einzigen Zelle, erhielten wir zuviel *blurr* (siehe das physikalische Kapitel «Total Listening»), wir würden verwirrt durch «Unschärfe» und Verwaschenheit.

Wie ingeniös rechte und linke Gehirnhälften zusammenarbeiten, wird deutlich, wenn wir uns vergegenwärtigen, daß zwar die linke Hälfte die Sprache schafft, daß aber trotzdem die rechte nicht «stumm» ist. Sie steuert den Ausdruck der Sprache, ihre Musikalität, ihr *Melos*, ihre Intonation, das Gefühl und die «Seele», die wir in einen Satz, in eine Geste, in einen Gedanken, in eine Handlung hineinlegen. Aus dem rechten Hirn kommt die Musik. (Freilich kann sie «wandern» – wie wir im Kapitel «Wer hört, improvisiert» sehen werden. Weil jede Zelle potentiell die ganze Botschaft enthält, können die Hirn-Hemisphären ihre Funktionen ganz oder teilweise austauschen, doch geschieht dies immer nur bei verhältnismäßig wenigen Menschen.)

Wir sehen jetzt deutlicher: Linke Politik heißt nicht bloß deshalb links, weil die Linken der französischen Deputiertenkammer auf der linken Seite saßen. In Wirklichkeit war es die Evolution, welche die gegensätzlichen und einander ergänzenden Komponenten des «Linken» und «Rechten» in uns allen seit Hunderttausenden, vielleicht seit Millionen von Jahren angelegt hat. Nur deshalb haben die Parlamente aller Länder der Welt die französische Sitzordnung übernommen. Sie «stimmt» einfach.

Für die alten Chinesen ist rechts *Yang*, also mehr männlich, links *Yin*, also mehr weiblich. Wieder einmal wundert man sich, woher die Chinesen das gewußt haben, denn genau dies haben Untersuchungen bestätigt. Viele Verhaltensforscher nehmen an, daß das bei Frauen verhältnismäßig stärker entwickelte Potential ihrer rechten Hemisphäre eben darin begründet ist, daß sie durch ihre Gene dazu programmiert sind, besonders intensive Gehirnströme aus dem rechten Hirn auf die linke Seite zu lenken (wo ihr Herz schlägt und wo sie ihr Baby halten).

Umgekehrt: Vorwiegend mechanistisches, kausales, rationalistisches, «linkshirniges» Denken ist – relativ gesehen – häufiger eine Sache der Männer. Deshalb hat es sich auch um so stärker entwickelt, je unumschränkter das Patriarchat herrschte. Die Frauen, die heute im Zeichen des Feminismus eine solche Art zu denken usurpieren versuchen, täten gut daran, sich zu vergegenwärtigen, was sie da wirklich tun: Sie geben sich vollends den Männern und dem Männlichen anheim. Nicht das brauchen wir doch heute, daß Frauen stärker männlich denken (um auf diese Weise das Patriarchat nun auch noch in ihrer eigenen Persönlichkeit festzuschreiben), sondern wir brauchen – nach der jahrtausendelangen Dominanz des Männlichen, Rechten, des *Yang*-Prinzips – mehr Männer, die eher weiblich denken und empfinden – und es gibt sie ja auch mehr und mehr.

Es geht nicht darum, die linke und die rechte Hirnhälfte gegeneinander auszuspielen, sondern darum, unser ganzes Potential auszuschöpfen. Marilyn Ferguson schreibt: «Wir isolieren Herz und Geist – Gefühl und Verstand ... Wir schwimmen in einem Wissen, das wir noch nicht in Anspruch genommen haben – ein Wissen, das durch jenen Bereich des Gehirns vermittelt wird, der das, was er weiß, nicht zu benennen vermag.»

Wenn ich nun auch in diesem Zusammenhang auf das Ohr und das Hören zu sprechen komme, so ist deutlich: die Gerichtetheit des Sehens speist sich stärker aus dem linken Hirn, die empfangende Qualität des Hörens stärker aus dem rechten. Richten ist eine männliche, Empfangen eher eine weibliche Gabe.

Und dennoch: Zwar haben wir nur ein Herz, das links sitzt, aber wir verfügen über zwei Augen und zwei Ohren – und über zwei Hirnhälften! –, die links und rechts sitzen. Wir haben gesehen: Es gibt keine Alternative zwischen dem Sehen und dem Hören, wie es sie auch nicht zwischen dem rechten und dem linken Hirn gibt. Aber in der Situation, in die wir geraten sind – nach der jahrhundertelangen Bevorzugung des Sehens, im Zustand des «regredierten Hörers» (Adorno) –, täten wir gut daran, unserem Hörsinn erhöhte Aufmerksamkeit zu schenken.

Wenn wir unsere Lage als (milde ausgedrückt) unbefriedigend empfinden, dann wissen wir auch: Wir sind als vorwiegend sehende Menschen dahin geraten – als primär männlich, rechts und rationalistisch orientierte.

Es scheint also sinnvoll – und nun nicht mehr nur aus biologischem, spirituellem, anthropologischem, psychologischem, sondern auch aus politischem Kalkül –, in dieser Situation jetzt stärker auf das Hören zu setzen. Auf das weniger Aggressive als Rezeptive. Auf das weniger Patriarchalisch-Maskuline als Feminine. Auf das weniger Rechte als Linke (man beachte die Komparative: sie haben einen relativierenden Sinn).

Nochmals: Unsere Augen und Ohren sitzen auf beiden Seiten. Dem Politiker und dem politisch denkenden Menschen, denen die Welt in Linke und Rechte zerfällt, zerfällt die Welt. Sie denken (und fühlen!) nicht perspektivisch – mit beiden Gehirnhälften –, sie verpassen Perspektiven und verlieren damit die Fähigkeit, Maß zu nehmen (denn dazu braucht man die Perspektive), sie verlieren das Maß. Das ist der eigentliche Grund, weshalb die Welt immer unregierbarer wird. Dutzende von Befunden aus entwickelten wie unterentwickelten, aus rechts- wie linksregierten Ländern bestätigen ihn. Was da eigentlich unregierbar wird, ist die jeweils andere Hälfte der Menschheit. Was die Politiker zum Regieren – und Reagieren – unfähig macht, ist ihre Illusion, daß sich das Wort «links» nur auf politisch links Stehende und das Wort «rechts» nur auf politisch rechts Stehende beziehe, während politisch Linke und Rechte in Wirklichkeit nur gerade die dünne Oberfläche dessen bilden, was eigentlich mit der linken und rechten Hälfte unseres Lebens und Wesens auf diesem Planeten gemeint ist.

Die Linken haben die Änderung von Arbeits-, Besitz- und Klassenverhältnissen bereits für das «Ganze» gehalten. Aber das «Ganze» ist: das Bewußtsein. Das herkömmliche Bestreben der Linken erledigt sich von selbst, ist kaum mehr der Rede wert, ist wirklich – so wichtig es ist – nur «Ausschnitt», wenn es in dem Zusammenhang gesehen wird, dem es sich verdankt: dem alten analytischen, deduktionistischen, mechanistischen, unganzheitlichen Bewußtsein. Wer diesen Zusammenhang verpaßt, verpaßt jeden – größeren oder kleineren – Teilaspekt gleich mit. Die Linken haben das getan, aber es besteht die Gefahr, daß nun auch die «Grünen» ihrerseits ihre Ausschnitte für das Ganze halten.

Die Kybernetik hat eine politische Komponente: Ausbeutung und Unterdrückung schlagen im *feedback* auf den zurück, der ausbeutet und unterdrückt und deshalb immer sein eigener Ausbeuter und Unterdrücker ist, auch – und gerade – dann, wenn er dies (da er vorwiegend die linke Gehirnhälfte benutzt) nicht erkennen kann.

II
WOLLEN WIR DEN SUIZID?

Das eigentlich unheimliche Problem ist das unserer – potentiellen – Selbstvernichtung, die uns umstellt und umzingelt und aus jeder nur denkbaren Richtung auf uns zukommt: militärisch, sozial, bevölkerungspolitisch, ökonomisch, medizinisch-biologisch, ökologisch, chemisch und industriell. Das Unheimliche daran ist: Es gibt nicht mehr nur eine exakt bestimmbare *causa*, die die Menschheit vernichten könnte, es gibt ein halbes Dutzend – vielleicht noch mehr –, als wolle unser (Unter-)Bewußtsein vorsorgen: Falls wir die eine oder andere oder auch mehrere meistern oder abwehren, sind immer noch genug andere da, die uns vernichten können.

Das Entscheidende ist aber dies: Wir sind es, die die vielen Möglichkeiten unseres eigenen *Suizids* geschaffen haben – und ständig bienenfleißig weiter schaffen –, und da wir dies so gründlich und an so vielen verschiedenen «Fronten» gleichzeitig in nahezu jedem Bereich unserer nie ruhenden Aktivität taten und weiterhin tun, kann dies nur bedeuten: Ein großer Teil der heute lebenden Menschen – ein Teil ihres (Unter-)Bewußtseins – will den *Suizid*. Wir wollen ihn!

Wir wollen ihn nicht nur in einem offensichtlichen Sinne: 70 bis

80 Prozent aller Physiker der Welt und 50 Prozent der Wissenschaftler sonstiger «geeigneter» Disziplinen arbeiten an der Erfindung und Vervollkommnung immer raffinierterer und gründlicherer Vernichtungswaffen. Wir wollen den *Suizid* aber auch – und das macht es schlimmer – in einem unbewußten Sinne; ein noch viel größerer Teil unserer Aktivität schafft – mit nie ruhendem Eifer – unbewußt *Suizid*-Möglichkeiten. Ich nenne nur – als besonders offensichtliche Beispiele – die umweltvernichtenden, die chemischen, die bevölkerungspolitischen, den (doch nun wahrhaftig leicht zu verhindernden) Abbau des Ozon-Schildes, die Aids-Krankheit... Die Fixation, mit der die herrschende Wissenschaft auf die Viren starrt, hindert sie an den entscheidenden Fragen.

Warum ist die Aids-Krankheit erst um die Wende der siebziger Jahre in die achtziger Jahre weltweit ausgebrochen, obwohl es den Virus schon viel länger gibt? Warum hat die Krankheit so viele verschiedene Erscheinungsformen? Warum ist der Virus so wandlungsfähig? Warum gibt es verschiedene Aids-Viren und ist es wahrscheinlich, daß noch andere entstehen und entdeckt werden? Warum bekommen die einen die Krankheit sehr bald, die anderen erst nach längerer Zeit, manche offenbar überhaupt nicht?

Was also hat Aids mit Bewußtsein zu tun? Was bedeutet es, wenn eine Funktion unseres Lebens, die eben noch auf die wunderbarste Weise mit Liebe und Glück, mit Ekstase und Lust verbunden war, innerhalb weniger Jahre zu einer Funktion von Krankheit, Sterben und Tod wird?

Warum sind es nur Außenseiter mit ihren beschränkten Möglichkeiten, die den Zusammenhang zwischen Aids und Bewußtsein untersuchen? Warum tut die etablierte Wissenschaft mit ihren praktisch unbegrenzten Mitteln dies nicht – mit der gleichen Energie, mit der sie nach dem «*Killer*» des Virus sucht? (Das wäre dann – wieder einmal! – ein «*Killer des Killers*» – das Todespotential zwar kurzfristig und oberflächlich reduzierend, es aber in Wirklichkeit und langfristig potenzierend.)

Wir wissen inzwischen: Die pessimistischsten Voraussagen waren die exaktesten. Wenn also um die Jahrtausendwende in weiten Teilen der Welt die fünfzigprozentige «Durchsättigung» erreicht sein wird, hat jeder zweite Mensch den Virus. Fünfzig Prozent heißt 1:2. Zwischen der Relation 1:2 (die seit alters auch die

Liebe und die Oktave bedeutet) und der 1 : 1 (der Einheit) ist nur ein Schritt. Das wird dann also nicht mehr der beliebige und vermeidbare Schritt zu einem neuen, kaum noch bekannten Partner sein, sondern zu dem Einen, Einzigen, Geliebten, auf den es ankommt – der einen Liebe, auf die jeder Mensch selbst nach den engsten und konservativsten Vorstellungen ein Anrecht hat.

Es wird dann ein Wunder sein, daß sich Menschen noch lieben. Ein tägliches Wunder. Ein Wunder, das Tod heißt. Liebe und Tod als Eines?

Ist dies das Ziel, auf das wir jahrtausendelang zugestrebt haben? Das Ziel von Millionen Menschen, die dazu erzogen worden sind, Tausende – in den Kriegen des 20. Jahrhunderts Millionen – hassen zu dürfen, aber immer nur einen einzigen Menschen lieben durften – in jener äußersten Konkretisierung der Liebe, die in der Sexualität liegt? Auch am anderen Ende war ja die Konkretisierung erlaubt, – oft wurde sie gefordert: die Konkretisierung des Hasses, die zum Töten führt.

Welche Todessehnsucht programmiert uns? Und was ist es, das uns so todes(sehn)süchtig gemacht hat? Solange wir uns diese Fragen nicht beantworten – ja, sie uns nicht einmal stellen –, können unsere Politiker nur weiterhin die Politik machen, die sie in der Tat machen.

III
DER FRIEDE, DER ZUM FRIEDHOF FÜHRT

«O Friedensstifter!
Bevor du versuchst,
rings in der Welt Frieden zu stiften,
schaffe erst Frieden in dir selbst.»
Hazrat Inayat Khan

Wir schaffen das System des Suizids auch durch unsere Sprache. Denn wir sind diese Sprache. Grimms «Deutsches Wörterbuch» enthält 600 Wendungen mit Worten des Krieges, aber nur 200 mit Frieden, und die 600 Kriegsworte gebrauchen wir doppelt so häufig wie die 200 Friedensworte. Unser Denken ist von Worten des Krieges durchsetzt – wohin wir auch blicken. Wir sprechen von *Ver-*

kaufsstrategie, von einem *Bombenkerl*, einem *Wirtschaftsfeldzug*, einem *Bombenerfolg*, einer *Lachsalve*, einer *Bombenrolle*, einer *Verkaufs-* und einer *Stimmungskanone*, einer *Verkaufsschlacht*, einem *Schlachtenbummler*, einer *Bombenform*, einem *Bombentreffer*, einem *Bombenpreis*... und prägen und gebrauchen jeden Tag weitere derartige Worte auf unseren diversen «Kriegsschauplätzen».

Besonders beliebt sind Kriegsworte in der Volkssprache der Liebe und Sexualität: *Sexbombe, Ehekrieg, Liebeskrieg, Atombusen, Nahkampfplatz, Nahkampfsocken, Ladehemmung, Blindgänger, Schuß* und *Bauchschuß, Einmarsch, Entladung, Liebesdolch, Frühzündung, Speer, Liebesknüppel, Kriegsbeil, Vorderlader, Kanone, Liebesflinte, Schützenloch, Schützengraben, Schießscheibe*... Auch hier wieder: Dutzende ähnlicher Worte in allen Sprachen im «Kampf der Geschlechter».

«*Love-Fighters*» nennt Hollywood den großen, für junge Menschen bestimmten Rock-Tanzfilm des Jahres 1985: eine unmißverständliche Spekulation auf den Reiz der Verbindung von Liebe und Kampf.

Krieg also verbinden wir mit Leben, Frieden mit Tod! Wir sind einen weiten Weg gegangen, um das tun zu können, denn linguistisch gesehen – im Denken des frühen Menschen (Richard Fester hat das gezeigt) – ist *Friede* verwandt mit den Worten *Freund, Freude, froh, Frau.* Auch mit der römisch-etruskischen *Feronia,* die eine Göttin der Liebe und Fruchtbarkeit war. Daher also kommt das Wort Frieden. Und wohin haben wir es gebracht?

Die häufigste Verbindung, in der heute das Wort *Friede* in der deutschen Sprache gebraucht wird, ist *Friedhof*, die zweithäufigste ist die Redewendung «*Laß mich doch endlich in Frieden!*». Das ist der Weg, der mit der Liebesgöttin begann: auf den Friedhof hat er geführt – zum Tod und zum Nicht-mehr-miteinanderreden-Wollen.

Was verlangen wir von unseren Politikern (und längst schon macht es auch hier kaum noch Sinn, von linken oder rechten zu sprechen), solange wir solche Sprache sprechen? Wir sprechen doch diese Sprache. Mit unseren Liebespartnern. Mit unseren Frauen, Männern und Kindern. Mit unseren Geschäfts-«Freunden». Mit unseren Politikern. Unsere Politiker mit uns. Und diese mit den Politikern und Militärs der anderen Völker und Staaten.

IV
MARX UND HESSE

Es gibt ein wunderbares Wort von Hermann Hesse: «Zwischen Marx und mir ist, abgesehen von den viel größeren Dimensionen von Marx, der Unterschied der: Marx will die Welt ändern, ich aber den einzelnen Menschen.»

Unsere erste Reaktion – nach zwei Jahrtausenden Christentum und zumal nach dem soziologisch bestimmten Denken der sechziger Jahre – ist: Wir fühlen uns unbehaglich – meinen, es sei egoistisch –, wenn wir uns immer nur dem eigenen Inneren zuwenden, während doch der Zustand der Welt so miserabel ist, daß jeder um sich herum Hunderte und Tausende von Menschen sehen kann, denen noch viel dringender und schneller geholfen werden müßte als ihm selbst.

Aber: Der Zustand der Welt ist: Wir selbst! «Wie Ihr seid, so ist auch die Welt!» sagt Sri Ramana Maharshi – und Dutzende weiser Menschen über die Jahrtausende hinweg haben ähnliches gesagt. Wir können die Welt nicht ändern, wenn wir uns nicht selbst ändern. Wenn letzteres nicht ersterem vorausgeht, schlägt jeder Versuch, ersteres zu bewirken, ins Negative um.

Die großen Männer der Französischen Revolution (und groß nach den – fragwürdigen – Maßstäben unserer Geschichtsschreibung sind sie ja) waren eben noch leuchtende Vorbilder – und unmittelbar darauf fürchterliche Mörder. Diese Revolution aber ist das Modell aller folgenden. Die Revolutionäre von gestern nehmen den *Habitus* derer an, von denen sie das Volk befreit haben. Sie werden die Unterdrücker von morgen. Das gilt nicht nur von den «bösen» Revolutionären – Stalin ist der Prototyp –, sondern auch von den «guten» (man kann diese Worte nur noch in Anführungszeichen benutzen): Lenin, Trotzki, Mao Tse-tung, Sukarno, Castro, Allende, die großen Männer der afrikanischen Revolutionen in den fünfziger Jahren, Dichter und hochsensible Intellektuelle unter ihnen, die Sandinisten Nicaraguas...

Ein paar Dutzend Revolutionen in einer Generation – sehnsüchtig erhofft nicht nur von den unmittelbar Beteiligten, sondern auch von wohlmeinenden Menschen überall in der Welt, die Panzer und Flugzeuge, Nahrungsmittel und Kleidung – gute Wünsche sowieso – geschickt haben –, doch keine einzige führte zu dem Ergebnis, das erwartet worden war; die meisten schlugen in ihr Gegenteil um. Können wir wirklich immer noch so naiv sein zu glauben, irgend etwas sei «fehlgelaufen» bei diesen Revolutionen? Und in diesem Glauben die nächste anbahnen und vorbereiten – oder begrüßen und erhoffen?

Revolutionen gehen aus, wie sie ausgehen müssen. Stalin war nicht deshalb so schlimm wie vorher die Zaren, weil er ein «böser» Mensch war. Er war es deshalb, weil es zur Logik des revolutionären Prozesses gehört, daß der Sieger die Rolle übernimmt, die zuvor der Unterlegene gespielt hat – sonst könnte er nicht Sieger sein. Warum lernen wir nicht daraus? Wir wenden uns nicht von der Welt ab, wenn wir uns selber ändern. Wir wenden uns zu ihr!

Die Welt und wir sind ein «System». Die Idee der Trennung zwischen der Welt und uns selbst ist der Beginn jener Polarisierung, die in der Trennung zwischen dem Feind und dem Freund endet. Eben noch ist der Feind der Freund: Der liebe Nächste. Der arme Heide. Die große russische Seele. Und mit einemmal ist es: Der Primitive. Der Sowjet-Russe. Der Kommunist. Der Kapitalist. Die Grenze liegt nirgendwo.

Jede Energie, die wir auf die Änderung des anderen verwenden, wird abgezogen von der Energie – der ohnehin viel zu geringen –, die wir nötig haben, um uns selber zu ändern. «Richtet nicht, auf daß ihr nicht gerichtet werdet ... Was siehest du aber den Splitter in deines Bruders Auge und wirst nicht gewahr des Balkens in deinem eigenen Auge? Wie darfst du sagen zu deinem Bruder: Halt, ich will dir den Splitter aus deinem Auge ziehen? Und siehe, ein Balken ist in deinem Auge. Du Heuchler, zieh zuerst den Balken aus deinem Auge ...»

Das war der kapitale Fehler von Marx: «Es ist nicht das Bewußtsein des Menschen, das ihr Sein, sondern umgekehrt ihr gesellschaftliches Sein, das ihr Bewußtsein bestimmt.» Viele – auch ich selbst in der größeren Hälfte meines Lebens – haben diesem Satz mit Eifer und Liebe angehangen. Millionen Menschen – und immer waren es die besten – haben für ihn gelitten, in Gefängnissen und Konzentrationslagern; Zehntausende sind gestorben für ihn in den Revolutionen unseres Jahrhunderts. Nur noch die großen Religionen haben mehr Opfer gefordert als er – aber auch er war ja eine Religion, war Inbegriff eines religiösen Dogmas für uns alle. Erst heute erkennen wir, was er impliziert: daß wir erst die Gesellschaft ändern müssen, wenn wir unser Bewußtsein ändern wollen. Er impliziert eine Absurdität: daß wir im Grunde so weiterdenken können wie bisher und nur immer an der Gesellschaft «herumzudoktern», sie zu reparieren brauchen, als sei sie eine Maschine: dann werde am Ende alles gut werden.

Marx gehört dem 19. Jahrhundert an, das die Welt mechanistisch begriff. Heute wissen wir: Gesellschaften sind keine Maschinen, sie funktionieren nicht, sie leben, sie sind lebendige, offene Systeme.

Der Satz: «Es ist nicht das Bewußtsein des Menschen, das ihr Sein ... bestimmt» ist im Marxschen Sinn ein «Agitationssatz». Man kann ihn nicht einfach umdrehen. Weder konditioniert Gesellschaft Bewußtsein noch Bewußtsein Gesellschaft. Beides wäre «linkshirnig» gedacht – auf der geraden Linie des sehenden, maskulinen Menschen. In Wirklichkeit konditionieren Bewußtsein und Gesellschaft sich gegenseitig. Wie alles bilden auch sie ein System, einen Regelkreis. Die Kybernetik hat gezeigt: Regelkreise lassen sich am effizientesten von den Punkten her beeinflussen und steuern, an denen der Energieaufwand besonders niedrig ist. Es müßte offensichtlich sein: Jeder einzelne von uns braucht sehr viel geringere Energie, sich selber zu ändern als die ganze Gesellschaft.

Wenn *wir* uns ändern, dann ändert sich auch die Gesellschaft. Man beachte das Wörtchen «sich»: Nicht *wir* werden sie ändern, sie wird «sich» ändern, wenn wir *uns* ändern!

Endlich verstehen wir auch – aber immer noch ist es nur eine Minorität, die es versteht –, warum es gerade dieser Marxsche Satz war, der die Menschen, die für ihn gekämpft haben, so fanatisch und zornig, so wutentbrannt und haßerfüllt gemacht hat – und darüber die Welt leer – leer auch von Liebe. So leer, daß wir sie kaum noch wahrnehmen können – nicht einmal mehr durch unsere Augen, geschweige denn durch die Ohren. In einer Gesellschaft, die als funktionierend wie eine Maschine konzipiert wird, ist für Liebe kein Platz.

Wenn die Welt wirklich – wie der Neurologe Karl Pribram und der Physiker David Bohm annehmen – ein sich ständig veränderndes, in Bewegung befindliches *Hologramm* ist, dann müssen auch Gesellschaften holographische Projektionen (Bohm würde sagen: «Entfaltungen») einer verborgenen «impliziten» Ordnung sein – ein Gedanke, der uns mit Schaudern die Derbheit und Ungenauigkeit bisheriger soziologischer Konzeptionen erkennen läßt.

Jetzt ahnen wir den Grund für die Vergeblichkeit, die wir in diesem Jahrhundert mit irritierender Regelmäßigkeit bei nahezu allen revolutionär oder politisch angesteuerten Veränderungsversuchen erlebt haben – auch in unserem eigenen Land, als 1967/68 eine ganze Generation voller Hoffnung glaubte, einen bleibenden Durchbruch erzielt zu haben, und wenige Jahre später die in die entgegengesetzte Richtung weisende «Tendenzwende» begann (angesteuert nicht etwa – wie es die herkömmliche Betrachtung nahelegt – von «Gegnern» der 67er-Generation, sondern von unserem eigenen Bewußtsein).

Die Forscher sprechen von der «Geistigkeit» und «Sensibilität» des *Hologramms*. Wir begreifen, daß wir uns mit unseren gesellschaftlichen Bemühungen und Tendenzen ein wenig so benommen haben wie der Elefant im Porzellanladen – ein unangemessenes Bild freilich, denn ein Elefant ging durch ein *Hologramm* hindurch, als bestünde es nicht. Wir werden wohl noch ein paar Jahre brauchen, bis uns das neue Denken so sehr in Fleisch und Blut übergegangen ist, daß wir es in Sprachbilder umsetzen können. Pribram fordert, den Kindern in der Schule ein Bewußtsein des Paradoxen zu vermitteln. Dies wäre in der Tat ein Weg, uns von der mechanistischen Simplizität des alten Denkens abzukoppeln: uns zu lösen von einem Denken, für das alles, was auch immer geschieht, seine Ursache – und, versteht sich, immer nur eine einzige – zu haben hat; es wäre auch ein Weg, für uns alle Vorsicht, Behutsamkeit, Differenziertheit, Aufmerksamkeit und Sensibilität selbstverständlicher zu machen, als sie es bisher gewesen sind – auf diese Weise nicht nur politisches und gesellschaftliches Bewußtsein verändernd, sondern einfach die Art, in der Menschen miteinander umgehen, zuallererst also uns selbst.

V
DER HUNDERTSTE AFFE

«Ändernd die Welt, verändert euch!»
Bertolt Brecht

Was bedeutet es, wenn wir sagen: Die Welt und wir sind ein «System»?

Die Presse hat das Beispiel der Affen auf der Insel Koshima im japanischen Mittelmeer bekannt gemacht. Die Zoologen berichten: Ein junges Affenweibchen hatte herausgefunden, daß man die Kartoffeln erst ans Wasser tragen und waschen muß. Dann schmecken sie besser. Erst machten es ihr nur ganz wenige nach. Dann immer mehr. Immer noch aß die Mehrheit der Affen auf Koshima ihre Kartoffeln ungewaschen. Dann aber – als etwa hundert Affen die Kartoffeln wuschen – gab es den «Bewußtseinssprung»: Gegenüber in Taka Sakiyama und auf den anderen Inseln begannen die Affen, ebenfalls ihre Kartoffeln zu waschen. Es gab keine Verbindung zwischen den Affen von Koshima und den anderen Inseln und auf dem Festland: Das haben die Wissenschaftler sorgfältig geprüft. Es gab nur den «Bewußtseinssprung».

Die Wissenschaftler haben in den letzten Jahren viele ähnliche Beobachtungen gemacht. Der englische Biologe Rupert Sheldrake berichtet von Ratten: Nachdem englische Ratten in 24 Generationen dauernden, mühsamen Dressur-Experimenten ein bestimmtes Freßverhalten gelernt hatten, machte es neuseeländischen Ratten keine Schwierigkeit mehr, das gleiche Verhalten in zwei oder drei Generationen zu lernen. Und natürlich haben die englischen Zoologen darauf geachtet, daß keine ihrer Ratten «ausbrechen» und die «Botschaft» nach Neuseeland tragen konnte.

Ein Affe genügt nicht. Und eine Ratte auch nicht. Und dennoch sind Majoritäten nicht erforderlich. Hundert Affen konnten es schaffen. Und einige wenige Rattengenerationen. Es gibt keinen Grund anzunehmen, daß dies bei Menschen anders ist – im Gegenteil: Genauso geschehen Änderungen auch in der menschlichen Gesellschaft. Zum Beispiel in der Reformation. Da war erst einer, Martin Luther, der – vorbereitet von wenigen anderen – den «Geist der Stunde» verstand, dann kamen weitere, dann immer mehr, die dennoch nach wie vor eine Minderheit bildeten, und mit einemmal war die «kritische Masse» erreicht. Es kam zum Bewußtseinssprung.

In der Französischen Revolution haben bereits die Zeitgenossen sich darüber gewundert: Wie war es möglich, daß der Funke so schnell übersprang? Es gab ja noch keine Massen-Kommunikation: Auch hier waren erst nur wenige da, dann ein paar mehr, aber dann mit einemmal – urplötzlich – breitete sich die Botschaft nicht mehr allmählich aus, in voraussehbarer Progression, sondern sprungartig. Das «Land» war ergriffen.

Wir können ähnliches auch bei uns und heute beobachten: Die «Grünen» sind 1984 nur knapp in den Bundestag gekommen, mit acht Prozent von 50 Millionen Wählerstimmen. Wer auf die Massen setzt, muß sagen: eine *quantité négligeable*. Aber sie haben das politische Bewußtsein in diesem Land in wenigen Monaten verändert, so daß plötzlich sogar ein Innenminister, der eben noch ökologischem Denken so fernstand, daß er ebensogut für die chemische Großindustrie hätte tätig sein können, umweltbewußte Gesetze erließ, sie oft genug hinter vorgehaltener Hand wieder aufweichend, aber er muß sie doch wenigstens anregen – und sei es nur deshalb, damit seine Partei wiedergewählt wird. Der Bewußtseinssprung zwingt ihn.

Jeder von uns kennt Menschen, die in den letzten Jahren solche Sprünge gemacht haben. Oft haben die, bei denen es am wenigsten zu erwarten war, die größten gemacht.

Es gibt wissenschaftliche Theorien, welche die sprunghafte Veränderung von lange konstant gebliebenen Bewußtseinszuständen zu erklären versuchen. Eine von ihnen ist die der «morphogenetischen Felder». Selbst wenn die Schulwissenschaft sie noch bekämpft, am Phänomen des Bewußtseinssprungs selbst werden kaum noch Zweifel geäußert, weil wir ihn täglich beobachten können und weil er so genau den anderen Sprüngen in der Natur entspricht – vom «Quanten-» bis zum «Artensprung» –, daß Wissenschaftler gesagt haben: Die ganze Evolution verläuft in Sprüngen.

Chemiker wissen: Ein einziges Kristall in der richtigen Lösung kann die gesamte Substanz auskristallisieren lassen. In der Atomtheorie gibt es das Phänomen der «kritischen Masse». Sie ist nur ganz klein – um ein Vielfaches kleiner als der Prozeß, den sie auslöst–, aber wenn sie erreicht ist, erfolgt der «Sprung»: als Aktivwerden eines Kerns in einem Nuklearkraftwerk oder als Explosion einer Atombombe. Ähnlich das Prinzip der «kritischen Temperatur» in der Chemie: Eine minimale Temperaturveränderung kann schlagartig ein ganzes System verwandeln.

Hans A. Nikel hat viele solcher Phänomene gesammelt: «Die geordnete Funktionsweise von 1 Prozent der Gehirnzellen genügt, um die kohärente Produktionsweise des Gehirns aufrechtzuerhalten... Die geordnete Ausrichtung von 1 Prozent der Weisschen Bereiche eines Magneten genügt, um die magnetische Kraft des gesamten Magneten aufrechtzuerhalten... Die geordnete Funktionsweise von 1 Prozent der Zellsubstanz genügt, um die Funktionsweise der gesamten Zelle zu ordnen... Die stimulierende Emission von weniger als 1 Prozent der Atome genügt, um – in der Laser-Technik – eine makroskopische Wellenkohärenz des gesamten emittierten Lichts zu erzeugen...»

In der Neuen Biologie gilt: Jede einzelne Zelle enthält die gesamte Information. Nicht nur eines einzelnen Wesens, nicht nur der gesamten Menschheit, sondern allen zellularen Lebens auf unserem Planeten. Die Teilchenphysiker gehen noch weiter – zum Beispiel die «Bootstrap»-Physiker in Berkeley: «Jedes Elektron enthält das ‹Wissen› aller Elektronen des Universums.»

Das unsensible und derbe mechanistisch-deduktionistische Denken der Vergangenheit ist so sehr von großen Zahlen und Massen abhängig, daß wir blind geworden sind gegenüber der allenthalben offensichtlichen Veränderungsfähigkeit und Kraft der «kleinen Zahl».

Wesentlich in diesem Zusammenhang ist die Theorie der «Selbstorganisation», die gleichzeitig in Europa und den USA (wieder: der Bewußtseinssprung!) von Biologen, Chemikern und Physikern formuliert wurde. Einer von ihnen – der aus Wien stammende Astrophysiker Erich Jantsch (1929–1980), der in Berkeley lehrte und forschte – hat formuliert: «Nicht der makroskopische (‹demokratische›) Durchschnitt bestimmt die Evolution des Systems, sondern mikroskopische Fluktuationen tun es, die das System selbst hervorbringt und mit denen es gewissermaßen ständig seine eigene Stabilität testet. Dringen sie durch, so treiben sie das System in eine neue Struktur.»

Die Theorie der «dissipativen Strukturen» des aus Rußland stammenden, in Belgien lebenden Atomphysikers Ilya Prigogine (Nobelpreis 1977) läuft wesentlich darauf hinaus, daß in der Natur ständig «das Gesetz der großen Zahl verletzt» wird und «in seinem üblichen Sinne versagt»: «Eine kleine Schwankung kann eine neue Entwicklung einleiten, die das Gesamtverhalten des makroskopischen Systems drastisch verändert.»

Prigogine hat von Anfang an keinen Zweifel daran gelassen, daß sich seine Theorie nicht nur auf physikalische, sondern auch auf soziale und politische Prozesse bezieht: «Die Analogie zu gesellschaftlichen Problemen, ja zur Geschichte drängt sich auf...» Und in anderem Zusammenhang: «Kleine, von der übrigen Gesellschaft isolierte und sogar verfolgte Gruppen können Neuerungen hervorbringen, welche die gesamte Gesellschaft verändern...» Genau das bestätigt aus historischer Sicht Toynbee: «Alle Akte sozialer Schöpfung sind das Werk individueller Schöpfer oder schöpferischer Minderheiten.» Für Toynbee ist das ein zentraler Satz seiner Geschichtslehre.

Die politische Kraft solcher Erkenntnisse ist zwar noch nicht bei uns, aber in den USA Gegenstand heftiger Diskussionen. In einer 1982 veröffentlichten Studie des Wissenschafts- und Technologie-Ausschusses des US-Repräsentantenhauses heißt es: «Die neuesten Forschungen machen es wahrscheinlich, daß eine ‹Zwischenverbindung› zwischen menschlichem Bewußtsein mit dem Bewußtsein anderer und mit Materie bestehe... und daß menschliches Bewußtsein Informationen unabhängig von Geographie und Zeit erhalten könne... Eine allgemeine Anerkennung der Tatsache und des Grades der Verbundenheit von Bewußtsein könnte weitreichende soziale und politische Implikationen für diese Nation und die Welt haben.»

Unterschwellig freilich ist unseren Politikern – und durchaus auch der unser politisches System tragenden Allgemeinheit – diese Tatsache in ihrer vollen Tragweite bewußt. Nur so läßt sich ihre allergische Reaktion auf Minderheiten erklären – eine Reaktion, die gerade in unserem Land eine so furchtbare Tradition besitzt.

Daß man das «politische System nicht verändern» dürfe, ist zum kaum mehr hinterfragten Dogma geworden. Wenn man von einem Menschen oder einer Gruppe sagt, sie wollten «die Gesellschaft verändern», dann sind sie damit gebrandmarkt, «an den Pranger gestellt», weitere Diskussionen werden nicht mehr mit ihnen geführt. Dabei haben wir ein Grundgesetz (nur wenige von denen, die meinen, es verteidigen zu müssen, haben es gelesen), das von vornherein auf Veränderungen angelegt wurde. Seine Väter haben sie gewollt und erhofft – und oft darüber gesprochen: Veränderungen gerade in jene Richtungen, die heute von den Herrschenden verbaut werden.

Die Meinung, hilflos zu sein, gelähmt, ausgeliefert dem, was «die da oben» tun – das tausendmal gehörte «Ich kann ja doch nichts ändern» –, ist die Konsequenz des nun zu Ende gehenden Zeitalters: des ver-*ein*-zelten Menschen, der von allen anderen getrennt ist; des die Welt in immer noch kleinere Einheiten aufspaltenden analytischen und rationalistischen Bewußtseins.

In Wirklichkeit gilt das Gegenteil: Ich kann alles ändern. Ich kann der «hundertste Affe» sein!

Ich weiß, daß sich noch immer eine Mehrheit von Menschen – ganz besonders unter den Schulwissenschaftlern – gegen die neuen Erkenntnisse wehrt. Aber unser Wissen wächst wie eine Lawine. Die Schulwissenschaftler spüren längst ihre Unterlegenheit. Daher ihre Aggressivität und Empfindlichkeit, ihre Unfähigkeit zum Gespräch mit dem Andersdenkenden, der immer gleich diskriminiert wird: diese oder jene Theorie sei «unwissenschaftlich», dieser oder jener verstünde nichts von der Sache (wie sie es auch von den japanischen Zoologen gesagt hat, die die Affen auf Koshima beobachtet haben, obwohl diese mit der den Japanern eigenen Akribie und Sorgfalt gearbeitet haben).

Der Mythos stimmt auch in dieser Hinsicht: Du sollst nicht essen vom Baum der Erkenntnis. Alice Miller vermutet: «Es ist denkbar, daß die entfremdete, perverse und destruktive Seite unseres heutigen Wissenschaftsbetriebs eine Spätfolge dieses Verbots ist.» Es sind Männer, die diesen Betrieb tragen. Und es war eine Frau, die als erste das Gebot übertreten hat.

VI
DER KUCHEN DER FRAUEN

Je «integrierter» (so der Fachausdruck der Neurologen) unsere linken und rechten Gehirnhälften werden – je weniger das linke Richten und Aktiv-Sein das rechte Hören und Fühlen unterdrückt –, desto weniger brauchen wir die Spiegelung dieser Situation in der Politik: Rechte und Linke. Viele brauchen sie jetzt schon nicht mehr.

Integrierte Menschen wollen integrierte Gruppierungen. Wenn die etablierten Parteien – auf linkes und rechtes Denken fixiert – sie ihnen nicht liefern, werden neue entstehen. Sie entstehen schon. Manche Städte – kleinere zumal und ländliche Gemeinden – werden bereits jetzt stärker durch Wählergemeinschaften gelenkt als durch die Parteien.

Die Menschen werden einen Sinn dafür gewinnen, daß Fragen wie Kapitalismus oder Sozialismus – gar im Sinne einer Alternative – das Problem nicht erfassen. Viele empfinden das jetzt schon. Die Meinung – auf Marx zurückgehend –, daß es einzig unser wirtschaftliches, materielles und finanzielles Wohlergehen sei, das uns motiviere, wird sich als «Gerücht» erweisen. Politiker, Technokraten, Industrielle, Wirtschaftsleute und Soziologen haben sie uns so lange und so heftig eingeredet, daß wir sie geglaubt haben. Inzwischen wird immer deutlicher: Wichtiger als Ökonomisches ist es, zu lieben und geliebt zu werden, sinnvollen Beschäftigungen nachgehen zu können, sein eigenes Leben und das seiner Mitmenschen zu bereichern, Interessen zu haben, die uns innerlich bewegen ... Zu ihnen wird auch das spirituelle Ur-Anliegen des Menschen gehören, das C. G. Jung als ebenso elementar wie die Sexualität bezeichnete. Spirituelle Diskriminierung – zum Beispiel von religiösen Einzelgängern oder «Sekten» – wird ebenso aufhören, wie in den letzten Jahren sexuelle Diskriminierungen (fast) aufgehört haben.

Die neuen Gruppierungen entstehen «sprungartig». Es ist kaum möglich, ihre Bildungsprozesse und -prozeduren zu durchschauen. Ich habe ein paar Dutzend Menschen, die verschiedenen Interessen- und Wählergemeinschaften im Südwesten Deutschlands angehören, gefragt, wie denn nun eigentlich ihre Gruppe entstanden sei. Die häufigste Antwort, die ich erhielt, war: «Ich weiß nicht. Wir waren mit einemmal zusammen.»

In den USA werden die neuen Gruppen *networks* genannt; auch bei uns bürgert sich der Ausdruck «Netzwerk» ein. In der Tat sind sie die Netze, die über das Land geworfen werden. Wenn ein Netz sinnvoll geflochten ist – die Spinnwebe ist das Modell –, kann es – so leicht, so nahezu unmerklich es sein mag – über weite Strecken gespannt werden und dennoch «halten».

Ich finde es bemerkenswert, daß nirgendwo – in keiner unserer zahlreichen politischen Zeitschriften und Publikationen, auch in den alternativen nicht – dokumentiert worden ist, wie die gewaltigen – das, in der Tat, waren sie! – Friedensdemonstrationen im November 1983 entstanden sind. Ich muß daraus schließen: Man kann es nicht dokumentieren. Man kann es rational nicht durchschauen. 200 000 (!) Menschen aus der ganzen Bundesrepublik strömten damals in Bonn zusammen.

Ich habe es so erlebt: Ein Freund, eine Bekannte, zwei- oder dreimal auch unbekannte Menschen, die sich auf gemeinsame Bekannte bezogen, riefen an und erzählten, dann und dann fänden die Demostrationen statt ... ob ich nicht mitmachen wolle ... dann und dann würde der Bus abfahren ... wir kämen am gleichen Tag wieder zurück ... so und so viel würde es kosten ... dort und dort würde man sich treffen. Keiner sagte dies alles, aber alle zusammen sagten eben dies. Nachdem ich ein paar solcher Anrufe bekommen hatte, begann ich – ohne dazu aufgefordert worden zu sein – meinerseits, die erhaltenen Informationen an andere Menschen weiterzugeben. Von vielen weiß ich, daß sie das ihrerseits taten. Hinterher ergab sich: Die meisten Demonstranten waren viel stärker durch Gespräche und Anrufe als durch die – ohnehin nur wenigen – öffentlichen Ankündigungen und Plakate motiviert worden.

Ein Bonner CDU-Politiker kommentierte: «Wir hätten monatelang arbeiten, eine eigene Infra-Struktur einrichten, ganze Bürokratien schaffen müssen, wir hätten Tausende von Menschen lange Zeit hindurch beschäftigen müssen, um eine derartige Bewegung auf die Beine zu bringen.»

Es gibt Dutzende ähnlicher Beispiele. Nicht nur Parteien und politische Programme ändern sich, noch stärker und elementarer tun dies Kommunikationen und Organisationen. Der bürokratische Apparat etwa der etablierten Parteien oder des Deutschen Gewerkschaftsbundes – eben noch kaum hinterfragt, jahrzehntelang als notwendig akzeptiert – fängt an, antiquiert zu wirken. Immer mehr Menschen können nicht verstehen, wozu all diese aufgeblasenen Bürokratien benötigt werden. Sie spüren instinktiv: Es gibt intensivere und effizientere Kontakt- und Organisationsmöglichkeiten.

Fast jeder, den ich befragt habe, konnte bestätigen: Wenn es um Gruppierungen, Zusammenschlüsse, Gemeinschaften, Demonstrationen, Unterschriftensammlungen etc. geht, wird man in unverhältnismäßig starkem Maße von Frauen angesprochen, angerufen, angeschrieben, motiviert. Neurologen und Psychologen wissen, daß Frauen kommunikativer sind als Männer. Kommunikation ist mehr als nur Sprache. Diese ist primär im linken Hirn zentriert, aber dennoch ortet die Wissenschaft die Zentren für Kommunikation und Beziehung stärker im rechten – in der Hemisphäre also, die eher «feminin» (*Yin*) als «maskulin» (*Yang*) ist.

Die alte Gesellschaft hat fast alle ihre Organisations- und Kommunikationsaufgaben Männern überlassen, in seltsamem Widerspruch zu der Tatsache, daß Frauen – wir brauchen dazu gar nicht Psychologen und Neurologen zu befragen, fast jeder hat es selbst erfahren – auf diesem Gebiet begabter sind als Männer. Männer haben getan, was Frauen besser könnten: eine ungeheure Verschwendung, die letztlich eine Verschwendung des gesamtmenschlichen Potentials ist, auch also die Männer selbst betrifft – und immer stärker betreffen wird! Eine Menschheit, die um ihr Überleben kämpft, wird es sich nicht mehr leisten können, Aufgaben an eine einzige Gruppe von Menschen zu delegieren, wenn deutlich ist, daß es eine andere Gruppe gibt, die geeigneter ist, sie zu lösen.

Das Pentagon in Washington, der KGB in Moskau, die EG-Behörden in Brüssel, die Regierungsämter und Ministerien jeder beliebigen Hauptstadt – die Bürokratien der Welt! – sind Alpträume menschlicher Fehlorganisation. Monumente männlicher Selbstüberhebung – so starr, so überstrukturiert, so wenig «offen», so viel stärker auf sich selbst als auf andere bezogen, wie Männer es relativ häufiger sind als Frauen. Sie bewegen sich – wenn sie das überhaupt tun! – wie ausrangierte Maschinen – knackend und knarrend, klappernd und ratternd, rumpelnd und rasselnd – ununterbrochen Überflüssiges produzierend, Energie verschwendend, immerzu in Gefahr, stehen zu bleiben – worauf flugs neue Büros, Ämter, Behörden, Verwaltungswege, Formulare geschaffen werden, welche die erlahmende Maschinerie wieder in Gang bringen sollen. Niemand – schon gar nicht ihre ständig wechselnden Chefs – kann diese Monstren übersehen. Allenfalls Einblick und Durchblick hat noch das Heer der kaffeekochenden Sekretärinnen, Stenotypistinnen und Telefonistinnen. Ohne sie wäre längst alles zusammengebrochen.

Frauen können besser «systemisch» denken als Männer. Diese haben ihre Behörden und Bürokratien so konzipiert, wie sie selber denken und gerne wirken möchten: auf der geraden Linie der Kausalität von einem Ausgangspunkt zu einem Ziel, wobei jeweils – als handele es sich um altmodische Dampfmaschinen – um so mehr Druck ausgeübt werden muß, je schneller die Maschine laufen soll. In Wirklichkeit sind *Organ*isationen keine Maschinen, sondern – wie das Wort, mit dem man sie bezeichnet, andeutet – *Organ*-ismen: lebendige Systeme. Nur so jedenfalls können sie wirken. Es läßt sich heute noch gar nicht abschätzen, wieviel leichter, flüssiger, müheloser sie arbeiten würden, wenn diejenigen, die sie ohnehin am Leben erhalten – die Frauen –, auch das Sagen in ihnen hätten. Frauen können besser kommunizieren und organisieren, weil sie besser hören und zuhören können: weil der Hörsinn bei ihnen noch nicht ganz so defizient ist wie bei der Mehrzahl der primär augengesteuerten Männer. In Kommunikations- und Organisationsformen, die von Frauen geleitet und gesteuert werden, hören die Menschen stärker aufeinander: Sie *ver-nehmen* einander (und sind eben deshalb *ver-nünftig*!). All die Verordnungen und Erlasse, die Vorschriften, die Berge von Papier, mit denen die herrschenden Männer die Kanäle ihrer Organisationen verstopfen, werden überflüssig werden. Ohnehin liest sie kein Mensch. Ihren Sinn verdanken die meisten von ihnen der ego-zentrierten, sich absichernden, mehr an der eigenen Karriere als an der Sache orientierten, *par excellence* männlichen Motivation, daß es allemal gut sei, sich darauf berufen zu können, eine Verfügung – falls sie «zum Tragen» komme – erlassen zu haben: daran erinnern zu können, daß sie in irgendeinem der Tausenden von Ordnern «abgelegt» sei. Es ist nicht zuletzt dieses Denken, das die alten Organisationsformen so monoman und defektanfällig gemacht und den größeren Teil ihres Personals ge- und verbraucht hat: ein Denken, das nicht hören will. Bei Gesprächen zwischen Männern und Frauen – so fanden die Soziologen Candace West und Don Zimmermann von der University of California heraus – sind es fast stets die Männer, die den Frauen ins Wort fallen. 96 von 100 Unterbrechungen gehen auf das männliche, nur 4 Prozent auf das weibliche Konto. Männer, die mit Männern reden, unterbrechen sich gegenseitig um 75 Prozent häufiger als Frauen untereinander!

Die kleinste Einheit in der Fülle der sich ständig neu bildenden Gruppen, Gruppierungen, Netzwerke, Interessenverbände ist die Kommune. Vielleicht erinnert sich der eine oder andere noch, mit welchem Argwohn die bürgerliche Presse reagiert hat, als sich in der zweiten Hälfte der sechziger Jahre die ersten Kommunen bildeten. Mit welch hämischer Neugier verfolgt wurde, wie viele von ihnen bald schon wieder auseinanderbrachen, und mit welchem Voyeurismus die sexuellen Probleme – wahrhaftig die geringsten solcher Gemeinschaften! – als die eigentlichen hochgespielt wurden.

Heute heißen die meisten Kommunen Wohngemeinschaften. In unseren Städten und Dörfern sind sie so selbstverständlich wie bürgerliche Ehen. Keiner wundert sich mehr über sie. Die meisten funktionieren besser als die meisten Ehen. Schon deshalb, weil sich Emotionen in ihnen nicht als eine geballte Masse negativer Energie ansammeln können. Bevor sich all die Frustration, der Haß und der Zorn aufgetürmt haben, die eine Ehe auseinandertreiben, ist eine Kommune längst – meist mit einer freundlichen Abschiedsfeier – auseinandergegangen. Und umgekehrt: Die Emotion, aus der heraus eine Kommune gebildet wird, ist meist viel geringer als die, die in eine Ehe führt.

Kein Zweifel – das Zusammenleben der Menschen ist noch immer die schwierigste Aufgabe, vor die sie gestellt wird. Auch das Leben in Kommunen ist kein beständiges «Zuckerschlecken». Aber, so Rudolf Bahro, «was ideal mit Sozialismus und Kommunismus je gemeint war, kann nur mit Kommunen realisiert werden».

Menschen, die zu einer Kommune ge-*hören, hören* überdurchschnittlich stärker aufeinander als Menschen in herkömmlichen Gemeinschaften. Der Standardvorwurf in Tausenden von Ehen: «Du hörst mir ja überhaupt nicht zu!», fällt in Kommunen viel seltener.

Das Experiment der Kommune läuft in der ganzen Welt mit einer Intensität, von der sich die Bürger keine Vorstellung machen – in Tausenden von Gruppen, nicht nur in den bekannt gewordenen: Otto Mühls AAO in Friedrichshof am Neusiedler See oder Findhorn in Schottland oder Dieter Duhms Bauhütte im Südschwarzwald, die sich die Frage gestellt hat: «Wie schaffen wir eine Gemeinschaft, in der jeder einzelne so viele emotionelle und sexuelle Kontaktmöglichkeiten hat, daß die sexuelle Zuwendung eines Menschen zu einem anderen in einem dritten nicht mehr Verlustangst, Haß und Lähmung hervorruft?»

Marilyn Ferguson schätzt, daß in den USA bereits fünfzehn Millionen Menschen «Netzwerken» angehören – Gruppierungen, die sich mit Ökologie und Spiritualität, mit Kindesmißbrauch und Vergewaltigung von Frauen, mit Drogenproblemen und Spielleidenschaft, mit psychischen Störungen und politischen Programmen, mit Ehescheidungen und Unterhaltsfragen, Erziehungs- und Altersproblemen etc. befassen. Hausfrauen, Arbeiter, Angestellte, Universitätsprofessoren, Maler, Musiker, Dichter, Schriftsteller «ge-hören» zu ihnen – und fast immer werden sie von Frauen zusammengehalten. Sie finanzieren sich selbst. Die Menschen in ihnen arbeiten dezentralisiert, freiwillig, schnell und zügig; meist tun sie es, als ob sie ein Spiel spielten, obwohl sie die Ziele, die sie anstreben, ernster nehmen als fast alles andere in ihrem Leben.

Wer «Netzwerke» beobachtet, hat keinen Zweifel: Sie entstehen, arbeiten und wirken als morphogenetische Felder im Sinne des englischen Biologen Rupert Sheldrake. Deshalb ist auch ihre Kommunikation so effizient. Sie resonieren, rasten ein, flackern auf, springen über, changieren wie die Wellen eines einzigen schwingenden Ozeans, ihre Bewegungen weitergebend über Tausende von Kilometern.

Noch einmal Rudolf Bahro: «Falls wir wirklich an der Stelle stehen, wo die Evolution mit uns Menschen schiefzugehen droht, wo wir mit dem möglichen Scheitern der Gattung rechnen müssen, dann gilt es jetzt, so entschieden wie möglich die biologischen Elementarkräfte der Gattung zu mobilisieren und zugleich in eine Ethik der Versöhnung mit allem, was lebt, einzubinden. Für diesen Auftrag müssen wir uns den sozialen Raum schaffen. Deshalb Kommunen!... Wenn Kommune nicht ein Rückzug sein soll... dann muß sie ein Entwurf auf die ganze Gesellschaft hin sein.»

Gewiß hat die holistische Begabung der Frauen – ihre natürliche Befähigung, den Zusammenhang stärker zu sehen als die Details, die Beziehung zwischen den Dingen für wichtiger zu halten als die Dinge selbst – mit ihrer Entfaltung in den neuen gesellschaftlichen und politischen Kommunikationsformen zu tun. Dennoch können natürlich auch Frauen brillant analysieren und sezieren, richten und urteilen; sie können Macht ausüben, unterdrücken und ausbeuten: «eiserne Ladys» sein – vom Typ der Thatcher oder der Indira Gandhi – Frauen, die «männlicher» geworden sind als die meisten Männer und eben deshalb «Welterfolg» haben. Die Frauen in ihrer Gesamtheit werden sich entscheiden müssen, ob sie d i e s e n Erfolg meinen. Ich bezweifle es. Wenn sie ihn dennoch wollen, werden sie das konservieren und stärken, was sie eigentlich abbauen wollen: das Patriarchat. Patricia Mishe: «Anstatt ein Stück von dem Kuchen, den die Männer die ganze Zeit für sich besaßen, zu verlangen, sollten wir Frauen versuchen, einen ganz anderen Kuchen zu backen.»

Die Gruppierungen der Zukunft werden nicht mehr davon abhängig sein, in welche Familie, in welche religiöse Gruppe, in welche Nation oder in welches Land ein Mensch hineingeboren wurde; sie werden uns nicht «verhängt» sein, wir werden sie wählen. Wir werden frei sein, sie jederzeit wieder verlassen zu können. Es werden Gruppierungen unseres Bewußtseins, nicht unseres Schicksals sein. Sie werden klein – aber dennoch viele von ihnen weltumspannend – sein. Politiker mögen sie geringschätzen, Parteien, Kirchen und Medien sie diskriminieren und verfolgen – aber die meisten von ihnen werden als geistige «Felder» miteinander zusammenhängen und in ihrer Gesamtheit zahlreicher, mächtiger und effizienter sein als die herkömmlichen Parteien und Blöcke.

Die alten Organisationsformen waren «Seh-Ordnungen», die neuen werden «Hör-Organismen» sein. Die alten funktionieren deshalb so schlecht, weil das Hören in ihnen entartet ist, ja praktisch keine Rolle mehr spielt. Wir haben aufeinander gesehen, aber kaum mehr aufeinander gehört. Wegen seines transzendierenden Potentials schlägt auch im sozialen und politischen Kontext «äußeres» Hören, wenn es nur aufmerksam und intensiv genug geschieht, in «inneres» Hören um: in das Hören der eigenen inneren Stimme, aber auch in das Hören der inneren Stimme des anderen Menschen – und vor allem: in spirituelles Hören.

VII
WIR SIND BEVORZUGT

> «Wird eine Wahrheit erst einmal erkannt – auch nur von einem einzigen Geist –, so kann ihr am Ende die Gesamtheit des menschlichen Bewußtseins nicht mehr ausweichen.»
>
> *Teilhard de Chardin*

Immer wieder sind wir darauf gestoßen: Alles ist eins. Buddha sagt es und die moderne theoretische Physik. Die holistische Photographie und die Zen-Weisen. Die Systemtheorie der Neuen Biologie und die Upanischaden. Die Tiefenpsychologie und die Neurologie und die Weisen Tibets.

Wir sind – seit etwa zehn Jahren – in einer bevorzugten Situation. Erstmals geraten wir nicht mehr in den Geruch, «irrational» zu denken, «nach Asien zu fliehen», wenn wir sagen: Alles ist eins. Die neuen Wissenschaften bestätigen genau dies.

Also gilt auch für die Politik: Alles ist eins. Wir können die Welt nur ändern, wenn wir uns selbst ändern. Das ist das einzige Ende, an dem wir beginnen können – und dieses Ende liegt uns näher als jeder Anfang irgendwo draußen.

Wie alles andere, wovon ich in diesem Kapitel – und in diesem Buch – spreche, funktionieren auch Gehirne in einem Regelkreis – nicht nur zwischen ihrer rechten und linken Hälfte, sondern auch Gehirne untereinander. Sie «resonieren», schwingen in Resonanz, die Schwingung des einen springt auf die des anderen Gehirns über.

Auch insofern gilt: Wir ändern die Denkweise des anderen Gehirns, indem wir unsere eigene Denk- und Fühlweise, unser eigenes Bewußtsein ändern. Buddha und Christus und viele andere große Weise haben das gewußt und gesagt und danach gelebt, aber es ist hilfreich zu wissen: Ein Neurologe auf dem neuesten Stand seiner Wissenschaft kann es bestätigen.

Buddha vergleicht Bewußtsein mit einer Flamme, die von Baumstamm zu Baumstamm überspringt. Wie bei einem Waldbrand. Wir alle sind Baumstämme. Bewußtsein springt auch von Mensch zu Mensch flammengleich über. Und auch von Menschen zu den realen Bäumen unserer Umwelt, die u n s e r e Krankheiten in sich tragen und offenbar machen und stellvertretend für uns, solange sie es noch können, an ihnen leiden und sterben. Und wenn dann sie – und so viele andere Wesen und Arten! – für uns gestorben sind, dann können nur noch wir selber sterben!

Bewußtsein als Flamme!

WARUM DIE FRAUEN DIE HÖHEREN STIMMEN HABEN

Der Papst stirbt. Herzstillstand. Einem der Ärzte gelingt es, das Herz wieder zum Schlagen zu bringen. Der Heilige Vater kehrt ins Leben zurück. Kardinäle und Bischöfe umstehen das Krankenbett – Aufschluß erwartend, aus erster Hand, über die entscheidende Frage: Wer ist Gott? Der Papst schlägt die Augen auf. Die Geistlichen Herren bedrängen ihn: «Was hast Du gesehen? Wie sieht Er aus?» Der Heilige Vater – offensichtlich erschüttert – stockend und stotternd: «

«SIE ... IST ... SCHWARZ.»

Kalifornischer Underground Joke, Sommer 1984

I
MÄNNER UND FRAUEN MÜSSEN VERSCHIEDEN KLINGEN

Dieses Buch ist voller Beispiele dafür, wie wir durch Hören Erkenntnisse gewinnen, Entdeckungen machen, Aufschlüsse finden können, die dem Sehen verwehrt sind. Man kann ja nicht genug solcher Beispiele sammeln, um dem zur Glorifizierung des Auges erzogenen abendländischen Menschen deutlich zu machen: Du hast auch noch ein anderes wunderbares Sinnesorgan, und es ist Zeit, auch dies zu glorifizieren – und Fakten zu sammeln, damit es glorifiziert werden kann.

Die Wissenschaftler meinen, sie untersuchten alles. Sie täuschen sich. Sie untersuchen primär das, was visuell verstanden werden kann. Sie vernachlässigen Auditives. Sogar das Hörorgan selbst. «Die Funktion des Augapfels», so der Physiologe Wolf D. Keidel, « ist für die Wissenschaft überaus durchsichtig geworden ... was aber in keiner Weise für das Innenohr gilt.»

Wir können in den verschiedenen Bereichen beobachten: Fast

überall hat der vorrangig am Sehen interessierte Mensch – und hat die rationalistische Wissenschaft – optische Phänomene und Prozesse gründlicher erforscht als auditiv.

Dies gilt auch für die – doch eigentlich auf der Hand liegende – Frage: Warum haben die Frauen die höheren und die Männer im allgemeinen die tieferen Stimmen? Oder umgekehrt: Warum sprechen Männer im allgemeinen in einer Tonlage zwischen 120 und 180 Hertz, Frauen eine Oktave darüber? Ich finde sie in der ganzen mir zugänglichen Literatur von Biologen, Anthropologen, Psychologen, Evolutionsforschern etc. nicht beantwortet, was ja verständlich ist, denn die Theorien und Gedankengebäude der Evolutionisten wurden vorwiegend von Menschen – fast ausschließlich Männern! – entwickelt, die wenig Sinn für die Dimension des Hörens besitzen. Ginge es um eine «Sehfrage», sie wäre längst erschöpfend behandelt. So gibt es beispielsweise sorgfältig erarbeitetes Material in Hülle und Fülle darüber, warum die in nördlichen Zonen lebenden Menschen hellere Haare und hellere Haut haben als Südländer. Dabei betrifft diese Frage nur bestimmte Völker und «Rassen», während die «Hörfrage» nach der höheren Stimmlage der Frau alle Menschen betrifft. Bei allen Völkern – auch bei indianischen, asiatischen, polynesischen, afrikanischen, australischen – haben die Frauen eine vernehmbar höhere Tonlage als die Männer. Zwar können weibliche Altstimmen möglicherweise noch eine Terz – manchmal gar eine Quinte – tiefer hinabsteigen als ein männlicher Tenor und kann andererseits der sogenannte «Heldentenor» die Alt-Lage noch um etwa eine Quinte übersteigen, doch ändern diese «Überlappungserscheinungen» nichts daran, daß die durchschnittliche weibliche Stimmhöhe nun einmal erheblich über der männlichen liegt. (Interessanterweise klingt ein Tenor selbst dann für unsere Ohren «tiefer», wenn er sich parallel zu einer Altstimme bewegt, weil der Tenor tiefere, der Alt höhere Obertöne stärker generiert. Das gilt auch für die entsprechenden Sprechstimmen.)

Werden wir uns zunächst unserer auffällig verschiedenen Aufnahmefähigkeit für hohe und tiefe Stimmen bewußt. Es muß ja ein evolutionärer Sinn darin liegen. Sicher ist es wichtig, daß Männer und Frauen verschieden klingen. Wie es ja auch wichtig ist, daß sie verschieden aussehen. Wir gehen spazieren und bemerken als erstes, wenn wir den uns Entgegenkommenden noch kaum erkennen können: Da kommt ein Mann. Oder: Da kommt eine Frau. Die Wahrnehmung des Geschlechts ist höher entwickelt als vergleichbare Erkennungsfähigkeiten. Wir verstehen, warum das wichtig ist, doch käme es nur auf die Differenzierung der Stimmen an, hätte die Evolution es ebensogut umgekehrt machen können: Sie hätte die Frauen mit den tiefen und die Männer mit den hohen Lagen ausstatten können. Es gibt Gesichtspunkte, unter denen dies mindestens ebenso plausibel erscheint. Die beruhigende und bewahrende Kraft eines tiefen Basses entspricht dem Charakter der Urmütter in den Horden der frühen Menschen, wie ihn Forscher überzeugend beschrieben haben, eher als ein heller – womöglich schriller – Sopran.

II
DIE HOHEN STIMMEN TRAGEN DIE MELODIE

Also: Wir nehmen helle und dunkle Töne verschieden wahr. Doch worin liegt die Verschiedenheit? Wir legen die Platte eines Symphonieorchesters auf und bemerken: Die tiefen Instrumente – Bässe, Celli, Tuben etc. – registrieren wir eigentlich nur dann, wenn ihnen eine solistische Aufgabe obliegt. Jenseits davon tragen sie lediglich zum Gesamtklang bei. Sie geben ihm Wärme, Weite, Untergrund. Ihr Solo kann nur gehört werden, wenn die hohen Stimmen schweigen – oder ausgespart oder zurückgenommen werden. Andererseits bemerken wir: Je höher die Stimmen sind, desto leichter und unmittelbarer fallen sie uns auf. Am deutlichsten hören wir die ganz hohen Instrumente – Geigen, Flöten, Trompeten ... Die meisten Menschen empfinden sie – mit dem Recht auf Verallgemeinerung, das ihnen zusteht – als Träger der «eigentlichen» Musik; der «Melodie». Und keine tiefe Stimme muß schweigen oder ausgespart werden, damit die hohe als Melodienträger vernommen wird. In der Tat übertragen die Komponisten und Musik-Arrangeure meist den hohen und höheren Instrumenten die Stimmführung, also das, was man als «Melodie» vernimmt. Im *Tutti* eines Orchesters haben sie gar keine andere Möglichkeit, sie können nichts daran ändern, sie müssen akzeptieren: Die hohen Stimmen dominieren.

Ich wohne in einem kleinen Weindorf an den Hängen des Schwarzwalds. Es gibt da sehr viele Singvögel. Man weiß: Morgens beim Aufwachen und abends vor dem Schlafengehen singen sie am schönsten. Vor allem: Da singen sie alle zusammen – mit hellen, mittleren und tiefen Stimmen. Man kann dann das eben Gesagte auch hier bestätigt finden: Wenn viele Vögel zusammen «Musik machen», hören wir diejenigen mit den höchsten Stimmen am deutlichsten.

Wer in der Stadt lebt und statt Vogelgesang Autos und Straßenverkehr hören muß, kann die gleiche Feststellung machen. Auch im Lärm unserer Großstädte dringen diejenigen Komponenten des allgemeinen Geräuschpegels am stärksten durch, die am höchsten und hellsten sind.

Entsprechendes können wir in Lokalen beobachten: In Cafés und Restaurants dringen aus dem Gesprächs-«Gebabbel» am ehesten die Stimmen von Frauen hervor, nicht weil sie lauter reden (obwohl sie das gelegentlich tun, aber das tun ja auch Männer), sondern weil sie die höheren Stimmen haben.

Es gibt sogar ein physikalisches Gesetz – das Weber-Fechnersche –, das eben dies besagt und mit einer mathematischen Formel auszudrücken vermag: Höhere Töne sind leichter wahrzunehmen als niedrige, wenn die Energie beim Produzieren der Töne die gleiche ist.

III
WEN DIE NATUR DOMINANT MACHEN WOLLTE

Offensichtlich («offenhörbar» müßte man ja eigentlich sagen) also ist: Die hohen Stimmen sind die dominanten. Die dunklen runden den Klang lediglich ab, in der Musik haben sie in erster Linie eine dienende Aufgabe. Als hörender Mensch kann ich mich der Signalfunktion dieses Befundes nicht verschließen, ja ich meine, man muß schon ein gar zu einseitig Sehender sein, um sie generationenlang – ich gebrauche das Wort mit Absicht – *über-sehen* zu können.

Wissenschaftler haben in den letzten Jahren – ich komme darauf zurück – in den verschiedensten Bereichen eine Fülle von Indizien dafür gefunden, daß der frühe Mensch viel wacher und aufmerksamer durch seine Ohren lebte als der heutige. Er muß deshalb – aus stärkster, unmittelbarster Betroffenheit – verstanden haben: Die Natur kann den Frauen nur deshalb die dominierenden Stimmen gegeben haben, weil sie sie dominant machen wollte. Sie hat den Menschen auf diese Weise von Anfang an auf die Herrschaft der Frauen – auf das, was man Matriarchat nennt, *ein-gestimmt* – ein Befund, an dem sich auch dann nichts ändert, wenn man einwendet, die Evolution habe den Frauen durch die Dominanz ihrer Stimmen einen Ausgleich für andere Schwächen geben wollen (ohnehin ein Einwand, der – wie wir sehen werden – nicht stichhaltig ist). Aber selbst wenn er stimmte, entscheidend ist einfach die Absicht der Natur, durch die höhere Stimmlage weibliche Überlegenheit zu signalisieren.

Ich weiß, vorrangig sehende Menschen werden dies mit einem Lächeln lesen. Selbst als Hörender schreibe ich es mit – hoffe ich – spürbarer Ironie. Gleichwohl bleibt an der *Stimmigkeit* des Ergebnisses kein Zweifel.

Der frühe Mensch hat befolgt, was die Evolution nahelegte: Hunderttausende von Jahren lebte er im Matriarchat. Damit diese ungeheure «Summe» von Zeit in der richtigen Relation erscheint, ist es gut, sich zu vergegenwärtigen: Wenn man sich die Zeit des Menschen auf dieser Erde als einen Zollstock von zwei Metern Länge vorstellt, dann haben die Männer gerade erst einen Millimeter lang geherrscht, während die Dauer des Matriarchats 199,9 Zentimetern entspricht.

Die hellere Stimme ist nicht nur dominanter und durchdringender, sie bleibt auch auf größere Entfernungen differenzierter als die männliche. Daß sie benötigt wurde, weil die Frauen die Kinder betreuen – etwa um spielende Kinder rufen zu können –, ist patriarchalischer Schwachsinn. Kinder entfernen sich nicht so weit von der Mutter – zumal nicht in den Menschenhorden der Frühzeit –, daß nicht auch eine tiefe Stimme sie erreichen könnte. Im Gegenteil, gerade für die Kommunikation mit Kindern wäre ein tiefer Baß plausibler als ein hoher Sopran – wegen des Kontrastes; Kinder haben ja selbst hohe Stimmen. Unter Berücksichtigung der Lebensbedingungen in den Urhorden der frühen Menschheit müßten es die Männer gewesen sein, die die Natur hätte höher «stimmen» müssen, denn sie haben die Lager und Höhlen verlassen, um den

Lebensraum zu erweitern, auf die Jagd zu gehen, auf Feinde zu stoßen und mit ihnen zu kämpfen. Dafür aber sind hohe Stimmen zweckmäßiger, weil sie durchdringender sind und alarmierender wirken und deshalb schon aus größerer Entfernung vor dem Nahen des Feindes oder gefährlicher Raubtiere warnen können.

Um so gewichtiger müssen die Gründe der Evolution gewesen sein, die Stimmen der Frauen dominant zu machen: weil sie eben die Frau selbst dominant machen wollte. Wenn Männer wollen, daß ihre Stimmen weit dringen (und gleichwohl differenziert bleiben), müssen sie sie trainieren, damit sie in weibliche Höhen aufsteigen können. Deshalb gibt es den Jodelklang, den man nicht nur bei den europäischen Alpenvölkern, sondern auch bei vielen Bewohnern des Himalayas und der südamerikanischen Anden und bei bestimmten Pygmäen-Stämmen Zentralafrikas hören kann. Was doch bedeutet: In Ausnahmesituationen läßt die Natur dem Mann die Möglichkeit, sich jene Stimmlagen zu erschließen, die Dominanz signalisieren. Normalerweise aber will sie das Gegenteil: Im «humanen Gesamtklang» fordern die weiblichen Stimmen Leitfunktion – und erhalten sie auch; die männlichen Stimmen «dienen». Sie gehören auch in dem Sinne den «unteren» Lagen an, als man von dienenden Menschen sagt, sie stehen «unter» den Herrschenden, ja vielleicht ist dies überhaupt der Grund, weshalb wir hohe Stimmen «hoch» und tiefe «tief» nennen.

IV
WER OBEN UND WER UNTEN STEHT

Hoch und tief: Am Anfang waren dies räumliche Bezeichnungen – etwa auf Berge und Täler bezogen. Aber sehr früh schon muß sich «Höhe» und «Tiefe» auch in der Gesellschaft abgeprägt haben. Der höher Gestellte stand – wie Moses, wie Jesus, wie Feldherren und Anführer «überall in der Welt – auf einem Berg, einem Hügel, einer Erhöhung und sprach zu «seinem» Volk. Jeder konnte auf diese Weise sehen, wer «oben» und wer «unten» steht.

Hundertausende von Jahren sind es Frauen gewesen, die «oben» standen und «von oben herab» zu ihrem Clan, ihrer Sippe, ihrem Volk gesprochen haben. Ihre Stimme wurde deshalb auch und gerade in der Bedeutung, die das Wort «hoch» ursprünglich hatte, als die «höhere» gehört. Entsprechend standen die Männer unten. Wenn sie den Frauen antworteten, kam ihre Stimme – räumlich wie gesellschaftlich – von unten. So also war die Entwicklung: Erst bezog sich «hoch» und «tief» auf Räumliches, dann auf Gesellschaftliches, zuletzt auf Hörbares.

Noch immer, wenn wir eine Frauenstimme als die «höhere» hören, schwingt in dem Hörvorgang die verschüttete Ahnung ihrer höheren Position. Der französische Akustiker René Chocholle hat in Tests herausgefunden: Wenn eine Schallquelle diffus ist, orten die meisten Menschen den höheren Ton instinktiv «oben»; sie deuten, wenn sie gefragt werden, woher der Ton komme, nach oben. Werden sie aber nach der Herkunft einer diffusen tieferen Stimme gefragt, weisen sie nach unten. Dabei sind doch Männer im allgemeinen größer als Frauen. Sind sie es möglicherweise erst in der Entwicklung zum Patriarchat geworden? Die gewaltigen, massigen Körper der Frauen auf den steinzeitlichen Skulpturen, die in den Anden, Mesopotamien, in Afrika und in Südrußland gefunden wurden (Männer sind offenbar als so unwichtig angesehen worden, daß es nicht einmal Skulpturen von ihnen gibt!), legen diese Frage nahe. Wenn sie negativ beantwortet werden muß – es sind ja Knochenfunde denkbar, aus denen die Größen verifiziert werden können –, wird um so deutlicher: Die gesellschaftliche und politische Stellung der Frau über Hunderttausende von Jahren ist ein biologischer Impuls geworden. Deshalb neigen wir dazu, hohe Stimmen als eher von oben und tiefe als eher von unten kommend zu orten – und dies trotz der Tatsache, daß der tiefe Ton sehr viel mehr Raum, Dimension, Resonanzfläche, damit auch «Höhe» und «Größe» braucht als der höhere.

V
DIE HOHE DISTANZ UND DIE TIEFE EINHEIT

Höhere Frequenzen stellen nicht nur mehr Klarheit und mehr Dominanz her, sondern auch mehr Distanz. Auch das haben die Experimente von René Chocholle gezeigt: Ein mit der gleichen Stärke erklingender hoher Ton scheint immer aus einer etwas größeren Entfernung zu kommen als ein genauso lauter tiefer Ton. Umgekehrt: Tiefe Töne stellen Einheit her. Deshalb betont alle meditative Musik der Welt die tiefen Frequenzen, ja wir empfinden instinktiv, daß zwischen sehr hoher Musik und dem «Einswerden» des psychischen Prozesses ein Widerspruch besteht. Selbst die relativ höchsten Instrumente meditativer Musik – die *Shakuhachi*-Flöten der japanischen Zen-Tradition – gewinnen ihre eigentliche Faszination und Expressivität dadurch, daß sie so stark in die Tiefe können und daß so viele tiefe Töne und Untertöne mitschwingen. Kein anderer menschlicher Klang, der so sehr «Einheit» schafft wie der in die tiefsten Bereiche menschlicher Klangmöglichkeiten hinabsteigende OM-Gesang tibetischer Mönche! Wenn es die Obertöne sind (wie ich im Kapitel «Obertöne öffnen die Tür» zeigen werde), die unsere Verbindung mit dem Kosmos – der fernsten möglichen Distanz – herstellen, dann sind es die tiefen Töne, die die direkteste Verbindung zur nächsten Distanz (die eine «*In*-stanz» ist) schaffen: zu uns selbst.

Gesellschaftlich gesehen impliziert kein menschlicher Gesang größere Distanz als ein Koloratursopran. Da steht eine Sängerin «dort oben» auf der Bühne, und das Publikum schaut aus großer räumlicher und innerlicher Entfernung «nach oben hinauf». Jeder Ton scheint zu mahnen: Wahre respektvoll den Abstand! Der Musikschriftsteller Kurt Blaukopf hat darauf hingewiesen, daß die große klassische Musik des Abendlandes, die Musik Mozarts, Haydns und Beethovens – nicht denkbar ohne die Förderung absolutistischer Höfe, Herrscher und Fürsten! –, die hohen Frequenzen betont. Impliziert sie auf diese Weise jene Distanz, die die «hohen» Herren, die sie *«sponserten»*, forderten? Bildet die musikalische Distanz die gesellschaftliche ab?

Indem wir dies fragen, müssen wir weiterfragen: Warum bildet sie sie ab? Weil wir seit Hunderttausenden von Jahren darauf programmiert sind, die höhere Stimme als die Stimme des Herrschers zu empfinden, dem gegenüber wir Distanz zu wahren haben? Tiefe Musik aber überbrückt Distanz – schon deshalb, weil wir sie nicht bloß hören, sondern oft auch körperlich (schwingen) fühlen können – viel stärker als höhere. Der Hörer tiefer Töne hört auf, bloß Zuhörer zu sein. Er steht dem Klang nicht mehr distanziert und respektvoll gegenüber, er selber «klingt» – was natürlich auch daran liegt, daß die Töne am unteren Ende der Frequenz-Skala bruchlos vom Hörbaren in das Fühlbare übergehen. Wir wissen nicht mehr genau: Hören wir? Oder fühlen wir? Vibriert unser Körper mit? Sind wir nicht auch insofern «Teil», als unser Körper genau resoniert wie das Holz, das Metall, die Häute und Saiten der Instrumente, die die Töne hervorbringen? Und doch transportiert diese Frage das Phänomen in seine Peripherie. Sie «greift» nicht das Ganze. Sie deutet einen physikalischen Befund an, der – stellvertretend, ihn abbildend und symbolisierend – für den psychischen, spirituellen und auch für den gesellschaftlichen steht.

Daß dies der Fall ist, macht wieder die Sprache deutlich. Zwar kann sie Frequenzen nicht messen, aber das Ohr mißt, und Sprache antwortet ihm – mehr noch als einer hörbaren Stimme. Fast alle «starken» Einswerdungszustände und -prozesse bezeichnet sie mit dem Wort «tief»: So sprechen wir von tiefer Liebe, tiefem Schlaf, tiefer Verbundenheit, tiefer Einheit, tiefem Glauben, tiefer Religiosität, tiefer Ekstase, tiefer Spiritualität, tiefer Meditation. Wir würden das Sprachbild als verrutscht ansehen, wenn wir die genannten Substantiva mit dem Wort «hoch» verbinden würden, ja selbst noch das soeben verwendete Adjektiv «stark» bestätigt den Befund; wir spüren nämlich: Es «sitzt» nicht genau; «Tiefe» wird hier benötigt.

Sogar noch in Einswerdungserfahrungen, die wir im allgemeinen eher negativ belegen, ist das Wort «tief» angemessen – zum Beispiel bei tiefem Leid, tiefem Schmerz, tiefer Trauer ... Wir gebrauchen solche Ausdrücke nur dann, wenn wir dem Menschen, der diese Gefühle in uns hervorruft, wirklich «tief verbunden» (gewesen) sind. Das Sprachbild «hoher Schmerz» gibt es nicht, aber wenn man ihm einen Augenblick nachhorcht, wäre es allenfalls auf Zahnschmerzen – auf sie jedenfalls eher als auf die Trauer um einen Verstorbenen – beziehbar. Selbst unsere Lichtvorstellungen bestätigen zumindest annähernd (denn so genau sind sie nicht) diesen Befund: Wir würden die meisten der oben genannten Zustände und Erfahrungen eher «tiefer Dunkelheit» als «leuchtender Helle» zuordnen.

Wie gesagt, Sprache «mißt» nicht, und doch «stimmt» das Wort «tief» auch mathematisch – und tut dies wunderbarerweise in doppelter Hinsicht. Einesteils nämlich entspricht es den tiefen Schallfrequenzen, die diese Zustände musikalisch ausdrücken und sie oft begleiten, andererseits aber bezeichnet es auch die Frequenz der Gehirnwellen, die wir aussenden, wenn wir in «tiefer Trauer» oder in «tiefer Meditation» sind oder «tiefe Liebe» empfinden. Wir sind dann nämlich im sogenannten *Alpha*-Zustand, unsere Gehirnfrequenz liegt zwischen 7 und 14 *cycl/sec*, während sie im «Normal»-Zustand, wenn wir *Beta*-Wellen aussenden, zwischen 15 und 51 *cycl/sec* schwingt, also erheblich höher ist; auch unsere Sprache würde die Zustände, in denen wir uns dann befinden, eher mit dem Attribut «hoch» oder «hell» verbinden.

VI
HOCH HEISST: VORSICHT!

Der Leser spürt: Ich lege dieses Kapitel so an, daß sich die Befunde ausweiten. Um dies auch weiterhin tun zu können, greife ich zunächst noch einmal zurück: Ich bitte den Leser, sich an Signale zu erinnern, die uns in Warn- und Achtungssituationen rufen: an Tür- und Telefonklingel, an Rufzeichen in Büros, Firmen und Fabriken (auch dann – das ist schon seltsam –, wenn Männer rufen!), an Sirenen in Katastrophen- und Kriegsgefahr, an Zeichen für Beginn, Pause und Ende in der Schule und am Arbeitsplatz – wo immer ein akustisches Signal Vorsicht, Hinhören, Gefahr bekundet, wo immer es darauf besteht, sofort und ohne Widerspruch befolgt zu werden, bevorzugt es höhere, «weibliche» Frequenzen. (Und kein Zweifel, so sehr mir dieser Schluß mißfällt: Mit allem, was ich da eben zur Charakterisierung der Signale geschrieben habe, m u ß ich zwangsläufig auch die Frauen des Matriarchats charakterisiert haben.)

Instinktiv zieht der Feldwebel, wenn er der Mannschaft auf dem Kasernenhof Kommandos zubrüllt, seine Stimme nach oben. Auf daß sie wieder in jene Höhe emporsteige, aus denen die «Kommandos» der Menschheit so lange getönt haben. Der Einwand, er tue das, damit er besser gehört werde, ist zu kurz gedacht, denn eben deshalb wird er ja besser gehört, weil die aus der weiblichen Stimmlage kommenden Frequenzen uns so lange auf «Hinhören» und «Achtung» programmiert haben.

Der «Warnungscharakter» der höheren Frequenzen wird auch darin deutlich, daß sie sehr viel eher als unangenehm empfunden werden als die tiefen – oder, in den Worten des Akustikers Fritz Winckel: daß «für hohe Töne schneller eine kritische Grenze des Unbehagens erreicht wird als für tiefe». Fast jeder kann dies nachempfinden, wenn er eine schrille, sich überschlagende Frauenstimme mit einer Männerstimme in einer tiefen Baßlage – sogar einer übertrieben tiefen – vergleicht. Unsere Gene haben das also angenommen – nach Jahrhunderttausenden der Erfahrung: Die hohe Stimme sagt «Achtung!» – «Vorsicht!» – «Hüte dich!» – «Komm mir nicht nahe!»

In einige der genannten Signale sind männliche Frequenzen stärker eingemischt, aber es ist interessant zu beobachten, in welche: in solche nämlich, die ihre Herkunft einer relativ modernen elektronischen (männlichen?) Technologie verdanken und nicht lediglich «akustische», von Hand herstellbare (schon zur Zeit des Matriarchats mögliche) Höreindrücke simulieren. Es ist, als ob wenigsten hier die Männer darauf bestehen würden, endlich einmal «zu Laut» zu kommen, aber: *No chance for the men!* Als tragend und dominierend werden auch in diesen Fällen zunächst einmal die Frequenzbereiche der «weiblichen Höhe» empfunden.

VII
DAS WÜTEN DER GROSSEN MUTTER TÖNT NACH

> «Der Hermaphrodit ist die Arbeit der Menschheit.»
> *Théophile Gautier*

Unbewußt zunächst, aber von einem bestimmten Punkt dieses Kapitels an mit wachsender Beunruhigung hat der Leser Signale gesammelt. Hohe Frequenzen lassen uns folgsam werden, zusammenzucken, Unterlegenheit empfinden, keinen Widerspruch wagen, Hysterie orten, einen großen Bogen schlagen, «Nein!» vermuten (ein Wort, das – wie Richard Fester gezeigt hat – in fast allen Sprachen der Menschheit eine weibliche Wurzel hat), nach oben schauen, Achtungspositionen einnehmen, Gänsehaut spüren,

Kälte empfinden, vor Kälte zittern, die Augenbrauen hochziehen, die Flucht ergreifen ... Dutzende ähnlicher Reaktionen.

Wenn ich die Frauen des Matriarchats nicht auf Negativa – auf Angst und Schrecken – gleichsam «akustisch festschreiben» will (und ich weigere mich, das zu tun!), dann weiß ich keine andere Erklärung für diese Tatsache als die Kulte der «Großen Mutter», die es während des Matriarchats gegeben hat und von denen die Erforscher der Mythen annehmen, daß sie auf furchtbare Weise blutig und grausam gewesen sind.

Da gibt es nun ganze Bibliotheken voller Bücher über das Matriarchat, viele visuelle Relikte wurden ausgegraben, gesammelt, gedeutet – selbst dann noch, wenn sie schon so verstümmelt waren, daß kaum noch etwas an ihnen zu sehen war. Aber keiner der klugen Herren, die all diese Bücher geschrieben haben, ist auf den Gedanken gekommen, nach hörbaren Relikten zu fragen. Die braucht man nicht auszugraben und von Erde und Schmutz sauberzukratzen. Wir alle hören sie jeden Tag. Denn unsere Hörwelt ist älter und konservativer, sie bewahrt eine Million Jahre und mehr in jedem von uns, was in der sichtbaren Welt längst schon verwest und vermodert ist. Die Hörwelt besitzt genauso ihre «Fossile» wie die sichtbare. Nur muß man eben hören. Und horchen. Und lauschen. Der Sprache und den Tönen der Menschen und des Menschen-Ähnlichen und unserer Reaktion auf sie nachhorchen.

Das ist einfach – und es verweist auf innere «Taubheit», auf die Verkümmertheit unseres Hörsinns, daß die Wissenschaftler es nicht – oder kaum je – getan haben.

Was sie dennoch gefunden haben – die «Hörendsten» unter den Wissenschaftlern, die «nach innen Hörenden», die Mythenforscher: Bachofen, Erich Neumann, Mircea Eliade, C. G. Jung, Berdjajew, neuerdings Ken Wilber –, ist aufschlußreich genug: Berge von Toten im Matriarchat! Geopfert wurden sie der «Großen Mutter», der «herrschenden Göttin» – ein «Ungeheuer», wie die Fachleute befinden.

Erich Neumann zählt auf: «Die Selbstverstümmelung und den Selbstmord von Attis, Eshmun und Bata; Narziß, der an seiner Selbstbewunderung stirbt; Aktaeon, der... in Stücke gerissen wird...Aithon, der im Feuer seiner eigenen Leidenschaft ver-

Vierge ouvrante – geschlossen und geöffnet
(unbekannter Meister)

brennt ... Hippolythus, [der] zu Tode geschleift wurde ... Die Liste ist seitenlang – und in jedem Fall ist die Rache der ‹Großen Mutter› das zentrale Faktum ...» Ihre Kulte müssen ein Inbegriff allen Schreckens gewesen sein.

Ken Wilber: «Man nimmt den gesamten Bestand an Mythologien um die ‹Große Mutter› und analysiert auf statistischer Grundlage das Schicksal der Individuen, die in engen Kontakt mit ihr geraten, so, wie es in den Mythen selbst erzählt wird. Dann stößt man darauf, daß diese Individuen unweigerlich ein tragisches Ende finden, getötet oder ermordet werden, Selbstmord begehen oder kastriert ... oder aufgefressen werden ...»

Die «Große Mutter» steht an Gräbern und Hinrichtungsstätten.

Bis hin zu Jesus. Vieles ist da verschüttet, aber ein entscheidendes Detail bleibt sichtbar: die Mutter am Kreuz.

Auch die anderen Indizien der alten Mutter-Religionen stimmen noch immer. Christus wurde als Opferlamm besungen; als nämlich die blutigen Rituale der Mutter allmählich «zivilisierter» und nicht immer gleich lebendige Menschen getötet wurden, war das Lamm der beliebteste «Menschenersatz».

Bis ins Mittelalter hinein blieb die «fressende», «vertilgende» Kraft der «Großen Mutter» bewußt. Ihr seltsames Symbol innerhalb des Katholizismus waren die Marien-Statuen der *Vierge ouvrante*: Wenn ihre Flügeltüren geschlossen waren, sah die *vierge* wirklich aus wie die Jungfrau – das Jesuskind und den Weltapfel in der Hand. Wenn sie sich aber öffneten, sah man in ihrem Leib: Gottvater zwischen den Brüsten und tief verborgen im Uterus: den gekreuzigten Christus und manchmal auch noch die Taube des Heiligen Geistes. Die «Mutter» war größer als sie alle, sie umfaßte und enthielt sie, sie hatte sie buchstäblich gefressen! Kein Wunder, daß die Kirche schließlich derartige Darstellungen verbot!

Keiner schüttelt sich, wenn ihm der Pfarrer den Kelch reicht und sagt: Christi Blut. Und die Oblate: Christi Leib. In diesem Moment trinken und essen wir noch immer, was wir in den Kulturen der «Großen Mutter» Hunderttausende von Jahren lang zu uns genommen haben: Menschenblut und Menschenfleisch. Wir sind darüber geblieben, «was man salopp ein ‹Muttersöhnchen› nennt» (Ken Wilber).

Wir schütteln uns nicht, wenn wir das Blut trinken, aber wir gehorchen respektvoll und furchtsam, wenn irgend etwas in unserer Hörwelt sich den hohen Frequenzen der «Großen Mutter» nähert. Unsere Ohren bewahren, was unsere anderen Sinne längst schon vergessen haben. Sie «hören» Fossile. Sie «ahnen», daß es schlimm für uns ausgehen könnte, wenn wir nicht folgten.

Gewiß trüge die «Große Mutter» nicht diesen Namen, wenn sie nicht auch die mütterliche Gebärende wäre: die erhaltende, bewahrende, liebende weibliche Kraft. Es kommt nicht darauf an, sie einseitig zu sehen. Entscheidend ist nur, daß ihre vertilgende, mordende, blutige Komponente stark genug war, um bis heute in unseren «Hör-Erinnerungen» bewahrt werden zu können – wie ihre liebende Seite. Oft ist beides zugleich präsent. Die tödliche,

Menschenopfer fordernde Durga der indischen Mythologie kann als Inkarnation der liebenden Shakti gesehen werden. Die mörderische Kali ist gleichzeitig auch die mädchenhaft zarte Parvati – und oft sind beide die Devi, die höchste Göttin schlechthin, welche die Mutter ist und dennoch – als Kali – Blut trinkt. Ja, selbst die 999 Arme der japanischen Kannon sind nicht nur – wie die heutigen Japaner meinen – zum Lieben, sondern waren ursprünglich auch zum Erdrücken da: zum Tod in der Liebesvereinigung.

Anthropologen und Ethnologen kommen immer wieder zu dem Ergebnis: Von einem bestimmten Punkt an mußte das Matriarchat einfach ins Patriarchat umschlagen – nach jenem dialektischen Gesetz, das uns Hegel gelehrt hat. Aber das Patriarchat war nicht das Ziel, es war eine Reaktion, die ihrerseits eine Entwicklung durchlaufen hat – von der Notwendigkeit zur Deformation – und neue Reaktionen herausfordert. Wilber: «Wie das männliche Prinzip einst das Bewußtsein aus dem chthonischen Matriarchat errettet hat, könnte heute das weibliche helfen, das Bewußtsein aus dem Patriarchat zu erretten... Der Drache, den wir jetzt bekämpfen müssen, ist die ichhafte Struktur selbst...», ist eben das «männliche Prinzip», dem die abendländische Zivilisation und Kultur so viel verdankt, das aber inzwischen dabei ist, unser aller Existenz auf diesem Planeten zu gefährden und möglicherweise auszulöschen.

«Heute müssen wir Intuition und wache, aber passive Bewußtheit entwickeln, so wie wir gestern unbedingt selbstbehauptende Logik und aktive Mentalität entwickeln mußten... Das Patriarchat, das mentale Ego, hat seine notwendige Zwischenfunktion erfüllt. Es wird sich jedoch buchstäblich als unser aller Tod erweisen, wenn sich die Zustände nicht bald grundlegend ändern.» Und mit Änderung meint Wilber – und meinen wir – gewiß nicht eine neue Thesis oder eine neue Antithesis – also gewiß kein neues Matriarchat! –, sondern das, worauf Dialektik hinausläuft: die Synthese. Endlich den ganzen, den androgynen Menschen, den integralen, in dem Männliches und Weibliches zu einer neuen Einheit zusammenfinden: für den *history* – welch entlarvendes Wort! – nicht immer nur *his-story*, seine Geschichte ist, sondern auch *her-story*, ihre Geschichte, wird.

VIII
WARUM FRAUEN GESEHEN WERDEN WOLLEN

Was geschah beim Übergang vom Matriarchat zum Patriarchat? Wir haben gesehen: Hunderttausende von Jahren haben die Männer auf die Frauen gehört. Aber dann vertrieb Gott den Adam – und die Eva! – aus dem Paradies, «verflucht sei der Acker... mit Kummer sollst du dich nähren dein Leben lang. Dornen und Disteln soll er dir tragen...» Und dies war das Argument: «Dieweil du hast *gehorcht* der Stimme deines Weibes...» (I. Moses, 3,17).

Das war das Neue: Frauen wurden nicht mehr gehört. Die erste «historische» Frau, auf die nicht gehört wurde, war Kassandra. Troja wäre nicht zerstört worden, das Schicksal Griechenlands, ja ganz Kleinasiens anders verlaufen, die furchtbare, sich fortzeugende Tragödie der Atriden – Agamemnons, Klytämnestras, Elektras, Orestes – vermieden worden, wenn auf Kassandra gehört worden wäre. Sie eröffnet die Reihe der großen sehenden und wissenden Frauen, deren Stimmen im Patriarchat «über-hört» wurden.

Aber: Frauen wurden gesehen. Sie mußten gesehen werden. Und sie wollten gesehen werden. Das nahm von nun an einen großen – Jahrtausende lang wachsenden – Teil ihrer Arbeit in Anspruch: sich schön zu machen, sich zu pflegen, Lidschatten aufzutragen, sich zu schminken, schöne Kleider zu wählen und zu tragen, Aufmerksamkeit zu erregen, das Auge zu fangen. Als fingen sie es ein statt des Ohrs.

«Die beste Frau ist die, die nicht spricht», galt in der Gesellschaft. Und der Volksmund sagte: «Mädchen, die pfeifen, und Hühnern, die krähn, muß man beizeiten die Hälse umdrehn.» – «Das Weib soll schweigen in der Gemeinde», heißt es in der Bibel.

Die Frau geriet dadurch in die «Zwickmühle»: «Um ernst genommen und gehört zu werden, muß sie so reden wie ein Mann. Tut sie das, ist sie nicht mehr feminin, sondern männlich, und wird als Frau entwertet» (Senta Trömel-Plötz). Frauen reden weniger – auch wenn sie im öffentlichen Leben stehen, obwohl doch die Männer behaupten, sie redeten mehr. Ihr Redeanteil im Deutschen Bundestag entspricht nicht etwa ihrem ohnehin viel zu geringen Prozentsatz, sondern liegt erheblich darunter. Und wenn sie mal reden, ist der Geräuschpegel im Hohen Haus um ein Meßbares höher als bei den Reden der Männer. Die Herren hören nicht zu, nicht weil sie sich dies bewußt vornähmen – so unhöflich sind sie nicht –, sondern weil sie innerlich auf das Nichthören der weiblichen Stimme programmiert sind.

Aber: Sie schauen die Frauen an. Nirgendwo anders wird die Unterlegenheit unseres Sehsinns so deutlich wie an dieser Stelle. Mit allem, was die Frauen tun, um die Augen der Menschen – männlicher Menschen vor allem – anzusprechen – ein ungeheurer Aufwand, der ganze Industrien ernährt und das Straßen- und Schaufensterbild unserer Städte bestimmt –, konnten sie die eine «winzige Kleinigkeit» nicht ausgleichen: daß sie nicht mehr gehört werden. Kein sichtbarer Aufwand half ihnen, den unsichtbaren, den «hörbaren» Mangel wettzumachen. «Du sollst nicht gehorchen der Stimme deines Weibes» ... was doch bedeutet – jede Frau hat das hundertfach erfahren –: «Was wir auch immer für die Augen tun, es berührt nur Symptome, Minimalia, Reize, hübsche Details.» Wer nicht gehört wird, bleibt dennoch unterlegen. Die Fernsehleute wissen es am besten: Wenn etwas zu sagen ist, was jeder beachten soll, dann ist es zweckmäßig, es einer männlichen Stimme anzuvertrauen.

Vielleicht ist auch die Tatsache, daß Frauen, wenn sie in ihrer normalen Stimmlage sprechen, seit das Patriarchat herrscht, nicht gehört wurden – und weiterhin nicht gehört werden –, ein Grund dafür, daß sie in hohe, extreme Stimmlagen ausweichen mußten. So könnte die «hysterische Stimme» entstanden sein. Zusätzlich zu unserer genetischen Negativ-Programmierung hinsichtlich weiblicher Sounds gibt es noch eine gesellschaftliche. Die genetische stammt aus der Zeit des Matriarchats, ist also uralt, die gesellschaftliche ist relativ neu. Sie stammt aus den fünf- oder sechstausend Jahren des Patriarchats, konnte also genetisch noch nicht kodiert werden.

Die Männer haben einfach mehr Glück gehabt: Männliche Stimmlagen sind nirgendwo negativ programmiert. Sie evozieren Ruhe, Sicherheit, Geborgenheit, Zuverlässigkeit, Beruhigung, Kraft. Es ist kaum möglich, sie an eine Schmerzgrenze zu führen (außer durch übergroße Lautstärke, aber dies betrifft alle Frequenzen, auch hohe, «weibliche»). Selbst an ihrem äußersten Ende geben sie keine Unbehaglichkeitssignale, sie gehen einfach – sozusagen «stillschweigend» – in den Bereich des Nicht-mehr-Hörbaren hinüber. Im Gegensatz – wie gesagt – zu extrem hohen Frauenstimmen, die erst einmal Schmerzen auslösen, bevor sie «hinübergehen».

Nur stammt eben das Positiv-*Image* der männlichen Stimme aus der Zeit des Matriarchats, also aus einer Ära, in der die Männer gar keine Möglichkeit gehabt haben, sich negativ zu profilieren. Sie mußten «brav» sein: das tun, was von ihnen erwartet wurde. Wie später – im Patriarchat – die Frauen «brav» zu sein hatten. Was von den Männern erwartet wurde, ist heute noch in ihrem Stimmklang verborgen. Die Negativität, die später – als sie an der Macht waren – von ihnen ausging und durch sie bewirkt wurde, ist zu jung, als daß sie sich bereits in unsere Gene eingeprägt haben könnte.

So müssen wir ständig abwägen. Ständig ganz genau hinhören. Wer diese Darstellung «sexistisch» findet, mißversteht sie. Das Wort ist ohnehin unbrauchbar, ist reine «Propaganda». In genau dem Sinne, in dem die Männer des Patriarchats – zweifellos – «sexistisch» sind, sind auch die Frauen des Matriarchats «sexistisch» gewesen. Entweder also ist das Wort sinnvoll für beide Geschlechter – oder für keines. Die Ironie, die ich gelegentlich in diesem Beitrag anklingen lasse, ist für ein wirkliches Verständnis des Problems ergiebiger, humaner als die Verwendung von Kampfworten.

IX
DER WEIBLICHE SOUND IST DER ÄLTERE

Männliche Menschen erreichen ihre tiefere Stimme erst in der Pubertät. Nicht nur die Frauen haben ja die höhere Stimmlage, auch die Kinder. Solange Kinder – auch männliche – auf ihre Mütter bezogen sind, entsprechen ihre Frequenzen der Stimmhöhe der Frauen. Vielleicht ist dies der Grund für die gleiche Stimmhöhe bei Frauen und Kindern: Beide gehören dem gleichen «Regelkreis» an, einem Batesonschen «System».

Die Forscher sind sich einig: In den Urhorden des Matriarchats wurden Männer nur an der Peripherie geduldet. Sie hatten «draußen» zu bleiben – außerhalb von Heim, Höhle und Herdfeuer. Sie mußten sich «andienen», indem sie erlegtes Wild herbeischleppten. Dafür durften sie dann auch mal für eine Nacht bei der einen oder anderen Frau bleiben. (Am «Anschleppen von Wild» hat sich auch im Patriarchat nichts geändert: Heute schleppen die Männer Blumen, Konfekt, Schmuck an, um «mal für eine Nacht dableiben» zu dürfen.)

In dem Augenblick, in dem die Stimme umkippt, steigt der männliche Heranwachsende aus dem «Regelkreis» der inneren Höhle aus. Woraus steigt er wirklich aus? Aus dem Stimmbereich der in seinem Umkreis überwiegenden menschlichen Wesen, nämlich der Frauen und Kinder, als sei er von nun an von ihnen «abgesondert» – und in den Sozialsystemen der Urhorden ist er das wirklich gewesen.

Noch heute erhöhen Männer instinktiv ihre Stimme, wenn sie mit Babies und kleinen Kindern sprechen. Wollen sie sich auf diese Weise wieder «einklinken» in den Regelkreis?

Weil Männer in ihrem eigenen «Clan» nur zögernd und immer nur vorübergehend akzeptiert wurden, entwickelten sie das ihnen eigene Interesse, «in die Ferne zu schweifen»: Neues zu erkunden, anderswo Partnerinnen zu finden. Auf diese Weise hat die Evolution den Drang des Mannes in den Raum und in die Weite, den männlichen Entdeckungs- und Expansionstrieb konditioniert.

Biologisch gesehen sind wir alle – auch der männliche Mensch – als Fötus zuerst weiblich. Die menschliche «Urnatur» ist feminin. Das Y-Chromosom, das die Männlichkeit kodiert, ist das schwächere; es muß ständig um sein Überleben kämpfen (auch insofern programmiert die Evolution den Mann von Beginn an zum Kämpfen). Der *basic human code* besteht aus zwei X-, also zwei weiblichen Chromosomen. Das Y ist die *alteration*, die Abweichung. Wenn es allein ist, kann es sich nicht überleben. Es braucht das X – das weibliche – zur Ergänzung; sonst stirbt es. Das weibliche X-Chromosom aber kann allein bleiben.

Die Frau entstand also nicht – wie die Bibel und die anderen patriarchalisch verfälschten Schöpfungsmythen uns weismachen wollen – aus dem Mann, sondern der Mann aus der Frau.

Die Klitoris ist nicht, wie Freud uns eingeredet hat, ein verkümmerter, schmerzlich vermißter Penis. Sie ist ein Organ der Freiheit und Selbständigkeit – das einzige menschliche Organ, das allein und ausschließlich dem Lustgewinn dient. Nicht Vergleichbares gibt es am männlichen Körper. Alle anderen menschlichen Lustzentren haben immer außerdem auch noch einen anderen Zweck – und dieser andere ist ihr eigentlicher. Alle unsere Lustzentren lehren uns: Lust ist Nebensache; der Hauptzweck des betreffenden Organs ist ein anderer. Allein die Klitoris lehrt: Lust kommt zuerst.

Wenn überhaupt eines der beiden Geschlechter etwas «Verkümmertes» hat, dann ist es der Mann: Das Y-Chromosom, das Männlichkeit auslöst, sieht aus wie der abgebrochene, verstümmelte Rest des vollen weiblichen X-Chromosoms. Und vor allem natürlich ist die männliche Brust «verkümmert». Immer noch ist sie von jenen Brustwarzen geziert, die die Frau zum Stillen der Babies braucht und die der Mann nicht benötigt; er hat sie behalten, als er sich aus der Frau «abspaltete», nirgendwo an seinem Leib diese «Abspaltung» sichtbarer machend als hier. Selbst der Lustgewinn, den sie ihm schafft, ist nur noch eine Verkümmerung des so viel stärkeren Lustreizes, den die Frau durch die Brust gewinnen kann.

Für unseren Zusammenhang bedeutet all dies, daß – evolutionsgeschichtlich gesehen – der höhere Klang der weiblichen Stimme der ältere ist. Er ist der ursprüngliche «menschliche Sound». Die tiefere männliche Stimme ist «Derivat».

Zwingend ergibt sich: Es waren nicht nur die Frauen, es war die Evolution selbst, die die Männer «draußen» halten wollte. Nur so ist es erklärlich, daß sie ihnen von dem Zeitpunkt an, da sie «draußen» zu bleiben hatten, einen «fremden» Sound gab – auf Anhieb zu unterscheiden vom Sound derer, die zum inneren «Regelkreis» gehörten: der Frauen und Kinder. Als wollte sie die Männer für den Sinn, der für den frühen Menschen der entscheidende war – den Hörsinn –, von vornherein kennzeichnen, fast ein wenig als Brandmarkung: Achtung: Der, der den tiefen Klang hat, darf nur unter bestimmten Umständen eintreten! Er klingt «anders» als die, die «dazugehören».

Kaum ein Wort in den uns zugänglichen Sprachen, das die Außenseiterstellung des Mannes auf verräterischere Weise entblößt als das englische *husband*: Ehemann. Der ans *Haus Gebundene*. Das Wort markiert einen Triumph: Endlich durfte er einziehen! Nicht bloß für eine Nacht. Für immer. Das Wort ist verräterisch, es macht nämlich gleich auch noch deutlich, wie er es geschafft hat. Im Normannischen und bei den Wikingern (die es nach England gebracht haben) hieß es noch *husbond*, und *honde* ist der Bauer. Der *Bauer bindet* die Ähren. Die Frauen – die nie in der menschlichen Entwicklung so unumschränkt geherrscht haben wie in der Zeit des beginnenden Ackerbaus – brauchten jemanden, der das für sie tat: den Mann. Das Wort *husband* hätte nie entstehen können, wenn das nicht etwas Besonderes gewesen wäre – etwas Neues, gleichsam ein von der Sprache zu registrierendes Unikum: Ein Mann im Haus! Fast möchte man davorsetzen: Endlich! Aufschlußreich auch, daß es sich um ein zusammengesetztes Wort handelt. Also um etwas Nachträgliches. Später Gebildetes. Von der Ur-Sprache überhaupt nicht Vorgesehenes, in ihr deshalb nicht abgebildet. Etwas noch zu Schaffendes: der *Hausbauer!*

X
DIE FRAU SCHUF DIE SPRACHE

Das Wild (wir tauchen wieder zurück in die Vor-Ackerbau-Zeit), das die Männer brachten, war nicht nötig – so wenig wie heute ein Schmuckstück. Die Urhorden lebten im Überfluß. Die meisten gab es in Afrika. Der Ur-Mensch war schwarz. Die Nahrung wuchs auf den Bäumen und am Boden – mehr als genug für die wenigen Menschen. Sogar noch in unseren Breiten war es viel wärmer als heute. Auch dies sollten wir endlich erkennen: Der Kampf ums Überleben, der bereits dem frühen Menschen nachgesagt wird, ist eine Projektion der protestantisch-kapitalistischen Wettbewerbsgesellschaft – wie Darwins «Kampf ums Dasein» genau zur richtigen Zeit entstanden, als die die Erde unterjochenden, sich gegenseitig ausbeutenden Menschen der westlichen Zivilisationen allerorten biologische, anthropologische, historische Legitimationen für ihr eigenes (Fehl-)Verhalten suchten – und eben deshalb auch fanden.

Hunderttausende von Jahren lang war Nahrung genug vorhanden. Fleisch spielte die geringste Rolle. Es war zwar willkommen, aber doch eben nur als zusätzlicher Leckerbissen – wie man immer noch an der Anatomie unserer Zähne erkennen kann: zwanzig vordere und hintere Backenzähne, acht Schneidezähne, aber nur vier Eckzähne. Backenzähne zermahlen Getreide. Schneidezähne schneiden Gemüse und Früchte. Eckzähne zerreißen Fleisch. Das ist also das Verhältnis 20:8:4 (oder 5:2:1) für Hülsenfrüchte : Gemüse : Fleisch. Nur vier von 32 Zähnen für Fleisch! Und es ist interessant: Nirgendwo im menschlichen Gebiß gibt es so viele Varianten wie bei den Eckzähnen. Bei manchen Menschen sind sie fast so stumpf wie die Backenzähne – was doch bedeutet: Die Natur besteht nicht auf ihnen – also: besteht nicht auf Fleisch.

Auch die Funde machen das deutlich: Viel zuwenig Gerät zur Verarbeitung tierischer Nahrung an den Lagerstellen! Fleisch war wirklich etwas Zusätzliches. Damit auch die Tätigkeit der Männer: die Jagd. Sie war ein «Hobby» – ein Sport –, letztlich so unwichtig, daß die Anthropologin Doris F. Jonas resümieren konnte: «Bei unserem Rundblick über das Gesamtpanorama menschheitlicher Entwicklungen bis auch in die fernste Vergangenheit sahen wir die Dominanz der Frau innerhalb der Gesellschaft so groß werden, daß sie eine Revolution der Männer geradezu nachziehen mußte.»

Nicht einmal die wichtigste Eigenschaft der Jäger – VIRilität: männliche Tugend, Kraft, Mut, Tapferkeit – war von Anfang an eine maskuline. Richard Fester verfolgt das Wort bis zum alemannischen WAR, dem nordischen BARN und dem schottischen BAIRN: Überall bedeutet es Nachkommenschaft, aber das war in matriarchalischer Zeit genauso ausschließlich die weibliche, wie es später die männliche wurde. Nur die weibliche Linie hatte WÜRde (auch dies ein Wort, das der VIR verwandt ist). Daß es wirklich eine weibliche war, macht auch das Wort VIRgo (lateinisch Jungfrau) deutlich. Die Tugend der Frauen war gemeint, bevor die Männer das Wort für sich usurpierten – und nun plötzlich unter «Frauentugend» verstanden, was ihnen genehm war.

Männer waren im Matriarchat unterbeschäftigt – wie heute die «grünen Witwen». Weil Jagen nur ein Hobby war, füllte es sie nicht aus. Deshalb bildeten sie Gruppen, Clubs, Vereine, Gemeinschaften. Frauen hatten keine Zeit dafür. Da saßen die Herren dann herum und vertrieben sich gemeinsam die Zeit. Weil sie das Hunderttausende von Jahren lang taten, ist ihnen das «ein-kodiert» worden. In Afrika, in Polynesien, in Indonesien, bei den Indianern, bei uns: Immer – oder fast immer – sind es die Männer, die Bünde bilden: Männerbünde, Vereine, Orden, *Gangs*, englische Herrenclubs (denen keine Damenclubs gegenüberstehen), Rotary- und

Lions-Clubs und was sich das männliche Gemüt sonst noch alles auf diesem Gebiet ausgedacht hat. Auf diese Weise sind auch Männerchöre entstanden. In ihnen – und durch sie – wurden die männlichen Stimmen endlich einmal gehört. Frauen hatten das nicht nötig. Sie taten, was mehr Spaß macht: Sie sangen mit Männern zusammen. Da wurden sie noch viel eindrucksvoller gehört. Deshalb gibt es so selten Frauenchöre. Aber Männerchöre brillieren noch immer mit jenen dunklen, warmen Sounds, durch die sie seit alters bestechen: Die eindrucksvollen, Furcht einflößenden arabischen. Die unheimlichen indianischen. Die gemütlichen deutschen. Die perfekten japanischen.

Das ist das Problem der Chor-Literatur von Anfang an: von den frühen Madrigalen in England und Italien über Bach, die Klassik und Romantik bis heute – die Unterlegenheit der Männerstimmen. Händel zum Beispiel hat ganz bewußt versucht, die Männerstimmen stärker zu konturieren als die Frauenstimmen. Ein gutes Beispiel ist der Chor «Er trauete Gott» im «Messias». Gleichwohl sind die Männer im Grunde nur dort klar zu hören, wo sie allein singen: am Anfang, wenn sie das Fugen-Thema vorstellen und dann nur noch kurz, wenn jeweils ihre Stimmen einen neuen fugato-Einsatz haben. Sobald die Frauen dazukommen, beherrschen sie das musikalische Geschehen, und die Männern «verbreitern» es nur, machen es voluminöser.

Noch deutlicher wird der Sachverhalt in der berühmten Schillerschen «Ode an die Freude» im Schlußsatz von Beethovens Neunter. «Seid umschlungen, Millionen, diesen Kuß der ganzen Welt» singen die Männer allein, und da werden sie als Männerchor gehört. Wenn dann die Frauen dazukommen, entsteht sofort der Eindruck, vorwiegender Frauenstimmen, obwohl doch die Männer weitersingen. Ähnlich ist es ein paar Takte später bei den Zeilen «Brüder, überm Sternenzelt muß ein lieber Vater wohnen». Wenn Beethoven will, daß die Männerstimmen als Männer gehört werden, muß er die Frauen schweigen lassen. Aber wenn er die Frauenstimmen als Frauen hörbar machen will, können die Männer ruhig weitersingen, was man zuerst hört, sind ohnehin die Frauen.

Was auf diese Weise in der Musik hörbar wird, ist nur ein auditiver *«print»*, ein zu ver-nehmendes Muster dessen, was auch in der Gesellschaft geschieht. Musikalische Ensembles, Gruppen, Chöre sind hörbare gesellschaftliche Modelle...

Erst seit dem Anfang unseres Jahrhunderts – unter dem Zeichen des beginnenden Feminismus – sind die Frauen dazu übergegangen, auch ihrerseits Gruppierungen zu bilden, sich – wie man heute sagt – zu «organisieren». Und immer noch dienen ihnen Männer-Vereinigungen als Modell dazu. Es gibt ja auch keine besseren. Was einer ein paar hunderttausend Jahre lang gelernt hat, das kann er.

Männer wurden auch deshalb als unwichtig angesehen, weil der Zusammenhang zwischen Zeugung und Geburt noch unbekannt war, wie er bei vielen Völkern – etwa der Urbevölkerung der Trobriand-Inseln – immer noch unbekannt ist. Er wurde erst im Übergang von der Steinzeit zur Bronzezeit – also verhältnismäßig spät – bewußt, will sagen: Er blieb Hundertausende von Jahren rätselhaft. Er war ja auch kaum zu durchschauen, denn die Anzahl der sexuellen Akte steht zur Seltenheit einer Geburt in schwer begreiflicher Relation. Noch heute meinen viele Völker – sogar die Dogons in Zentralafrika mit ihrem hochentwikkelten, von Ethnologen und Psychologen der ganzen Welt studierten und bewunderten Gesellschaftssystem –, daß es zwei- und dreijährige Schwangerschaften gebe. In vielen Ländern der islamischen Welt sind mehrjährige Schwangerschaften sogar im Gesetz verankert – noch heute! Man ist sich dort sicher: Die Frau entscheidet, ob sie ein Kind bekommt. Sie will es eben, und dann bekommt sie es. Leserinnen der Regenbogenpresse ist dieser Umstand als Grund für die Verstoßung Sorayas – und die war doch nun wirklich mit einem angeblich modernen, westlich orientierten Herrscher verheiratet! – in allen Details bekannt.

Aber auch später, als der Zusammenhang zwischen Geschlechtsverkehr und Schwangerschaft erkannt wurde, blieb der Abstand zwischen Frau und Mann Jahrzehntausende lang ungeheuer groß – zuungunsten des Mannes. Richard Fester hat gezeigt: In allen Sprachen der Menschheit kommen alle Worte, die mit Herrschen zusammenhängen, aus weiblichen Wurzeln – unser deutsches Wort HERrschen eingeschlossen. HERren, HERzöge und FÜRSTEN, KÖNIGE und KAISER, SCHAHS und MAHARAD-

SCHAS und PASCHAS (selbst die!) – sogar die japanischen SAMURAIS mit ihrer maximierten Maskulinität – waren, wie an dem weiblichen Kern all dieser Worte noch heute erkennbar ist, ursprünglich Frauen.

Daß auch Richter und Priester ursprünglich Frauen waren, können wir noch heute in jedem Gerichtssaal und in jeder Kirche an den Roben, Kutten und Talaren sehen, die sie tragen: Frauenkleider also, die die Männer – um glaubhaft zu bleiben – weiterhin tragen mußten, als sie den Frauen diese «Jobs» abnahmen. Cato hat das noch gewußt: Deshalb – so erklärt er – trugen die Senatoren im alten Rom Togen; sogar sie – die doch inzwischen wirklich die Macht hatten – brauchten weibliche Kleidung, um dem «Volk» ihre Würde begreiflich machen zu können.

Bereits im vergangenen Jahrhundert schrieb der bedeutende französische Geograph Elisée Reclus (1830–1905), der durch seine Reisen und Studien so viele heutige ethnologische, anthropologische und soziologische Erkenntnisse angebahnt hat: «Der Frau verdankt die Menschheit alles, was sie menschlich gemacht hat. Sie ist die Schöpferin aller anfänglichen Elemente der Zivilisation gewesen.» Hundert Jahre später kommt Richard Fester aufgrund seiner paläolinguistischen Forschungen zu dem Schluß: «Die Frauen waren der Beginn menschlicher Gesellschaftsbildung – entscheidend für das Überleben der Art. Sie schufen die Sprache – und damit die Voraussetzung zu kultureller Entwicklung. Sie erfanden die ersten Werkzeuge – und legten damit den Grundstein für jede weitere Technologie. Sie schufen Glauben und ‹Kirchen› ...»

Lachhaft die Meinung der älteren (patriarchalischen) Sprachforschung, die Männer hätten Sprache bei der Jagd geschaffen. Richard Fester fragt ironisch zurück: Wozu? Um das Wild zu verjagen? Löwen, Tiger, Wölfe, Haie etc. haben perfekte Tötungs- und Jagdstrategien entwickelt. Die Evolution brauchte keine Sprache, um sie zu vervollkommnen. Von den durch Fester ermittelten Ur-Worten ist nur eines männlicher Herkunft, ein weiteres neutral, die anderen eindeutig weiblich bestimmt. Die Frauen haben Sprache geschaffen unter dem – dieses Wort ist angemessen – «Diktat» eines weiblichen Ur-Impulses: Liebe zu differenzieren, sie reicher und tiefer und ergiebiger zu machen – durchaus unterschieden vom männlichen Liebestrieb, der auf die direkteste und unmittelbarste Weise zum Ziel kommen will – und dazu Sprache nicht braucht. Liebe sollte differenziert werden nicht nur gegenüber dem Liebes- und Sexualpartner, sondern auch gegenüber dem Kind. Das Wort «Muttersprache» schreibt noch heute jedes Menschen persönliche Erfahrung fest: Wir lernen noch immer, wie die Ur-Menschen, unsere ersten Worte – die Worte, mit denen unsere Fähigkeit, zu sprechen, beginnt – von einer Frau: von der Mutter.

XI
SPRACHE – SO ALT WIE DER MENSCH

Sprache beginnt sehr viel früher, als man noch vor wenigen Jahren angenommen hat. Ansätze zu ihr gibt es bereits vor dem *homo*. Tiere – Schimpansen, Paviane, Organ-Utans, Hirsche und Rehe, zahlreiche Fische, Vögel und Insekten – verfügen über «Körpersprache». Amerikanische Zoologen haben das dominante Männchen einer Schimpansengruppe in einen Käfig gesperrt, in den man zuvor eine tote Klapperschlange gelegt hatte. Schimpansen haben eine panische Furcht vor Schlangen. Nach einer Zeit ließ man das Affenmännchen wieder zurück zu seinem Clan. Ein paar Tage später sperrte man die Gruppe ohne das Männchen in den Käfig, aus dem man inzwischen die tote Schlange entfernt hatte. Trotzdem führten die Schimpansen ein großes Spektakel auf und schlugen minutenlang auf die Stelle ein, wo die Klapperschlange gelegen hatte. Das Männchen hatte also seinen Artgenossen «erzählt», was es in dem Käfig gesehen hatte – und es hatte seine Eindrücke so gut «geschildert», daß die Schimpansen die Situation wiedererkannten, obwohl inzwischen keine tote Klapperschlange mehr zu sehen war. (Ich denke an Elias Canetti: «Mit zunehmender Erkenntnis werden die Tiere den Menschen immer näher sein. Wenn sie dann wieder so nahe sind wie in den ältesten Mythen, wird es kaum mehr Tiere geben.»)

Mit Information geradezu «gespickt» sind die Gesänge der Wale: In einer halben Stunde vermitteln sie zwischen einer und zehn Millionen *bits*. Das ist etwa die Informationsmenge der «Odyssee» –

und wir brauchen länger als dreißig Minuten, um das Epos Homers zu lesen.

Es gibt eine Fülle stichhaltiger Indizien (siehe auch «Nada Brahma»), die Biologen, Anthropologen, Ethnologen, Sprachforscher in der Ansicht bestätigt haben: Sprache ist so alt wie der Mensch. Sie ist nicht, wie man noch vor zwanzig Jahren geglaubt hat, irgendwann nach ein paar hunderttausend Jahren menschlicher Entwicklung entstanden. Nur insofern sie das war, kann vom *homo* gesprochen werden.

Die Verhaltensforscher Doris und David Jonas weisen darauf hin, daß bereits ein früher Vorläufer des *homo australiensis* – der *homo erectus* (der nach den neuesten Forschungen ungefähr vor drei bis vier Millionen Jahren auftauchte) – Schädelformen hatte, die es ihm möglich gemacht haben müssen, «modulierte Laute von sich zu geben». Die asiatische Abart des Neandertalers verfügte bereits über den Ansatz zu einem Rachen. Affen sind in der Lage, bis zu einhundert verschiedene Laute von sich zu geben.

Auf einem von der Werner Reimers-Stiftung für Anthropologische Forschung veranstalteten Symposium im August 1966 wurden zwei Probleme in den Vordergrund gestellt: «1. die Frage, ob das Lallen des Schimpansenbabys Ansätze zu einer Protosprache [= Ur- und Vorsprache] enthalte ... 2. ob die Menschenaffen tatsächlich schon die primitive Urform eines begrenzten Vokabulars ausgearbeitet haben können ...»

Unter den vielen Indizien, die zur – vorwiegend positiven – Beantwortung dieser Fragen vorgelegt wurden, erscheinen mir zwei besonders wichtig: daß «Kinder ihre Sprachbefähigung viel früher erlangen als die höheren intellektuellen Fähigkeiten» und daß frühkindliche Sprache «weniger mit Informationsaustausch zu tun hat, als soziale Bindungen verstärken» soll. Frühkindliche und damit doch offenbar auch proto-menschliche Sprache entwikkelt sich also unabhängig von Intelligenz und dem Bedürfnis, Informationen zu übermitteln.

Eine Grenze zwischen Sprache und Sound ist in der Evolution nicht auszumachen. Alle Ur-Worte sind, bevor sie Sprache wurden, spielerisch entstandene Sounds – ein Prozeß, der sich noch heute in der Sprachfindung des Kindes wiederholt. Das Kind hört die Kuh «muh» machen und antwortet: «muh». Es hört die Sirene des Schiffes im Hafen «hu-hu-hu» tönen und wiederholt – halb singend, halb sprechend – «hu». Noch bevor wir auf Sprache antworten, antworten wir auf Sounds. Unser Impuls zu antworten wird nicht erst durch den Sinn der Frage aktiviert, die uns gestellt wird, sondern bereits durch den Drang zu Imitation und Variation des Sounds, den wir hören. Unser Sprech-Impuls ist ein Sound-Impuls. Das genau drücken die Mythen aus, wenn sie nicht nur «Im Anfang war das Wort» sagen, sondern auch: «Im Anfang war der Ton.» Wie gesagt, die Grenze zwischen beidem verschwimmt.

XII
MÄDCHEN SPRECHEN FRÜHER UND MEHR

Ich schreibe diese Absätze an einem Bergfluß in Oberbayern. Ein junges Paar steigt zu Tal. Der Weg ist noch verschneit. Sie benutzen das Flußbett. Sie springen – der junge Mann vorneweg – von Eisscholle zu Eisscholle und von Fels zu Fels. Manchmal springen sie daneben, sie verfehlen einen Stein, brechen im Eis ein, dann spritzt es auf, sie werden naß. Das geschieht sowohl dem Mann wie dem Mädchen. Der Mann springt einfach weiter, aber das Mädchen – jedesmal, wenn es abrutscht oder der Fuß im Eis stekkenbleibt oder ein Stein unter dem Aufspringen ins Rollen gerät – schreit «Huch» oder «Hach» oder «Hich», gibt irgendwelche kleinen Laute von sich. Ich halte dieses Verhalten für – relativ – geschlechtstypisch.

Man beobachte die aus einem Kino herauskommenden Paare. Fast immer sind die ersten, die irgend etwas sagen, die Frauen. Die Männer meinen seit alters: Die Frauen «babbeln soviel». Das ist ein patriarchalisches Vorurteil; sachgerechter klingt es so: Wir alle tun das am häufigsten und freudigsten, was wir am besten können. Die Frauen «können» reden: Sie sind geschickter, schneller, ausdrucksbegabter, kreativer im Lautgeben. Am hörbarsten ist das in der Liebe. Viel stärker als die meisten Männer sind die Frauen aktiv und intensivierend mit ihrer Stimme und den Sounds, die sie von sich geben, dabei.

Nicht erst erwachsene weibliche Menschen sind hinsichtlich ihrer Fähigkeit und Begabung, Klänge zu formen, den Männern überlegen. Ich erinnere an die Ergebnisse amerikanischer Verhaltensforscher, nach denen weibliche Babies verhältnismäßig stärker auf auditive, männliche stärker auf optische Reize reagieren und Mütter dies «wissen». In der Mehrzahl Tausender beobachteter Mutter-Kind-Beziehungen forderten Mütter ihre weiblichen Babies relativ stärker durch ihre Stimme, gingen auch mehr auf das Plappern und die Geräusche des neugeborenen Mädchens ein, während sie ihre männlichen Sprößlinge häufiger «nonauditiv» durch Bewegungen und buntes Spielzeug zu motivieren suchten.

In die gleiche Richtung deutet die Tatsache, daß Frauen ihre Kinder (und andere Menschen) sehr viel häufiger verbal strafen, während Männer häufiger dazu neigen, dies physisch zu tun. Auch dies könnte angelegt sein in der sprachlichen Überlegenheit der Frau zur Zeit des Matriarchats – und andererseits in der während Hunderttausenden von Jahren gemachten Erfahrung der Männer, verbal unterlegen zu sein, mit Sprache kaum etwas ausrichten zu können, dafür aber vielleicht (?!) körperlich überlegen zu sein. Die Frauen haben die entgegengesetzte Erfahrung gemacht: Durch Sprache herrschten sie, übten sie Macht aus.

XIII
DER UR-MENSCH – EIN HÖRENDER

Affen – bereits bei ihnen: Äffinnen zumal! – haben eine reich differenzierte Zeichensprache, Hunderte von Gesten und ausdrucksstarken Bewegungen, mit denen sie untereinander kommunizieren. Ja, amerikanischen Zoologen ist es gelungen, auf diese Weise auch direkt mit den Affen zu «sprechen». Bekannt wurden die Erfolge der kalifornischen Biologin Francine Patterson, die ihrem Gorillamädchen Koko in fünfjährigem Training dreihundert Zeichen der Taubstummensprache *Ameslan* beigebracht hat und das Tier sogar motivieren konnte, neue, eigene Zeichen zu erfinden.

Ein anderer Affe, der ebenfalls in Illustrierten und Magazinen oft abgebildete Washoe, lernte sogar, Metaphorisches zu verstehen und seinerseits zu verwenden. So gebrauchte er das Zeichen für «Schmutz», das er am Beispiel von Affenkot gelernt hatte, auch für einen «schmutzigen», unangenehmen Charakter – was doch bedeutet: Affen können «analog» denken.

Es scheint, daß Männer die Fähigkeit der Primaten, sich durch Gesten und Zeichen zu verständigen, länger beibehalten haben als Frauen. Doris und David Jonas weisen darauf hin, daß es noch heute Indianerstämme gibt, «denen die Tradition vorschreibt, daß Männer die Sprache nur spärlich benutzen dürfen und sich untereinander mittels Gesten zu verständigen haben». Und in anderem Zusammenhang: «Es könnte sehr wohl so gewesen sein, daß der frühmenschliche Mann eine Tugend aus seiner Sprachuntüchtigkeit machte, zumal seine Hauptaufgabe, die Jagd, sowieso komplette Stille erforderte... Für die Frauen ging [der Selektionsdruck] in Richtung auf eine sich ständig verbessernde Lautgestaltung, für die Männer hingegen in Richtung auf eine stetig sich verbessernde Raumorientierung...»

Was wir heute davon noch wahrnehmen können, sind Restbefunde, gerade nur interessant, um uns selber besser verstehen zu können. Vor Hunderttausenden von Jahren aber war die stimmliche und sprachliche Überlegenheit der Frau so wichtig für die Entstehung von Kommunikation – und damit von Zivilisation und Kultur –, wie die räumliche Begabung des Mannes wichtig war für die Erschließung neuer Lebensräume – und damit für die Ausbreitung des Menschen auf dieser Erde.

Während der ganzen, unermeßlichen Zeit des Matriarchats hat das Ohr dominiert – wie auch schon vorher bei den Primaten, überhaupt bei fast allen Tieren. Evolutionsforscher sprechen von der «Ära acoustica» in der Frühzeit des Lebens. Der Ur-Mensch – Jean Gebser, Marius Schneider und andere haben das sorgfältig erforscht und belegt – war ein Hörender. Er lag und hockte in den Senken und Vertiefungen der Steppe und lauschte den Geräuschen der ihn umgebenden Welt nach, all jenen geheimnisvollen Sounds, die da aus Tierkehlen und wogenden Wäldern, aus sich bewegenden Halmen und Blättern, aus den Geräuschen gleitender Schlangen und

Reptilien, aus Höhlen und Schluchten, aus Winden und Stürmen, aus Regen, Hagel, Gewitter, aus Flüssen und Strömen auf ihn eindrangen. Ich erinnere: Das aus dem Sanskrit stammende Wort *Nada* = Klang heißt ursprünglich Fluß. Es muß dem frühen Menschen selbstverständlich gewesen sein, einen Strom als Klang zu empfinden.

Es ist im Sinne der Evolution, daß wir das, was wir hören, auch selbst machen können. Wir können die Stille, die uns umgibt, selbst erfüllen: mit Worten, Lachen, Weinen, Singen. Machen wir uns noch deutlich, wie bevorzugt damit das Ohr ist? Wir können das Dunkel um uns nicht selbst erhellen: Die «Lichtquelle» ist immer außerhalb von uns. Vielleicht liegt hierin der Hauptgrund dafür, daß uns unser Sehsinn so stark nach außen, unser Hörsinn so stark nach innen führt. Hören war früher da als Sprechen und heißt deshalb zwangsläufig immer auch: nach innen hören.

Der vorrangig hörende Charakter des Ur-Menschen programmierte und konditionierte sein Bedürfnis, Sprache zu schaffen und zu vervollkommnen. Es könnte sehr wohl sein, daß die Evolution die auditiven Fähigkeiten deshalb gefördert hat, damit der Mensch Sprache schuf. Es ist möglich, daß die Frau diesen Auftrag stärker empfunden hat, denn sie hatte in erster Linie Hör-Informationen zu verbreiten und in Anweisungen umzusetzen. Dies wäre ein weiterer Grund, weshalb die Frau zunächst die stärkere Sprachbegabung entwickelt hat. Sie mußte sorgfältiger und präziser mit Sprache umgehen können, damit ihr gehorcht werden konnte.

Es rundet das Bild ab, daß auf all diese Dinge bisher kaum hingewiesen wurde. Wissenschaft wird von Männern betrieben. Nach allem, was wir gesagt haben, ist klar: Daran sind sie nicht – oder allenfalls nebenbei – interessiert.

XIV
POLYPHONIE ALS MODELL

Wagen wir zum Schluß dieser Überlegungen über die stimmliche Dominanz und die sprachliche Überlegenheit der Frau noch eine weitere Ausweitung, zu der uns das Ohr und das Hören geführt haben. Man stelle sich eine Musik vor, in der der Stärkere auf die simpelste Weise unumschränkt herrscht. Welche Musik ist das? Kein Zweifel: monodische. Ein Chor vieler verschiedener Stimmen – tiefer und hoher, Männer und Frauen –, die alle *unisono* oder im Oktavabstand die gleichen melodischen Linien singen. Was sie da wirklich tun, ist: Sie singen der höchsten Stimme nach. Die singt das, was man als «Melodie» empfindet. Die hohen Frauenstimmen herrschen also.

Insofern stimmt es: Frühe Musik war monodisch. Bis weit ins Patriarchat hinein. Denn Musik reagiert langsam, sie ist konservativ. Gesellschaftliche Änderungen «merkt» sie oft erst dann, wenn sie schon lange vorbei sind.

Die Menschheit war schon tief im Patriarchat, als polyphone Musik entstand. Und dennoch entstand sie genau im richtigen Augenblick: unmittelbar bevor das Patriarchat zu seiner größten Machtentfaltung ansetzte – kurz vor dem Aufgang des abendländischen Rationalismus, dem größten Triumph, den die Männer in der Geschichte der Menschheit hatten. Und auch das stimmt ja: Es gehört eine gute Portion Rationalismus zur Herstellung ordentlicher polyphoner Musik. Einer mehrstimmigen Fuge etwa. Oder einer Toccata.

Die Logik liegt darin: Je selbständiger die verschiedenen Stimmen polyphoner Musik sind, desto mehr Chancen haben die tieferen, daß sie gehört werden – und zwar gehört als eigene, «männliche» Meinung, die nicht immer nur der hohlen «weiblichen» im Oktavabstand der alten Monodien hinterhersingt, dies auch nicht einmal mehr in der Quinte tut. In überhaupt keinem festen Abstand. Denn s i e entscheidet darüber, welchen Abstand sie jeweils wählt.

Adorno hat festgestellt: Polyphone Musik sagt: «Wir!» Das ist – wie so vieles bei ihm – zwar wahr, aber doch nur die halbe Wahrheit. Die Studentinnen, die ihre Brüste entblößten, um gegen ihn zu protestieren, haben gewußt: Der alte Herr ist Patriarch. Deshalb haben sie ihn so empfindlich getroffen. Andere Frankfurter Professoren der sechziger Jahre hätten ihren Spaß gehabt; sie hätten gesagt: Wenn ihr so protestiert, dann tut das nur weiter! Adorno hat nie verstanden – und schon gar nicht gehört: Musik ist auch Sex. (Deshalb seine Probleme mit Jazz!)

In Wirklichkeit ist polyphone Musik dort, wo viele verschiedene Menschen gemeinsam Musik machen, die einzige, in der tiefe Stimmen – Stimmen in «männlichen Lagen» – als eigene wahrgenommen werden können. Sonst haben sogar Kinder mehr Chancen, gehört zu werden, als Männer.

Polyphone Musik sagt zwar «Wir!», aber sie tut das nur, um auf diese Weise «Herr!» sagen zu können. Ihr «Wir!» ist vorwiegend männlich besetzt – wie es das «Wir» Adornos in der Tat gewesen ist. Das «Wir!» ist das Mittel, mit dessen Hilfe sich der Schwächere «Sitz» und «Stimme» er-spielt und er-singt.

Wenn der Mann will, daß seine Stimme gehört wird, muß er, da er sie beim «besten» Willen – und wahrhaftig, den hat er gehabt! – nicht dominant machen kann, auf Pluralismus dringen: auf viele verschiedene Stimmen, die so kontrastieren, daß auch die tiefen und «untenliegenden» – die «unterlegenen» – beachtet werden können.

Das Wort Pluralismus kündigt an, worauf ich hinauswill: Wenn a l l e s in der Geschichte der Musik ein Modell der Gesellschaft ist – und es gibt genug kompetente Untersuchungen, die dies belegen –, dann ist auch und gerade das, wovon wir hier reden, Modell. Demokratie ist eine Erfindung der Männer. Sie m u ß t e es sein. Es gibt keinen Grund, weshalb Frauen Demokratie hätten erfinden sollen. Sie hatten ja das, was sie brauchten. Und riefen erst dann nach Demokratie, als sie es nicht mehr hatten; selbst dann taten sie es zögernd. Was Demokratie in der Politik ist, das ist Polyphonie in der Musik; die Gleichberechtigung sämtlicher «Stimmen» – auch derjenigen, die die Natur «unterlegen» gemacht hat.

Das also ist das Postulat: polyphone Musik als Modell.

Wir alle – Männer und Frauen, die wir in dieser Kultur leben – lieben polyphone Musik. Nicht bloß Fugen. Auch New Orleans Jazz und Free Jazz sind polyphon. Guter Rock ist es auch. Was lieben wir da? Die Antwort kann nur lauten: die Gleichberechtigung all der vielen verschiedenen Stimmen, die wir hören. Kürzer: Gleichberechtigung.

Und nun prüfen wir skeptisch: Was hören wir in all der polyphonen Musik, die wir lieben – von Bachs «Kunst der Fuge» und Mozarts «Zauberflöte» bis hin zu Coltranes «Ascension» und John McLaughlins Mahavishnu Orchestra? Was hören wir zuerst? Kein Zweifel: die hohen Stimmen! Wir hören zwar all die anderen auch – jede mit (fast) gleichem Rang –, aber es läßt sich nicht ändern: die hohen dominieren. Wir könnten sogar die hohen schwach und die tiefen stark machen – meinetwegen ein Dutzend Wagner-Tuben *unisono* tief drunten im Dunkeln und am anderen Ende eine einzige Piccolo-Flöte. Was hören wir zuerst? Die Flöte.

Ganz zu Ende gedacht sagt nicht bloß die Monodie, sondern sogar die Polyphonie: «Frau!» Aber sie sagt eben auch all das andere: Sie sagt: «Herr!» Und sagt: «Wir!»

OBERTÖNE ÖFFNEN DIE TÜR

«Können wir uns die Obertöne als eine Art universales Mantra vorstellen, was diesen ganzen Planeten stimmt – als die eigentliche universale Sprache?»

Roberto Laneri

I
VIELE STIMMEN AUS EINER KEHLE

Mit einemmal singen junge Menschen Obertöne. Als Roberto Laneri – der wunderbare italienische Obertonsänger (und Komponist und Sopransaxophonist) – Anfang 1984 in Indien war und wir für unsere «Nada Brahma»-Veranstaltungen einen anderen Sänger brauchten, hatte ich in wenigen Stunden des Herumtelefonierens mehr als zwanzig Obertonsänger gefunden, die mehr oder minder kompetent an seine Stelle treten konnten – und die meisten von ihnen hatten selbst schon Schüler, die Obertonsingen studierten. So ähnlich muß es gewesen sein, als im 17. Jahrhundert die Technik des Koloratur-Gesangs entstand und sich innerhalb weniger Jahren überall in Italien – und bald auch anderswo in Europa – an Höfen, Theatern, Opernhäusern durchsetzte. Wie damals die Menschen von dieser neuen Art zu singen fasziniert waren, so sind sie es heute vom Obertonsingen. Und wie damals die Konzertbesucher atemlos konsterniert waren darüber, daß Menschen «so» singen konnten, so sind auch heute die Zuhörer fassungslos, wenn da aus der Kehle eines einzelnen Menschen zwei voneinander unabhängige Melodiebewegungen zu kommen scheinen – oder ganze Akkorde, aus den Tönen der Obertonreihe übereinandergeschichtet. Sie wollen es nicht glauben; sie fühlen sich – «auf den Arm genommen»; manche meinen, da sei eine versteckte Elektronik im Spiel, eine irgendwo hinter der Bühne verborgene Bandmaschine, die die zweite – und dritte und vierte! – Stimme «heimlich» einspielt.

Jahrhundertelang blühte die edle, alte Kunst des Obertonsingens in Tibet und in Nordindien, beim sibirisch-mongolischen Stamm der Tuwans, in buddhistischen Klöstern Japans und Chinas und bei wenigen begnadeten Sängern der südamerikanischen Anden. Manchmal klingt sie – rudimentär – im sich überschlagenden Falsetto der Flamenco-Sänger an, auch in den «umkippenden» Vokalisen afrikanischer Pygmäen-Stämme und in – immer seltener werdenden – bulgarischen und rumänischen Folklore-Gesängen. Auffällig ist, daß Obertongesang fast immer in spirituellem Kontext geschieht.

Aber die jungen Menschen, die nun plötzlich in Europa und den USA Obertöne singen, betreiben dies nicht als Imitation von Exotischem. Meist kennen sie die asiatischen, afrikanischen, indianischen Vorbilder nicht – oder nur unzureichend. Sie singen artikulierte und wohlkonturierte Melodie-Phrasen, die ihre Herkunft aus westlichem Musikempfinden in jedem Ton verraten.

Fachleute meinen: Zum erstenmal seit der Gregorianik gibt es in Westeuropa eine lebendige Kultur des Obertongesangs. Spezialisten des Gregorianischen Chorals verweisen darauf, daß damals – zumindest in einigen Schulen – Obertöne sehr viel bewußter entfaltet wurden als in heutigem Gregorianischen Singen. Obertöne entwickeln sich auf Vokalen, und gerade die in langen Melismen die Vokale dehnenden, ihnen nachhorchenden und nachspürenden Ton-Linien des alten Kirchengesangs müssen – bei entsprechendem Bewußtsein – die Obertöne fast von allein zum Klingen gebracht haben; die Kirche, der Dom oder die Kathedrale halfen dabei mit.

II
OBERTÖNE INFORMIEREN UNS ÜBER DIE REALITÄT

Obertöne sind die in einem erklingenden Einzelton mitschwingenden höheren Töne, deren Schwingungszahlen g a n z e Vielfache der Schwingungszahl des Grundtons sind. In jedem Ton, den wir anschlagen oder blasen oder streichen, schwingt eine ganze Leiter mit – eben die Obertonleiter, die – zunächst in weiten, dann immer enger werdenden Abständen – alle ganzen und halben Tonstufen enthält. Dabei verhalten sich Schwingungszahlen und Saitenlängen umgekehrt proportional zueinander.

Stellen wir uns eine Saite vor, die über ein Instrument – am einfachsten über ein Monochord (das ist auch das Instrument, mit dem die Pythagoräer vor mehr als 2500 Jahren ihre Experimente gemacht haben) – gespannt ist. Nehmen wir an, die Saite sei auf den Ton C gestimmt. Wenn wir sie teilen – genau in der Mitte –, erklingt dieser gleiche Ton C noch ein weiteres Mal, aber eine Oktave höher. Wenn wir die Saite dritteln, erklingt ein Ton, der den beiden bisherigen verwandt ist: die Quinte, also ein G, der erste «andere» Ton. Kindern, wenn sie mehrstimmig zu singen beginnen, singen zunächst in parallelen Quinten.

Wenn wir die Saite vierteln, wiederholen wir den bereits einmal vollzogenen Teilungsakt. Wir teilen eine Hälfte; folglich erklingt wieder das C, aber eine weitere Oktave höher, und zwischen dem bereits gefundenen G und diesem höheren C erschließt sich die Quarte. Wenn wir fünfteln, kommen wir zur großen Terz, danach zur kleinen usw. . . Die Abstände werden immer geringer, und dennoch scheint jeder Ton eine neue Welt zu erschließen.

Im «Basiston» – wir gehen weiterhin davon aus, er sei das oben erwähnte C – ist noch alles beisammen. Ruhe wird Klang. So unerschütterlich, daß er durch die auf ihn folgende Oktave noch einmal bestätigt wird. Dann – mit dem dritten Ton der Reihe, der Quinte – geschieht zum erstenmal eine Öffnung. Bewegung ist noch nicht da, aber sie wird erahnbar – und setzt mit dem nächsten Ton, der Quarte, ein. Von ihr könnte man sagen, sie «erwecke» die Reihe – und den Hörer – für alles Folgende. Das heißt, zunächst für die Terz, die uns – sofort – vor eine Entscheidung stellt: große oder kleine? Indem wir sie fällen, entscheiden wir uns für ein Geschlecht. Dur oder Moll, männlich oder weiblich. Wir spüren die «Klarheit», die diese Entscheidung bringt (und denken an das Wort «aufklären», das seltsamerweise sowohl auf Bewußtsein wie auf Sexualität, wie – auf das Wetter bezogen werden kann).

Erst jetzt können wir «aktiv» werden, und wir fühlen diese Aktivität, wenn wir die Sexte hören. Schon wieder wird uns eine (ton-) geschlechtliche Entscheidung abverlangt – erneut: groß oder klein, männlich oder weiblich –, was uns erregt und weiter vordringen läßt und uns zur Septime treibt, die wir als eigentümlich fremd empfinden. Niemand möchte hier bleiben. Wir spüren: Wir brauchen ein «Heim» – und finden es – in der Oktave, in die wir einmünden, als «müsse» das so sein – mit dem Gefühl der Erlösung; es kann fast ein Glücksgefühl sein. Und dennoch brechen wir wiederum auf – mit der gleichen Logik, mit der wir dies eine Oktave zuvor getan haben – zur Sekunde, mutig meist, weil wir dazu tendieren, die große zu wählen, aber manchmal auch gehemmt und unsicher, wenn wir die kleine nehmen, weil uns vielleicht irgendeine Erfahrung – wohl keine gute – vor dem größeren Schritt zögern läßt, doch dann ergibt sich, daß es gerade die kleine Sekunde ist, die uns – stärker noch als die große – zwingt weiterzugehen.

Wir sehen an dieser Stelle – und werden das später bestätigt finden: Obertöne stehen in einer engen Beziehung zu der Realität, in der wir leben – zu der Realität, die für jeden von uns die wichtigste ist: die unseres Gefühls: Roberto Laneri: «Obertöne informieren uns über die Realität.»

Obertöne, so sagen die Nachschlagewerke, schaffen die Klangfarbe. Daß eine Geige anders klingt als eine Trompete, liegt daran, daß sie andere Obertonreihen generiert. Aber es ist nicht erst die Klangfarbe, die von den Obertönen erzeugt wird, die Musik selbst wird von ihnen «gemacht». Wenn Musik mit «reinen» Tönen, also mit einwelligen Schwingungen, arbeiten würde, könnten die Musiker die Reihe der Töne genauso bruchlos hinab- und hinaufgleiten wie im Bereich der Farben, wo die verschiedenen Farb-«Töne» in einem kaum wahrnehmbaren – über das ganze Spektrum gebreiteten – Gleiten ineinander übergehen. Nur kommen «reine» Töne im Bereich des Hörbaren – und im Gegensatz zum Sichtbaren – praktisch nicht vor. Mit jedem Ton erklingen Obertöne, und es sind die Interferenzen zwischen der Grundschwingung und den Obertönen, die uns auf der Tonskala – zum Beispiel auf einer Monochord-Saite – das Gleiten so schwer machen. Wir «rasten» ständig und sprunghaft an den Stellen ein, an denen die harmonikalen Intervalle «sitzen». Dort nur können wir wirklich «rasten». Es ist, als ob der Hörvorgang auf dem Intervall «besteht» (das heißt: dort will er stehenbleiben); von anderen Abständen will er nichts wissen, er wehrt sich dagegen, sie wahrzunehmen, und wenn er sie dennoch wahrnehmen muß, geht er flüchtig und mit spürbarem Unbehagen über sie hinweg, bis er an den Punkt kommt, an dem das «richtige» Intervall «sitzt» – in genau diesem Sinne: Es ist dort «ansässig».

Ganz wunderbar haben die Sufis das «Wohnen» der Töne an bestimmten Punkten erfaßt. Arabisch *maqām* heißt ursprünglich Halteplatz, Rastplatz, Anhalten, wird aber – in genau diesem Sinne! – auch für den Begriff «musikalische Note» (also für die «Anhalteplätze» der Töne) gebraucht – und interessanterweise auch für die «Wohnungen der Seele» auf ihrem Weg von der Geburt in einem physischen Leib über die «Stationen des Herzens» bis zum *maqām al-wisāl*: der «Station der Vereinigung mit Gott».

Also nochmals, denn es ist ganz wichtig für alles Folgende: Keine Musik ohne Obertöne! Sobald sie fehlen, wird das Hinaufgleiten (mittels eines elektronischen Klangerzeugers, denn auf einer Saite ist es gar nicht erst möglich) zum unmusikalischen Quietschen, Jaulen, Pfeifen, in dem «Töne» praktisch nicht wahrnehmbar sind. Zwischen «Ton» und «Obertönen» gibt es ein ständiges *feedback*. Zwar entstehen die Obertöne erst dadurch, daß ein Ton angeschlagen wird, aber der Grundton würde als Ton nicht wirken, wenn uns die Obertöne nicht darüber informieren würden, daß er ein Ton «ist».

An dieser Stelle wird deutlich, daß wir eine Idee meinen, wenn wir sagen: die Obertonreihe. Mal mag der dritte, siebente, neunte und zwölfte etc. Oberton, mal der zweite, fünfte, sechste und achte etc. erklingen – jeweils der Klangfarbe entsprechend, die von dem betreffenden Instrument oder Sänger gebildet wird. Die vollständige Obertonreihe erklingt nie. Sie existiert nur als Idee. Indische Weise sagen: Das Universum zerspränge, erklänge sie ganz und gar; es würde zerbersten.

Längst schon ist spürbar geworden, wie groß die Schwierigkeiten sein müssen, die abendländische Musiker mit Obertönen haben. Sie meinen, es komme – fast nur – auf den Basiston an. Mit ihm jedenfalls beschäftigen sie sich vorwiegend. Sie meinen, er «mache» die Musik, in der Folge der Basistöne «geschehe» sie. Ob man eine Melodie auf dem Cembalo oder dem Klavier spielt, ist ihnen zwar nicht völlig egal, aber letztlich läuft es darauf hinaus, daß es die «gleiche» Musik ist. Daß die beiden Instrumente völlig verschiedene Obertonreihen erzeugen, interessiert sie nur ganz am Rande.

Östliche Musiker machen mit ihren Instrumenten andere Erfahrungen. Für sie spielt sich die «eigentliche» Musik nicht in den

Basistönen, sondern in den Obertönen ab. Sie empfinden – und indische Musiklehrer sagen das auch ihren Schülern: Die Musik, die du machst, «geschieht» nicht in den Tönen, die du zupfst oder bläst; sie «geschieht» in den Obertönen. Deshalb mußt du in erster Linie auf sie hören und mit ihnen arbeiten. Die Basistöne sind nur das Werkzeug, fast ein wenig im Sinne eines Instruments. Ja, das sind die Basistöne: die Verlängerung des Handwerkzeugs «Instrument». Wer bei ihnen stehenbleibt – so fühlen es östliche Musiker –, bleibt beim (zugegebenermaßen wichtigen) Handwerk stehen, beim «Technischen».

III
OBERTÖNE = SUPERSOUNDS

Roberto Laneri sagt: «Der erste Schritt ist, einen Ton lange Zeit festzuhalten und ihn zu beobachten. Man nimmt den Ton und betrachtet ihn wie unter einem Mikroskop. Ein Tropfen Wasser mag auf den ersten Blick nicht viel von sich hergeben, aber genauer betrachtet trägt er das Universum in sich.» Eben das gilt von den Obertönen: Sie tragen das Universum in sich. Laneri: «Es ist vor allem eine Frage der Wahrnehmung, nicht der Aktion – sondern der Kontemplation. Der Ton wird gleichsam von innen beleuchtet.»

Michael Vetter – der bekannteste deutsche Obertonsänger und -lehrer – verfolgt die Entstehung der Obertöne zurück bis in den Sprachprozeß: «Wir sprechen, ohne es zu wissen, in Akkordfolgen.» Um das zu entdecken, so Vetter, müssen wir «das Sprechtempo derart verlangsamen, daß man für ein einziges Wort mit einem einzigen Atemzug kaum mehr auskommt, daß man sich also Zeit nimmt, in die einzelnen Laute und ihre Übergänge hineinzulauschen ... etwa den Weg der Zunge vom i zum u Millimeter für Millimeter derart gleichmäßig gleitend zurückzulegen, wie es bereits der Hand schwerfällt, wenn sie in ausgefühlter Langsamkeit einen Weg durch die Luft beschreibt ...»

Alle Obertonlehrer weisen auf die Langsamkeit des Prozesses hin, auf die Wichtigkeit des Hörens und des Geschehenlassens. Vetter sagt, es komme darauf an, «selbst Musik zu machen» und dennoch «eigentlich nichts weiter zu sein als Hörer. Nie wissen:

Höre ich, was sich tatsächlich akustisch ereignet, oder vermischt sich ahnendes Träumen, träumendes Ahnen mit einer eher kargen Wirklichkeit, die allerdings auf Obertönen beruht und damit ihrerseits gar keinen Unterschied macht zwischen Hörbarem und Unhörbarem ...? Immer wieder ... im Bann der Frage: Wer singt da eigentlich?»

Immer wieder wird dies genannt: hören, wahrnehmen, sich Zeit lassen, aufmerksam sein, die Innenseite des Geschehens beobachten, sie, ohne in sie einzugreifen, sich entfalten lassen, bewußt sein: das also, worauf es auch in der Meditation ankommt.

Nicht umsonst sind fast alle guten Obertonlehrer und -sänger meditierende Menschen. Der Klavierspieler liest eine Note in der Partitur, er «tastet» sie auf den «Tasten» und schlägt sie an. Der Obertonsänger hört ihre sich jeweils verändernde Möglichkeit in sich selbst: er muß in sich hineintasten, um die Note hervorbringen zu können. Das ist jedesmal wieder ein Abenteuer – ein unwiederholbarer Prozeß; vielleicht reizt es deshalb so viele junge Menschen, Obertöne zu singen. Du kannst nicht einfach «hinlangen» und «hinschlagen» und sicher sein: Jetzt wird dieser oder jener Ton erklingen. Du mußt vorsichtig und behutsam sein, nach innen gekehrt lauschen und in dich hineinfühlen, die Obertöne kommen lassen, nur ganz behutsam nachhelfen, sie geschehen lassen. Es gibt keine starre Beziehung zwischen dem Basiston und den Obertönen. Es gibt viele, viele Möglichkeiten. Ein Freund von mir, der erst vor kurzem das Obertonsingen zu lernen begann, sagt: «Obertonsingen ist ein musikalisches *I Ging*.» Jedesmal fallen die Würfel – oder die Stäbchen – anders, und dennoch geben sie jedesmal: eine sinnvolle Antwort.

Obertonsingen schafft ein anderes Körpergefühl. Der Sänger muß «sein ganzes körperliches System umstellen», sich sensibilisieren, die inneren Antennen ständig auf Empfang gestellt haben.

Der amerikanische Obertonsänger und Chorleiter David Hykes weist darauf hin, daß der Ton – viel bewußter als bei anderem Singen – aus bestimmten Körperteilen zum Aufsteigen gebracht wird: aus Bauch, Becken, Unterleib, Brust, Kehle, Kopf. Besonders im Kopf gibt es verschiedene Zentren, in denen die Töne sich auch verschieden bilden. So können erfahrene Obertonsänger ein gesteigertes musikalisches Bewußtsein zum Beispiel im Bereich der Hypophyse – dem sogenannten «Dritten Auge» – oder am höchsten Punkt der Schädeldecke entwickeln. Der Schädel wird zum Ur-Muster der Kathedral-Kuppel, in der die Töne schwingen, sich bewegen und – lange nachhallend – sich wandeln.

Man gewinnt auf diese Weise ein anderes Verhältnis zur Zeit, durchschaut ihren illusorischen Charakter. Man glaubt, zehn Minuten Obertöne gesungen zu haben – und es sind zwei Stunden vergangen.

Paul Horn, der Jazzflötist und -saxophonist aus British Columbia, fuhr zum Taj Mahal bei Agra in Indien – später machte er Aufnahmen in den Pyramiden Ägyptens – und sprach begeistert von der Länge des Nachhalls, der den Klang seiner Flöte (und seiner Stimme) entfalte wie eine Blüte. Als ginge diese auf über ihm wie die Kaskade eines Feuerwerks, langsam in tausend kleinen Lichtkörperchen auf ihn herabschwebend. Er brauchte nur zu empfangen – zu lauschen – und konnte jedes kleine Zeit- und Lichtteilchen aufnehmen – wie eine Gnade –, es in den Klang seiner Flöte einschmelzen und es zu neuen Ton-Kaskaden verarbeiten, als sei nicht er es, der die Musik mache – als geschehe sie mit ihm und durch ihn.

Huxley, Leary, Castaneda – ja schon die Mystiker des Mittelalters – haben von den «Pforten der Wahrnehmung» gesprochen, durch die wir treten müssen, wenn wir uns neue Bewußtseinsräume erschließen wollen. Die erste «Pforte» für die jungen Menschen der westlichen Welt – in den fünfziger und sechziger Jahren – war *dope*: Haschisch, Marihuana, LSD usw. Heute braucht niemand mehr *stuff*. Man braucht Atem, Prana, Sauerstoff, Meditation, Kontemplation. Das sind die «Pforten». Und: Obertöne! Das ist der Hauptgrund, weshalb junge Menschen sie singen lernen. Sie wollen durch die «Pforte» treten. Laneri: «Mit den Obertönen als Vehikel gelangst du in andere Dimensionen.»

Weil es unendlich viele Primzahlen gibt, gibt es unendlich viele Obertöne. Jeder Weg in den Raum der Obertöne ist a u c h ein Weg in die Unendlichkeit. Die Obertonreihe hört nie auf – sie geht immer weiter, wird auch durch den Bereich der Hörbarkeit nicht begrenzt, und wenn du dich von ihr tragen läßt, trägt sie dich immer noch höher. Man möge dies nicht metaphorisch verstehen. Es gilt in einem mathematischen und physikalischen Sinn: Eine Obertonreihe hört nie auf. Jeder Weg in den Raum der Obertonhöhe ist ein Weg in die Unendlichkeit. Der Weg beginnt, sobald man ihn betritt: mit dem – bewußt und aufmerksam nachgehorchten – Basiston.

Je mehr Obertöne erklingen, desto stärker «leuchtet» die Musik. Auch dieses Wort wieder ist keine poetisierende Ausschmückung; der französische Akustiker René Chocholle gebraucht es in streng wissenschaftlichem Zusammenhang, um zu beschreiben, wie «zahlreiche hohe Obertöne» eine Musik verändern können. Roberto Laneri sagt, Obertöne *lit up* eine Musik: Sie «erleuchten» sie. Dies gilt sowohl physikalisch (weil Obertöne die Musik in der Tat heller und lichterfüllter machen können) wie in einem spirituellen Sinne (weil uns die unendliche Reihe der Obertöne in höhere und hellere Dimensionen führt).

Laneri macht darauf aufmerksam, daß es sinnvoll sei – und obendrein Spaß mache –, das Wort «Oberton» *hip* – analog der Sprache junger Leute – zu übersetzen. Dann entsteht nämlich: *Supersound*. Der Ton und noch ein «Über», ein «Mehr», das darüber hinausgeht.

Wer den Oberton-Weg beschreitet – als einen Weg im Sinne des «Inneren Weges», des *tao* –, bewegt sich in Quanten. Von ganzer Zahl zu ganzer Zahl. Von einem harmonikal sinnvollen Ton zum nächsten. Unter Auslassung der vielen, die dazwischen liegen.

Max Planck hat die Quantentheorie durch die Beobachtung des Oberton-Geschehens am Monochord gefunden. Kepler fand seine Planetengesetze – vor allem das dritte – durch Arbeit am Monochord. Heisenberg sagt, daß die Einsicht in das Gesetz der harmonikalen Zusammenklänge einer der «stärksten Impulse menschlicher Wissenschaft überhaupt» sei. Wir sehen an dieser Stelle erneut: Obertöne informieren uns über die Wirklichkeit. Sie haben den harmonikal denkenden Menschen schon zu einer Zeit richtig über den Quantencharakter der Wirklichkeit informiert, als die Schulwissenschaft noch glaubte: *natura non saltat*. Man muß sich das vorstellen: Sie hat das ja tatsächlich geglaubt. So sehr kann das rationalistische und mechanistische Denken uns in die Irre führen. Und: So richtig werden wir informiert, wenn wir uns dem «Weg» der Obertöne überlassen.

In tantrisch-tibetischen Quellen wird auf die ungeheuere Kraft hingewiesen, die im Obertongesang stecke. Oft wird vor dieser Kraft, wenn sie ohne das ihr entsprechende Bewußtsein verwandt werde, gewarnt. Morphologisch gesehen gleicht unsere Kehle der *tube*, der Röhre, eines Jet-Flugzeugs. Man braucht, um den Vergleich weiterzuführen, nicht einmal eine sich drehende Turbine hinzuzudenken. Es gibt einen Jet-Typ – den *Pulso-Jet* –, der unter Verzicht auf die Turbine die erforderliche Kompression allein durch die Form der Röhre erzielt. Genau das tut auch unsere Kehle. Da wir körperlich die in dieser *tube* entfesselte Energie nicht – oder jedenfalls nur in sehr geringem Maße – spüren und es undenkbar ist, daß sie verschwindet, müssen wir annehmen, daß sie in psychische Energie umgesetzt wird. Dies geschieht, wann immer wir den *Pulso-Jet* unserer Kehle zur Lauterzeugung gebrauchen, aber natürlich dann am stärksten, wenn dieser Gebrauch am differenziertesten und komplexesten ist – eben im Obertongesang. Sogar in einem morphologischen Sinne heißt also Obertonsingen: seelische Energie entwickeln.

IV
MUSIK AUS DER MATERIE ODER AUS DER TRANSZENDENZ

Obertöne und das Sensorium für sie spielen in der abendländischen Musik eine deutlich geringere Rolle als in den meisten anderen Musikkulturen. Gewiß: Man weiß, es gibt sie, sie schwingen halt mit, schaffen die Klangfarben, sie lassen sich nicht vermeiden, erklingen zwangsläufig – «diktiert» durch das Instrument, das jeweils gespielt wird. Wahrscheinlich war es die Einführung der temperierten Stimmung im 18. Jahrhundert, die das Obertonbewußtsein in der abendländischen Musik immer stärker verkümmern ließ – und dies zwangsläufig tun mußte. Temperierung läuft darauf hinaus, daß die natürliche Stimmung, die jeder einzelne Ton durch die mit ihm und in ihm erklingende Obertonreihe postuliert, negiert wird. Es ist fast so, als ob ein Musikstück, das in temperierter Stimmung gespielt wird – also praktisch jedes Stück westlicher Musik –, mit jedem einzelnen Ton darauf bestehe: *corrrigez la nature!* Jeder Ton in einem solchen Stück – von der Oktave abgesehen – erklingt nicht mehr in seinen natürlichen Relationen, sondern in jenen, mit denen der Mensch es «besser» machen zu können glaubte.

Die Temperierung hat wohl auch – direkt oder indirekt – zu dem aufsteigenden Kadenzierungsverfahren geführt, das für unsere abendländische Musik so charakteristisch ist. Für uns ist es selbstverständlich: Melodien tendieren im allgemeinen nach oben. Jedes Kind, das aufgefordert wird, eine Tonleiter oder einen Dreiklang zu spielen, wird unten anfangen und nach oben gehen. Kaum ein Musikhörer macht sich bewußt, daß wir uns damit im Gegensatz zur Musik fast der gesamten übrigen Welt befinden. In ihr herrschen absteigende Kadenzierungsformen vor. Bereits die Kadenzen des amerikanischen Blues (der doch eine Mischform ist), deutlicher aber noch diejenigen afrikanischer, indischer, indianischer, balinesischer, klassischer japanischer und chinesischer Musik tendieren vorrangig in die Tiefe. Der bedeutende amerikanische Musik-Philosoph und Komponist Dane Rudhyar sagt: «Die Klänge der Stimmen und der Instrumente, die wir hören, sind die Resonanz der Materie ... Die hörbaren Klänge, die durch diese Resonanz erzeugt werden, steigen auf. Sie werden aus Materie entbunden.» Kulturen, die aufwärts kadenzieren, so Rudhyar, sind «materieorientiert». Demgegenüber werden fallende Kadenzen aus der Reihe der Obertöne entbunden, letztlich also aus Kosmischem und Spirituellem, denn das sind ja die Dimensionen, in die die Obertonreihe aufsteigt. Man könnte sagen: Solche Musik fällt wie ein Geschenk – wie eine Gnade – auf die Erde herab.

Rudhyar erinnert an den Zusammenhang zwischen Obertonbewußtsein und Frömmigkeit – jedem Musikethnologen eine Erfahrungstatsache, fast eine Regel: Je reicher, je differenzierter die Obertöne in einer Kultur, desto tiefer und entwickelter auch ihr spirituelles Potential.

Darf man es vielleicht so sehen: Obertonbewußte Kulturen mit ihren absteigenden Melodiebewegungen empfangen ihre Musik von oben –? Und entsprechend: Die westliche Welt empfängt sie von unten, aus dem Reich der Materie, entbindet sie freilich aus ihm, um sie der Höhe darzureichen –?

V
DIE WESTLICHE MUSIK HAT MIT TÖNEN GETAN, WAS DIE WISSENSCHAFT DES WESTENS MIT DER NATUR TAT

Es gibt eine erstaunliche Relation: Je rationalistischer die Menschen des Abendlandes dachten, desto geringer wurde das Interesse an Obertönen in ihrer Musik.

Und noch eine Relation: Je obertonreicher und je obertonbewußter eine Musik ist, desto zeitloser ist sie. Die zeitloseste, durch kommende und gehende Stile kaum beeinflußbare Musik im Abendland ist die Gregorianik. Sie ist auch die obertonreichste. Seit es die Zwölfton- und die Serielle Musik gibt, wechseln die musikalischen Moden und Trends so schnell, daß man kaum mithalten kann – wobei realisiert werden muß, daß der Komponist hier seine eigene «Reihe» – seine eigene «Leiter» – schafft, die das musikalische Geschehen nur deshalb bis in Einzelheiten hinein bestimmen kann, weil sie die Obertonreihe nicht etwa nur negiert (das haben abendländische Musiker auch schon vorher getan), sondern ihr prononciert entgegengestellt ist.

Die zeitloseste Musik auf diesem Planeten ist die große klassische Musik Indiens. Sie ist gleichzeitig auch die, deren Obertonbewußtsein am differenziertesten ist.

In der Entwicklung der elektronischen Musik gab es in den fünfziger Jahren – und gibt es für manche elektronischen Musiker und Komponisten noch heute – einen Punkt, an dem sie das wichtigste Gesetz der Obertöne verletzten: Sie ließen sie nicht mehr «kommen», sie ließen sie nicht «geschehen», sie manipulierten sie. Sie schlugen sie an, sie stellten sie ein – stellten jeden einzelnen Oberton am Regelpult ein, als sei er ein Basiston. In dieser Musik gibt es keine «Chance» mehr, es gibt kein «Abenteuer» mehr in ihr. Sie klingt so tot, als sei sie von Leichenstarre befallen. Kein Mensch will sie hören.

All dies ist im Grunde nur die Konsequenz einer Entwicklung, die zwar vor Jahrhunderten begann, aber nun nachträglich deutlich macht, wohin sie von Anfang an ging. Für die große abendländische Konzertmusik seit der Klassik und der Romantik sind Obertöne im Grunde nur eine Beigabe, die «man halt mitbekommt». Was zählt und gewünscht wird, ist der Basiston: der Ton, den man anschlägt, streicht oder bläst. Dies aber bedeutet, daß der Ton – primär – als isoliertes Phänomen empfunden wird. Jeder Ton ist von jedem anderen getrennt. Er wird aus seiner «Partizipation» mit den anderen Tönen herausgelöst, wird abstrahiert – mit anderen Worten: Die westliche Musik hat mit Tönen getan, was die Wissenschaft seit Descartes und Bacon mit der Natur tat. Sie abstrahierte, isolierte, entfremdete sie, löste die Dinge aus ihrem natürlichen Zusammenhang.

Die Musikwissenschaftler haben das harmonische System unserer klassischen und romantischen Musik als «Funktionsharmonik» oder «Funktionalharmonik» bezeichnet. Die Verbindung des Funktionellen mit dem Harmonikalen – in keiner anderen Kultur wäre sie denkbar – ist aufschlußreich. Was da «funktioniert», ist nicht etwa die ganze Reihe der Obertöne, sondern immer nur der jeweils «gemeinte» Ton in bezug auf die mit ihm verbundenen und ihn umgebenden Akkorde. Ja, in diesen Akkorden stellt sich das musikalische Geschehen dem Obertongeschehen entgegen – als wolle die westliche Musik sagen: Hier schwingen nicht die Töne mit, welche die Natur – der Kosmos, das Universum – mitschwingen läßt, sondern diejenigen, die der Mensch mit seinem Willen – mit seinem Hang, eigene Abläufe zu schaffen – gewählt hat. (Stärker noch geschieht das, wie bereits erwähnt, durch die Reihen und Serien der Zwölfton- und Seriellen Musik.)

Das *fonctionnement* der Funktionalharmonik besitzt etwas Mechanistisches im Newtonschen Sinne: im Sinne des rationalistischen Wissenschaftsdenkens. Es funktioniert wie der Mensch, der für die Schulmedizin nur noch aus einer Folge chemischer Reaktionen besteht, die man manipulieren kann, indem man die entsprechenden Chemikalien «einwirft» – als schüfe man «Modulationen» im Sinne der Funktionalharmonik, indem man leiterfremde Töne «einwirft».

Kein Zweifel, das System der klassischen und romantischen Harmonik hat nicht einfach nur funktioniert, sondern wunderbar funktioniert. Große, erhabene Musik ist in ihm – eben durch dieses System – entstanden. Es kommt nicht auf Wertungen an. Auch die mechanistisch-rationalistische Sicht der Natur und der Wissenschaft von ihr, wie Descartes, Galilei und Bacon sie begründet haben, hat wunderbar funktioniert. Sie hat die technische Zivilisation ermöglicht. Was freilich zählt – unter dem Gesichtspunkt der modernen Krise –, ist das, was Jean Gebser die «Defizienz» nennt, die Entartung, die Übertreibung, die Hypertrophie des mechanistischen Denkens. Das ist es, wovon wir heute betroffen sind, nachdem wir jahrhundertelang fast nur dessen Vorteile erfahren haben.

In obertonreicher Musik ist es das «System» – im Sinne des großen Anthropologen und Systemforschers Gregory Bateson –, das die Töne schafft, während in westlicher klassischer Musik es umgekehrt die Töne sind, die das «System» schaffen – durchaus im Sinne der alten rationalistischen Vorstellung, es seien die Partikeln, die das Atom schüfen: Die Atome bilden das Molekül, die Moleküle die Zellen und so fort. Der Feld-Begriff der Physik hilft hier weiter; die Frage ist, ob das Feld die Töne oder die Töne das Feld schaffen. In obertonreicher Musik geschieht ersteres, in konventioneller westlicher letzteres; dort steuert das Ganze die Teile, hier machen die Teile das Ganze aus. Dort ist das Ganze mehr als die Summe der Teile, hier entsteht Ganzheit lediglich aus der Addition der einzelnen Teile.

In Musikkulturen, die Obertöne als «notwendiges Übel» mit in Kauf nehmen, ist jeder Ton von jedem anderen getrennt – er ist entfremdet, wie es auch der Mensch in modernen Gesellschaften ist. In solcher Musik ist jeder Ton nur eine Partikel – wie die Menschen es in der modernen Massenkultur sind. In solcher Musik wird die Partizipation jedes einzelnen Tons mit allen anderen Tönen «heruntergespielt» – im wörtlichen und im übertragenen Sinne dieses Wortes. Der Ton ist – wie der amerikanische Historiker und Mathematiker Morris Berman es nennt – «non-partizipatorisch» wie es auch der Mensch für die herkömmliche westliche Wissenschaft ist.

Andererseits: Im Verständnis musikalischer Kulturen, bei denen sich die «eigentliche» Musik im Raum der Obertöne abspielt – in Indien, auf Bali, in China, in der traditionellen japanischen Musik oder in Afrika –, schwingt in jedem einzelnen Ton zugleich jeder andere Ton – ebenso wie der Mensch nach den Erkenntnissen des modernen Holismus mit dem Universum resoniert. Jeder Ton «nimmt teil» an allen Tönen der Obertonreihe, hat sozusagen sein eigenes partizipierendes Bewußtsein – wie es auch der Mensch haben muß, wenn er in den zeitgenössischen Krisen – den ökologischen und politischen zumal – überleben will. Für solch ein Bewußtsein sind weder Töne noch menschliche Wesen entfremdet. In der ihm entsprechenden Musik gibt es an Stelle von Exposition und Evolution im Sinne der Klassik und des Klassizismus das, was die neuen Biologen den *natural drift* nennen: ein sanftes, natürliches, teleologisches Treiben.

In diesen Zusammenhang gehört auch die Modalität. Ihr kommt in der Musik des *natural drift* eine Bedeutung zu, wie sie das akkordische Bewußtsein in der funktionalen Musik hat. Peter Michael Hamel erinnert daran, daß alle großen Musikkulturen der Erde – mit Ausnahme unserer abendländischen – modal sind. Modalität ist horizontales Obertonbewußtsein, das die vertikale Entfaltung der Obertöne konditioniert. Darin liegt ihr Sinn. Sie verdeckt nicht, sondern macht im Gegenteil den Zusammenhang jedes einzelnen Tons mit allen Tönen (was immer bedeutet: mit dem Universum) evident.

VI
WELTMUSIK: DAS ALLEN MENSCHEN GEMEINSAME IN SICH SELBST ENTDECKEN

Zu dem in diesen Jahren neu entstehenden Obertonbewußtsein gehört es auch, daß neue Instrumente in unseren Gesichtskreis treten. Zuerst waren dies die Instrumente der klassischen indischen Musik – Sitar, Sarod, Shenai, Nagaswaram etc. –, die in wachsendem Maße in westlicher Musik – auch in Pop, Rock und Jazz – verwendet wurden. Gerade sie machen eindrucksvoll deutlich, was gemeint ist, wenn von «Unterdrückung der Obertöne» gesprochen wird. Denn natürlich gibt es auch im Westen Instrumente von erlesener Obertonkultur – etwa die Geigen der Familie Amati im Cremona des 16. und 17. Jahrhunderts –, aber verglichen mit einer Sitar, einer Veena oder einem Sarod, die zur Erzeugung der Obertöne mehr mitschwingende Saiten – sogenannte «Resonanzsaiten» – besitzen, als es auf diesen Instrumenten «Spielsaiten» gibt, darf selbst von den obertonreichsten Instrumenten der herkömmlichen westlichen Musik mit Fug und Recht gesagt werden, daß sie die Obertöne nur eben «mit in Kauf nehmen».

Heute freilich brauchen wir nicht mehr nach Asien zu schauen. Der Westen hat seine eigene musikalische Kultur geschaffen, die im Sinne der großen Musik Asiens obertonbewußt, aber dennoch ganz und gar westlich wird. Zuerst haben dies die Jazzmusiker getan, aber inzwischen findet sich das neue Obertonbewußtsein in nahezu allen Bereichen – in Rock, Pop, Konzertmusik, Minimal Music etc., und sogar in der Musik der Avantgarde geschieht es, daß junge Komponisten ihre Musik bewußt in den Raum der Obertöne hineinkomponieren, dergestalt zum Beispiel, daß sie das Material eines Werkes oder eines Satzes eines oder mehrerer Obertonreihen entnehmen und den verschiedenen Instrumentengruppen – Streichern, Bläsern, Perkussionisten – jeweils verschiedene Obertonreihen zuordnen (wie zum Beispiel Erhard Großkopf es getan hat).

Im Zusammenhang damit steht die Suche nach obertonreichen Instrumenten – nach Instrumenten, auf denen Obertöne nicht bloß mitklingen, sondern auf denen man mit ihnen «arbeiten» kann. In der traditionellen westlichen Musik gab es solche Instrumente nur selten – allenfalls noch im Bereich der Perkussion: Gongs, Cymbals, Glocken und Glockenspiele etc. Aber es ist seltsam: Obwohl doch die westliche Welt alles herzustellen vermag, was sie verwenden und vermarkten kann, haben wir nie Cymbals, Gongs und Glocken fertigen können, die denen des Orients in Klangreichtum, Klangfülle und Differenziertheit auch nur annähernd entsprechen. Gongs – schon das Wort ist malayisch – kamen zuerst aus Indonesien, später aus China. Selbst ein dörflicher Gongfabrikant auf Bali kann immer noch bessere Gongs und Metallophone bauen als finanzstarke westliche Instrumentenkonzerne in Europa und Amerika. Amerikanische und europäische Spezialisten sind nach Bali und Java gereist, um die Herstellungsmethoden für solche Instrumente zu studieren. Sie haben gesagt: Es ist ein Wunder, wir können es nicht erklären; wir wissen nicht, wie sie es machen. Glocken kamen vor allem aus Persien, Cymbals aus der Türkei, noch heute ist der beste Cymbal-Hersteller in den USA ein Türke, der erfolgreiche Mr. Zildjan.

Aber das Bild rundet sich in ironischer Weise, weil in dem gleichen Maße, in dem der Westen obertonbewußt wurde, nun plötzlich auch bei uns edle, die Obertöne akzentuierende Instrumente gebaut werden. Die besten Cymbals zum Beispiel kommen heute aus einem Land, das jahrhundertelang die besten Uhren der Welt gemacht hat, also in besonderem Maße mit dem mechanistischen und rationalistischen Denken verbunden war – aus der Schweiz. Paiste macht sie (und das ist kein *commercial*!), während andererseits die besten Uhren der Welt heute aus Asien kommen, nämlich aus Japan, also aus jenem Teil der Welt, der jahrhundertelang das rationalistische Messen geringgeachtet hat.

Viele Musiker haben erfahren, wie schwer es ist, Instrumente von erlesener Obertonkultur serienmäßig zu bauen. Einen Flügel – gewiß, den kann man in einer Fabrik herstellen. Die wohltemperierte Stimmung verlangt geradezu danach, daß alle Instrumente exakt gleich gebaut sein müssen. Aber eine Sitar oder eine Veena im Serienbau? Das ist schwer möglich (obwohl es heute gemacht wird, aber mit unbefriedigenden Ergebnissen, während doch umgekehrt gerade die industrielle Herstellung von Konzertflügeln die Klangkultur und Präzision dieser Instrumente immer noch weiter verfeinert hat). Was in der Obertonreihe geschieht, ist etwas sehr Persönliches, das sich nicht erst in der Beziehung zwischen dem Musiker und seinem Instrument, sondern vorher schon in der zwischen dem Instrumentenbauer und seinem Material entfaltet – als sei hier jemand von Berufs wegen «Per-*son*», mache sich selber hörbar, *per sona* – durch den Ton.

Auf Bali sind die Instrumente eines *Gamelang*-Orchesters nicht beliebig austauschbar. Jedes Orchester hat seine eigene Stimmung und seine eigene Obertonkultur. Ein Handwerker oder die Werkstatt – meist ist es die ganze Familie – eines Instrumentenbauers baut nicht etwa einzelne Instrumente, sondern a l l e Instrumente eines Orchesters – exakt aufeinander abgestimmt. Zu einem *Gamelang*-Orchester können um die vierzig verschiedene Instrumente gehören! Balinesische Musikchefs beachten das sorgfältig: Wenn ein Instrument entzweigeht, kaufen sie nicht einfach irgendwo ein anderes. Sie bestehen darauf, daß auch das neue vom Erbauer ihres übrigen Instrumentariums – etwa dessen Sohn, dessen Familienwerkstatt, dessen Nachfahren – stamme.

Noch nie wurden in der westlichen Welt so viele neue Instrumente erfunden und gebaut wie heute. Die meisten gibt es nur in wenigen Exemplaren, viele nur in einem einzigen. Die Musiker bauen sie für sich selbst – und hüten sie wie ein kostbares Geheimnis. Genau wie es jahrhundertelang die Meister der Musik Asiens getan haben – aber es ist immer wieder wichtig, darauf hinzuweisen: Die jungen Leute, die das heute bei uns tun, machen nichts «Asiatisches» nach, sie sind von sich aus dazu gekommen. Auch in dieser Hinsicht münden sie mit dem, was sie bauen und spielen, ein in den Strom der «Weltmusik».

Nicht zufällig ist dieser Terminus mit einemmal so wichtig geworden. Das Wort «Weltmusik» ist modisch, aber doch nur, weil der Westen es plötzlich entdeckt hat. Die Musik, die damit bezeichnet wird, ist so alt wie die Welt – die einzige, die sich Moden entzieht; es ist eine wahrhaft zeit-lose Musik, die am Grunde aller Musik ist. Karl Berger, einer der bekanntesten «Weltmusiker» von heute, sagt: «Das tun wir eigentlich: Wir hören hindurch – auf das, was allen Kulturen gemeinsam ist. Wir imitieren nichts. Wir entdecken das allen Gemeinsame auch in uns. Eben deshalb ist es ja allen gemeinsam, weil wir es auch in uns selber tragen.» Stockhausen: «Jeder Mensch trägt die ganze Menschheit in sich.»

MUSIK ÜBERSCHREITET. GEWISS. ABER WELCHE?

I
CHAOS BIRGT ORDNUNG

Die verborgene Harmonie ist mächtiger als die offensichtliche.» Dieser Satz des Heraklit durchzieht mein Buch. Immer wieder machen wir den Versuch, ihn wörtlich zu nehmen. Wir sollten ihn auch in bezug auf die Musik wörtlich nehmen. Denn sie ist das Mittel *par excellence*, verborgene Harmonie im Sinne Heideggers zu *ent-bergen*. Das gilt für alle Musik. Und dennoch: Wem Heraklit plausibel erscheint, der beziehe ihn dann aber bitte auch auf die sogenannte moderne Musik.

Wer nur an der «offensichtlichen Harmonie» – der mit dem Chaos inkompatiblen Harmonie – interessiert ist, verkennt, daß es auch eine Aufgabe des Harmonischen ist, immer tiefer vorzudringen in die Welt des Chaotisch-Unharmonischen, Harmonie immer tiefer in sie hineinzutragen, damit sie als das, was sie dort allein sein kann – als die «verborgene Harmonie» –, wirken kann. Ja, das Chaos wuchert gerade in denen, die sich dieser Aufgabe der Musik widersetzen. Sie sind es, die es wuchern machen. Wie jemand, der sein Haus im Urwald baut und glaubt, er sei sicher. Eines Tages wird die ganze schöne harmonische Welt, die er sich da aufgebaut und eingerichtet hat, vom Dschungel gefressen werden – und er gleich mit.

Keine andere Musik nimmt Heraklit so wörtlich wie die moderne. Sie *ver*-birgt Harmonie, damit sie *ent*-borgen werden kann. Die Hörer – also wir alle – sind gefordert, sie zu *ent*-bergen. Es ist ein herakliteischer (und Heideggerscher!) Prozeß: Der Komponist *ver*-birgt Harmonie, und der Hörer *ent*-birgt sie.

Moderne Musik hat – wie alle Kunst – mit Überleben zu tun, ja sie ist eine Funktion des Überlebens. Wir werden nicht überleben können, wenn wir Harmonie nicht auch im Chaos finden. Wenn wir nicht dafür sorgen, daß wir sie finden können, wird bald kein Platz mehr auf dieser Erde sein, wo lebenswertes Leben möglich ist.

Je mehr sich «offensichtliche Harmonie» von selbst versteht, desto überflüssiger wird sie. Desto mehr wird die «verborgene Harmonie» zu unserer eigentlichen Aufgabe.

«Verborgene Harmonie» heißt immer: verborgen in zweierlei – im Chaos und im Unhörbaren. Beides läuft hinaus auf: verborgen in uns selbst.

Die moderne Kybernetik (in der es die Disziplin der «Chaos-Forschung» gibt) hat gezeigt: Was uns als Chaos erscheint, ist lediglich Unordnung, deren darin verborgene Ordnung noch nicht hinreichend durchschaut ist. Oder umgekehrt: Chaos ist Ordnung, die als Ordnung noch nicht erkannt ist. Es gibt kein Chaos. Es gibt nur unser Unvermögen, die Ordnung des Chaotischen zu realisieren. Auch dieses Unvermögen hat seinen eigentlichen Grund im Chaos in uns selbst!

II

MUSIK HAT SINN NUR, INSOFERN SIE ÜBER DIE EIGENE STRUKTUR HINAUSWEIST

Wir würden Musik nicht als Musik – als Kunst – empfinden, steckte nicht in jedem einzelnen Ton, den wir als musikalisch wahrnehmen, die Überschreitung. Fragen wir aber weiter: Wo im besonderen – in welcher Art von Musik – vernehmen wir Überschreitungen? Kein Zweifel, am eindringlichsten spiegeln sie sich in jenen geheimnisvollen Übergängen von kaum noch Hörbarem hinein in den Raum dessen, was hörbar erklingt und aus ihm hinaus wieder ins Gerade-noch-eben-Erahnbare dringt.

Es gibt diese Momente in aller großen Musik, aber besonders häufig geschehen sie in der Moderne, beginnend gleich dort, wo sie selbst beginnt – zum Beispiel in den Streicherpassagen von Schönbergs «Verklärter Nacht», die Nacht aus dem Spür- und Sehbaren hineinnehmend in unsere eigene Nacht: in eine Welt, in der wir «verklärt», will sagen ganz und gar eins sind. Angebahnt hatte sich das schon im Tristan-Vorspiel – und in impressionistischer Musik: bei Debussy etwa in den *Préludes pour le piano*, deren Ganztonakkorde und Ganztonreihen die Choräle der «Versunkenen Kathedrale» aus einer Tiefe emporzuholen scheinen, aus der sie jahrhundertelang nicht mehr wahrnehmbar waren, sie nun endlich wieder für unsere menschlichen Ohren hörbar machend.

Von Debussy und Schönberg an wächst der Wille der Komponisten, Musik überschreiten zu lassen, vorzudringen ins Unhörbare – bedrängend zu hören etwa in den langsamen Sätzen von Béla Bartóks Streichquartetten, intensiver noch in Nonos Hölderlin-Quartett, dessen eindringlichste Passagen das Schweigen und das Unsagbare im Spiel- und Erklingbaren realisieren. Hier und in anderen Werken der Moderne kann man an Stellen des höchsten Flageoletts den Geigenbogen bereits sich bewegen sehen, «lange» bevor man die Musik, die er macht, hören kann; man sieht die Bewegung, aber man hört den Ton erst etwas später. Der Ton «begann» schon, bevor man ihn hörte.

Messiaens Werk ist voller «Überschreitungen» im übertragenen und wörtlichen Sinne (was, wie wir inzwischen wissen, das gleiche ist) – etwa im *Quatuor pour la fin du temps* (1940). John Cages Musik ist auf weite Strecken eine Transformation von Klang in Schweigen und aus dem Schweigen wieder zurück in den Klang – etwa in den *Thirty Pieces for String Quartet* (1983). Ähnliches gilt für Morton Feldman, etwa für sein vierstündiges Zweites Streich-Quartett mit leisesten, kaum noch hörbaren *pianissimi* und der Tendenz, die «linear verstreichende Zeit aufzuheben».

Die 88 einzelnen, bis ins Detail auskomponierten Stimmen, die den *Atmosphères* (1961) des aus Ungarn stammenden Györgi Ligeti ihre Faszination verleihen, tun das nicht zuletzt deshalb, weil sie – in jedem Takt des Werkes – 88 «Übergänge» implizieren und evozieren – in den Worten von Ulrich Dibelius: Überschreitungen vom «Irdenen zum Gläsernen, zum Luftigen, zum Gewebehaften oder Flüssigen ... außerdem die Farbe wechseln[d] oder unter verschiedenem Lichteinfall mannigfach changieren[d] ... mit Übergängen, Stufungen, Kontrasten, mit Ausdünnung und Erweiterung ...» – «Eben diese Dünnwandigkeit zwischen Heterogenem, dieses Hin- und Hergleiten zwischen unterschiedlichen Bedeutungen, Vorstellungen und Assoziationen, die ganze innere Labilität und Unstetigkeit samt den oft verwirrenden Mischungsgraden vollzieht Ligetis Musik nach ...»

Helmut Lachenmann hat davon gesprochen, daß Musik «Sinn doch nur hat, insofern sie über die eigene Struktur hinausweist». Der Zusammenhang, in dem er das sagt, macht deutlich, daß er mit «Struktur» das Offensichtliche und Real-Erklingende meint. Eines seiner Stücke (für Klarinette) – mit dem kennzeichnenden Titel *Dal Niente* – enthält in der Partitur die folgenden charakteristischen Anmerkungen: «*pianissimo* an der unteren Hörschwelle», «Klappengeräusche ganz zart», «Tonhöhe scheint gerade noch durch», «Töne platzen als überraschende Einblendungen herein» – wobei alle nur denkbaren Klangmöglichkeiten ineinander übergehen: der konventionelle Klarinettenklang in Finger-, Zungen-, Atem- etc. Sounds.

Brian Ferneyhough sagt, daß extrem hohe und extrem tiefe Instrumente «Grenzen, Grenzregionen und was immer jenseits liegt, evozieren» und daß er in seinem Stück *Superscriptio* die «dimensionslosen Spuren eines äußersten ‹Innern des Außen› (*inside of the outside*) suggeriere, das gleichwohl niemals im Klang gefangen werden kann».

Von John Cage gibt es die *Etudes australes*, deren Noten er aus einem alten, in Prag gedruckten sechsfarbigen Sternenatlas gewonnen hatte. Er hatte transparentes Notenpapier über die Sternbilder gelegt und die durchscheinenden Himmelszeichen in einer Weise abgepaust, die sie unmittelbar zu Musik werden ließ.

Der junge Johannes Walter geht in seiner «Zeremonie zur Annäherung an den Weißen Klang» (1984) für drei Perkussionisten von vierzigstufigen Mikrointervallen aus, die den ins Schweigen und in die Stille gleitenden Charakter der perkussiven Klänge umhüllen wie ein aufs äußerste verletzliches Gewebe aus Sounds und Atem und Berührung ... Aber alle diese Beispiele sind *at random* gewählt, sie stehen stellvertretend für viele weitere, die jeder, der sich nur ein wenig in der neuen und neuesten Musik auskennt, durch lange Listen ergänzen kann.

Die Überschreitung der Dynamik vom Hörbaren ins Nicht-mehr-Hörbare ist nur eine der vielen möglichen. Es gibt Überschreitungen der Sounds, der Tonalitäten, der Metren, der Dichte, der Farben, der Konsonanz in die Dissonanz – sie alle häufiger in der Moderne als in anderen musikalischen Epochen. Jede von ihnen steht für jede andere, wobei Überschreitung immer auch für das steht, was das lateinische Pendant dieses Wortes anzeigt: Transzendierung.

Wir mögen das Wort «Überschreitung» so realistisch gebrauchen wie irgend möglich, ja mögen sogar bewußt auf das ihm entsprechende Fremdwort verzichten wollen, an irgendeiner Stelle schleicht es sich ein und läßt sich nicht abweisen: Transzendenz. Sie ist die Überschreitung, die eigentlich gemeint ist – die vom «äußersten Innern» ins «äußerste Außen» und umgekehrt.

III
VOM KLANG DER MODERNE

Wir können folgern, daß die Tendenz zur Überschreitung auch die Transzendierung von Stilen und Schulen impliziert. Das aber bedeutet: Sie ist stärker als das Stilistische, Handwerkliche, Technische, das die Musiker, Komponisten, Kritiker der Neuen Musik mit so ermüdender Inbrunst diskutieren, als sei dies das Entscheidende.

Daß in der Besessenheit der *Insider* (und ihrer Zeitschriften) durch Kompositions- und Herstellungsprozeduren etwas Illusionsträchtiges liegt, wird deutlich, wenn man sich folgendes vergegenwärtigt: Handwerklich gesehen mag es ein fundamentaler Unterschied sein, ob ein Werk von Schönberg noch spätromantisch oder schon in der Zwölftontechnik komponiert wurde, und dennoch klingen die entsprechenden Stücke fast so, als seien sie dem gleichen stilistischen Umfeld zugehörig. Ähnlich ist es mit Kompositionen, die noch in der Zwölftontechnik geschrieben oder aber bereits völlig seriell durchorganisiert wurden: Sogar Kenner und Fachleute gestehen immer wieder ein, sie könnten es nicht hören – obwohl es doch unter kompositionstechnischen Gesichtspunkten etwas völlig anderes ist, ob nur ein Parameter determiniert ist oder alle.

Am absurdesten wurde der Sachverhalt gegen Ende der seriellen Periode deutlich, als sich bei vielen Komponisten mit einemmal «Aleatorisches» einzuschleichen begann. Das Wort kommt von *alea* = Würfel und bringt zum Ausdruck: Nicht mehr die Reihe und die Serie entscheiden, sondern der «Zufall» (bei John Cage: das *I Ging*). Es ist offenbar: Konsequente Serialität und Aleatorik sind Gegensätze – und dennoch klingt die Musik für den, der das nicht weiß (ja sogar für viele, die zu den *Insidern* gehören), zum Verwechseln ähnlich.

Als auf den Darmstädter Ferienkursen für Neue Musik 1984 John Cages Streichquartett *Thirty Pieces* uraufgeführt wurde, meinte die kritische *brotherhood*, die da versammelt war, in diesem Werk die punktuelle Durchorganisiertheit Webernscher Serialität zu vernehmen – und doch befindet sich Cages Werk in einer genau entgegengesetzten kompositorischen Position; von Durchorganisiertheit kann keine Rede sein, es gibt nicht einmal eine Partitur, den vier Spielern ist es innerhalb der 45-Sekunden-*patterns* des Stückes selbst überlassen, wo sie einsetzen und wie schnell sie spielen – jeder in seinem eigenen Tempo. Seiner Herstellungsart nach müßte das Stück völlig anders – geradezu gegensätzlich – klingen als Serielle Musik; aber es klang ihr so ähnlich, daß selbst Kenner es für «seriell» halten konnten.

Es gibt im 20. Jahrhundert einen «Klang der Zeit», der tragfähiger und prägender ist als all das Technische, Stilistische und Handwerkliche, über das in den Fachzeitschriften soviel geschrieben wird. Fast gewinnt man den Eindruck, diese Blätter stellten ein zu grobes Sieb dar, dessen Raster nur das ganz Derbe – Technische, Handwerkliche, im Notenbild Sichtbare – auffängt, während das, worauf es eigentlich ankommt, durch seine Maschen rinnt. Der «Klang der Zeit» bildet das Dach, unter dem die diversen Schulen und Herstellungszirkel zwar nicht einträchtig wohnen und leben, aber doch miteinander verbunden sind, so daß auch der unpräparierte Hörer fast immer schon nach wenigen Takten sagen kann, ob es sich um ein Werk des 20. Jahrhunderts handelt – und meist auch, in welchem Teil des Jahrhunderts es anzusiedeln sei. Der Komponist Wolfgang Rihm: «Das Klima einer Musik wird immer das der Zeit sein, der sie entstammt – ob man will oder nicht.»

IV
TRANSZENDIERUNG JETZT! IN MUSIK, PHYSIK – ÜBERALL!

Ist aber die Überschreitung in ihren verschiedenen Möglichkeiten und Dimensionen nicht auch außerhalb der Musik ein verbindendes Element der Moderne? Ein Blick auf die Neue Physik scheint das zu bestätigen. Alle ihre charakteristischen Findungen transzendieren: vom Raum in die Zeit, vom Materiellen in das Energetisch-Nichtmaterielle, von der Partikel in die Welle, vom Beobachter in das Beobachtete, von der Drei- in die *n*-Dimensionalität.

Der Befund erhärtet sich, wenn man bemerkt, daß es Überschreitungsprozesse sowohl in der «klassischen» Physik wie in der musikalischen «Klassik» (im weitesten Sinne) auffällig seltener gibt als in moderner Physik und moderner Musik. In der Musik der «Klassik» nehmen sie im musikalischen Bewußtsein der Allgemeinheit meist eine Sonderstellung ein – in der «Kunst der Fuge», im «Musikalischen Opfer», in Beethovens späteren Streichquartetten, in Mozarts Requiem; jeder bewanderte Leser kann die Liste vergrößern. Aber keines dieser Werke steht stellvertretend für einen Zeit-Stil; kennzeichnenderweise markieren sie jeweils einen äußersten Punkt in der persönlichen und menschlichen Entwicklung des betreffenden Komponisten. Die meisten von ihnen werden von den Musikhörern als musikalische und künstlerische Antizipationen des Sterbens und des Todes ihrer Verfasser empfunden; also jenes Überschreitungsprozesses, in dem all die anderen – ihn symbolisierend – kulminieren.

V

BEN WEBSTER: VOM BLASEN INS STÖHNEN INS FLÜSTERN INS ATMEN

Es ist aufschlußreich zu fragen, wo musikalische Überschreitungen außerhalb der Moderne prägend und kennzeichnend wirken. Innerhalb unserer europäischen Tradition gerät man dann in die Gregorianik, in deren Dom- und Kathedralkuppeln Hall und Nachhall ein ständiges Fließen zwischen dem Hör- und dem Unhörbaren schufen. Vor allem aber gerät man auf Außereuropäisches. Auf Bali gibt es eine *Geng Gong* genannte Maultrommelmusik, deren Vibrationen lange, bevor sie hörbar werden, zu beginnen scheinen und – auf der Haut spürbar – noch nachwirken, wenn sie schon wieder verklungen sind.

Im Bereich des Jazz sind es vor allem die großen Tenorsaxophonisten, in deren Musik – in atemberaubendem Fließen – Hörbares in Unhörbares und Unhörbares in Hörbares hinübergleitet – deutlich etwa auf den Platten von Coleman Hawkins, dem «Vater des Tenorsaxophons» (nicht freilich in seinen frühen, mehr in seinen Altersaufnahmen). Noch deutlicher in den Balladenimprovisationen Ben Websters. Wenn der seine Lieblingsballade *How Long Has This Been Going on* spielte, ging Blasen in Stöhnen und Stöhnen in Flüstern und Flüstern in Atmen über. Oft war es, als atmete er nur noch die Melodie, und jeder Atemzug stellte die Frage des Songs: Wie lange soll das noch weitergehen? Bens Freunde in Kopenhagen (wo er vor seinem Tod lebte) schätzen, daß er das Stück in den letzten Jahren seines Lebens viele hundert Male gespielt hat. Es hat ihn «hinübergeleitet», und die Art, in der er es spielte, implizierte von Anfang an den Transzendierungsprozeß, den so viele seiner Kritiker – etwa die Berliner Jazztage 1965 – nicht verstanden haben.

VI
MIT DER ACHT DURCH DIE NACHT IN DAS NEUE

Die großen japanischen *Shakuhachi*-Flötisten – Hozan Yamamoto zum Beispiel – brillieren geradezu im Schaffen von Transzendenzen – als sei es mehr der Atem des Spielers, der Klang werde, als das Bambusholz des Instruments. Die Kunst des *Shakuhachi*-Spiels ist in den Gärten der meditierenden Zen-Mönche entstanden. Man mußte meditiert haben, um gut *Shakuhachi* spielen zu können. Die Musik kam aus dem Innenraum, der sich dem Spieler in der Meditation erschlossen hatte. Sie wiederholte – ihm tönende Gestalt gebend – jenen Transzendierungsprozeß, auf den Meditation hinausläuft.

Esoteriker – zumal japanische mit ihrer Liebe zu den in Sprache und Schrift verborgenen Zeichen – lieben es, auf die in dem Wort *Shakuhachi* verborgene Zahl hinzuweisen: *hachi* heißt acht, *shakuhachi* ist ein achtel Fuß. Die Urform des Instruments war ein Achtel des alten japanischen Fußes lang; inzwischen gibt es *Shakuhachis* in den verschiedensten Stimmungen – von der Höhe einer Piccolo bis hinunter zur Baßflöte – und damit auch in den verschiedensten Längen.

Die Acht ist die Ziffer von Buddhas Achtfachem Pfad, acht Speichen hat das Rad-Symbol, acht Blätter die buddhistische Lotosblüte, acht Pfade führen zur Vollkommenheit, aus acht Ur-Trigrammen – in zweimal vier Windrichtungen und Jahreszeiten – besteht das *I Ging*-Orakel. Acht Häuser hatte das Ur-Horoskop, der *Oktatopos* (= Acht-Ort), im alten Ägypten, auch in China (denn daraus entstanden die acht Felder des *I Ging*) und im frühen Mesopotamien, wo dann der Umschlag in das Zwölfer-Horoskop stattfand: eine der größten Revolutionen in der Entwicklung des Menschen, denn die vier neuen Häuser und Sternzeichen waren nicht nur am Himmel neu, sondern auch im psychischen und geistigen Potential des Menschen. Wäre es anders, hätten bereits die Weisen des alten Ägypten zum Zwölfhäusersystem gefunden; aber sie brauchten es noch nicht, um verstehen zu können, was in der Seele des Menschen geschieht.

Die *Shakuhachi* ist nicht nur von ihrem Klang, sondern auch von ihrem Namen her ein Symbol des Weges «nach drüben», eine musikalische Metapher der Transzendierung: ein Name, der einfach «stimmt».

Erstaunlich übrigens die Entsprechungen zur christlichen Esoterik. Die Bergpredigt enthält acht Seligpreisungen; es gibt acht Belohnungen der Seligen, acht Freuden der Seligen, acht Strafen der Verdammten. In der Alchimie haben die Elemente acht Eigenschaften.

Acht ist die Ziffer der *Acht*samkeit, jenes Zustandes äußerster Wachheit und Bewußtheit, in dem Transzendierung geschieht. Die *Lemniskate* – die liegende Acht – ist ihr mathematisches Symbol: die Überschreitung in die Unendlichkeit. Die Acht ist die Negierung der *Nacht* – nicht nur im Deutschen: *Acht – Nacht, eight – night, huit – nuit – otto – notte* ... Das achte Sternzeichen ist der Skorpion – das schwierigste und abgründigste mit dem größten Potential zur Wandlung, zum «Stirb und Werde»: zum Eintritt in *Neues* und in die *Neun* – in den Schützen, das *neunte* Tierkreiszeichen, das – wie kein anderes – das Tor öffnet, das «schnell wie der Pfeil» ist und zu großen Reisen in die Ferne strebt. Mit ihm begann die Erschließung des Zwölferpotentials nach den Jahrtausenden, in denen die acht Häuser und Sternzeichen – und die acht *I Ging*-Trigramme – völlig genügt hatten, um den Bewußtseinszustand des Menschen adäquat zu beschreiben. Im *neunten* Monat tritt das *neu*-geborene Baby – die *Acht* negierend – aus der *Nacht* in das *Neue*.

Auch die Sprache weiß um die Beziehung der *Neun* zum *Neuen*: griechisch *ennea* (neun) und *neos* (neu), lateinisch *novem* und *novus*, englisch *nine* und *new*, französisch beide (!) Male *neuf*, italienisch *nove* und *nuovo* etc.

Man kann sagen: Der *Shakuhachi*-Spieler dreht die *acht* Speichen des Ewigen Rades, eintretend in *Acht*samkeit in die *Nacht*, an deren Morgen das *Neue* beginnt.

VII
VOM GLEICHNIS DER LOGARITHMISCHEN KURVE

Vielleicht gibt es einen tiefen, verborgenen, mehr als nur gleichnishaften Zusammenhang zwischen dem überschreitenden Charakter einer Musik und der logarithmischen «ins Unendliche verlaufenden, offenen Kurve», die die Schnecke im Innenohr abbildet und auf den Weg bringt. Wir haben gesehen, daß sich das Verhältnis zwischen den Intervallen und den Frequenzen in der Beziehung zwischen der Gesetzmäßigkeit der Logarithmen und der ihrer *Numeri* spiegelt, aber es ist möglich, daß es sich – im «Spiegelkabinett» unserer Hörwahrnehmungen – noch ein weiteres Mal wiederholt: im Umkreis der Überschreitungen, die gerade auch unter diesem Blickwinkel als das erscheinen, was sie sind: nicht nur als Symbole der Transzendierung, sondern als Hörbarmachung des Transzendenten, ja als dieses selbst. Jedes Instrument – Ben Websters Tenorsaxophon ohnehin! – kann *Shakuhachi* sein, kann die *Acht* sein, die in *Acht*samkeit durch die *Nacht* in das *Neue* tritt.

LESEN IST INNERES HÖREN

«Von unserem Gesichtssinn führt
keine Brücke zum Horchen und
folglich auch nicht zur Sprache.»
Alfred A. Tomatis

I
DER LESER – EIN GELIEBTER

Lesen ist verinnerlichtes Hören. Warum wohl wurde dieser Satz aus «Nada Brahma» so oft zitiert? Ich nehme an: weil der lesende Mensch sich in ihm wiederfindet. Er bemerkt: Das ist die Erfahrung, die du machst, wenn du liest. Jemand spricht zu dir, und du hörst zu. Wenn es gut ist, dann bist du mit dem, was du auf diese Weise aufnimmst, *ein*-verstanden.

Ein-verstanden-Sein ist – wie Essen und Trinken – ein Ur-Bedürfnis. Wie Lieben. Der moderne Mensch befriedigt es nur noch selten – und kann dennoch und eben deshalb empfinden: Uns ist da etwas entglitten. Wir brauchen das zu unserer seelischen Gesundheit: *ein*-verstanden-sein. Wir werden krank, wenn es um uns herum zuviel gibt, womit wir nicht einverstanden sein können.

Vielleicht ist dies der Grund, weshalb das Wort nur noch selten gebraucht wird. Kaum jemand scheint Anlaß zu haben, es zu verwenden. Es gibt nicht soviel, womit man *ein*-verstanden sein könnte.

Ein-verstanden-Sein – zielt dieses Wort nicht auf: das Eine verstanden haben? Man denkt an Brechts *Lehrstück vom Einverständnis*: «Wenn ihr das Sterben überwinden wollt, so überwindet ihr es, wenn ihr... einverstanden seid mit dem Sterben.» Brecht hat diesen Gedanken – nehme ich an – aus seinem Ein-verstanden-Sein mit Lao Tse gewonnen.

Wenn wir mit dem Wort Ein-verstanden-Sein nachhorchen, bemerken wir, es bedeutet: Verstanden haben und mit dem, was man verstanden hat, eins werden. Dies sind vergleichbare Vorgänge – einerseits: einen Gedanken verstehen und mit ihm ein-verstanden sein; andererseits: einen Menschen lieben und sich mit ihm vereinigen.

Insofern die beiden Vorgänge vergleichbar sind, ist deutlich, daß auch das intellektuelle Ein-verstanden-Sein er-fahren, er-lebt werden muß. Es kann auch im Kopf geschehen, wenn ich mit etwas einverstanden bin – und oft ist es wichtig, daß es dort geschieht –, aber es bedeutet nur wenig, wenn es sich allein im Kopf abspielt. Ich kann sehr bewußt sein, wenn ich einen Menschen liebe – wirklich liebe –, aber wenn Liebe geschieht, spielt der Verstand keine Rolle mehr. Ähnlich ist es mit dem Ein-verstanden-Sein. Wenn ich mit äußerstem Bewußtsein lese und mit dem Gelesenen ein-verstanden bin – eins mit ihm werde –, dann ist das ein Vorgang, der tiefer reicht als rationales Verstehen.

Wir können *lesen* und *lieben* auch in anderer Hinsicht vergleichen. Lesen, haben wir gesagt, ist inneres Hören. Versteht sich – jeder Autor möchte, daß der Leser mit ihm ein-verstanden ist. Vielleicht ist das die tiefste Motivation des Schreibens. Es hat mit Erhört-Werden zu tun – auch dies wieder ein Ausdruck, den es vornehmlich in der Sprache der Liebe gibt. Der Schreibende möchte erhört werden, und dies geschieht, indem der Leser sich seine Gedanken zu eigen macht, mit ihnen eins wird, sich mit ihnen vereint. Das ist der eigentliche Grund, warum Schreiben mit Leidenschaft zu tun hat. «Nada Brahma» sei mit Leidenschaft geschrieben, schrieb ein Kritiker. Ich habe das als ein Kompliment empfunden, aber dann wurde mir deutlich: Jeder Autor, auch jeder Briefe Schreibende, muß – wenn er nicht bloß vor sich hin kritzelt – mit einem Liebenden verglichen werden.

Wenn dies gilt, ist auch das Umgekehrte gültig: Jeder Leser ist – ein Geliebter. Menschen, die mit Leidenschaft lesen, wissen das. Sie fühlen sich geliebt. Deshalb lesen sie so gern. Wenn sie mit dem, was sie lesen, *ein*-verstanden sind, erfahren sie Liebe: *Ver-einigung.*

Längst schon wird der eine oder andere Leser sagen: Ich lese doch mit den Augen. Aber ist es nicht so, daß die Augen, die doch sonst immer nach draußen in die Welt dringen, beim Lesen nach innen gerichtet sind? Hier – mehr als irgendwo sonst – sind sie nur Mittel: Sie transportieren; sie sind ersetzbar – wie sofort deutlich wird, wenn man bedenkt, daß es auch Blindenschrift gibt. Der Blinde *er*-fühlt die Zeichen mit den Fingerspitzen. Er braucht keine Augen zum Lesen und macht trotzdem die gleiche Erfahrung wie derjenige, der sehenden Auges liest. Früher gab es auch Vorleser. Für den, dem vorgelesen wurde, war Lesen ein Hören, ein *Er*-Hören – und wieder galt – und gilt immer noch: Der Zuhörende macht die gleiche Erfahrung wie derjenige, der sehenden Auges liest.

Wir können also nicht nur sehend lesen, sondern auch fühlend und hörend. Wir haben gesagt: Lesen ist inneres Hören. Jetzt können wir auch sagen: Lesen ist inneres Fühlen.

II
RADIO: PLÄDOYER FÜR DEN HÖRENDEN MENSCHEN

Der enge Zusammenhang zwischen dem Schreiben, dem Lesen und dem Hören wird vollends offenbar, wenn man an den Rundfunkautor denkt, an den Schreiber von Funkskripten. Vielleicht komme ich deshalb auf ihn, weil ich selbst einer bin. 21 Bücher habe ich für Leser gemacht, doch was ich in vierzigjähriger Funkarbeit für Radiohörer geschrieben habe, ist ein Vielfaches davon. Was immer wir *radio people* schreiben – indem wir es schreiben und, am Mikrophon sitzend, sprechen, plädieren wir für das Hören. Täuschen wir uns nicht darüber hinweg: Dies – das Plädieren fürs Hören – ist unsere Haupttätigkeit. Wir mögen Hörspiele schreiben oder Manuskripte für Jazzsendungen, literarische Soiréen oder Kinderfunk, Nachrichten und Kommentare, Ansagen für Symphoniekonzerte oder Unterhaltsames für die Verkehrswellen. Wir denken, es käme auf das an, was wir da schreiben und sprechen. Und das tut es ja auch, aber es gibt etwas Übergreifendes, und das ist den meisten von uns nicht bewußt: Das ist unser Plädoyer fürs Hören – und damit: für den Hörenden Menschen. Wenn uns nicht zugehört wird, ist es gleichgültig, was wir produzieren – Kinderfunk oder Jazzsendungen, Wetterbericht oder Verkehrsnachrichten –, es ist dann alles für die Katz.

Ich möchte das allen meinen Hörfunk-Kollegen zurufen: Ob wir es wissen oder nicht: Wir Radioleute – mehr als irgend jemand anders – fühlen einer menschlichen *Spezies* den Puls, von der man noch vor wenigen Jahren mit Fug und Recht annehmen durfte, daß sie am Aussterben sei: dem Hörenden Menschen. Immer noch in unserer televisionären Zeit bildet sie eine Minderheit, aber wir wissen inzwischen: Sie stirbt nicht. Und sie darf auch nicht sterben, denn Hören hatte nicht nur für den archaischen Menschen mit Überleben zu tun, es hat dies auch – und gerade! – wieder für den heutigen, der fast nur noch durch seine Augen lebt und dem das Bild auf der Mattscheibe zur immer matter werdenden Wirklichkeit wird – und längst schon geworden ist.

Der Puls des Hörenden Menschen schlägt immer noch schwach. Wir, die Radioleute, sollten ihn mit Sorgfalt und Liebe fühlen und – wenn ich das Bild zu Ende führen darf – unsere «Patienten» mit einer Stimme «elektrisieren», die ihren Puls schneller schlagen, ihr Blut wieder kraftvoller kreisen läßt.

Niemand in unserer Gesellschaft kann so viel dafür tun wie gerade der Funk-Schriftsteller und Funk-Sprecher, daß der zum «Lieferanten» für das Auge degradierte Hör-Sinn wieder in die ihm zustehenden – lange genug unterdrückten – Rechte eintritt, die er in den großen, alten Kulturen besessen hat.

APROPOS FERNSEHEN

I
TV BERUHIGT, DASS SCHÜSSE NICHT SCHADEN

Ich habe im «Nada Brahma»-Buch zu zeigen versucht, daß die moderne Fernsehkultur, weil sie vorwiegend auf das Auge gestellt ist, eine Brutstätte von Aggressivität ist: Allabendlich wird in Millionen von bürgerlichen Wohnstuben Aggressivität ausgebrütet – in all der Gemütlichkeit, der Nestwärme, die zu diesem Vorgang des Brütens gehört. In Martin Grotjahns Untersuchung über den «Einfluß des Fernsehens auf das kollektive Unbewußte» findet sich der plausible und von den Fernsehprogrammachern gleichwohl kaum je bedachte Satz: «Tagtäglich beruhigt das Fernsehen uns, daß Schüsse niemandem schaden.»

Das amerikanische Psychologen-Team Schramm, Lyle und Parker hat eine «Radiostadt» in den Rocky Mountains, in der atmosphärische Bedingungen den Bildempfang unmöglich machen, mit einer normalen «Fernsehstadt» verglichen, in der die Leute täglich im Durchschnitt sechs Stunden vor dem Fernsehapparat sitzen. In der «Radiostadt» gab es sehr viel weniger Kriminalität und sehr viel harmonischere Familienverhältnisse, auch weniger Ehescheidungen und weniger Probleme zwischen Lehrern und Schülern in den öffentlichen Schulen. Man fragt sich: Wenn bereits so eindeutige Ergebnisse vorliegen, warum zieht niemand Konsequenzen daraus?

Wenn man aus Schramm-Lyle-Parkers Untersuchung «Television in the Lives of Our Children» erfährt, daß in der «Radiostadt» sehr viel mehr innere und gesellschaftliche «Balance» herrscht, empfindet man eine tiefe Stimmigkeit zwischen diesem Befund und der Tatsache, daß die Natur die Schaltstelle für unseren Gleichgewichtssinn – unseren Sinn für Balance – in dem Organ untergebracht hat, das die Menschen der «Radiostadt» stärker benutzen als die Bewohner der «Fernsehstädte» – nämlich im Ohr. Von dort her verständigt uns unser Sensorium, ob wir «im Gleichgewicht» sind. Dort wird «gewogen» und – gegebenenfalls – «als zu leicht befunden».

Man begreift auch, was die Sprache – und was Martin Luther in seiner Bibelübersetzung – «harthörig» nennt. So bezeichnet man ja einen Menschen, der nicht mehr recht hinhören kann, der anderen Menschen – und wohl auch seiner eigenen Stimme – nicht mehr recht zuhört und ihnen gegenüber «hart» wird. Härte ist also für das Ohr eine Untugend. Mit Erstaunen registriert man, daß es für das Auge offensichtlich umgekehrt ist. Wir sprechen von einem «schneidenden» und «stechenden» Blick, von der «Sense des Blicks». Was schneidend und stechend und eine Sense ist, muß hart sein. Das also sind die kennzeichnenden «Tugenden»: die «Härte» des Auges und die «Weichheit» – die «Zärtlichkeit» des Ohrs.

II
FERNSEHEN ALS «RECHTES» MEDIUM

Je intensiver wir uns mit der Psychologie des Fernsehens beschäftigen, um so deutlicher wird, daß und warum das Fernsehen auch dann, wenn es «linke» Inhalte transportiert, in eine politisch «rechte» Richtung wirkt.

«Linke» Politik hat mit Teilnahme zu tun. Ich wähle eine «linke» Partei als Mann einer höheren Einkommensklasse auch dann, wenn dies für meinen eigenen Geldbeutel nachteilig ist – weil ich meine, daß gar zu krasse Unterschiede zwischen den höher und den weniger Verdienenden für eine Gesellschaft schädlich sind. Und weil ich davon überzeugt bin, daß es zu den Aufgaben des Menschen auf dieser Erde gehört, Ausbeutung, Unterdrückung, Hunger und Elend in der Welt – wenn wir sie schon nicht beseitigen können, so doch – geringer zu machen.

Das Fernsehen aber erzieht uns zu Zuschauern. Es will keine Teilnahme. Es «desensibilisiert» (Dieter E. Zimmer). Das erwähnte Autorenteam Schramm-Lyle-Parker hat einhundert beliebige Programmstunden analysiert: Darin gab es «zwölf Morde, sechzehn Schießereien, einundzwanzig erschossene Personen, einundzwanzig weitere Gewalttaten mit Schußwaffen, fünfzehn Faustkämpfe, fünfzehn Niederschläge, einen Mordversuch mit einer Mistgabel, zwei Strangulierungen, einen Messerstich in den Rücken mit dem Metzgermesser, drei Selbstmorde, vier von einer Felsenklippe gestoßene beziehungsweise gefallene Personen, zwei Versuche, jemanden mit dem Auto zu überfahren, einen rasenden Geistesgestörten im Flugzeug, zwei Mob-Szenen (in einer wird der falsche Mann gehängt), einen von Pferdehufen zerstampften Mann, zwei Raubüberfälle, eine Frau die aus einem fahrenden Zug zu Tode stürzt, eine Flutkatastrophe, ein Erdbeben, einen bezahlten Mörder und eine Hinrichtung». Zwangsläufig, so Martin Grotjahn, muß uns eine derartige Flut von Gewalt, Mord und Verbrechen zu «Gleichgültigkeit und Gefühlsentfremdung» erziehen. «Dem Verbrechen als einer banalen, alltäglichen Routine ständig ausgesetzt zu sein, stumpft ab und bestärkt den modernen Menschen in der Haltung des Zuschauers statt des Teilnehmers ...» – «Insgeheim zieht der Betrachter den unvermeidlichen Schluß: Das nächste Mal werde ich mich hüten, mich in eine Sendung hineinzuversenken ... Ich werde auf Distanz bleiben, unbeteiligt, entfremdet – immer Zuschauer, nie Teilnehmer.» Das aber liegt im Sinne «rechter» Politik, im Interesse der Herrschenden. Und man lasse sich in diesem Zusammenhang nicht täuschen von den Sympathie- und Spenden-Aktionen, die das Fernsehen für die Hungernden in Äthiopien, für die Opfer der Sahel-Katastrophe oder für die vietnamesischen *boat people* ausgelöst hat. Angesichts des Schreckens, der in der Welt herrscht, sind sie kaum mehr als sentimentale Alibis zur Beruhigung des eigenen schlechten Gewissens.

Fernsehen ist das «rechte» Medium schlechthin. Das Medium, so hat McLuhan gezeigt, ist die Botschaft. Viele kluge Köpfe haben versucht, diesen Satz zu widerlegen – stets vergeblich, aber es ist deutlich geworden, daß er differenziert werden muß: Das Medium ist die eigentliche Botschaft; es mag außerdem auch noch andere Botschaften geben, aber das Medium überlagert all die anderen.

In praxi bedeutet das: Was auch immer gesendet wird, das Fernsehen mit der ihm eigenen Tendenz nach «rechts» wirkt stärker als seine Inhalte – selbst dann, wenn diese «links» sind. Unbewußt transportiert es auch diejenigen noch in die «rechte» Richtung, welche «linke» Inhalte bevorzugen.

Wenn die Rundfunkgremien, welche die Intendanten unserer Fernseh- und Funkanstalten wählen (und sich dabei alle vier Jahre wieder verwählen) und die Direktoren und Chefposten bestätigen müssen, nicht gar so flach dächten, hätten sie dies längst begriffen.

All die Intrigen und Kabalen, die nötig waren, um «links» eingestellte Redakteure zu zähmen oder zum Gehen zu zwingen, damit sie durch «rechte» kontrolliert oder ersetzt werden konnten, waren unnötig. Unser Fernsehen – und auch der Hörfunk – hätten das höhere Niveau behalten können, das sie in den fünfziger Jahren gehabt haben, als sie noch von künstlerisch hochstehenden, intellektuell kreativen und weitblickenden Männern geleitet wurden und es sich für einen Funkintendanten noch von selbst verstand, daß er selber auch schöpferisch war und mit dem Medium, das er zu leiten hatte, kreativ umzugehen verstand.

Undenkbar, daß jemand zum Generalmanager von VW avanciert, der nichts von Autos versteht. Denkbar aber, ja allgemeine Praxis ist es, daß jemand zum Funk- und Fernsehintendanten ernannt wird, der nichts von Funk und Fernsehen versteht. Die Gremien denken, er werde es schon lernen, und manche – einige wenige – haben es gelernt, aber für fast alle Intendanten des deutschen Rundfunks und Fernsehens sind – in einer Weise, die sich nicht einmal ein mittelständischer Handwerksbetrieb leisten könnte – «Lehrjahre» und «Herrenjahre» zusammengefallen.

In «Nada Brahma» habe ich von dem seltsamen Phänomen gesprochen, daß unsere Fernsehapparate einen so schlechten Ton haben, obwohl wir doch längst über die Technologie verfügen, um den Ton genausogut wie das Bild zu machen, und die Zuschauer auch das Geld hätten, dies zu bezahlen; es wäre ja ohnehin nicht viel. Inzwischen wissen wir, worin die eigentliche Erklärung für dieses Phänomen liegt. Wir wollen nur insofern hören, als es unbedingt nötig ist, um das Bild zu verstehen. Wir wollen – in der Sprache des Mythos – das Wachs und die Fessel des Odysseus. Da wir es uns nicht selbst in die Ohren stopfen können, stopfen wir es in unsere Fernseh-Lautsprecher.

Die Fessel: das sind die elektrischen Leitungen, mit denen der Apparat – und damit die Fernsehenden – an Antenne und Stromnetz angeschlossen sind. Wer viel Zeit vor dem Fernseher verbringt, fesselt sich. Es ist dabei gleichgültig, ob ihn die Sendungen fesseln oder kalt lassen, ja die Kälte ist die – auf die Dauer – noch viel einschneidendere Fessel.

WER HÖRT, IMPROVISIERT

«The biggest thing in music is how to listen.»
David Friesen

I
MEHR AUF DIE ANDEREN HÖREN ALS AUF SICH SELBST

Roberto Laneri – selbst nicht nur Improvisator, sondern auch Komponist – nennt Komponieren den «Ego-Trip *par excellence*». Die musikalische Aktivität, die dem Komponieren diametral gegenübersteht, ist das Improvisieren. Wir wissen: Es gibt bestimmte Musikkulturen, in denen der Komponist dominiert (vor allem in der westlichen Musik), und andere, in denen der Improvisator dominiert (in fast allen übrigen Kulturen). Aber wir wissen auch: Es gibt in allen Kulturen sowohl Improvisatoren wie Komponisten, und beider Grenzbereiche gehen ineinander über, so daß die Frage, ob etwas komponiert oder improvisiert ist, oft nicht befriedigend gelöst werden kann. In den meisten derartigen Fällen ergibt sich: Das, wovon nicht sicher ist, ob es komponiert oder improvisiert wurde, ist «er-improvisiert» worden, will sagen: Das ursprünglich improvisatorisch Entstandene ist im Laufe der Zeit so oft wiederholt worden, daß es den Charakter des Komponierten – wenn auch nicht schriftlich Fixierten – gewonnen hat.

Wenn wir fragen: Wie verhalten sich Improvisieren und Komponieren zur Hör- und zur Sehwelt?, so ist – zunächst – kein Zweifel: Beide schaffen Musik, haben also zum Hören eine engere Beziehung als zum Sehen. Interessant wird es erst, wenn wir zu differenzieren versuchen.

In einer Gruppe improvisierender Musiker entsteht sinnvolle Musik durch äußerstes, wachestes Hören der einzelnen Musiker aufeinander, ja man darf sagen – und jeder, der selber einmal in einer solchen Gruppe gespielt hat, wird es bestätigen –: Man muß auf die anderen mehr als auf sich selbst hören; was man selbst spielt, weiß man ja. Unbewußt – und dennoch mit gesteigertem Bewußtsein – hört man sich in den anderen hinein und ist selbst oft schon einen

Takt – oder einen Atemzug – oder auch nur einen Schlag früher dort, wohin der andere – oder die anderen – erst im Begriff ist zu gelangen. Ganze Abhandlungen und Bücher sind über das geheimnisvolle Phänomen der Gruppen- (oder Kollektiv-)Improvisation geschrieben worden. In den fünfziger Jahren, als ich über Jazzmusik zu arbeiten begann, habe ich das Phänomen – *à la mode* – mechanistisch zu erklären versucht – und das ist auch die Erklärung, die heute noch an den meisten Konservatorien und Musikschulen gängig ist: zugrunde liege ein Harmonieschema – ein Gerüst von Akkorden –, in dem sich die improvisierenden Musiker «treffen». Wir wissen inzwischen, daß diese Erklärung nicht ausreicht – sie reicht nicht einmal dann aus, wenn wirklich ein Harmoniengerüst gegeben ist, aber noch viel weniger dann, wenn «frei» improvisiert wird – über *modes* und Skalen, Ragas und harmonische Schwerpunkte, *center notes*, graphische Partituren und Spielanweisungen oder gar noch «freier».

Mechanistische Erklärungen sind «kausal», implizieren also, daß das, was e i n Musiker improvisiert oder zugrunde gelegt hat, die «Ursache» ist für das, was die anderen spielen. Dies aber ist schon deshalb nicht möglich, weil der Begriff der Kausalität Zeit verlangt, die jeweils zwischen dem, was der eine angespielt hat, und dem, was die anderen daraus machen, vergehen muß. Nun ist kein Zweifel: Manchmal vergeht Zeit, bis eine Gruppe die Intentionen eines einzelnen, in einem bestimmten Abschnitt der Improvisation «führenden» Musikers befolgt, doch ebenso häufig – meist noch viel häufiger – vergeht keine Zeit. Die Gruppe schwingt als Ganzes in die sich jeweils «kollektiv» ändernden musikalischen Linien, Metren, Rhythmen, Entwicklungen und Prozesse hinein.

II
DAS KOLLEKTIV ALS EIN WESEN

Eine Alternative zur Kausalität ist die «Synchronizität». C. G. Jung hat diesen Begriff geprägt – seltsamer- und charakteristischerweise in Zusammenarbeit mit einem Atomphysiker, dem Züricher Wolfgang Pauli, dem Erfinder des «Pauli-Prinzips», einem Mann, der auch in s e i n e m Bereich erfahren hatte, daß sich die Dinge nicht so kausal verhalten, wie es die Schulwissenschaft glaubt – oder geglaubt hat. Synchronizität, sagt das Lexikon, ist die «sinngemäße Koinzidenz zweier oder mehrerer Ereignisse, welche nicht vom kausalen Gesichtspunkt her erklärt werden kann». Der Begriff wird inzwischen auch in der Kybernetik und der Biologie, in Atomphysik, Anthropologie und Ethnologie, in Statistik und Wirtschaftswissenschaften verwendet. Überall ist offenkundig: Es gibt bestimmte «Serien» von Zahlen oder Ereignissen, die, nachdem sie «zufällig» ein paarmal wiedergekehrt sind, dazu tendieren, sich auch in der Zukunft öfter zu wiederholen, als es nach den Gesetzen der Wahrscheinlichkeitsmathematik – nach «logischem» und «kausalem» Ermessen also – zu erwarten wäre. Ein Prozeß «schwingt» sich in derartige Serien ein, aber «schwingt» sich auch wieder aus ihnen heraus, bis – «zufällig» wieder – eine neue «Serie» entsteht, die dann erneut häufiger, als es der Zufall wahrscheinlich macht, wiederkehrt. Viele Skatspieler – überhaupt Glücksspieler – kennen das Phänomen. Croupiers an Spielbanken berichten über abenteuerliche Fälle von Synchronizität – Fälle, die für den Außenstehenden alle Charakteristika von Unglaublichkeit besitzen und trotzdem in den Akten der Banken verbürgt sind, so daß kein Zweifel bestehen kann: Es gibt nicht nur Synchronizität, wir haben auch ein Bewußtsein für sie und richten uns nach ihr (auch zum Beispiel im Straßenverkehr einer Großstadt), selbst dann, wenn das synchrone Bewußtsein unserem mentalen Bewußtsein nicht «bewußt» ist. Die Mafia-Bosse, die in Las Vegas, Reno, Atlantic City hinter dem Spielbank-*business* stehen, verlassen sich – auch in dieser Hinsicht dem Großteil der Menschheit weit voraus – längst nicht mehr allein auf die klassische Wahrscheinlichkeitsmathematik. Sie beschäftigen Fachleute für Synchronizität – *for serial happenings*, wie sie das nennen –, um ihre Gewinne noch wirkungsvoller maximieren zu können.

Die «Gesetze» (wenn man sie denn so nennen darf) der Synchronizität herrschen auch in der Improvisation einer Musik-Gruppe. Sie bewegt sich wie ein Schwarm von Zugvögeln – oder von Fischen. Früher haben die Zoologen geglaubt, es müsse ein «Leittier» geben, nach dem sich die anderen richten. Heute weiß man: «Leittiere» gibt es allenfalls dann, wenn zwei oder drei Vögel zusammen fliegen. Wenn aber eine große – meist wohlformierte –

Gruppe von Vögeln plötzlich spontan ihre Richtung ändert – zum Beispiel einen scharf gezogenen S-Bogen beschreibt oder abrupt und plötzlich in die nahezu entgegengesetzte Richtung fliegt und sich gleichwohl auch durch die unwahrscheinlichsten Kursänderungen nicht «aus der Form bringen» läßt –, ist sie im Sinne der Neuen Biologie ein Wesen. Kein Leittier bestimmt sie. Der Schwarm bewegt sich synchron. Er ist ein «System»; das ist der von dem österreichischen Biologen Ludwig von Bertalanffy in die Diskussion derartiger Phänomene eingeführte und durch die Arbeiten von Gregory Bateson bekanntgewordene Ausdruck, der inzwischen als Terminus unverzichtbar ist.

In diesem Sinne ist auch eine Gruppe improvisierender Musiker ein «System». Sie kann – wenn sie wirklich «zusammen» ist – reagieren, sich bewegen und sich verändern wie ein einziges Wesen. Wie ein Schwarm Vögel oder Fische. Was in solchen Gruppen geschieht, gehorcht stärker den Gesetzen der Synchronizität als denen der Kausalität und kann deshalb nicht in allen Details erklärt werden. Auch die Musiker selbst können das nicht. Aber sie sprechen vom «Hochgefühl», das sie trägt, wenn eine kollektive Improvisation in besonderem Maße gelingt. Musiker des *Globe Unity* Orchesters (ein Ensemble improvisierender Musiker, das sich in der Bundesrepublik gebildet hat) haben von einem «Glücksgefühl» gesprochen; der dänische Altsaxophonist John Tchicai sagte einmal, es sei so wunderbar, daß man es allenfalls noch mit dem Glück der Liebesvereinigung vergleichen könne (die ja ebenfalls sehr viel stärker «in Synchronizität» als «in Kausalität» geschieht und sofort «schal» wird, wenn letztere die Oberhand gewinnt).

III
WARUM KOMPONISTEN TAUB SEIN KÖNNEN

Systeme, die wie ein Wesen zu leben scheinen, können sich in der Musik nicht bilden ohne gesteigertes Hören. Fast könnte man von einem «inneren Hören» sprechen, das dem «äußeren» in einer nicht in Worte zu fassenden Weise vorauseilt. Dieses «Vorauseilen» ist ein Kennzeichen musikalischer Synchronizität.

«Inneres Hören» gibt es selbstverständlich auch in einem guten Streich-Quartett oder einem hervorragenden Kammermusik-Ensemble, aber in Fällen komponierter Musik doch notwendig erst in zweiter Linie, denn das, was dort den musikalischen Fluß bestimmt, ist ja zunächst nicht Hör-(und Fühl-!)*Info* durch das «synchrone System», sondern Seh-*Info* durch das Notenblatt, mit dessen Hilfe der Komponist die Musiker «informiert». Synchronistisches «inneres Hören» ist hier gleichsam nur etwas Zusätzliches, das die Musik des Quartetts oder des Ensembles perfekter macht. Deshalb ist es so wichtig, daß auswendig gespielt wird. Je mehr die Spielenden auf *Info* durch Augen und Notenblatt verzichten können, desto unbefangener können sie zu einem System werden, das sich wie e i n Lebewesen bewegt.

Trotzdem – und gerade deshalb – besteht kein Zweifel: Für den Musiker, der in einer Gruppe improvisiert, hat das innere Hören – und das Hören überhaupt – den Primat. Für den Musiker, der komponierte Musik spielt, steht am Anfang und vorrangig die Information durch das Auge.

Indem sich der spielende Musiker erst in zweiter Linie über seine Ohren, in erster Linie durch seine Augen informiert, entspricht er dem kompositorischen Akt. Der Komponist hört nicht auf andere (oder nur in indirekter, seinen Kompositionsstil beeinflussender Weise), er hört auf sich selbst und – er schaut auf sein Notenblatt. Er nimmt die Musik aus dem Medium, in dem sie sich entfaltet – aus der Zeit –, heraus und macht sie zu einer – als Partitur greifbaren! – Kategorie von Raum. Wenn man von großer Architektur gesagt hat, sie sei «gefrorene Musik» (Schelling), dann kann von komponierter Musik sagen, sie sei «tönende Architektur». Die Verräumlichung komponierter Musik kann so weit gehen, daß ein Komponist taub sein kann. In erster Linie muß er sehen können, was er schreibt. Beethoven ist das Paradebeispiel – und ich meine, man kann sich der inneren Logik – und Tragik! – nicht verschließen, daß gerade dieser Komponist, der wie kein anderer vor ihm seine Symphonien und ihre Spannungsbögen gebaut hat wie ein Architekt die Dach- und Kuppelkonstruktion einer Kathedrale oder die Bögen einer Brücke, am Ende seines Lebens kaum mehr hören konnte. Es ist wohl auch aufschlußreich, daß die Musikwissenschaftler nie so ganz genau feststellen konnten, wie es wirklich um die Taubheit des großen Komponisten bestellt war. Beethoven selbst hat sich nur zögernd geäußert, fast als schäme er sich, daß gerade er als Meister einer Hör-Kunst selbst nicht mehr recht hören könne. Er muß die Absurdität dieser Situation gespürt haben. Der Musikhörer spürt sie sowieso, sonst wäre nicht so viel über dieses Thema geschrieben worden.

Komponierte Musik ist verräumlichte Musik. Was im Raum steht, ist sichtbar. Und was sichtbar ist, tendiert dazu, der Dominanz des Auges und des Optischen zu folgen – zumal in einer Zivilisation, deren Menschen ohnehin seit Jahrhunderten im Sinne dieser Dominanz geprägt sind (exakt seit der Zeit, in welcher sich das Phänomen des Komponisten im abendlandischen Sinne gebildet hat!). Für jeden Musiker und Musikwissenschaftler ist die Dominanz des Optischen Alltagserfahrung: Es ist so viel einfacher – geht schneller –, in die Partitur zu schauen als – zu hören!

Gewiß hören die meisten Komponisten beim Niederschreiben der Noten ihre Musik innerlich – in sich selbst erklingen. Aber viele tun nicht einmal das. John Cage fragte Morton Feldman: «Hörst du die Musik, die du schreibst?» Feldman antwortete zwar zunächst «ja», aber als Cage – sich als Komponist auf die eigenen Erfahrungen berufend – beharrte: «... es ist so, daß du es nicht ganz hörst?», antwortete Feldman: «Es bewegt sich in der Mitte. Ich schreibe es nieder, um es zu hören.» Darauf Cage: «Ich höre nichts.» Und Feldman: «Ich höre es nicht wirklich. Ich schaue zu, ich beobachte es.» (Man beachte die «Seh-Worte»! Und man beachte auch die Insistenz, mit der Cage das Gespräch führt. Man verspürt, er ist beunruhigt, er weiß, da stimmt etwas nicht. Er macht Musik und dennoch – ist das Hören nicht mehr ganz so wichtig!)

IV
KOMPONIERTE MUSIK STEHT IM RAUM

Aufregend interessante Hinweise zur Verräumlichung und Visualisierung der Musik liefert die moderne Neurologie – und zwar kommen sie von einem ihrer innovativsten Forscher: Karl Pribram (der nebenbei auch ein vorzüglicher Musikkenner ist). Normalerweise – bei der Mehrheit der Menschen – ist die musikalische Begabung in der rechten Hirn-Hemisphäre angesiedelt (die die linke Körperseite steuert). Fast könnte man sagen: In einem übertragenen Sinne ist auch der Herzschlag, den das Baby hört, Musik. Für das Baby: Ur-Musik (siehe hierzu das Kapitel «Politik durchs Ohr» I).

Bei Komponisten und professionellen Musikern westlicher Konzertmusik freilich ergab sich etwas Verblüffendes: Ihre Musikalität war in der überwiegenden Anzahl der überprüften Fälle in das linke Hirn gewandert – in das Hirn also, das die Gerichtetheit und Direktheit dessen programmiert, was wir mit der rechten Hand tun, auch unseren Sinn für Form und Gestalt im optischen und im übertragenen Sinne. Die Musikalität wird also gleichsam ihres natürlichen *feedbacks* mit der Herz- und Gefühlsseite beraubt und auf die Seite von Logik und Zweck (die ebenfalls im allgemeinen im linken Hirn angesiedelt sind) verlagert. Das linke Hirn ist das der Kausalität, das rechte das der Synchronizität. Wir spüren an dieser Stelle besonders deutlich, was beim kompositorischen Akt im Sinne der abendländischen Musik eigentlich geschieht: Raum, Form, Zweck, Logik, Gerichtetheit fassen Musik «ins Auge»!

Genauer: Zwischen der Augendominanz des westlichen Menschen und der Tatsache, daß die große Musik des Abendlandes in erster Linie eine komponierte Musik ist, besteht ein enger Zusammenhang. Nur Musiker einer vorwiegend augengesteuerten Kultur können sich beim Musikmachen so weitgehend auf ihre Augen verlassen, wie dies die Komponisten der abendländischen Konzertmusik tun. Für alle anderen ist völlig selbstverständlich: Wenn's um Musik geht, programmiert allein das Ohr. Musik kann allenfalls im Tanz verräumlicht und sichtbar gemacht werden. Jenseits davon trüge die Verbindung des Musikmachens mit den Dimensionen des Raums und des Auges für Musiker dieser Kulturen (dächten sie je darüber nach!) alle Charakteristika des Absurden.

Kevin Volans berichtet über südafrikanische *Mbira*-Musik: «Das Erlernen von Stücken erfolgt nur durch das Hören ...» – und fügt ausdrücklich hinzu: «ohne zuzuschauen». Ich habe das oft auf Bali, in Nord- und Süd-Indien und im Laufe der Jahre bei Hunderten von Jazzmusikern beobachtet: Die Musiker singen oder spielen sich gegenseitig die Melodien oder Themen vor: ein-, zwei-, höchstens dreimal – und dann «können» sie sie. Sie ziehen das gegenseitige Vorsingen auch dann vor, wenn Noten verfügbar sind. Die – verglichen mit Konzertmusikern – unzureichende, oft ausgesprochen amateurhafte Notationsweise der Jazzmusiker hat wesentlich hierin ihren Grund: Man braucht einfach nicht so genau zu notieren, denn die entscheidenden Partien singt oder spielt man sich ja doch gegenseitig vor; man lernt sie durch Hören.

Ein Musiker, der durch Hören lernt, kommt viel schneller als einer, der vom Blatt spielt, dazu, die Musik zu internalisieren: in sie «hineinzukriechen» gleichsam, als sei sie seine eigene, und sie in der Tat bald schon nicht mehr von seiner eigenen trennen zu können.

In Afrika und im schwarzamerikanischen Blues erscheint es vielen Musikern absurd, die Musik eines anderen zu spielen. Wenn ihnen das zugemutet wird, fragen sie: Warum? Ich habe doch meine eigene! In diesem Satz klingt die weitere Frage an: Was kann die Musik von jemand anderem mit mir selber zu tun haben? Auch im Jazz neigt die Mehrheit der Musiker – heute sowohl wie in früheren Stilen – dazu, eigene Themen zu bevorzugen. Wer komponiert, schreibt im allgemeinen für Musiker, die er genau kennt – für Kollegen und Freunde –, nicht aber für anonyme Orchestermusiker, gar für die «Nachwelt». Er braucht gar nicht so genau zu notieren, denn seine Komposition hat in erster Linie die Aufgabe, den Personalstil der Musiker, für die er schreibt, um so stärker herauszudestillieren und die Kollegen zur Improvisation zu inspirieren.

Wer hörend lernt, wer vorrangig seine eigene Musik spielt, wer auf Notation verzichtet (oder ihre Möglichkeiten allenfalls widerstrebend und unvollständig benutzt), der läßt Musik dort, wo sie hingehört: in der Zeit, deren Hauptsinn das Hören ist.

Wer ein Musikstück lesend lernt, wer vornehmlich die Musik anderer spielt, wer Notation immer noch weiter perfektioniert, der trägt Musik in eine ihr letztlich fremde Dimension: in den Raum, deren Hauptsinn das Sehen ist.

V
MUSIK ZUM SEHEN?

Die «visuelle Tendenz» abendländischer Konzertmusik wird bei denen am deutlichsten, die ihre Funktionäre sind: bei den Redakteuren der Abteilungen «E-Musik» in den Rundfunkanstalten und bei Musikwissenschaftlern, die – an Universitäten und Hochschulen oder für die Fachzeitschriften – Werke der klassischen Musik zu analysieren und ihren Studenten und Lesern zu erklären haben. Sie alle arbeiten vorwiegend visuell.

Ich habe in den fünfziger und sechziger Jahren eng mit Heinrich Strobel, dem Vorkämpfer der Seriellen Musik, zusammengearbeitet. Strobel gab die Zeitschrift «Melos» heraus. Verblüfft konnte ich immer wieder beobachten: In diesem Blatt, das damals in der Avantgarde das angesehenste war, erschienen große und sorgfältige Analysen von Kompositionen der Konzertmusik, die geschrieben worden waren, ohne daß der Autor das betreffende Werk auch nur ein einziges Mal gehört hätte. Manchmal hatte er es ein- oder zweimal gehört; das war «viel», aber wenn ich mit dem Autor darüber sprach, daß und warum mir dies viel zuwenig schien, kam die Antwort: «Ich kann doch in die Partitur schauen.»

Wer in den Funkhäusern die Korridore entlanggeht, hört selten – fast nie! – aus den Büros der «E-Musik»-Redakteure Musik klingen. Ich frage mich oft: Wann und wo hören sie? Wer aber an den Büros der Redakteure vorbeikommt, die für (vorwiegend) improvisierte Musik zuständig sind – Jazz, Rock, meditative, exotische Musik etc., manchmal auch Pop –, hört von überall her Musik tönen.

Ich habe das auch in den Wohnungen meiner Kollegen beobachtet: Wer beruflich mit «E-Musik» zu tun hat, hört oft tagelang keine Musik, ist technisch deshalb auch viel weniger extensiv ausgerüstet. Wer aber mit improvisierter Musik arbeitet, hört täglich mehrere Stunden – nicht nur, weil er es muß, um orientiert zu bleiben, sondern auch, weil es ihm ein Bedürfnis ist.

Deutlicher noch also als bei den Machern von Musik sieht man es bei ihren Be- und Verarbeitern: Bei vorwiegend komponierter Musik kann die «Visualität» weitgehend genügen; bei improvisierter Musik spielt «Visualität» praktisch keine Rolle, allein das Hören entscheidet.

Auf den Donaueschinger Musiktagen klagten zwei hinter mir sitzende bekannte deutsche Musikkritiker in völligem Einverständnis, daß sie an dem betreffenden Tag schon «zuviel Musik» hatten hören «müssen»(!). Es hatte drei Konzerte gegeben – ein ganz kurzes von dreißig Minuten und zwei ebenfalls kurze von etwas mehr als 45 Minuten Dauer. Das also war ihnen «zuviel», während zum Beispiel im Jazz ein Konzert, das weniger als drei Stunden dauert, kaum denkbar ist und sich die Zuhörer klassischer indischer Musik auf eine ganze Nacht des Musikhörens einstellen – wie dies ja auch die jungen Besucher von Rock-, Pop-, Folk- und Jazz-Festivals zu tun pflegen.

Die «E-Musik»-Leute haben die Musik nicht nur dem Raum und dem Sehen überlassen, sie haben sich auch selber der Dimension, in der Musik geschieht – der Zeit –, entfremdet. Sie reagieren wie westliche Menschen auch sonst: Sie «haben keine Zeit», aber in ihrem Fall ist das besonders schlimm, denn damit haben sie die eigentliche Dimension ihrer Kunst verloren. Musik «schwimmt» in Zeit – wie der Fisch im Wasser. Wer als Musikmann «keine Zeit» hat, dessen Musik-Erleben zappelt auf dem trockenen.

Immer wieder kann man bei Jazz-, Rock- oder klassischen indischen Festivals und Konzerten beobachten: Diejenigen, die als erste ermüdet nach Hause gehen – oft schon nach wenigen Stunden (aber «wenige Stunden» ist für diese Leute bereits «viel») –, sind die Spezialisten der (modernen) Konzertmusik. Dann halten sie sich für informiert; das ist im Grunde das, was sie von einem Musik-Erleben verlangen: Sie wollen «darüber» informiert sein. («Information *über*» ist im allgemeinen eine Funktion der linken, «Erleben *von* Musik» eine solche der rechten Gehirnhälfte). Die anderen Konzert- und Festivalbesucher aber brauchen Zeit – und nehmen sie sich. Oft sind sie – Spieler wie Zuhörer – erst nach zwei oder drei Stunden wirklich «drin», aber dafür können sie dann auch die ganze Nacht weiterspielen und -hören. «Info» spielt für sie keine – oder kaum eine – Rolle; sie wollen Musik erleben und erfahren, ihre Tiefen und Höhen immer wieder neu auf die eigenen Tiefen und Höhen beziehen.

VI
IMPROVISIERTE MUSIK SAGT: WIR!

Wir haben die folgenden Beziehungen gefunden:

Komponierte Musik:	*(Kollektiv) improvisierte Musik*:
Raum	Zeit
Auge	Ohr
Sehen	Hören
Kausalität	Synchronizität
Logik	System
Linke Gehirnhälfte	Rechte Gehirnhälfte
Ich	Wir
Allein	Gemeinschaft
Abendland (vor allem in Konzertmusik)	Übrige Welt (vor allem Asien und Afrika, aber auch die Mehrheit der jungen Menschen des Westens)

(Kein Begriff dieser Aufstellung ist zu verabsolutieren; vor jeden gehört die Einschränkung: «in der Regel».)

Wir können resümieren: Die Synchronizität ist die Kausalität des vorrangig hörenden und improvisierenden Menschen. Und die Kausalität ist die Synchronizität des vorrangig sehenden und komponierenden Menschen. Erstere geschieht stärker in der Zeit, letztere stärker im Raum.

Improvisierte Musik sagt – mehr als die von Adorno in diesem Zusammenhang bemühte Polyphonie –: Wir! Komponierte Musik sagt: Ich! Der Komponist hört auf sich, auf *seine* innere Stimme. Der Improvisator hört – zuerst einmal und primär – auf die mit ihm Improvisierenden, auf andere also, auf Mitmenschen. Der Komponierende ist allein. Der Improvisierende ist in einer Gemeinschaft.

In einer Zeit, die – zögernd und viel zu langsam – ein Bewußtsein der Hypertrophie des Visuellen und ihrer Gefahren gewinnt, in der eine kleine, aber ständig größer werdende Gruppe von Menschen das Ohr wieder als unseren wichtigsten und edelsten Sinn zu erkennen beginnt, *muß* das Bewußtsein für improvisierte Gruppen-Musik – das Interesse an ihr, die Betroffenheit durch sie, die Freude an ihr und ihr aktives Erleben – wachsen. Genau das geschieht.

PROBE AUFS EXEMPEL

I
SEHEN HEISST URTEILEN: DIE UR-TEILUNG

Sehen heißt urteilen. Das Auge urteilt. Das Urteil trennt den Urteilenden vom Beurteilten. Sehen heißt Distanz schaffen – im wörtlichen Sinne: Wenn ich einen Gegenstand zu nahe an meine Augen heranführe, kann ich ihn nicht mehr deutlich sehen. Die Konturen verschwimmen, die Strukturen sind nicht mehr wahrnehmbar. Wenn das Objekt ein oder zwei Zentimeter vor meinem Auge ist, beginnt es, dunkel zu werden, wenn es direkt auf den Augen aufliegt, ist es völlig dunkel – was doch bedeutet: Im Moment der Einswerdung verliert das Auge seine Funktion. Ja mehr noch: Das Auge muß aufhören zu schauen, damit Einswerdung möglich wird. Deshalb schließen die meisten Menschen beim Küssen und in der Liebesvereinigung die Augen.

Das Auge braucht Distanz, um wahrnehmen zu können. Unsere anderen Sinne hingegen entfalten sich um so intensiver, je größer die Nähe ist.

Man lausche dem Wort *urteilen* nach. Man vernimmt: Dies ist die *Ur-Teilung*, der ursprünglichste, anfänglichste aller Teilungs-, Sonderungs- und Trennungsakte. Das Auge begeht ihn. Auch dies wieder weiß die Sprache seit je. Teilen heißt dividieren – und darin steckt das lateinische Wort *videre* = sehen.

Die gesamte abendländische Philosophie – von den Griechen an – ist Philosophie des Urteils. Sie mag sich aufspalten in vielerlei Richtungen, Systeme und Gedankengebäude, aber das eine und Entscheidende ist all ihren Schulen gemeinsam: Sie ur-teilen. Sie sondern. Sie kritisieren.

Von Platon über Kant bis hin zur Frankfurter Schule ist *Kritik* ein Zentralbegriff der abendländischen Philosophie. Kritik kommt von – griechisch – *krino*, was zunächst einmal scheiden, trennen, sondern, auslesen, auswählen, vorziehen heißt, aber schon zur Zeit Platons im Sinne von urteilen, beurteilen, entscheiden, zu Gericht sitzen, richten, anklagen, beschuldigen, verurteilen verwendet wurde.

Wenn also abendländische Philosophie Liebe zur Weisheit und Wahrheit (das bedeutet ja das Wort *philosophia* auf griechisch) in erster Linie insofern ist, als sie trennt, urteilt, kritisiert, ver-urteilt, dann ist sie Philosophie desjenigen Sinnes, der all dies stärker vermag als unsere anderen Sinne: Philosophie des Sehens, Philosophie durch das Auge. Die Dominanz des Auges ist von Anfang an in ihr angelegt – durchaus auch in einem positiven Sinne: in ihrer Großartigkeit, Vielseitigkeit, Originalität und Stringenz. Einer, der an ihrem Ende steht – Jean-Paul Sartre –, hat das mit der ihm eigenen stupenden Fähigkeit zur Beobachtung seiner selbst, als sei er ein anderer, ausgesprochen: «Noch nie habe ich so deutlich gespürt, daß ich mit den Augen denke», schrieb er als junger Soldat im Elsaß in der entscheidenden Phase seines Lebens, als er zu philosophieren begann.

Zwischen philosophischem und praktischem Denken besteht ein Regelkreis. In Regelkreise – so lehrt uns die Kybernetik – kann man an jeder beliebigen Stelle einsteigen. Wir können in die Beziehung zwischen der Philosophie und unserer Alltagserfahrung einsteigen, wo immer wir wollen – zweifelsfrei bleibt, daß auch diejenigen unter uns, die keine Philosophen sind, beeinflußt sein müssen von dem zweieinhalbtausendjährigen kritischen und trennenden «Denken durchs Auge», das die abendländische Philosophie beherrscht und prägt.

Jeder, der sich auch nur ein wenig in asiatischer Spiritualität auskennt, weiß, daß dort nicht «getrennt» und kaum kritisiert wird. Das ist der eigentliche Grund, weshalb das Wort *Philosophie* nur selten in bezug auf östliches Denken angewandt wird. Wenn die westliche Philosophie auf Kritik und Trennung basiert und wenn andererseits die Grundidee asiatischer Spiritualität die der Einheit ist, dann ist es in der Tat nicht angemessen – und kann allenfalls im übertragenen Sinne erlaubt sein –, den Begriff *Philosophie* auf das Denken der Upanischaden oder der chinesischen Taoisten und japanischen Zen-Weisen zu beziehen.

Urteilen heißt – so haben wir gefunden – die *Ur-Teilung* vornehmen. Was ist diese Ur-Teilung? Es ist die Trennung der Welt in Subjekt und Objekt – jene Trennung, von der uns asiatisches Denken seit je sagt, sie sei eine Täuschung – zum Beispiel der Zen-Weise Hsinhsinming: «Wenn der Geist nicht mehr Unterscheidungen trifft, erscheinen alle Dinge, wie sie wirklich sind.» Auch die Quantenphysik zeigt uns, daß die Trennung der Welt in einen Beobachter und in etwas Beobachtetes ein Irrtum ist. Darauf läuft die Heisenbergsche Unschärferelation hinaus: Wir täuschen uns, wenn wir glauben, einen atomaren Prozeß beobachten zu können. Indem wir beobachten, partizipieren wir an eben diesem Prozeß. Wir sind Teil des Prozesses, wir nehmen teil.

Der Grundirrtum des klassischen Denkens, das unlösbar mit Descartes verbunden ist, war: *Cogito ergo sum*. Ich denke, also bin ich. Die feineren Beobachtungsmethoden des neuen Denkens belehren uns: Ich bin nicht, indem ich denke; ich bin, indem ich teilnehme.

Die Trennung der Welt in Beobachter und Beobachtetes, in Subjekt und Objekt schafft Distanz, schafft Ferne. Wir haben gesehen: Distanz und Ferne schafft auch – und braucht auch – das Auge. Wenn es aus großer Nähe sieht, entsteht ein *blurr*, Verwaschenheit – und dieses Wort *blurr* ist ein Zentralbegriff des holistischen Denkens in Neurologie und Physik.

Aus der Distanz machen wir Fehler. Am besten können wir das beurteilen, was uns ganz nahe ist – aber eben dann hört sofort das Urteil – die *Ur-Teilung* – auf. Wir wissen einfach: So i s t es. Je näher uns etwas «auf den Leib» rück, desto stärker verwandelt sich – auf gleitender Skala – das Urteilen in das Erfahren. Unsere stärksten Erfahrungen haben wir beim Einswerden. Umgekehrt: Wenn aus dem Einssein Nähe wird und aus der Nähe Distanz und aus der Distanz Ferne, dann geht das Erfahren und Teilnehmen in das Beobachten, Urteilen und – Ver-urteilen über. Wir «gehen auf Distanz». Wir m ü s s e n auf Distanz gehen, um sehen zu können.

Bezüglich dessen, was wir erfahren haben, können wir nicht getäuscht werden. Das w i s s e n wir. Hinsichtlich dessen aber, was wir beurteilen und beobachten, ist Täuschung möglich. Aus der Distanz, die das Auge schafft und braucht, können wir uns täuschen. In der Nähe, die unsere anderen Sinne brauchen – und in der sie sich erst entfalten! –, wird die Gefahr der Täuschung immer geringer.

Beschäftigen wir uns einen Augenblick mit den Worten *Täuschung* und *Enttäuschung*. Wir haben einen Menschen aus einer unseren Augen angenehmen Distanz gesehen – etwa in einem

Lokal –, er hat uns gefallen, nun ist er uns nahe, wir lernen ihn kennen und empfinden: Wir sind enttäuscht. Das Wort will sagen: Die Täuschung, zu der unsere Augen uns geführt haben, hat aufgehört. Die *Ent*-täuschung beginnt, wenn die Täuschung durch das Auge *end*-et. Wir sind so sehr durch unsere Augen programmiert, daß wir eine Enttäuschung als etwas Negatives empfinden, aber die Sprache sagt: Sie ist das *Ende der Täuschung*, also doch etwas sehr Positives, fast schon die Wahrheit.

Die Brücke von der möglichen Täuschung durchs Auge zur *Ent*-täuschung – zur Beendigung der Täuschung – durch das Fühlen baut unser Ohr. Es ist unser vielseitigster Sinn. Es «funktioniert» in der Nähe, ja sogar in der Vereinigung, aber auch noch über eine gewisse Entfernung hinweg. Es ist die Brücke über die Distanz, die das Auge braucht, hin zur Nähe, ohne die Fühlen, Schmecken und Riechen nicht möglich sind. Auch dies ist ein Grund für seine Überlegenheit. Das Ohr läßt zwar das Urteil noch zu, aber es läßt sich nicht, wie das Auge, durch das Urteilen – das *Ur-Teilen* – dominieren. Es hört nicht wie das Auge in nächster Nähe auf, aber es ist andererseits auch nicht – wie Schmecken, Fühlen, Riechen – auf die Vereinigung angewiesen. Es transportiert Urteil in Einheit. Es ist genau dort, wo wir als menschliche Wesen sind: zwischen dem Urteil und der Einheit. Es transzendiert Einheit in Urteil und Urteil in Einheit. Es transzendiert.

II
DREI TAGE MIT VERBUNDENEN AUGEN

Es ist möglich, all dies selbst auszuprobieren. Das, wovon dieses Buch handelt, kann erfahren werden. Allein in der Erfahrung ist es nachprüfbar.

Ich habe, als ich am «Dritten Ohr» arbeitete, eine Gruppenerfahrung gemacht: Drei Tage lang konnte ich nicht sehen. Jeder Blinde wird darüber lachen, aber uns, die wir zu der Gruppe gehörten und nicht blind sind, war schon nach wenigen Stunden das Lachen vergangen. Wir waren elf – vier Frauen und sieben Männer – und standen unter der Obhut zweier Berliner Therapeuten, eines Mannes und einer Frau.

Es mag unwahrscheinlich klingen, daß jemand, der jahrelang an Büchern über das Hören arbeitet, eine solche Erfahrung durch Zufall macht, aber ich schwöre: Das war es wirklich. Freunde hatten mir die Gruppe empfohlen, aber nicht verraten, daß ich drei Tage lang mit verbundenen Augen herumlaufen würde. Ich habe es auch dann noch nicht gewußt, als der Workshop begann. Mir fiel nur auf, daß, als wir ankamen, sorgfältig darauf geachtet wurde, daß wir einander nicht sehen konnten. Keiner wußte, wie der andere aussieht. Es wurde gesagt: Wir verbinden dir jetzt «für eine Weile» die Augen. Ich dachte, mit «Weile» sei vielleicht eine Stunde gemeint. Dann würden wir einander erblicken. Dies dachten auch die anderen. Keiner von uns wußte, wann uns unsere Augenmasken abgenommen würden. Am ersten Tag hofften wir auf den nächsten Morgen, am Morgen auf den Nachmittag, am zweiten Tag auf den dritten ...

Bereits am Abend des ersten Tages hatten wir ziemlich genaue Vorstellungen von den Menschen, die zu der Gruppe gehörten – sowohl von den zehn anderen, die ebenfalls Augenmasken trugen, wie von den beiden Therapeuten und ihren Mitarbeitern, die uns führten und halfen, wenn wir allein nicht zurechtkamen (aber dies selbstverständlich nur dann taten, wenn es unbedingt notwendig war). Wir wählten – wie dies auch sehende Menschen tun – bestimmte Lieblingspartner aus, und das waren nicht nur Männer für die Frauen oder Frauen für die Männer. Es waren einfach Menschen, mit denen wir uns gut verstanden.

Es gab ein paar Spielregeln: Wir durften nicht sagen, was wir von Beruf waren, welche Ausbildung wir hatten, wie alt wir waren oder was wir besaßen. Es kam nicht auf unsere Rolle in der Gesellschaft an, sondern auf das, was wir sind. Nicht auf das Haben, sondern auf das Sein.

Der Raum, in dem wir uns meistens aufhielten, war so groß, daß wir nicht ständig in Körperkontakt kamen. Wenn wir einander begegneten oder berührten, fragten wir zunächst: Wer bist du? Aber bereits am zweiten Tag war dies kaum mehr nötig. Wir erkannten einander an unseren Stimmen und Formen. Natürlich lernten Männer zunächst Frauen kennen, aber bald erkannten sich auch die Frauen untereinander, ohne einander sehen zu können, und schließlich auch die Männer.

Auch während der Nacht durften wir die Masken nicht abnehmen. Wir schliefen alle in einem großen Raum. Wer auf die Toilette mußte, wurde von sehenden Helfern geführt. Schon am zweiten Tag fanden die meisten von uns den Weg allein. Wenn wir uns Kaffee oder Tee einschenkten, hielten wir eine Fingerspitze in die Tasse und hörten zu gießen auf, wenn wir die Feuchtigkeit spürten. Wir konnten Butter, Käse, Honig und Marmelade unterscheiden, ohne zu schauen. Wir aßen von einem aus vielen Speisen bestehenden, exquisit angerichteten Büffet, fanden die Gerichte, die wir mochten, und gaben sie an unsere Nachbarn weiter – manchmal mit einem kurzen Wort der Empfehlung oder Beschreibung, damit sie wußten, ob sie etwas Süßes oder Saures, Feuchtes oder Trockenes, Scharfes oder Mildes erwarten durften.

Es war schwer, das Nichtsehen zu ertragen. Bereits in der ersten Nacht sagte eine Teilnehmerin – eine Sportlerin –, sie könne es nicht länger aushalten. Sie wolle die Gruppe verlassen. Der Therapeut hatte erklärt: «Ihr könnt jederzeit gehen, aber dann dürft ihr nicht wieder zurückkommen.» Sie aber meinte, den ständigen Augenkontakt zu brauchen. Sie war die einzige, die durch das Nichtsehen aggressiv wurde. Wir anderen zehn beobachteten: Der Verzicht auf das Auge macht uns weniger aggressiv. Aber am Ende war gerade diese Teilnehmerin besonders glücklich darüber, daß sie durchgehalten hatte.

Es waren nicht nur die menschlichen Begegnungen, die uns bewegten. Einer der Therapeuten legte mir ein frisch ausgeschlüpftes Küken in die Hände. Ich formte aus meinen Fingern einen Käfig und hielt es etwa eine halbe Stunde lang. Ich fühlte den kleinen zuckenden Körper, die strampelnden, piekenden Beinchen, ich hörte das Piepsen, das ängstlich klang, aber dann immer ruhiger wurde, und mit einem Mal spürte ich: Das kleine Wesen fühlt sich wohl.

Ich bin sicher, wenn ich es gesehen hätte, hätte ich meine Hände viel stärker bewegt, die Finger geöffnet, um das Tier besser anschauen zu können. Ich hätte es dadurch nervös und unruhig gemacht. Das Küken hätte sich nicht so geborgen gefühlt.

Wir machten Figuren aus Knetmasse. Eine der Teilnehmerinnen gestaltete einen Elefanten. Als wir ihn am Abend des letzten Tages sehen konnten, wunderten wir uns, wie sorgfältig er modelliert war. Sie hatte nur einen einzigen Fehler gemacht: Der Rüssel war ihr zu dünn geraten, er war abgefallen, und als sie ihn wieder angesetzt hatte, war er ans falsche Ende geraten. Ich formte eine Schale, und als mir das zu langweilig wurde, bohrte ich ein Loch in ihren Grund. Als ich die Schale am nächsten Tag sehen konnte, hatte sie die Form eines Ohrs! Auch das Loch, das ich mit zwei Fingern gebohrt hatte, glich einem – Ohr!

Es war schön, sich des Morgens zum Frühstück aus einem großen Gefäß ein Ei herauszusuchen, es vorsichtig zu schälen, die Haut dabei nicht zu verletzen, den Eierlöffel zu finden, sich Salz auf den Rand des Tellers zu streuen, sich die Stelle zu merken, an die man das Salz gestreut hatte, damit hinterher die Marmelade nicht salzig schmeckte, und das Ei vorsichtig zu essen, ohne daß das Gelb über den Rand des Eierbechers floß. Ich habe die weiche, elastische Haut eines Eies noch nie so bewußt wahrgenommen wie in diesen Tagen. Ich habe das Ei nicht bloß gegessen, ich habe es intensiv erfahren. Ich habe verstanden, warum wir seine Haut «Haut» nennen, als sei es die Haut eines Körpers, den wir lieben.

Die subtile Schärfung unserer Sinne, die von Stunde zu Stunde zunahm, wurde beispielhaft deutlich, als einer der Therapeuten uns aufforderte, unseren Puls zu spüren, ohne ihn zu tasten. Wenn wir in unserem Alltagsleben wissen wollen, wie unser Puls schlägt, machen wir es wie der Arzt. Der faßt uns am Handgelenk und beobachtet (wenn er lediglich Schulmediziner ist) nur den einen – am stärksten spürbaren – Puls, nicht aber die vielen verschiedenen Pulsschläge – insgesamt neun –, die der Akupunkteur fühlen kann. Jetzt aber – in unserem Zustand gesteigerter Wahrnehmungsfähigkeit – brauchte der Therapeut uns nur aufzufordern: Fühlt euren Puls, macht ihn zum Maßstab eures Atems – zum Beispiel: Braucht acht Pulsschläge für das Ein- und acht für das Ausatmen! –, und jeder von uns konnte das Pulsieren als ein leises, inneres Klopfen spüren. Wir fühlten es buchstäblich im ganzen Körper.

Ähnlich intensiviert erfuhren wir auch andere Impulse und Reize, die wir im Alltagsleben nur ganz oberflächlich wahrnehmen: die flüchtige Berührung der Haut eines Menschen, die Begegnung zweier Finger, das Streicheln über einen Handrücken.

Wenn wir mit jemandem auf der Straße zusammenstoßen, sagen wir «Entschuldigung» und gehen achtlos weiter. Wir haben nichts von ihm wahrgenommen. Wenn wir aber jetzt auf den Gängen des Hauses, in dem wir unsere Grenzerfahrung machten, mit einem anderen Menschen zusammenstießen – ja ihn nur flüchtig berührten –, dann konnten wir in der Berührung – im Ausweichen des anderen, im Abknicken seines Körpers, im Zurückschrecken, an der Art, wie sich der Begegnende zwischen uns und der Wand hindurchschlängelte – einen guten Teil des Wesens des anderen Menschen erfahren.

Wir hatten keinen Tastsinn mehr, wir *waren* unser Tastsinn. Wir erfuhren, warum der Tastsinn als einziger unserer Sinne nicht nur im Kopf, sondern in unserem ganzen Körper wohnt. In jeder Pore, in jedem Muskel, auf jedem Quadratzentimeter unserer Haut. Von überall her empfingen wir Signale. Gewiß, sie erreichen uns auch in unserem Alltag, aber dort beachten wir sie kaum. Jetzt aber wurden wir selbst unser Sensorium – ein einziges Fühlen und Tasten und Wahrnehmen, in dem uns die Signale nicht mehr über die Wirklichkeit informierten, sondern selbst die Wirklichkeit waren.

Wir meditierten gemeinsam. Andro, der Therapeut, sagte: «Meditiere, als habest du nie etwas in deinem Leben gesehen.» Wir taten das – oder versuchten, es zu tun. Nach einer Weile hörten wir seine Stimme: «Und nun meditiere, als habest du nie etwas gehört.» Nach weiteren zehn Minuten kam die Aufforderung: «Du hast auch noch nie etwas gefühlt.» Etwas später hörten wir: «Und nun schalte auch das Schmecken aus. Du hast noch nie in deinem Leben den Geschmack einer Speise wahrgenommen.» Gegen Ende der Meditation sagte er: «Du hast auch noch nie etwas gerochen. Keinen Geruch des Meeres oder eines anderen Menschen oder einer Blume.»

Das war ein wirkungsvoller und wunderbarer Weg, leer zu werden – zu erreichen, was Zen-Meditation will: die Leere, in der Fülle erst möglich wird.

Es war wunderbar zu erleben, wie rücksichtsvoll und behutsam wir miteinander umgingen. Wir hörten, wir lauschten aufeinander. Wir stimmten überein: Wenn wir gesehen häten, wären wir viel weniger vorsichtig gewesen. Wir erfuhren wirklich – nicht als theoretische Botschaft, welche die Psychologen in Büchern übermitteln, sondern als etwas Selbsterlebtes –, wieviel liebevoller wir einander behandeln, wenn wir einander nicht immer gleich voreilig durch unsere Augen abschätzen.

Wir gingen zusammen spazieren, nahmen die Geräusche des Straßenverkehrs wahr – in der Gegend der Potsdamer Straße in Berlin. Wir erfuhren die Atmosphäre eines Friedhofs, ohne ihn sehen zu können. An einer U-Bahn-Station fragte uns jemand, warum wir Augenmasken trügen. Ich sagte: «Wir kommen gerade von einer Augenoperation.» Der Mann sagte: «Oh, das tut mir aber leid. Da wünsche ich Ihnen recht herzlich gute Besserung.» Wir bedankten uns und mußten laut lachen.

Auf dem Friedhof hörte ich drei verschiedene Musiken. Ich konnte deutlich unterscheiden: Die eine – Gitarrenklänge – kam von rechts oben, offenbar aus einem geöffneten Fenster oder vom Balkon eines Hauses. Ich spürte: Das ist kein Radio, da sitzt ein Mensch – eine junge Frau vielleicht – und spielt Gitarre; die andere war Rockmusik, sie klang *funky* und schwarz und wanderte schnell von rechts nach links; ich dachte, da trägt jemand ein Radio oder einen Kassettenspieler, schloß dann das Radio aus, weil mir klar war, daß SFB oder RIAS um zwei Uhr mittags nicht solche Platten senden würden, wahrscheinlich war es George Duke oder Herbie Hancock; die dritte Musik kam aus der Kirche oder Kapelle des Friedhofs, und ich verstand: Da wird jemand beerdigt. Ich konnte alle drei Musiken deutlich voneinander unterscheiden. Ich konnte sie tatsächlich gleichzeitig hören – jede als das, was sie war. Ich bin sicher: Wenn ich gesehen hätte, hätte ich sie entweder *über*hört oder das Durcheinander dreier nicht zusammenpassender Arten von Musik als störend, ja als chaotisch empfunden. Jetzt aber verfolgte ich das musikalische Geschehen der so verschiedenen Klangquellen mit größer Aufmerksamkeit, jede einzelne genießend.

Ich stieß an einen Baum, tastete die Rinde ab und vermutete: Das ist eine Birke. Es stimmte.

Wir hörten, fühlten, schmeckten, rochen mit einer Intensität, die keiner von uns je zuvor in seinem Leben erfahren hatte. Das Überraschende war: Am Ende s a h e n wir auch mit ähnlicher Intensität.

Am Nachmittag des letzten Tages forderte der Therapeut uns auf, einen Idealpartner zu wählen. Wir setzten uns vor ihn hin, sahen ihn an, und in diesem Augenblick durften wir die Masken abnehmen. Wir befragten ihn zehn Minuten lang in der Technik des *Zen-Intensive*: «Sage mir, wer du bist.» Wir sahen den anderen intensiver, sorgfältiger, liebevoller, als wir ihn je gesehen hätten, wenn wir ihn gleich am Anfang erblick hätten – sahen ihn mit Goetheschen «Geistesaugen»: deutlicher, als wenn wir ihn mit unseren «Alltagsaugen» einen Monat lang angeschaut hätten.

Jeder sollte eine Schlußbemerkung machen – und wir durften jetzt auch über unser äußeres Leben sprechen. Eine Teilnehmerin meinte: «Ich habe das Gefühl, daß ich den Menschen, mit dem ich mich am besten verstehe, sehr viel schneller gefunden habe, als wenn ich ihn zuerst gesehen hätte. Ich hätte ihn nie gewählt, wenn ich ihn zuerst erblickt hätte. Ich glaube, er ist für mich ein ganz wichtiger Mensch.» Das Auge hätte sie also über die Qualität dieses Menschen hinweggetäuscht.

Ähnliches bestätigten die anderen Gruppenteilnehmer. Ein junger Mann bemerkte: «Laß dich bei der Wahl deines Partners nicht zu sehr vom Äußeren leiten, hat meine Mutter immer gesagt. Fast jeder hat diesen Ratschlag gehört, aber fast niemand befolgt ihn. In diesen Tagen haben wir selber erfahren, daß man sich wichtige Begegnungen verbaut, wenn man zuerst mit den Augen wählt und immer gleich danach urteilt.»

Ich meinte: «In Asien lernst du: Wenn du einen Guru brauchst, dann findest du ihn auch. So ähnlich ist es mir mit diesem Workshop ergangen: Wenn du eine Gruppe brauchst, dann findest du sie.» Erst jetzt sagte ich, daß ich Schriftsteller sei und Bücher über das Hören schreibe. Ich erzählte von meinen Arbeiten über die Täuschbarkeit des Auges: «Diese drei Tage waren ein Test, der mir gewährt wurde. Vielleicht wurde er mir geschenkt. Jetzt weiß ich – genauer, als ich es je zuvor gewußt habe –, daß das, worüber ich in den letzten Jahren geschrieben habe, ‹stimmt›. Diese Gruppe war die Probe aufs Exempel.»

III
ÜBER RAY CHARLES, ROLAND KIRK UND SLEEPY JOHN ESTES

In meinen Workshops, Seminaren und Gruppen bitte ich die Teilnehmer häufig, Augenbinden anzulegen, um auf diese Weise ihren Hör- und Fühlsinn, überhaupt ihre anderen Sinne – letztlich sogar den Augensinn – zu sensibilisieren. Oft kommen auch Blinde, die ja in besonderem Maße für die Welt des Hörens aufgeschlossen sind. Früher – als Jazz-Produzent – habe ich manchmal mit blinden Musikern, wie es sie so häufig im Jazz und in Schwarzer Musik gibt, Platten-, Radio- und Fernsehaufnahmen gemacht, und ich nehme an, daß schon damals meine Sensiblität für die heutige Workshop-Arbeit mit Teilnehmern, die Augenbinden tragen, angeregt wurde.

Ende der fünfziger Jahre hatte ich mit Ray Charles – dem großen Sänger, der die Welt nach den Jahren des Cool Jazz wieder bluesbewußt gemacht hat – in New York eine Fernsehsendung produziert. Als ich nach einer Pause ins Studio zurückkam, saß der blinde Ray am Piano und sagte, er habe «alles abgesucht», aber «keine Conga gesehen», ob ich ihm nicht eine aus dem anderen Studio holen könne. Das Studio war groß. Es war vollgepfropft mit Dutzenden von Instrumenten und technischem Gerät. Gleichwohl war Ray völlig sicher: Es gibt hier keine Congas. Es schien mir bemerkenswert, daß er für das tastende Durchsuchen des Raumes, das ihn lange Zeit gekostet haben mußte, das Wort «sehen» gebraucht hatte.

Anfang der sechziger Jahre hatte ich den später berühmt gewordenen Roland Kirk als unbekannten, für Pennies spielenden *street musician* auf der «Southside», dem schwarzen Ghetto von Chicago, gefunden und sofort nach Essen gebracht, wo ich damals alljährlich ein Festival mit-leitete. Es wurde der erste Fernseh- und Festivalauftritt des blinden Multiinstrumentalisten, der seine Hörer dadurch verblüffte, daß er mehrere Saxophone gleichzeitig zu spielen verstand – meist alte, verbeulte Instrumente, die er in *pawnshops* und auf Trödelmärkten zusammengesucht hatte und aus deren Einzelteilen er neue zusammenbaute.

Kirks Hotelzimmer im Essener «Handelshof» war bereits nach wenigen Stunden mit zahlreichen Instrumententeilen, Saxophonblättern, Schräubchen, Schraubenziehern und anderem Werkzeug übersät. Es lag alles in wüstem Durcheinander verstreut, so daß auch ein Sehender Schwierigkeiten gehabt hätte, das jeweils erforderliche Teil oder Werkzeug zu finden, aber Roland saß ruhig auf einem Stuhl, bastelte an seinen Instrumenten, fand auf Anhieb jedes einzelne Stück, bat mich gelegentlich, es ihm herüberzureichen, genau präzisierend: «Es liegt rechts auf dem Fensterbrett oder links neben der Lampe auf dem Nachttisch oder am Fußende des Bettes.» Ich habe in jahrelanger Arbeit mit Jazzmusikern viele Musiker an ihren Instrumenten herumarbeiten sehen, aber kaum einer zerlegte sie in so viele Einzelteile wie dieser blinde Saxophonist – und er brauchte nicht länger, sie wieder zusammenzusetzen, als ein Sehender.

Ein paar Jahre später, als ich Kirk auf den Berliner Jazztagen vorstellte, begegnete ich ihm zufällig am U-Bahnhof Nollendorfplatz. Ich war entsetzt, den inzwischen zum «Star» avancierten Mann blind die Treppe herauftasten zu sehen. Ich fragte ihn, wohin er denn wolle. «Zu Edith», sagte er; das war eine Freundin, die er von seinem Essener Auftritt her kannte und die in Berlin wohnte. Ich fragte, ob Edith ihn nicht hätte abholen können. Nein, sagte er, er sei ja gestern mit ihr zusammen diese Strecke gefahren, jetzt «kenne» er sie. Am nächsten Tag erfuhr ich, daß sich Ediths Wohnung in Frohnau befand: Kirk mußte zwei- oder dreimal in der fremden Stadt, in die er erst wenige Tage zuvor zum erstenmal in seinem Leben gekommen war, umsteigen, aber er tat das mit der gleichen Selbstverständlichkeit wie all die Sehenden um ihn herum. Auch er hatte das Wort «sehen» gebraucht: «I wanted so see Edith.»

Kurz vor seinem Tode spielte Kirk in der *Radio City Music Hall* aus Anlaß des New Yorker Jazz Festivals. Ich trat durch die Tür zum Bühnenraum, sah dort den Festivalchef George Wein, sprach mit ihm, hatte Roland noch gar nicht erblickt, da hörte ich: *«Hey Joe»* (so nennen mich viele Musiker), *«please, come over, I wanna talk to you.»* Es ist mir auch heute noch unfaßlich: Roland stand sieben oder acht Meter entfernt von mir, wir waren uns seit etwa fünf Jahren nicht begegnet, ich redete bewußt leise mit Wein, mindestens zwanzig weitere Menschen waren *backstage,* die alle in der bei solchen Festivals üblichen Aufregung aufeinander einsprachen, mehrere Musiker stimmten ihre Instrumente, Hilfspersonal schleppte Schlagzeugkoffer und elektronische Ausrüstung herum …

Während ich mit einem Gefühl von völliger Ungläubigkeit zu Kirk hinüberging, spürte ich: Er hörte das allgemeine «Gebabbel» nicht als einen zusammenhanglosen Geräuschbrei, sondern nahm jede einzelne Stimme für sich wahr und filterte sich das heraus, was er «vernehmen» wollte. Sprechstimmen speicherte er so, wie wir Jazzleute den Sound eines wichtigen Tenorsaxophonisten oder Trompeters speichern: wenn wir ihn einmal «in uns» haben, erkennen wir ihn immer wieder.

1964 stellte ich in einem meiner ersten «American Folk Blues Festivals» – den damals alljährlich durch Europa führenden Tourneen, die soviel für das Blues-Bewußtsein der jungen englischen Pop-Szene, etwa der Beatles und der Rolling Stones, getan haben – den blinden Sänger-Gitarristen Sleepy John Estes vor. Sleepy (1904 geboren) lebte mit seiner Frau und seinen fünf Kindern in einem schäbigen Abstellschuppen am Rande eines Baumwollfeldes in Tennessee. Er war durch die ungeheure Expressivität seines Gesanges bekannt geworden. Fachleute sagten, «he was crying the blues», er weinte und schluchzte den Blues. Mit seiner Art zu singen hat er viele Stars der weißen Popmusik beeinflußt – etwa Johnnie Ray oder später Elvis Presley. Seit 30 Jahren wurde der blinde Sleepy von dem Harmonikaspieler Hammie Nixon – Tankstellenwärter in einer Garage in Brownsville, Tennessee – geführt und begleitet –, zunächst durch die Südstaaten der USA, nun auch durch Europa. Dieses Führen hat mich damals mindestens so sehr beeindruckt wie Sleepys Gesang. Hammie umsorgte Sleepy so liebevoll, als sei er Sleepys Schatten. Er trug seinen Instrumentenkoffer, nahm ihm die Gitarre heraus, führte ihn zum Essen oder auf die Toilette, abends ins Hotel und ins Bett. Und genauso begleitete er ihn auf seiner Harmonika. Nicht mit den unerwarteten, plötzlichen, harten Wendungen der anderen großen Blues-Harmonika-Spieler – etwa eines Sonny Boy Williamson –, sondern mit der filigranhaften Behutsamkeit der großen New-Orleans-Klarinettisten.

Wenn Sleepy und Hammie ins Studio kamen, war Liebe zu sehen. Keine erotische Liebe – eher das Gegenteil: Liebe allen erotischen Möglichkeiten zum Trotz. Jahre später hat mich diese

Erfahrung dazu gebracht, etwas Ähnliches in meinen Workshops zu versuchen: einen Menschen, dessen Augen verbunden sind, durch einen Sehenden führen und betreuen zu lassen – ein oder zwei Tage lang, manchmal auch nur für wenige Stunden. Zwar vermittelt dies nur eine Ahnung der 30jährigen Beziehung, die zwischen Sleepy und Hammie bestand, aber auf diese Ahnung kommt es an. Gruppenteilnehmer berichten, daß sie – noch dazu von einem ihnen kaum bekannten Menschen! – auf diese Weise Liebe erfahren hätten – in einer Unmittelbarkeit, wie sie sonst in unserer Gesellschaft immer seltener wird. Nicht nur der Empfangende, auch der Gebende fühlt das Erlebnis – das Glück – dieser Liebe und wird dadurch nicht nur sensibilisiert, sondern innerlich bereichert.

Damals, im Studio in Baden-Baden, als Hammie für einen Augenblick auf der Toilette war und Sleepy seine Gitarre nicht fand, sang er eine seiner berühmt gewordenen Bluesstanzas: «Now, when you lose your eyesight, your best friend's gone». Er sang sie nur leise vor sich hin, aber der eben bereits erwähnte Sonny Boy Williamson – wohl der berühmteste Harmonika-Spieler des Blues – hörte es und sang seinen eigenen Blues zurück – auch diese Zeilen, die jedem, der den alten Blues liebt, bekannt sind: «Eyesight to the Blind – Augenlicht für die Blinden». Leider haben wir das nicht aufgenommen – es geschah in einer Drehpause. Aber ich werde nie diesen kurzen gesungen Blues-Dialog vergessen – der eine klagend, weil mit seinem Augenlicht sein «bester Freund» gegangen sei, und der andere dem Klagenden – eben deshalb! – «Eyesight» – Augenlicht – attestierend. Als sei kein Zweifel, wer hier der «Sehendere» sei – und der «Hörendere» ohnehin!

Roland Kirk – blind wie Sleepy John Estes, aber jünger, positiver, kraftvoller, nicht mehr bloß klagend, «cryin' 'n sobbin'» – brauchte keinen Sonny Boy Williamson, er sagte es selbst – vor 2000 Menschen in der Berliner Philharmonie: «Does anybody say here, I don't see?» Und dann in das ungläubige Schweigen der Menge hinein: «I tell you, I see!» «Glaubt jemand hier, daß ich nicht sehen kann? Ich sag' euch, ich sehe!» Und von überall her, zunächst zögernd, dann immer stärker, zuerst aus den Rängen, dann auch aus dem Parkett antwortete es: «Yes!» Und: «Yeah, man!» Und mit einem Male begriffen es 2000 Menschen – oder doch die meisten von ihnen: So ist es. «Eyesight to the Blind»!

HÖRST DU DAS RAUSCHEN DES FLUSSES?

Eine Meditation

> «Meditation ist einfach das, was ein Individuum im gegenwärtigen Stadium … tun muß, wenn es sich über dieses Stadium hinaus entwickeln will … Wenn wir zur Evolution beitragen wollen … dann wird Meditation zu einem neuen kategorischen Imperativ.»
>
> *Ken Wilber*

Der Besitz vieler Arten von Kenntnissen läßt sich nicht mit dem Aufgeben der Suche nach irgend etwas vergleichen. Das ist das Beste aller Dinge. Es gibt nicht verschiedene Arten von Geist, und es gibt keine Lehre, die in Worte gefaßt werden kann. Da nichts weiter zu sagen ist, ist die Versammlung geschlossen», sagte der Zen-Meister Huang-Po und entließ seine Schüler in die Meditationshalle.

Auch in dieses Buch – wie in seinen Vorgänger – gehört eine Meditation. Ich setze sie an den Schluß; auf sie läuft alles hinaus. Ich sage über die Form von Meditation hier nur das Notwendigste: Es ist zweckmäßig, im Meditationssitz zu sitzen. Wer das nicht kann, achte darauf, daß die Knie möglichst tief sind – tiefer jedenfalls als der Bauchnabel. Der Oberkörper sei aufgerichtet – das Gewicht nicht in der Brust, sondern im Bauch, dem *Hara*, dem Zentrum unserer Existenz. Man atme gleichmäßig und ruhig, aber greife nicht in den Atem ein; man lasse ihn fließen und beobachte ihn voller Bewußtheit, lasse sich von ihm tragen, folge ihm. Ich deute das alles nur an, es gibt heute überall Lehrer, Kurse, Gruppen und Literatur, die in das Meditieren einführen.

Wir meditieren über ein *Mondo*. So nennt man im Zen die Zwiegespräche zwischen Meister und Schüler, die in konzentrierter Kürze die Aufgabe enthalten – und gleich auch den Weg andeuten, der zu ihrer Lösung führt.

HÖRST DU DAS RAUSCHEN DES FLUSSES?
FRAGT DER MEISTER DEN SCHÜLER.

JA, MEISTER, ANTWORTET DER SCHÜLER.
DARAUF DER MEISTER: DAS IST DER WEG.

Es ist eine Erfahrung von besonderer Tiefe, dieses *Mondo* an einem Fluß zu meditieren. Auf Steinen sitzend an einem Bergbach. Unterhalb eines Wasserfalls. Am Ufer eines Stromes. Vor der Brandung des Meeres. Aber: Der Fluß ist überall. Auch in deiner Wohnung. Man braucht die Frage des Textes nur zu stellen – und der innere Strom – der *Nada* – beginnt zu rauschen.

Das Meditieren an Flüssen hat eine wunderbare Tradition. Nicht zufällig ist der Fluß ein Lieblingsmotiv auf chinesischen und japanischen Tuschzeichnungen und Malereien. Das Zeichnen, Tuschen, Malen ist eine alte Zen-Kunst. Die Künstler sind fast immer selbst Meditierende. Mit Vorliebe malen sie einen Fluß, an dem sie selbst meditiert haben. Das Malen i s t Meditieren.

Oft gibt es Wasserfälle und Brücken auf Zen-Bildern. Der Wasserfall ist der Zeitsprung – durchaus im Sinne von *Science-fiction*: Eben noch bist du (es ist mir jetzt wichtig, meine Leser unmittelbar anzureden) in der einen Dimension, aber sofort geht es in der anderen weiter – und trotzdem bleibst du im gleichen Fluß, dem «Vehikel», dem «Raumschiff» deiner Reise.

Die Brücke symbolisiert bereits das Ergebnis: Der Meditierende ist «ans andere Ufer gekommen». Lao Tse hatte «den Fluß überschritten», bevor er dem Zöllner sein *Tao Te King* diktierte. Bodhidharma «zog über den Fluß nach Norden». In Zen-Geschichten kehrt dieses Motiv immer wieder: Irgendwann überschreitet immer jemand «den» Fluß.

Der Fluß ist deshalb ein so gutes «Fahrzeug», weil er raum- und zeitlos ist. An seiner Quelle, in seiner Mitte, an seiner Mündung – als Rinnsal, als Bach, als Strom – ist er immer «der» Fluß. Nicht nur in China und Japan, auch in unserer Kultur – von Heraklit bis Hermann Hesse – gibt es dieses Motiv: Du springst niemals in den gleichen Fluß – und doch ist es immer der gleiche. Du bist ständig auf der Reise – und dennoch immer geborgen im Strömen. «Die Brücke fließt weiter, während das Wasser es nicht tut», heißt es in einem *Mondo*.

«Du mußt den Sprung ins Wasser wagen, ohne zu wissen, wie du schwimmen sollst», sagt Krishnamurti. «Die Schönheit der Meditation liegt darin, daß du niemals weißt, wo du bist, wohin du gehst und welches das Ziel ist.»

Springe. Schwimme. Meditiere. Werde der Fluß. Laß dieses Buch liegen, lies, wenn du willst, später weiter, es kommt sowieso nichts mehr, was wichtiger wäre, schon vorher kam nichts Wichtigeres. Meditiere zwanzig Minuten lang:

HÖRST DU DAS RAUSCHEN DES FLUSSES?
JA, MEISTER.
DAS IST DER WEG.

Meditiere nur dies. Meditieren heißt: Achtgeben. Aufmerksamsein. Aufmerksamkeit heißt: Nichts anderes tun als: Sitzen. Atmen. Aufgerichtet sein. Im *Hara* sein. Den Text hören. Ihn erhören. Der Text sein. Bis er zu einem Sound wird. Dieser Sound werden. Der Text beginnt dann nicht mehr mit dem Wort «Hörst» und endet nicht mehr mit «Weg». Alle Worte sind in dem Fluß, und der Fluß rauscht, und es ist ein Rauschen.

Krishnamurti: «Meditation ist wie der Fluß. Er kann nicht gezähmt werden, er fließt und fließt und überströmt seine Ufer. Er ist Musik ohne Klang. Er ist das Schweigen, in dem der Beobachter – sobald er eintaucht in ihn – aufhört zu sein.»

Begreife, was Zen mit Aufmerksamkeit meint. Ein Schüler kam zu Meister Eko. Es goß in Strömen. Der Schüler hatte sieben Jahre lang meditiert. Er erwartete ein Gespräch über seinen geistigen Weg, erhoffte sich tiefgehende Analysen und Aufschlüsse. Aber Eko fragte: «Wo hast du deinen Regenschirm hingelegt? Links oder rechts von deinen Schuhen?» Der Schüler konnte sich nicht erinnern. Er war in großer Aufregung zu Eko gekommen, es ging ihm um Dinge, die wahrhaftig wichtiger waren als nur ein Regenschirm.

Der Zen-Meister sagte: «Meditiere weitere sieben Jahre.» Der Schüler: «Wegen eines so kleinen Versehens?» Eko: «Nicht wissen, wo man seinen Schirm hingelegt hat, ist kein kleines Versehen.»

Der Fluß rauscht nicht bloß. Er besteht aus Millionen von Wassertropfen. Höre jeden einzelnen Tropfen. Die Tropfen, die da in einem Strudel oder einem Wasserfall sprühen, sind für den Fluß so verschieden wie die Individuen, aus denen die Menschheit besteht. Sei aufmerksam. Höre die Individualität jedes Tropfens.

Der Fluß ist der Weg. Du weißt – du hast das gelesen: Der Weg ist wichtiger als das Ziel. Du mußt nicht wissen, wo der Fluß mündet. Auch der Fluß weiß es nicht. Niemand kommt ans Ziel; wer meint, er könne es erreichen, täuscht sich. Auch die großen Erleuchteten haben immer gewußt – und erfahren: So weit sie auch kamen, der Weg führte immer noch weiter. Auch Buddhas und Jesu Weg führt weiter. Du verschwendest deine Zeit, wenn du darüber nachdenkst, wohin er führt. Insofern er ohne Ende ist, bringt Denken dich nicht weiter.

Du kannst nicht meditieren, du kannst nicht einmal richtig leben – und lieben schon gar nicht –, wenn du dich mit der Zukunft beschäftigst. Sei also dort, wo du jetzt bist: auf dem Weg. Auf dem Stück des Weges, wo du dich jetzt gerade befindest.

Sei nirgendwo anders. Sei hier. Krishnamurti, Alan Watts, Bhagwan und andere haben den Begriff des «Hier und Jetzt» in der westlichen Welt bekanntgemacht, und es ist wunderbar, daß sie das getan haben, aber das Wissen darum ist Jahrtausende alt.

Denke nicht, das Gerede vom Weg – dem *tao* der alten Chinesen, dem *do* des japanischen Zen – sei eine asiatische Spinnerei. In der *Vulgata*, der lateinischen Übersetzung der Bibel – immerhin dem folgenreichsten Buch der abendländischen Menschheit –, kommt das Wort *via* = Weg achthundertachtzigmal vor. Du bist also, wohin du gehörst, wenn du auf dem Weg bist: in deiner westlichen Welt.

Dennoch kann dir die östliche Weisheit helfen. Zum Beispiel das chinesische Schriftzeichen für *Weg*. Es lautet *Kopf* + *Fuß* = *Weg*.

Es ist – so haben es die alten Taoisten empfunden – ein Wegzeichen. Das Zeichen will sagen: Wenn du dem Wegweiser folgst, hören beide – Kopf und Fuß – auf, zwei verschiedene Dinge zu sein. Der Kopf wird zum Fuß und der Fuß zum Kopf, und beide werden zum Weg. Du wirst der Weg – von Kopf bis Fuß: Du wirst eins. Ich, der ich dieses Buch schreibe und viel zu sehr Kopfmensch bin (es vielleicht sein muß, damit ich es schreiben kann), und viele meiner Leser, die mir bis zu diesem Kapitel gefolgt sind, können das Zeichen auch so deuten: Schick deinen Kopf in die Füße und geh endlich los! Das ist die Reise, von der wir in der «Intro» gesprochen haben, in Wirklichkeit: der Weg! Dieses Buch ist ein Anstoß, sich auf den Weg zu machen.

首 Kopf

辵 Fuss

道 (Fuss + Kopf =) Weg

Wage den Weg. Die Worte Weg und Wagnis sind verwandt. Für die Aufgabe, die wir uns gestellt haben, ist der Weg der Fluß.

Hörst du das Rauschen des Flusses?
Ja.
Das ist der Weg.

Du hörst – um ein Wort Martin Bubers zu variieren – das Rauschen des Flusses, aber du weißt nicht, wessen Rauschen es ist –

das des Flusses oder dein eigenes, das Rauschen des Blutes in deinen Adern und Ohren, deines Ur-*Nadas*, das Rauschen des Seins.

Du hörst, wenn du lange genug meditierst, *Nada Brahma*. Das *Shabda*. Das *Naam*. Das *Sangit*. Das *Kirtan*. Den Tonstrom. Tausende haben ihn auf ihre Weise erfahren. Deshalb gibt es so viele Namen dafür. Bei den Zen-Mönchen in Japan und China, bei Sufis in Persien und der Türkei, bei Hindus in Indien, bei Sikhs in Nordindien, bei Tibetanern in den Bergen des Himalaya, bei russischen Wandermönchen, bei Moslems in der arabischen Welt, bei den Mönchen auf dem Athos ...

HÖRST DU DAS RAUSCHEN DES FLUSSES?
JA.

Meditiere dies ein paar Monate lang. Die Anweisung lautet: Täglich mindestens einmal dreißig Minuten oder zweimal – am besten morgens und abends – zwanzig Minuten. Sage nicht: Ich kann das nicht. Wenn du es wirklich nicht kannst, dann ist es in Ordnung und du meditierst eben, so oft du kannst, aber du weißt ohnehin: Du kannst es.

Bald schon – vielleicht schon nach wenigen Wochen – spürst du: Irgend etwas ändert sich. Du bist klarer, präziser, präsenter. Du bist seltener frustriert, weniger aggressiv, offener, toleranter, kommunikativer. Bevor du es irgendwo anders erfährst, empfindest du es anderen Menschen gegenüber. Du hast weniger Schwierigkeiten mit ihnen. Schließt rascher Bekanntschaften. Gewinnst schneller Freunde. Bist fröhlicher. Lachst häufiger. Du fühlst: Ich bin mit meinen Mitmenschen verbunden. Du wirst dir bewußt: Alle sind meine Mitmenschen. Das ist der Beginn – erst ein ganz schüchterner – deiner Erfahrung: Alles ist eins.

Du hörst auf, *sen*sibel, empfindlich zu sein. Du wirst *zen*-sibel: empfindsamer – aufgeschlossener, einfühlsamer, mitfühlender –, und bist schließlich *zen*-sitiv: empfänglich, hell-hörig, transparent, intuitiv.

Krishnamurti: «... vollkommen geöffnet zu sein, preisgegeben zu sein – den Hügeln, dem Meer, dem Menschen –, ist das wahre Wesen der Meditation.»

Vielleicht ändert sich auch etwas in deiner Gesundheit. Meine

Nichte, als sie 18 war, sagte es überdeutlich: Endlich kann ich regelmäßig scheißen gehen.

Wenn du begonnen hast, dich zu verändern, meditiere noch ein oder zwei Monate weiter über dein *Mondo*, dann steige um: Du gleitest einfach eine Potenz höher. Dein Wort lautet jetzt:

WENN DU AUSLÖSCHST SINN UND TON, WAS HÖRST DU DANN?

Das ist ein Zen-*Koan* aus dem 11. Jahrhundert. *Koans* sind Meditationsformeln – durchaus vergleichbar Formeln in der Mathematik: Wenn du eine Weile mit ihnen gearbeitet hast, bist du sicher: Sie stimmen. Mit diesem *Koan* haben Zen-Meditierende achthundert Jahre lang gearbeitet, und Japaner sind praktische Menschen, dem Diesseits zugewandt. Die vergessen eine solche Formel einfach, wenn sie nicht funktioniert. Da sie nicht vergessen wurde, darfst du überzeugt sein: Du arbeitest jetzt mit einer gesteigerten geistigen Potenzierung, die Tausende von Menschen ausprobiert haben.

Meditieren ist etwas anderes als glauben. Meditieren heißt: selbst erfahren. Ein *Koan* ist kein Glaubensspruch. Nur eine Technik für dein Bewußtsein. Gefertigt von Leuten, die geniale Techniker des Bewußtseins sind. Nie würden sie darauf bestehen, daß du etwas glauben mußt, was du nicht selbst erfahren hast. Dazu haben sie zuviel Respekt vor dir. Sie sagen nicht: Glaube! Sie sagen: Erfahre!

Du löschst den Fluß aus. Seinen Ton. Seinen Sinn. Jeden Sinn. Auch das, was ich darüber gesagt habe. Du löschst das alles aus – und:

WAS HŐRST DU DANN?
WAS HÖRST DU DÁNN?
WAS HÖRST DÚ DANN?
WÁS HÖRST DU DANN?
WAS HÖRST DU DÁNN?
WAS HŐRST DU DANN?
WÁS HÖRST DU DANN?

Im Grunde hast du es jetzt einfacher: Du stellst nur diese Frage. Du hast den Fluß mit deinen beiden Ohren gehört. Jetzt überschreitest du. Du hörst mit dem *Dritten Ohr*. Mit deinen «eigentlichen Ohren».

Du «*ent-birgst*» Ur-Klang. Du hörst nur noch ihn. Du weißt, daß man ihn hören kann. Es waren gewöhnliche Menschen, die ihn gehört haben. Also kannst auch du ihn hören. Es gibt eine Stelle in dir, die ihn schon lange hört. Sonst würde dich dieses Buch nicht betreffen, du hättest längst zu lesen aufgehört.

Laß dies deine Aufgabe bleiben:

WAS HÖRST DU DANN?

Das Rauschen ist aufgestiegen: aus der Schnecke deines Innenohrs in einer logarithmischen Kurve, die – offen, unendlich, sich der Senkrechten nähernd – dies genau signalisiert: die Überschreitung – vom Rauschen des Flusses zu jenem Rauschen, das du dann hörst.

Du hörst es in deinen Beinen, die wehtun vom langen Sitzen. Oder schon nicht mehr schmerzen, weil sie ja wissen, du beachtest das nicht. Du hörst es in deinem Atem. In deinem Bauch. In deinem Geschlecht. In deinen Fingerspitzen. In deinen Zehen. Du bist das Rauschen.

Du bist das Rauschen des Universums. Das Rauschen des Urknalls, der ein Urklang war und immer noch weiter tönt. Im Kosmos. In den Genen alles Lebendigen auf diesem Planeten und auf jedem anderen Stern. In Elektronen und Photonen.

WENN DU AUSLÖSCHST SINN UND TON, WAS HÖRST DU DANN?

Ja, was hörst du dann? Frage dich das täglich. Und täglich viele Male. Die Frage kann dein «Geschick» werden – in der «einen und vorbereitenden Absicht, hörender zu werden...» (Heidegger). Immer noch hörender. Die Kurve hinaufsteigen. Den Komparativ überschreiten – sich dem Superlativ nähern. Hörend – Hörender – Am Hörendsten!

WAS HÖRST DU DANN?

Irgendwann hörst du es. Beim erstenmal vielleicht nur ein paar Sekunden lang. Dann immer häufiger. Auch länger. Jedesmal, wenn du es hörst, erfährst du Einheit. Du hörst – und siehst! – Einheit. Du nimmst sie wahr, wie du sie nie mit deinen normalen Sinnen wahrnehmen kannst. Aber auch dieser Sinn ist «normal». Sonst hätten wir ihn nicht. Wir haben ihn nur verkümmern lassen.

Du nimmst es wahr als: die Wahrheit. Jetzt kannst du sie dir nehmen – Wahrheit nehmen –, als sei sie ein Gegenstand: Da ist sie.

Du hörst, du siehst, du erfährst, du schmeckst und riechst, du weißt: Das *Uni-ver*sum bist du. Es ist in dir. Du bist in ihm. Alles ist in dir. Du bist in die *Ein*heit ge*wendet*.

Du kannst all die klugen Bücher, in denen das steht, vergessen. Du hast es selber erfahren. Und du erfährst es – und dies werden die kostbarsten Momente deines Lebens sein – immer wieder neu. Du bist: am hörendsten.

Immer wieder wird vom Lachen der Zen-Mönche erzählt. Jetzt weißt du, warum sie lachen. Warum sie dieses laute, schallende, hallende, triumphierende, unvergleichliche, von Freude und Sicherheit erfüllte Lachen haben. Du denkst, Mönche müßten still und leise sein. Aber ihr Lachen klingt wie ein Schuß. Das tollste Lachen der Welt.

Ich habe es zum erstenmal im April 1962 gehört, als ich meine Eintrittskarte zum *Ryo-an-ji*, dem berühmten Zen-Garten in Kyoto, kaufte. Der Mönch an der Kasse sah meine Begleiterin an und lachte – wirklich: genau wie ein Schuß. Ich habe damals noch nicht gewußt, was es bedeutet. Aber das Lachen blieb in mir. Solch ein Lachen ist es: Man vergißt es nicht; und Jahre später, als ich erfuhr, was es mit dem Lachen der Zen-Mönche auf sich hat, erinnerte ich mich daran.

Es ist möglich, daß du jetzt selber so lachst. Du hast auch Grund dazu.

LOBSINGEND WACHSEN!

Lobsingen heißt: eine Lampe anzünden durch Sitar-Spiel.
Nach einer alten indischen Legende

I
«GOTT HUNGERT NACH LIEDERN»

Es gibt keine Kultur – von den Indern der Upanischaden bis zu den Juden der Psalmen, von den Babyloniern bis zu den Azteken, von den Ägyptern bis zu den Japanern, von den Sufis bis zu den Balinesen –, die nicht weiß und erfahren hat: Musik ist ein Lobgesang. Musik begann, um zu preisen. Um in Freude und Überschwang das Lob der Götter und Gottes zu singen. Das war der Beginn, der ihr Kraft gab. Diese Kraft trug sie. Überallhin – in Liebe und Trauer, in Sehnsucht und Ohnmacht, in Zorn und in Schmerz.

Immer noch steckt dieser Beginn in ihr. Nur dem, der die Negativität in der Kunst braucht, um die eigene zu legitimieren, klingt es naiv, wenn jemand gegen Ende des 20. Jahrhunderts meint, Musik sei ein Lobgesang. Kein Zweifel – sie ist es – in Stockhausens «Licht» und in Messiaens «Turangalila», in Coltranes «Love Supreme» und Miles Davis' «Bitches Brew», in Ali Akbar Khans «Karuna Supreme» und in Strawinskys «Psalmen-Symphonie».

Noch immer kann Musik die «Deichsel aus Lobgesängen» sein, von der die Upanischaden singen. Es war diese Deichsel, die den Wagen der Sonne zog: Die Sonne ginge nicht über den Himmel ohne sie.

Marius Schneider hat gezeigt, daß die Sanskrit-Wurzel *bra* sowohl *wachsen* wie *lobsingen* bedeuten kann. Sie steckt im Namen des Schöpfergottes *Brahma* und des *Brahmans*, des Kosmischen Prinzips. Also: Gott Brahma wuchs, indem ihm Lob gesungen wurde. Das Universum wuchs durch Gesang.

Martin Buber erinnert daran, daß die ersten Mythen Lobgesänge waren. Und Marius Schneider resümiert: «Gott hungert nach Liedern.» Nach lebenslangem Studium der Religionen und spirituellen Überlieferungen der Völker bezieht Schneider diesen Satz nicht nur auf die vedischen Mythen, sondern auf den gesamten mythischen Bestand der Völker der Menschheit. Für sie alle gilt: Im Gesang der Musik wächst die Welt.

Welcher Musik? Wir sind in diesem Buch und in seinem Vorgänger immer wieder darauf gestoßen: Unsere menschliche und irdische Musik bildet die Proportionen des Kosmos ab. Nicht jeder Zahlwert ist ein Ton, aber jeder Ton ist ein Zahlwert, und wir haben gefunden: Die Natur bevorzugt – weit hinausgehend über zufallsmathematische Wahrscheinlichkeiten – solche Zahlen, die gleichzeitig Töne sind. Daß «die Welt Klang» ist, wissen nicht nur die Mythen und Legenden der Völker, auch die gesicherten Ergebnisse der harmonikalen Grundlagenforschung und vieler anderer Disziplinen bestätigen es. Wir haben den Klangcharakter der Welt in DNS-Genen und in den *spins* der Elektronen, im Sonnenwind und im Erdmagnetismus, im Wetter und im Gesang der Blumen und Pflanzen bestätigt gefunden.

Die Frage stellt sich: Wenn unsere irdische Musik als Lobgesang begann und in vielen ihrer Schöpfungen immer noch Lobgesang ist und wenn menschliche Musik nur ein minimaler Ausschnitt aus der Musik des Universums ist, muß dann nicht auch die kosmische Musik – die Musik der Sphären und Milchstraßen, der Planetenbahnen und Elementarteilchen und Gene – zuallererst Lobgesang sein?

Niemand, der lediglich irdisches Wissen und irdischen Überblick besitzt, vermag diese Frage zu beantworten. Aber wir können die Antwort erahnen. Das Schlußkapitel des «Dritten Ohrs» trägt Indizien vor, die dabei helfen können.

II
VOM «ZWECK» DER MUSIK

Von all den vielen nichtmenschlichen Musiken und harmonikalen Abläufen, die wir in der Natur gefunden haben, ist eine uns ganz besonders nahe: der Gesang der Vögel. Er spielt sich im gleichen Frequenzraum der Hörbarkeit ab und ähnelt menschlicher Musik so sehr, daß wir ihn seit alters als «Gesang» und als «Singen» bezeichnen. Seit Jahrtausenden lassen sich Musiker durch ihn inspirieren. Nicht nur Flötisten tun das, auch Schöpfer von Symphonien und Orgelwerken, Beethoven in seiner Sechsten oder Messiaen in vielen seiner Kompositionen oder Respighi in den «Pinien von Rom», John Cage in seinen «Song Books» oder der Posaunist Albert Mangelsdorff in seinen Improvisationen. Wäre also auch Vogelgesang ein Lobgesang? Können wir dies nachvollziehen?

Zoologen und Ornithologen «erklären» die «Musik» der Vögel wie alles andere auch: als Funktion der Evolution. Vogelgesang – so sagen sie – stelle die Fortpflanzung und die Erhaltung der Art sicher. Aber jedem, der sich auch nur ein wenig mit Biologie befaßt hat, ist einsichtig, daß die Natur über viel direktere und einfachere Abläufe und Mechanismen verfügt, die ohne Gesang das erwünschte Ergebnis mit noch viel größerer voraussehbarer Sicherheit herbeiführen.

Wer den Gesang der Vögel nur mit einem biologischen Zweck erklärt, der gleich ein wenig einem Wissenschaftler, der die Musik der Menschen als biologisch konditioniert bezeichnet – was ja möglich wäre. Man stelle sich vor: Ein Astronaut einer fernen, kosmischen Zivilisation kommt auf die Erde, besucht ein Konzert – vielleicht ein Rock- oder Jazz-Festival –, kann mit der Musik wenig anfangen, aber beobachtet, daß junge Menschen dabei einander kennenlernen, miteinander flirten, einander umarmen und küssen und hinterher gemeinsam nach Hause gehen. Zurückgekehrt auf seinen heimatlichen Stern wird er verkünden: Es gäbe Musik auf der Erde, und die diene der Erhaltung der Art; dies sei ihr «Zweck».

Indem wir darüber lächeln, bemerken wir: Der evolutionäre «Zweck», den die Biologen dem Vogelgesang unterschieben, ist etwas Zusätzliches. Die Wissenschaftler haben ja recht, aber was sie gefunden haben, ist nicht das Eigentliche – so wenig wie unser Mars-Mensch das «Eigentliche» menschlicher Musik verstanden hat. Was die Wissenschaftler entdeckt haben – und was logisch beweisbar ist –, ist nur die Begleiterscheinung: Die Evolution b e n u t z t den Vogelgesang – wie bisweilen auch die Wirkungen unserer menschlichen Musik –, um zusätzlich a u c h noch durch ihn zu ihrem Ziel zu kommen. Sie benutzt alles, also auch dies. Aber ihre Nutzung ist nicht Ursache – nicht *ratio* im Sinne des Satzes vom Grund (und im Sinne dessen, was wir im Kapitel «Denken durchs Ohr» darüber gefunden haben).

Musik ist wie die Rose des Angelus Silesius: «Sie blühet, w e i l sie blühet.» Sie «kennet kein Warum». Musik klingt, weil sie klingt. Wenn dies von unserer menschlichen Musik gilt, muß es auch von jeder anderen Musik gelten. Also auch von der der Vögel.

Wenn Wissenschaftler vom Postulat der Fortpflanzung ausgehen dürfen, dann muß es uns auch gestattet sein, vom Postulat des Lobgesangs auszugehen – und sofort ergibt sich: Dieses Postulat führt – sogar in einem wissenschaftlichen Sinne – weiter. Es besitzt den größeren Radius und bietet sogar noch Raum für die evolutionistischen Deutungen der Wissenschaftler. Sie können das Lobsingen nicht mit ihren Vorstellungen vereinbaren, aber im Kosmos derer, die von der Hypothese des Lobsingens ausgehen, ist durchaus auch für die Theorien und Folgerungen der Wissenschaftler Platz. Wie eng deren Weltbild und was die Konsequenz ihres Denkens ist, klang schon bei Schopenhauer an. Er hielt den Gesang der Nachtigall für eine «unbegreifliche Verschwendung künstlerischer Gaben an ein ahnungsloses Tier».

Wer immer den Gesang der Vögel hört und singende Vögel beobachtet – sei es auch nur im Käfig in der Zimmerecke, überzeugender freilich an einem Frühlingsmorgen in einem Baum, an dem die ersten Blätter sprießen und auf dessen höchstem Trieb jubelnd die Amsel flötet –, der empfindet genau das, was seit je die Menschen nichtentfremdeter Kulturen gefühlt haben: Das Singen hat für die Amsel – oder die Lerche oder die Nachtigall – genau den gleichen Zweck wie für uns Menschen – nämlich: «schöne Musik» zu machen. Zu jubilieren, zu preisen, zu lobsingen, fröhlich zu sein, das Fest des Lebens zu feiern: Nahrung für die Seele derer, die sie hören – und das sind nicht nur die Vögel selbst, sondern alle Wesen in der Natur, auch zum Beispiel wir Menschen. Nahrung vielleicht sogar für die Götter. Im Sinne von Marius Schneider: «Gott hungert nach Liedern.»

III
«WEISST DU, WIEVIEL MÜCKLEIN SPIELEN ...?»

Gehen wir einen Schritt weiter: Menschliche Musik und Vogelgesang bilden die spezifische Ausprägung eines Prinzips, das wir überall in der Natur beobachten können. Auch außerhalb des

Musikalischen und des mit den Ohren Wahrnehmbaren. Zoologen berichten von den Freudentänzen der Paviane und Schimpansen. Sie behaupten, daß die Tänze nötig seien, damit die Affen sich fortpflanzen, aber Affen kopulieren auch dann, wenn es vorher ein solches mit lautem Lärm verbundenes Herumspringen nicht gegeben hat. Zwar ist offensichtlich, daß das Tanzen die Fortpflanzung erleichtert, sie intensiver und freudevoller gestaltet – das tun auch menschliche Tänze und menschliche Musik –, aber kein Evolutionist hat je bewiesen: Der «Zweck» der Tänze ist Kopulation – «bewiesen» in jenem Sinne, in dem Wissenschaftler selbst das Wort zu gebrauchen pflegen, wenn sie anfechten wollen, was nicht in ihre Theorien paßt.

Dichter besingen den Tanz der Mücken – «Weißt du, wieviel Mücklein spielen / In der hellen Sonnenglut?» – und haben ihn seit alters als Freudentanz empfunden. Zwar mögen die Zoologen auch ihn als Funktion der Erhaltung der Art interpretieren, aber auch hier ist der umgekehrte Mechanismus der wahrscheinlichere: Die Natur benutzt den Tanz, um durch ihn zusätzliche Impulse für die Erhaltung der Art (die auch ohne Tanz sichergestellt wäre) zu gewinnen.

Die Zoologin Jane van Lawick-Goodall hat im Gombe-Reservat in Afrika während und nach einem heftigen Regen einen «Regentanz» von Schimpansen gefilmt, der über jeden Zweifel hinaus «nichtsexuell» war. Die Affen-Männchen kullerten in ausgelassener Freude einen Hang hinunter, liefen wieder hinauf und ließen sich von neuem hinabrollen, rissen Zweige von den Bäumen – jene Art «Palmwedel», die auch Menschen bei festlichen Anlässen zu schwingen lieben – und wirbelten sie unter lautem Geschrei durch die Luft. Weibliche Affen waren nicht in der Nähe. Jane van Lawick-Goodall hatte keinen Zweifel: Der Tanz bekundete Freude. Die Schimpansen «feierten» den Regen.

Wenn ein solcher «Regentanz» einmal beobachtet wurde, muß als wahrscheinlich gelten, daß er öfter geschieht – nicht nur bei Schimpansen. Bekunden auch Mücken ihre Freude, wenn sie nach einem sommerlichen Regenfall in intensivierten Choreographien einander umtänzelnd durch die Luft schwirren? Tun es Elefanten, wenn ihre riesigen Körper im Tanz und unter den Trompetenstößen ihrer Rüssel eine fast schwebende Leichtigkeit und Behutsamkeit gewinnen? Tun es die Känguruh-Ratten, wenn sie mit ihren kraftvollen Hinterbeinen Rhythmen durch die Nacht trommeln, die exakt denen gleichen, die man – wenige Kilometer weiter vielleicht – in einer Yoruba-Zeremonie schwarz-afrikanischer Menschen hören kann? Wenn sie hier – bei den Menschen – Freude und Lobgesang, Liebe und Verbundenheit mit der Natur bedeuten, wie ist es denkbar, daß die gleichen Rhythmen, wenn die Ratten sie schlagen, nicht auch die gleiche Botschaft enthalten? Es ist doch die gleiche Musik!

Wölfe und Kojoten (so hat Jim Nollmann beobachtet und aufgenommen), Wale und Delphine (so haben John C. Lilly und Antonietta Lilly dokumentiert) singen mit Menschen. Der Mensch singt vor – und sie fallen ein in den Gesang. Nollmann und die Lillys haben ausprobiert: Wenn sie falsch zu singen begannen, verstummten Wölfe, Kojoten, Wale, Delphine. Diese hatten die gleichen Kriterien wie die Menschen, oft reagierten sie schneller und sensibler auf falsch singende Menschen als die musizierenden Menschen untereinander. Es i s t also wirklich die gleiche Musik!

IV
WAL-ZERKLÄNGE – *WAL*-ZERTANZ

Eindringliche Beispiele zur getanzten und gesungenen Musik in der Natur bieten die Wale. Ihre Gesänge sind von einer Emotionalität, die schon manchen menschlichen Zuhörer betroffen gemacht hat, der ihnen des Nachts – etwa am Point Lobos im nördlichen Kalifornien oder auf einer der Neufundland vorgeschobenen Inseln – zuhörte, als höre er ein Lied seiner eigenen *Spezies*. Fischer sagen: Du wirst schwermütig, wenn du sie hörst. Du kannst dabei weinen. Musiker haben sie ihren eigenen Kompositionen und Improvisationen zugrunde gelegt (z. B. Judy Collins, Alan Horhanes, Paul Winter, Paul Horn und andere).

Die Sounds, welche die Wale ausstoßen – ihre Musik –, sind differenzierter in Tonhöhe und Intensität als menschliche Sprache. Natürlich meinen die Zoologen auch in diesem Fall, daß die Wale mit ihren Gesängen ihre Paarung vorbereiten. Zusätzlich – so haben sie herausgefunden – benutzen sie sie zur *echo location*, zur

Ortung durch Echo. Aber für beide Zwecke bräuchten die Sounds längst nicht so differenziert zu sein. Sie sind – so räumen neuerdings sogar junge kalifornische Zoologen ein – durchaus ein «*Extra-Bonus* der Natur», der biologisch und evolutionistisch nicht erklärt werden kann, ja positivistischen Deutungen widerspricht, denn zum Beispiel die Echo Locations würden mit einfacheren Sounds sehr viel zuverlässiger funktionieren als mit den hochdifferenzierten Liedern der Wale.

Die Sound-Sensibilität und Musikalität der Wale zeigt sich auch in ihrer Fortbewegungsart. Sie wandern in einem Dreier-Rhythmus: Mit einer betonten «Eins» tauchen sie auf, und nach zwei weiteren, unbetonten Zählzeiten versinken sie wieder unter der Wasseroberfläche – beziehungsweise umgekehrt: Mit der betonten «Eins» tauchen sie ein und schwingen sich während zweier unbetonter Taktschläge über eine dreimal (!) so lange Unterwasserstrecke hinweg wieder dem Auftauchen entgegen. Jeder einzelne Prozeß ist gegliedert in eine nach oben und unten geschwungene Dreierstruktur.

Man könnte sagen, die Wale bewegen sich *Walzer* tanzend fort – aber nicht wie wir Menschen in der Horizontalen, sondern in der Vertikalen: von oben nach unten. *Wal*zertanzend überwinden sie riesige Entfernungen – zum Beispiel alljährlich etwa 16 000 Kilometer von Alaska bis hinunter nach Baja California in Mexiko und wieder hinauf in den Norden.

V
DAS UNIVERSUM TANZT

C. G. Jung berichtet in seinen «Überlegungen zum Wesen des Psychischen» von einem Stamm in Äquatorial-Afrika am Südabhang des Mount Elgon, den Elgonyi, bei dem er beobachtet hatte, «daß die Leute beim Sonnenaufgang vor ihre Hütten traten, die Hände vor den Mund hielten und darein spuckten oder bliesen. Darauf erhoben sie die Arme und hielten die Handflächen gegen die Sonne. Ich fragte sie, was das bedeute, aber keiner konnte mir eine Erklärung geben. Sie hätten das immer so getan und es von ihren Eltern gelernt. Der Medizinmann wisse, was es bedeute. Darauf fragte ich den Medizinmann. Der wußte es ebensowenig wie die anderen, versicherte mir aber, sein Großvater hätte es noch gewußt. Man mache das eben so bei jedem Sonnenaufgang ...»

Das ist die eigentliche Tradition, in der sich Tanz, Musik und Freudenbekundungen befinden: «Man» macht das eben so. Die Eltern haben es von den Großeltern gelernt: bei den Schwarzen am Mount Elgon nicht anders als bei tanzenden Mücken, trompetenden Elefanten und singenden Vögeln, bei den Hochzeitszeremonien der Bienen, Ameisen und Termiten, bei den «Laichtänzen» (das ist der durch das evolutionistische Denken gefärbte Ausdruck: weil es keinen anderen gibt, leihe ich ihn mir aus) der Fische und bei Hunderten ähnlicher Phänomene. Natürlich auch bei den Konzerten der Menschen. Keines dieser Phänomene ist zur Fortpflanzung nötig, aber sie schaffen einen Rahmen, in dem Fortpflanzung differenziert werden kann: reicher, leichter, fröhlicher, beschwingter – weil auch sie selbst reich, leicht, fröhlich, beschwingt sind. Sie differenzierten das «Ambiente» der Fortpflanzung.

Das am meisten differenzierte «Ambiente» der Fortpflanzung nennen wir Liebe. Sie ist das Ziel, auf das hin sich die Differenzierung bewegt – und es bleibt offen, wo und bei wem sie es erreicht. Erreicht sie es stets beim Menschen? Doch wohl nicht. Woher wissen wir, daß sie es nur bei uns erreichen will? Nur bei uns anstrebt?

Es ist möglich, daß es eine Stufenleiter gibt, aber ebenso sinnvoll ist es, anzunehmen, daß alle diese Musik, diese Tänze und Freudenbekundungen – alle diese Differenzierungen von Freude am Leben – als einander gleichberechtigt gehört und gesehen werden können. Offenbar sind die unendlich komplizierten und vielschichtigen Linien, Verzweigungen, Kurven, mit denen die Mükken ihren Tanz in die Luft zeichnen, nicht weniger hoch entwickelt – vielleicht sogar schwieriger nachzuvollziehen – als eine Choreographie des New York City Ballets. Auch könnte es sein, daß die wunderbare, seltsam «stimmig» wirkende Linearität der «Schnüre ziehenden» Laichtänze bestimmter Fischarten dichter noch und komplexer ist als die Linien einer Fuge von Bach.

Offensichtlich ist: Überall gibt es «den» Tanz – bis hinunter in die Dimensionen der Amöbe und Zelle, ja auch die Teilchen-Physiker gebrauchen bereits den Ausdruck «Tanz» im Hinblick auf das Verhalten der Partikeln im Atomkern. Es ist möglich, daß ihr

«Tanz» der Ur-Tanz ist, der all die anderen Tänze – und das akustische Äquivalent des Tanzes: die Musik – in der Natur und im Universum vorgebildet und konditioniert. Auch den Gesang der Nachtigall. Und die Matthäuspassion.

Da die Partikeln tanzen, tanzt alles, was dieses Universum bildet und ausmacht. Der Tanz von Gott Shiva, in dem sich das Universum immer wieder neu erschafft.

VI
DIE LEITER DER LIEBE

Von William Blake (1757–1827) – dem englischen Dichter und Maler, der bereits Ende des 18. Jahrhunderts sowohl den Jugendstil als auch Freuds und Jungs Enträtselung der Symbole angebahnt hat – stammt das Wort: «*Energy is eternal delight.*» Ich würde übersetzen: «Energie ist ewiges Entzücken.» Aber ich setze alles dahinter, was das Lexikon für *delight* angibt: Freude, Spaß, Vergnügen, Lust, Wonne ... Das alles ist Energie.

Wir können es sehen, wenn Kinder rastlos und jauchzend miteinander spielen und Energie und *delight* so nahtlos ineinander übergehen, als seien beide das gleiche. Wir spüren es, wenn Menschen eine Nacht hindurch tanzen können – die gleichen Menschen, die vorher – bei dem viel geringeren Energie-Bedarf ihrer täglichen Arbeit – schon nach zwei Stunden müde zu werden beginnen. Jeder erfährt es beim Liebesakt. Und wir können nicht glauben, daß wir so sehr von der Natur abgekoppelt sind, daß das, was für uns gilt, nicht auch für den viel größeren «Rest» der Schöpfung gilt: Für die Schimpansen, die sich schreiend den Hang hinab tummeln. Für die Lerchen, die sich singend in den Himmel schwingen. Für die Weinreben, die arabeskenhaft in die Höhe ranken und dort schon – in jedem «Kringel» jedes einzelnen Stocks – genau jene Beschwingtheit, jenes «kringelnde» Kreisen von Energie, jene Lust und jenes Entzücken entwickeln, die wir später – den Wein trinkend – in unseren Köpfen spüren ... Für den Tanz der Photonen, die keinen Ort haben und keine Masse, und dennoch Energie! Hier – bei den kleinsten Partikeln des Universums – beginnt Energie. Hier also beginnen: Entzücken, Glück, Freude, Spaß, Vergnügen, Lust, Wonne …

«Energy is eternal delight.» Blake meinte die Energie, die *bra-* ist, die wachsend lobsingt – die Energie des Kosmos.

Längst schon ist deutlich: Die Idee des Lobgesangs und die der Liebe (wenn es den Biologen lieber ist: der Fortpflanzung) sind keine Widersprüche. Zwar ist nur die letztere evolutionistisch, aber beide sind Ideen der Evolution: der Höherentwicklung nicht nur im biologischen, sondern auch im Sinne Teilhard de Chardins: als wachsende Negentropie, dem Tod, Ende und Untergang entgegenwirkend.

Loben ist Lieben. Wer aufmerksam gelesen hat, konnte das in diesem Kapitel bei jedem einzelnen der gegebenen Beispiele spüren. Und wer das paläolinguistische Grundgesetz der Austauschbarkeit der Vokale kennt, der weiß: Die beiden Worte – Lieben und Loben – gehören auch sprachgeschichtlich zusammen, ja sie sind ursprünglich ein Wort gewesen. Für den frühen Menschen war Lieben = Loben.

In der tantrischen – auch in einer alten javanischen – Überlieferung gibt es die «Leiter der Liebe»: Insofern eine Frau einen Mann liebt – so wird dort gelehrt –, liebt sie in diesem einen Mann alle männlichen Wesen. Insofern ein Mann eine Frau liebt, liebt er in dieser einen Frau alle weiblichen Wesen. Insofern er alle weiblichen Wesen – und sie alle männlichen Wesen – liebt, lieben er und sie alle menschlichen Wesen. Insofern sie alle menschlichen Wesen lieben, lieben sie alle Wesen – alle (ich muß jetzt, um besser verständlich zu sein, auf die englische Sprache umschalten) *beings*. Insofern sie alle Wesen, alle *beings*, lieben, lieben sie es, *to be*: zu sein – das Sein als Ur-Grund des Kosmos; sie lieben das Wesen und das Sein. Sie lieben die schöpferische Kraft und Energie des Universums, die viele von uns Gott nennen. Sie lieben. Punktum! Die Frage, wen sie jeweils *in praxi* lieben, ist nur – um es englisch zu sagen – *a matter of preference*: eine Frage des Vorzugs, auch des jeweiligen Schicksals, seiner Wege und Fügungen.

Auf jeder einzelnen Sprosse der «Leiter der Liebe» ist das Wort Liebe ohne jede Sinn-Einbuße, ja im Gegenteil zwecks Gewinnung gesteigerten Sinns gegen das Wort Loben austauschbar.

VII
WIR SIND NICHT GETRENNT

Wir sind nicht getrennt. Das ist es, worauf die «Stufenleiter der Liebe» – und des Lobens – hinausläuft. Wir sind es auch in einem wissenschaftlichen Sinne nicht (und haben dafür in diesem Buch viele Beispiele zusammengetragen). Die Anthropologen des vergangenen Jahrhunderts haben angenommen, der Mensch unterscheide sich dadurch vom Tier, daß er Werkzeuge herstellen könne. Aber dann wurde beobachtet: Auch Affen machen sich einfache Werkzeuge. Später entstand die Idee, der Mensch sei das sprechende Wesen. Inzwischen wissen wir: Die Informations-*bits*, die Wale in einen halbstündigen Gesang verpacken, sind zahlreicher und dichter als die der gesamten «Odyssee». Ja, Wale haben «Dialekte» entwickelt, einander so ähnlich wie menschliche Dialekte und dennoch ebenso differenziert.

Huizinga konzipierte die Idee des *homo ludens*, des spielenden Menschen. Aber auch Fische, Mücken, Affen, Katzen, Ratten spielen. Der Mensch sei das «schöpferische Wesen», meinte Hegel in der «Phänomenologie des Geistes», aber wir Heutigen wissen: Das ganze Universum ist schöpferisch. Nur der Mensch habe Intelligenz, dachten die Rationalisten; aber inzwischen wird es immer schwieriger, menschliche und Computer-Intelligenz voneinander zu unterscheiden, und dicke Fachbücher mußten geschrieben werden, um doch noch Differenzierungsmöglichkeiten aufrechterhalten zu können. Allein der Mensch könne denken, war eine Vorstellung, die uns allen ans Herz gewachsen war. Aber 1984 lautete die Schlagzeile der Hauszeitschrift einer pharmazeutischen Firma: «Können Bakterien denken?» – mit einer Fülle von Material, das in der Tat in diese Richtung deutet.

«Verhaltensforscher billigen heute ihren Objekten, den Säugetieren, Vögeln und Affen, mehr Intelligenz und Lernfähigkeit zu, als gewisse Gelehrte noch vor zwanzig Jahren dem paläolithischen Menschen einräumen mochten», schreibt Richard Fester. Eben noch hatte man geglaubt, es sei ein Triumph menschlicher Intelligenz gewesen, daß sich die frühen phönizischen und Wikinger-Seefahrer – und die polynesischen! – bei der Überwindung riesiger Strecken nach den Sternen zu richten verstanden; heute wissen wir, daß Vögel und andere Tiere dies ebenfalls tun – und dabei weniger Fehler machen als Menschen.

Dichter mögen uns trösten, wir hätten immer noch unsere Träume; aber Traumforscher haben «REM» (= *Rapid Eye Movements*) bei zahlreichen schlafenden Tieren beobachtet und sind sich zumindest im Falle der Hunde sicher, daß auch sie Träume haben.

Géza Róheim meinte: «Der Mensch ist ein Tier mit einer Vorliebe für Ethik.» Aber auch zahlreiche Tierarten kennen Liebe, Verantwortung, Mitleid, Fürsorge. Sogar die Idee der Aufopferung für die Nachkommen oder für den Stamm ist verbreitet in der Natur. Vögel, Elefanten, Karnickel, Wölfe, Gorillas umhegen ihre «Familie» mit genau jenem Bewußtsein, das bei den Menschen unter «Moral» und «Anstand» rubriziert wird. Ja, viele Tiere – Elefanten etwa oder Hunde – umsorgen sogar ihre Toten mit einer Anhänglichkeit, in der jeder menschliche Beobachter die eigene Trauer-Fähigkeit wiedererkennt.

«Die absolut erste Innewerdung der eigenen Existenz und des eigenen Seins wird mit der Erkenntnis des ‹Ich bin!› begriffen ... Aber ein Affe hat schon eine Vorstellung von sich selbst als ein von anderen Verschiedener, wie zur völligen Zufriedenheit der Wissenschaft demonstriert werden konnte» (Richard Fester).

Was also bleibt übrig?

Nichts trennt uns. Es gibt nur Schattierungen, Verschiebungen, graduelle Abweichungen, gleitende Übergänge, Fluktuationen und Oszillationen zwischen uns und dem Universum. Wir sind nicht getrennt.

VIII
LEBEN IST LIEBEN IST LOBEN IST SICH-LABEN

Die Stufenleiter führt weiter. Sie kann beim Menschen nicht aufhören. Sie führt nach oben und unten – in den Makro- und in den Mikro-Kosmos. In das Universum!

Die Stufenleiter des Lobgesangs bildet sich ab in dem harmonikalen Geschehen, das zwar schon seit Pythagoras, aber noch nie in solcher Fülle wie in unserer Zeit entdeckt wird und das doch nur einen minimalen Ausschnitt dessen darstellt, was noch der Entdeckung harrt. Je mehr sich nicht nur die Avantgarde der Physiker und Kosmologen, sondern nach und nach auch die Mehrheit der Wissenschaftler vom mechanistischen, materialistischen und evolutionistischen Denken löst, desto geschärfter wird ihr Sensorium werden für die Aufspürung der musikalischen, rhythmischen, tänzerischen Grundmuster des Universums. Je stärker Wissenschaft nicht mehr nur mit der linken, sondern mit beiden Gehirnhälften betrieben wird, desto selbstverständlicher wird es den Forschern werden, auch das, was sie bisher als «ästhetisch» unter den Tisch fallen ließen, ihrer Aufmerksamkeit für wert zu befinden, ja gerade in diesem Bereich nachzuholen, was in Jahrhunderten mechanistischer Naturbetrachtung *über-sehen* worden ist und was – stärker noch als mit den Augen gesehen – mit den Ohren *er-hört* werden kann.

Schon jetzt darf gefolgert werden: Der Gesang und der «*Walzer*» der Wale, die Schall-Linien und -Wellen, welche die singenden Vögel in die Morgenluft werfen, das triumphierende Trompeten der Elefanten, die Muster und Kurven, die bunte Fische in tropische Gewässer zeichnen, sind Modelle: hörbar und sichtbar gewordene Emanationen eines Grundverhaltens des Kosmos, durchscheinend diesseits und jenseits: im Tanz der Photonen und im Bongo-Gehämmer, das die Pulsare, Millionen Lichtjahre entfernt, in das Universum trommeln. Überall begegnen wir diesen Modellen. In den Wellen des Meeres, in der Zeichnung der Muscheln und Korallen, in den Symphonien der Menschen. Überall ist Musik und ist Tanz – ist Liebe und Lob – verborgen.

Überall beobachten wir im Sinne Blakes: «Energy is delight.» Und im Sinne Heraklits:

«Die verborgene Harmonie
ist mächtiger
als die offensichtliche.»

Dichter sprechen von der «Feier des Lebens», der *celebration of life*, dem *festival de la vie*. Wir finden sie so allenthalben, daß gefolgert werden darf: Die Feier ist nicht eine Eigenschaft des Lebens – und schon gar nicht ein Zweck. Sie *ist* dieses Leben selbst. Auch dies wieder weiß die Sprache, denn es gibt ja – unter der Prämisse der Austauschbarkeit der Vokale – nicht nur den Gleichklang von *loben* und *lieben*. *Leben* kommt hinzu. Und auch: sich *laben*. Da spüren wir die in den drei Worten verborgene *Lob*-Komponente noch besonders deutlich. Sich *laben* heißt ja nicht bloß: etwas zu sich nehmen, essen, sich sättigen. Wer sich an einer Speise *labt*, der findet sie *lobens*-wert. Noch deutlicher wird das in dem Wort *Labsal*. Das ist etwas zu Preisendes.

Leben ist *loben* ist *lieben* ist sich *laben*. Wo aber bleiben die Mißtöne? Wir sehen doch täglich: Leben ist auch: verdammen – hassen – kotzen. Ist auch Angst, Furcht, Wut, Zorn, Mord, Krieg, Krankheit, Alter, Not, Hunger, Schmerz, Tod... – all dies «offensichtlich» in genau dem Sinne, in dem Heraklit das Wort gebraucht hat. Indem der «dunkle Grieche» die Offensichtlichkeit der Verborgenheit gegenüberstellte, machte er deutlich: Die Verborgenheit ist «mächtiger» als die Offensichtlichkeit (siehe auch die Kapitel «Denken durchs Ohr» XIX und «Musik überschreitet» I). Steckt also – und das ist es ja, was Heraklit gemeint hat – auch in den Mißtönen Harmonie? Werden an keiner Stelle so unmittelbar wie hier die Grenzen unserer Erkenntnis deutlich?

Wir haben gesehen: Es gibt kein Chaos. Die «Chaos-Forschung» der Kybernetiker kommt zu dem Ergebnis: Was uns als Chaos erscheint, ist auch Ordnung; nur können wir sie als Ordnung – noch? – nicht durchschauen. Wenn die Obertonleiter die einzige wahre und natürliche musikalische Leiter ist, dann bemerke man bitte: Alle Töne gehören zu ihr! Nur kommen die uns harmonisch «er-scheinen-den» (ich gebrauche das optische, die Täuschungsmöglichkeit implizierende Wort mit Absicht) zuerst; sie sind uns näher. Aber dann kommen auch die weniger harmonischen; sie sind weiter entfernt, aber zur Idee der Obertonleiter gehört es: aufzusteigen auf ihr. Die wenigen, die das wirklich getan haben, haben «verborgene Harmonie» *ent-borgen*. Sie wissen: Nichts ist unharmonisch. Zwar ist die uns nahe Harmonie offensichtlich, aber dafür ist die verborgene mächtiger.

Das ist unsere Aufgabe: *durch-zu-hören* durch die Offensichtlichkeit des Harmonischen, sich damit nicht zufriedenzugeben, Harmonie dort zu finden und dorthin zu tragen, wo wir sie jetzt noch nicht hören können – und nicht sehen, fühlen, schmecken, riechen –, wo sie aber gleichwohl – wie Heraklit uns sagt – verborgen ist. Und darin verborgen ist auch eine gesellschaftliche – und eine politische! – Aufgabe.

Wenn wir diese Aufgabe erfüllen, *ge-horchen* wir. Dann sind wir *ge-hor-sam*: im Hören bei-*sam*-men, im Hören eins, dann *ge-hören* wir dem Sein. Dann: hören wir!

Wenn wir sie nicht erfüllen, dann *hören* wir *auf*.

Ich habe «Nada Brahma» mit dem 150. Psalm beschlossen. Kaum irgendwo anders in der Weltliteratur ist der Gedanke des Lobgesangs so gewaltig ausgedrückt wie hier. Als ich das «Dritte Ohr» zu schreiben begann, habe ich nicht gewußt – nicht ahnen können –, daß ich auch diesmal – von anderen Fakten und Ausgangspunkten her – zu Lob und Preis finden würde – nicht so geradlinig vielleicht wie in «Nada Brahma», aber in jener Verborgenheit Heraklits, die auch die Verborgenheit der Moderne – unserer heutigen Zeit – ist. Deshalb, so meine ich, gehört an den Schluß dieses Buches eine zeitgenössische Variation des Psalmisten. Am schönsten hat ihn Ernesto Cardenal aus Nicaragua variiert:

Psalm 150

Lobet den Herrn des Kosmos,
das Weltall ist Sein Heiligtum
mit einem Radius von hunderttausend Millionen
Lichtjahren,
Lobt ihn,
den Herrn der Sterne,
und der interstellaren Räume,
Lobt ihn,
den Herrn der Milchstraßen
und der Räume zwischen den Milchstraßen,
Lobt ihn,
den Herrn der Atome
und der Vakuen zwischen den Atomen,
Lobt ihn,
mit Geigen, mit Flöten
und Saxophonen,

Lobt ihn,
    mit Klarinetten und Englisch Horn,
    mit Waldhörnern und Posaunen,
    mit Flügelhörnern und Trompeten,
Lobt ihn,
    mit Bratschen und Violoncelli,
    mit Klavieren und Pianolen,
Lobt ihn,
    mit Blues und Jazz
    und Sinfonieorchestern,
    mit den Spirituals der Neger
    und der Fünften von Beethoven,
    mit Gitarren und Xylophonen,
Lobt ihn,
    mit Plattenspielern und Tondbändern,
Alles was atmet,
    lobet den Herrn,
    jede lebendige Zelle,
Hallelujah!

EXTRO

I

Dieses Buch ist – wie sein Vorläufer – auch ein persönliches Buch. Es wäre anders – trockener, wissenschaftlicher, wohl auch unangreifbarer – ausgefallen, hätte ich nicht ständig beim Schreiben das Gefühl und das Bewußtsein gehabt, über Dinge zu schreiben, die ich selbst erlebt habe: die für mich wichtig waren – und sind – und deshalb vielleicht auch für andere wichtig werden könnten.

Was ich erlebt habe, ist durch viele Kanäle und Siebe geflossen, auch durch die Siebe der Wissenschaft, aber selbst da, wo ich am strengsten gesiebt habe – in den physikalischen, harmonikalen, linguistischen Kapiteln –, sind allenthalben Spuren des Lebens und des Erlebten durch die Maschen geschlüpft.

Es muß mit dem persönlichen Charakter meiner Arbeit zu tun haben, daß ich oft gefragt werde: Wie sind Sie, der Sie ein Leben lang über Musik und über Jazz geschrieben haben, zu diesen Gedanken gekommen? Ich habe bereits im Nachwort von «Nada Brahma» eine Antwort zu geben versucht – eine Antwort, die sich auf meinen politischen Weg, mein Leben auf Bali, mein Meditieren in japanischen Zen-Klöstern, mein Trampen durch Indien, mein Studium klassischer indischer Musik bezog – aber der Weg begann früher. Zu einem Zeitpunkt, als ich noch nichts von ihm ahnte. Er begann auch mit Hans Kayser, dem Schöpfer der harmonikalen Grundlagenforschung, und da es in diesem Nachwort auch um Dank geht, möchte ich zuerst von ihm sprechen.

Im Herbst 1945 gehörte ich zu den Gründern des Südwestfunks. Krank und abgemagert war ich aus amerikanischer Kriegsgefangenschaft zurückgekehrt. Verwandte luden mich nach Bern ein, um mich in der heil gebliebenen Schweiz erst einmal – wie sie es ausdrückten – «ein paar Wochen lang aufzupäppeln». Heinrich Strobel, der große Vorkämpfer der modernen Konzertmusik, hatte mir ans Herz gelegt: «Wenn Sie nach Bern gehen, müssen Sie unbedingt Hans Kayser besuchen.» Ich finde es erstaunlich – aber es spricht für seine Offenheit und Weite –, daß ausgerechnet Strobel, dessen Arbeit so eng mit Zwölfton- und Serieller Musik verbunden war, mich zu Kayser geschickt hat. Dessen harmonikale Lehre ist oft bemüht worden, um die Logik der musikalischen Serialität zu widerlegen. (Ich habe in den Kapiteln «Der hörbare und der unhörbare Klang» und «Musik überschreitet» angedeutet, daß diese Dinge komplexer und differenzierter sind, als es simplifizierende Kritiker wahrhaben wollen.)

Jedenfalls ging ich – im Frühjahr 1946 – zu Hans Kayser. Es gab damals in unseren von Bomben zerstörten Städten nichts zu kaufen. Nicht nur an Essen fehlte es, auch an Bekleidung. Jahrelang habe ich ein Hemd von Kayser getragen.

Kayser suchte in seinem Studierzimmer, das vollgepfropft war mit Zeichnungen und Tabellen, Graphiken, Diagrammen und mathematischen Aufstellungen, nach einem großen Karton, und in den packte er mir einen Stoß seiner Bücher. Er tat auch Manuskripte hinein – die damals um so kostbarer waren, als noch nicht überall Vervielfältigungsapparate herumstanden. Ich war 23 Jahre alt, hatte noch nichts geleistet, schrieb gerade an meinem ersten Buch («Der Jazz – eine zeitkritische Studie»), das erst zwei oder drei Jahre später erschien, und zwischen diesem Buch, von dem ich Kayser erzählte, und der harmonikalen Lehre gab es keinerlei Beziehung. Ich habe mir damals solche Dinge noch nicht bewußt gemacht, aber ich frage mich heute – und ich stelle diese Frage voller Betroffenheit: Warum hat mir Hans Kayser all diese Schätze gegeben? Woher konnte er wissen, daß ich etwas damit anfangen würde?

Ich habe jahrelang nichts damit angefangen. Ich steckte mit Haut und Haaren im Jazz. Aber dann stürzte ich mich mit einem wahren Heißhunger darauf. Als hätte ich nachzuholen, was ich zu lange versäumt hatte.

Ich kann hier nicht mehr sagen als: Ich danke Hans Kayser.

II

Kritiker haben gefragt, warum ich soviel über Physik schreibe, da doch die Musik meine Disziplin sei. Ich habe im Physik-Kapitel («Total Listening», Abschnitt V) eine allgemeine Antwort zu geben versucht, doch gibt es auch eine persönliche. Denn nicht nur für das neue Denken, auch für mich selbst ist die theoretische Physik ein Ausgangspunkt gewesen. Ich würde es nicht erwähnen, aber da die Frage gestellt wurde, antworte ich, daß ich Physik zu studieren begonnen habe, bevor ich mich der Musik zuwandte. Lange bevor ich daran dachte, über Musik zu schreiben, betraf die erste Arbeit, die von mir gedruckt wurde, ein physikalisches Thema. Ich hatte sie – dieses Wort ist angemessen – «verbrochen», bevor ich zwanzig wurde, und mein Vater hatte sie an eine Zeitschrift geschickt, die Auszüge daraus veröffentlichte. Ich weiß, mein Artikel war ungenügend und unreif, aber er behandelte genau das, um was es mir auch heute noch geht: den Umschlag der *Immanenz* in die *Transzendenz*, auf den uns die physikalischen Erkenntnisse unseres Jahrhunderts verweisen.

Ich habe – um diese persönliche Notiz zu vervollständigen – mein Physikstudium (an der damaligen Technischen Hochschule Karlsruhe) unterbrochen, weil ich zu Hitlers großdeutscher Wehrmacht einberufen wurde. Als ich nach dem Krieg zurückkehrte, war mein Vater (der als evangelischer Pfarrer zum Widerstand der Bekennenden Kirche gehörte) im Konzentrationslager Dachau ums Leben gekommen. Stipendien gab es damals nicht – ich mußte selbst sehen, wie ich weiterkam. Rundfunk hatte mich schon als Kind interessiert. Bereits als Vierzehnjähriger hatte ich das heimatliche Pfarrhaus mit einem Netz von Leitungen durchzogen, um die ganze Familie mit «selbstgestrickten» Radiosendungen versorgen zu können. Rundfunkarbeit war 1945 nötig.

Zuerst wußte ich nicht, ob ich mich auf die technische oder die musikalische Seite des Radios schlagen sollte – wie ich auch nie sagen konnte, was mich mehr interessierte: Musik oder Physik. Beide hängen zusammen – von Anfang an, von Pythagoras an über Kepler bis zu Planck, Einstein und Heisenberg. Aber bald wurde der musikalische Sog stärker. Ich liebte eine Musik – den Jazz –, von der man, nach den Jahren der Verketzerung durch die Nazis, in unserem Land fast nichts wußte; ihr – und das war auch ein politisches Anliegen – wollte ich zu Anerkennung verhelfen. Trotzdem habe ich in all diesen Jahren die Forschungen und Ergebnisse der Neuen Physik aufmerksam weiterverfolgt. Es ist schön und befriedigend für mich, daß sich nun – nach so vielen Jahren musikalischer Arbeit – meine beiden Interessen begegnen: Musik – überhaupt: Hörbares und Hören – und Physik. Es ist, als ob sich ein Kreis schließt. Vielleicht ist es eine Spirale – den Kreis überschreitend –, die Spirale, deren menschliches Urmuster wir in den Formen unseres Ohres mit uns herumtragen.

III

Eine junge Zuhörerin – nach einem anregenden «Nada Brahma»-Abend in der überfüllten Hamburger «Fabrik» – befand drei- oder viermal hintereinander: «Man kann ja auch sehen, warum Sie das alles machen, Sie sind ja beide Brillenträger.» Sie meinte gleich Gert Westphal mit, den großen Sprecher und Schauspieler, der in den «Nada Brahma»-Veranstaltungen Texte von Hermann Hesse, Hazrat Inayat Khan, Ernesto Cardenal, Johannes Kepler, Hans Kayser und aus den Upanischaden vorträgt. Sie hätte ebensogut sagen können – denn das war es doch, was sie meinte: Die Trauben sind sauer für Sie, Sie sind ja fast blind.

Viele Seh-Menschen sind so expansiv, daß sie sich nicht vorstellen können, jemand priese das Hören, ohne ein Seh-Handicap zu haben. Es kommt ihnen vor, als lobe jemand Greisinnen, weil jüngere Frauen sich ihm entziehen. Ich darf deshalb zumindest in diesem Nachwort darauf hinweisen, daß ich mich visuell nicht gehandicapt fühle. Ich kann jedes Wort, das Platon, Leonardo, Petrarca, Goethe und all die anderen von mir verehrten Augenmenschen zum Preise des Sehens geschrieben haben, in jeder Silbe – in tausendfachen eigenen Erfahrungen – nachvollziehen. Ich habe vier Photo-Bücher gemacht (von denen eines unter die schönsten des Jahres gewählt wurde), habe dreißig Jahre lang einen Photo-Kalender herausgegeben, die am häufigsten prämierte Jazz-Fernsehreihe der Welt produziert und bin ein begeisterter Hobby-Photograph, dessen Photos in «Holiday», im «Zeit-Magazin», in «Westermanns Monatsheften» und sonstwo erschienen sind. Ich muß das sagen – obwohl es mir widerstrebt –, aber ich meine, es muß spürbar werden, wenn ich über den Mont Ventoux schreibe und über die Apsaras im Urwald von Angkor Vat oder über die Musikalisierung auf den Bildern der großen venezianischen Maler des Trecento, ja eben deshalb nach Venedig fahre, um die «Musik» dieser Bilder in den Kirchen, Museen und Palästen zu verifizieren: Ich bin a u c h ein sehender Mensch. Ich preise das Hören nicht aus Ressentiment gegenüber dem Sehen. Ich meine, abwägen zu können, was es für mich bedeutet (und nur wenn ich es für mich *er-wogen* habe, kann es für andere etwas bedeuten), wenn ich – in der Krise, in der wir uns befinden, nach mehr als zweitausend Jahren Seh-Dominanz – j e t z t dem Ohr den Vorrang zugebilligt wissen möchte.

IV

Oft wird gefragt, wie sich das, was ich früher geschrieben habe, mit dem vertrage, was ich heute schreibe; da sei doch ein Widerspruch. Der Weg mag nicht geradlinig gewesen sein – es wäre langweilig, wenn er das gewesen wäre –, aber für mich war er folgerichtig.

Wie jedes lebendige Wesen die Keimzellen für das ihm folgende in sich trägt, so trug auch jedes meiner Bücher bereits die Zellen des nächsten in sich. Die «Philosophie des Jazz», die ich 1949 vorgelegt habe («Der Jazz – eine zeitkritische Studie», Deutsche Verlagsanstalt, Stuttgart), bildete die Keimzelle für mein «Jazzbuch» (Fischer Taschenbuch). Dieses wiederum war die Keimzelle für meine verschiedenen Bücher über Negro-Spirituals und Blues (Nymphenburger Verlagshandlung, München). Sie und meine Arbeiten über «Weltmusik» führten zu dem Kapitel «Der Jazz und die neue Religiosität» in «Ein Fenster aus Jazz» (Fischer Taschenbuch 1977). Diese Ausführungen, die ich programmatisch an den Anfang des Buches gestellt hatte, sowie meine Theorie des *swing* mit seinen einander überlagernden psychologischen und ontologischen Zeitebenen (in: «Das Große Jazzbuch», Fischer Taschenbuch 1982) waren die Keimzelle für «Nada Brahma – Die Welt ist Klang» (Insel, Frankfurt 1983). Und aus dem dortigen Kapitel «Tempel im Ohr» entwickelte sich «Das Dritte Ohr». Welches wird der Keim für das nächste Buch sein?

V

Auch meine Kritiker gehören zu denen, denen ich danken möchte. Nicht nur denen, die Gutes, sondern auch denen, die Negatives geschrieben haben. Wir alle, die wir von Kritik betroffen sind, müssen lernen, sie anzunehmen. Das ist ein Bewußtwerdungsprozeß – obwohl es wahrhaftig oft leichter ist, mit Hemingway auszurufen: «Diese geistlose, hirnverbrannte Scheiße, die sich Kritik nennt!»

Ein Zen-Meister sagte mir einmal: «Du bist schuld. Du bist es doch, der bestimmte Kritiker aggressiv macht. Aggressivität schadet dem, der sie äußert, meist mehr als dem, gegen den sie gerichtet ist. Entschuldige dich also bei deinen Kritikern. Schick ihnen Liebe. Schick ihnen gute Gedanken.»

Das möchte ich hiermit tun. Es tut mir leid, daß es nur in einer nachträglichen Bemerkung geschehen kann, aber diese Gedanken gehören weder in den Text noch ins Vorwort; gleichwohl sind sie mir wichtig.

VI

Ich fühle mich eingebunden in die Gemeinschaft derer, die einem neuen Bewußtsein den Weg bereiten. Wir alle wissen: Es wird auch ohne uns kommen, aber: Wir können helfen. Am ehesten helfen wir dadurch, daß wir die Segmentierung der Welt überwinden. Deshalb sind unsere Bücher so lang: Wir müssen sie buchstäblich durch alle Disziplinen hindurchschreiben – als zögen wir einen Ariadne-Faden durch das Labyrinth, das die Analytiker und Spezialisten aus der Welt gemacht haben. Marilyn Ferguson, Fritjof Capra, Morris Berman und andere haben diese Erfahrung gemacht. Der erste war Jean Gebser. Sie alle mußten gegen das Labyrinth anschreiben, als rannten sie an dagegen, mußten den Faden hindurchziehen, ihn festhalten, ihn nur ja nicht verlieren, damit er am anderen Ende noch in ihren Händen war und dem nächsten übergeben werden konnte.

Als die Kapitel dieses Buches die Runde machten bei meinen Freunden und Mitarbeitern – bei Hans-Peter Hempel, Philosophie- und Politik-Dozent an der Berliner TU, Ingeborg Graminger, Studiendirektorin in München, meiner Nichte Nicole Samun Ruch, meinem akribischen Korrektor und Helfer Udo Bender und anderen –, habe ich gebeten: Helft mir doch kürzen! Ich möchte ein kurzes Buch machen. Ja, haben sie gesagt, denn auch sie waren davon überzeugt, daß das «Dritte Ohr» um so mehr Leser haben würde, je kürzer es wird. Aber am Ende waren es gerade nur fünfzehn oder zwanzig Seiten, die sie eingeklammert hatten: «Mehr geht nicht. Du zerstörst sonst den großen Zusammenhang. Gerade auf ihn aber kommt es an.» Wir – meine Helfer und ich – sind in den Monaten des gemeinsamen Lesens und Korrigierens so sehr zusammengewachsen, daß zwischen der Dankbarkeit, die ich empfinde, und dem Wort «Danke» keine ausreichende Relation besteht.

Auch denen, die mir geschrieben haben, möchte ich danken. Ich habe auf «Nada Brahma» und «Das Dritte Ohr» fast zweitausend Briefe erhalten. Ich suche und brauche Kommunikation. Es gibt viele Stellen in diesem Buch, die ohne die Zuschriften nicht hätten geschrieben werden können.

Ich habe Hinweise aus den verschiedensten Bereichen und Disziplinen erhalten. Viele kamen von Autoren und Fachleuten, die auf ihrem eigenen Feld Kapazitäten sind, andere von Musikern und Künstlern, erstaunlicherweise auch von Malern, die dem Thema «Nada Brahma» ganze Ausstellungen und Bildserien gewidmet haben; die meisten kamen einfach von hörenden Menschen. Einige werden im Anmerkungsteil namentlich genannt. Sie alle haben mitgeschrieben.

Es ist mir wichtig zu sagen: Ich bin nicht allein der Autor. Ich bin – wie bei «Nada Brahma» – *Kom-ponist*, bin *«Zusammen-füger»* (freilich auch – im Sinne des Vorworts – Improvisator: Teilnehmender an einer «Kollektiv-Improvisation»).

Fritjof Capra bin ich dankbar für ein Gespräch auf dem Europäischen Forum Alpbach 1983, das mich zur Entwicklung meiner Theorie der Obertöne angeregt hat (und für das Vorwort zur amerikanischen Ausgabe von «Nada Brahma»). Roberto Laneri, dem italienischen Komponisten, Obertonsänger und Saxophonisten, danke ich für eine Fülle von Hinweisen, die in Gesprächen, Statements und in seiner ungedruckten, für eine amerikanische Universität geschriebenen Doktorarbeit enthalten sind. Dem verstorbenen großen Sprachwissenschaftler Richard Fester fühle ich mich durch seine paläolinguistischen Arbeiten verpflichtet, welche «Das Dritte Ohr» in so unerwarteter Weise inspiriert haben.

Rudolf Haase hat mir bei einer Fülle harmonikaler Fakten geholfen, Walter Sönning vom Deutschen Wetterdienst Freiburg hat mich auf die «Musik im Wetter» aufmerksam gemacht und die Ausführungen darüber gegengelesen, Cousto hat mich bei Erdenton, Jahreston, Mondton und dem «Wunder der Oktave» freundschaftlich unterstützt, der Komponist Peter Michael Hamel hat wertvolle und anregende Kommentare beigesteuert.

Danken möchte ich meinem hilfreichen, mich mit kreativer Kritik, mit Energie und Enthusiasmus ansteckenden Lektor Jens Petersen sowie den beiden Damen, die das Manuskript aufopferungsvoll getippt haben – Monika Sanger in Baden-Baden und meiner Schwester Waldtraut Kaiser in Winterthur in der Schweiz; sie, Udo Bender, Jens Petersen und Ingeborg Graminger haben Anmerkungsteil, Literaturverzeichnis und Register mit der ihnen eigenen liebevollen Sorgfalt bearbeitet.

Cadro/Lugano, Februar 1985 Joachim-Ernst Berendt

«Freund, es ist auch genug. Im Fall du mehr willst lesen,
So seh und werde selbst die Schrift und selbst das Wesen.»

Angelus Silesius

ANHANG

KASSETTEN

Zu den in diesem Buch behandelten Themen gibt es – von Joachim-E. Berendt gesprochen bzw. produziert – die folgenden Kassetten:

1. DIE WELT IST KLANG – NADA BRAHMA, Teil 1 und 2
   Medienpaket mit 4 Toncassetten, Gesamtlänge 4 Std. 40 Min.
   Die Originalsendungen des Südwestfunks von 1982 mit Musik von Ali Akbar Khan, Santana, Pink Floyd, aus dem Messias von Händel, von tibetischen Mönchen, der gregorianischen Choralschola Maria Einsiedeln, aus der h-Moll-Messe von J. S. Bach, von P. M. Hamel, Ustad Villayat Khan, einem balinesischen Gamelan-Orchester unter Gusti Kliang, Ben Webster, John Coltrane, Don Cherry, aus einem brasilianischen Macumba-Ritual, von Duke Ellington u. a.
   (Network Medien-Cooperative, Best. Nr. 32.125, im Vertrieb von 2001, Frankfurt/M.)

2. VOM HÖREN DER WELT – DAS OHR IST DER WEG, Teil 1 und 2
   Medienpaket mit 4 Toncassetten, Gesamtlänge 4 Std. 40 Min.
   Die Originalsendungen des Südwestfunks von 1987 mit Musik von Hozan Yamamoto, G. F. Händel, Hans-Peter Klein, Prakash und Vikash Maharaj, Michael Vetter, Roberto Laneri, dem Obertonchor Düsseldorf, Paul Horn, Joh. Seb. Bach, Heinz Holliger, Olivier Messiaen, Ali Akbar Khan und John Handy, dem Harmonic Choir, W. A. Mozart, Juan José Mosalini und Charlie Mariano im World Music Meeting, Mongolischem Ritualgesang, Gregorianischen Chorälen und den Klängen der Sonnenwinde, des Erdmagnetismus, der Planeten, der DNS und von Pflanzen und Bäumen u. a.
   (Network Medien-Cooperative, Best. Nr. 32.126, im Vertrieb von 2001, Frankfurt/M.)

3. URTÖNE 1
   Die Töne der Erde, des Mondes und der Sonne sowie der Shiva-Shakti-Klang
   Hans-Peter Klein und Cornelia Köhler (Sandawa-Monochord)
   Zwei Kassetten und eine Broschüre (in der das wissenschaftliche Verfahren der Realisation der Planetentöne und die Meditation zu den Urtönen erklärt werden)
   (Bauer-Verlag, Freiburg/Brsg.)

4. URTÖNE 2
   Die Töne des Mars, der Venus, des Jupiter sowie der Karuna-Klang
   Hans-Peter Klein und Cornelia Köhler (Sandawa-Monochord)
   Zwei Kassetten und eine Broschüre (s. o.)
   (Bauer-Verlag, Freiburg/Brsg.)

5. DAS OHR IST DER WEG – HÖR-REISEN von Joachim-E. Berendt
1. Seite: «Die Sonne bist Du», Variationen über den Sonnenton. Joachim Koinzer (Perkussionsinstrumente), Hans-Peter Klein und Cornelia Köhler (Sandawa-Monochord), Musik aus Tibet und von G. F. Händel
2. Seite: «Die Insel in Dir», Fantasie-Reise. J.-E. Berendt (Sprecher), Musik aus Tibet und von J. S. Bach u. a.
(1 Kassette, Bauer-Verlag, Freiburg/Brsg.)

6. HESSE BETWEEN MUSIC
Texte von Hermann Hesse (Gedichte, Tagebücher, Siddharta, Steppenwolf, Klein und Wagner, Materialien zum Glasperlenspiel etc.)
Musik von der Gruppe Between (mit Peter Michael Hamel, Roberto Détrée, Robert Eliscu, Tom van der Geld, Peter Müller u. a.)
Sprecher: Gert Westphal
Auswahl, Zusammenstellung und Produktion: Joachim-Ernst Berendt
(Wergo/spectrum SM 1015, Schott-Verlag Mainz – als LP, CD und Kassette lieferbar)

7. DER WALZER VOM WELTENDE – Jazz & Lyrik aus Polen
Texte von Lec, Szymborska, Milosz u. v. a.
Musik von Krysztof Komeda, gespielt von Debski String Connection und Polski Jazz Ensemble mit Leszek Zadlo
Sprecher: Gert Westphal
Auswahl, Zusammenstellung und Produktion: J.-E. Berendt
(Wergo WER 80 006, Schott-Verlag Mainz – als LP u. Kassette)

8. NADA BRAHMA – DIE WELT IST KLANG
Autor: J.-E. B. – Sprecher: Gert Westphal u. J.-E. B.
Kamalesh Maitra (Sarod und Tablatarang), Roberto Laneri (Obertongesang und Saxophon), Vokal-Ensemble Frankfurt (mit Musik von Händel und Bach)
Mitschnitt einer Veranstaltung in der Alten Oper, Frankfurt, 1983
(2 Kassetten, Wergo/spectrum SM 1044-10 MC, Schott-Verlag Mainz)

ÜBER DAS UMSCHLAGMOTIV

Für den Umschlag wurde das Bild «Zen-Kreis – dem Ohr ähnelnd» aus der Kunstmappe «Zen-Kreise» von Michael Vetter (Obertonsänger und -lehrer in Freiburg i. Br. und Todtmoos-Rütte) verwendet.

Die Spiralen unseres Ohrs und der *Cochlea* in unserem Innenohr antworten den Spiralen des Universums – von denen der Muscheln und Schnecken, der Baumringe und schlafender Schlangen zu denen unserer eigenen Galaxis und ferner kosmischer «Spiralnebel». Sie alle erscheinen uns deshalb «schön», weil sie sich nach den harmonikalen – was immer auch heißt: nach den musikalischen – Gesetzen der Obertonreihe entwickeln, entfalten, leben, drehen, bewegen, wachsen. Ihr Symbol ist der Zen-Kreis. Der Meister zeichnet ihn mit dem Pinsel auf Tuschpapier und gibt ihn dem Schüler zum Abschluß einer erfolgreich bestandenen Meditationswoche.

Als ich den Sommer 1983 in Graf Dürckheims existential-psychologischem Zentrum in Rütte im Hochschwarzwald verbrachte, dort auch Obertongesangsstunden bei Michael Vetter nahm und mit ihm über Zen-Kreise sprach, steckte am nächsten Tag einer hinter meinem Scheibenwischer – mit dem Vermerk «Für Dich von mir». Einige Monate später schickte mir Michael eine ganze Mappe von Zen-Kreisen – mit der Anmerkung, ich hätte ihn dazu angeregt. Aus dieser Mappe stammt das Cover des «Dritten Ohrs».

Vetter: «Im Zen-Kreis ist immer eine Spirale verborgen. Nur dann lebt er. Nur dann ist er in Bewegung.»

BILDQUELLENNACHWEIS

Basilius Presse Basel/Christiaan Stuten (aus Hans Jenny: «Kymatik»): 191.
Biblioteka Nazionale Florenz, Cod. Magliabecchiano II. I. 141, fol. 42 v: 186.
Phyllis Chesler: «Über Männer». Rowohlt, Reinbek 1979 (Musée du Cluny, Cluny): 302.
Rudolf Haase: «Aufsätze zur harmonikalen Naturphilosophie». Akademische Druck- und Verlagsanstalt, Graz 1974: 199.
Paul v. Naredi-Rainer: «Architektur und Harmonie». DuMont Buchverlag, Köln 1982: 183.
Waturu Ohashi: «Shiatsu». Verlag Hermann Bauer, Freiburg i. Br. 1977: 72.
Michael Vetter, Freiburg i. Br./Todtmoos-Rütte: 53.

ANMERKUNGEN

LV verweist auf das Literaturverzeichnis

MOTTI

Jesaja: Jesaja 55,3.
Goethe: s. Anm. zu S. 48.
Heraklit: (LV).
Bhagwan Shree Rajneesh: «Philosophia Perennis» (LV).
Ravi Shankar: «Meine Musik – mein Leben» (Nymphenburger Verlagshandlung, München 1968).
Lorenz Oken: s. Anm. zu S. 32.
Upanischaden: (LV).

INTRO

15 *Gleichgewichtssinn*: Physiologisch exakt: Gleichgewichtsrezeptoren sind im ganzen Körper verteilt – bis hinunter in die Fußsohlen. Aber im Vorhofbogengangsystem des Ohrs sitzt der *primus inter pares* unter den Gleichgewichtsrezeptoren» (Dr. Koeppel, Ms.).
Ohr genauer als Auge: Das Ohr – selbst das eines nur mäßig musikalischen Menschen – «mißt» die Richtigkeit einer Oktave auf die Schwingung genau. Das Auge – selbst das eines erfahrenen Malers – kann bei der Bestimmung von Farben Fehlerbreiten von bis zu 200 *nm* (= Nanometer) nicht vermeiden. Ausführliches Material hierzu – sowie zu diesem ganzen Abschnitt – im Kapitel «Vom Ohr und vom Auge». Auch die anderen hier angerissenen Fragen werden im Verlauf des Buches ausführlich beantwortet.
19 *Einstein*: zitiert nach Ken Wilber: «Halbzeit der Evolution» (LV).
21 *Jean Gebser*: (LV).
Marilyn Ferguson: (LV).
21 *Peter Sloterdijk*: «Kopernikanische Mobilmachung und ptolemäische Abrüstung», Vortrag Staatl. Hochschule für Musik, Karlsruhe, 30. Januar 1986. Inzwischen hat Sloterdijk diesen Vortrag (der mir in einer wenig befriedigenden Walkman-Aufnahme vorliegt) zu einem Buch erweitert, verändert, umgearbeitet («Kopernikanische Mobilmachung und ptolemäische Abrüstung», Edition Suhrkamp), das in einer brillanten Auseinandersetzung mit «Nada Brahma» kulminiert. Leider erhielt ich dieses Buch erst nach Abschluß der Taschenbuchbearbeitung des «Dritten Ohres». Ich kann deshalb nur in einer Anmerkung darauf eingehen.
S. führt die in «Nada Brahma» vorgetragenen Gedanken in einer liebens-

würdigen, geistvollen Weise, der man die Faszination durch diese Gedanken anmerkt, *ad absurdum*. Er sollte aber bedenken, daß es keinen Denk- und Lebensansatz gibt, der nicht eben dadurch, daß man ihn konsequent zu Ende denkt, *ad absurdum* geführt werden kann. Nur müßten wir lange leben, bevor das Leben selbst dies tut. Soviel Zeit haben wir nicht mehr, wenn wir Rationalismus und Aufklärung – die Abgespaltenheit des Individuums, die «zerrissenste Subjektivität» – in gehabter Weise weiterleben. Wir haben Rationalismus und Aufklärung maßlos gelebt. Aber ein «maßloses Leben» dessen, was S. generalisierend «Nada Brahma» nennt, ist überhaupt nicht in Sicht. Für beide «Maßlosigkeiten» gilt die griechische Ermahnung zu menschlichem Maß.

S. schreibt glänzender, als ich es je irgendwo anders gelesen habe, über das Versagen der Philosophie: «Aus der Liebe zur Weisheit ist ein multinationaler Irrtumsvermeidungskonzern geworden, der Sicherheit verspricht wie eine Erste Allgemeine. Im Beinahe-nichts-Sagen und in der klugen Enthaltung von zu weit gehenden Behauptungen … leistet die moderne Philosophie Unglaubliches.» Aber auch er ist Philosoph. Er kann nicht über seinen Schatten springen. Der «Schatten» des Philosophen ist die Grenze, an die ihn sein Denken führt – die Grenze des Denkens.

S. schreibt: «Die Behauptung, die Welt sei Klang, impliziert philosophisch die These, daß die Welt denkt, insofern sie klingt, und insofern klingt, als sie denkt.» In diesem wunderbaren Satz fehlt nur das kleine Wörtchen «auch»: daß nämlich die Welt auch denkt, insofern sie klingt.

«Sobald wir unser Weltwissen positivieren, kollabiert unser Wirklichkeitsbegriff.» Sollen wir also fröhlich weiter negativieren? Könnte nicht unser Wirklichkeitsbegriff falsch sein – und also kollabierenswert? Legen dies nicht die zeitgenössischen Erkenntnisse der verschiedensten Bereiche – der Physik und Neurologie zumal – nahe? Was ist denn das für ein Wirklichkeitsbegriff, der nur in der Negativierung intakt bleibt?

Die «Hyperpositivität», die S. in «Nada Brahma» argwöhnt, würde zur *quantité négligeable*, wenn die Furcht vor der «Hypernegativität» in seinem Denken existierte.

Die Gefahren, die S. als die «Außenseite» der «neu-synthetischen Träumereien» von «Nada Brahma» sieht – «die der großindustriellen und militärischen Liquidation von Mensch und Erde» – liegen nicht in der fernen Zukunft einer zu Ende gedachten und zu Ende gelebten Nada Brahma-Philosophie. Sie sind heute und hier und jetzt: in der Gegenwart eines Rationalismus, den die moderne Menschheit auf tödlich-wörtliche Weise zu Ende zu leben im Begriff ist.

Da ist mir dann doch «diese» (nämlich meine) «gutmütige Ontologie» lieber, die «die Chance gegen das Verhängnis, die Kunst des Lebens gegen die Automatik der Zerstörung» verteidigt. Natürlich wächst, «wo das Rettende ist, die Gefahr auch». Aber S.' «Hypernegativität» läßt ihn den Hölderlinschen Satz umdrehen, bevor er ihn positiv zu sehen in der Lage ist:

Das Rettende wächst, wo Gefahr ist. Laß es wachsen, Peter Sloterdijk. Daß das, was da wachsen will, den Fachleuten von der philosophischen Disziplin als «laienhaft» – als «wilde Philosophie» – erscheint, ist unwichtig. Der Satz, ich hätte «dem Sein unter den Rock geguckt», legt die Frage nahe: Ist denn das Sein eine Frau? Die Herren Philosophen sind nicht wild genug. Sie schauen immer nur gebannt auf den Rock.

23 *Fangheuschrecke*: nach Hans A. Nickel (LV).
Krishnamurti: «Gespräche über das Sein» (LV).

VOM OHR UND VOM AUGE

28 *Marius Schneider*: «Vom tieferen Sinn des Klanges in Sprache und Gesang der Naturvölker», vier Rundfunksendungen Mai–Juli 1953 (WDR Köln, Ms.).

28 ff. *Sirenenlegende*: Ich beziehe mich in diesem Abschnitt auf Heinz Politzers brillante Interpretation «Das Schweigen der Sirenen» (in: «Deutsche Vierteljahresschrift für Literaturwissenschaft und Geistesgeschichte», 41/1967). Von dort stammen auch, sofern nicht anders vermerkt, die Zitate.

29 *Goethes Sirenen*: in Faust II.

30 *Platon* und *Aristoteles*: s. Schavernoch (LV) – ein Werk, auf das ich mich auch sonst mehrfach beziehe.

31 *Die Sense des Blickes*: Saint-John Perse: «See-Marken» (Luchterhand, Darmstadt 1959).
Jakob und Wilhelm Grimm: «Deutsches Wörterbuch», Stichwort «Zärtlichkeit» (dtv, München 1984).

32 *Lorenz Oken*: zitiert nach Rudloff, s. u.

32 f. *Diether Rudloff*: «Die Kunst des Auges und die Kunst des Ohres», in: «Die Kommenden», Nr. 19/1983. Rudloff erinnert auch daran, daß die Sinneslehre der anthroposophischen Geisteswissenschaft von insgesamt zwölf Sinnen ausgeht und daß danach «das Auge den mittleren, das Ohr dagegen den oberen Sinnen zugerechnet wird». Ich fühle mich diesem Autor für eine Fülle von Anregungen und Zitaten verpflichtet.
Taube und Blinde: Hierzu auch der Psycho-Physiker S. S. Stevens im Time-Life-Buch «Schall und Gehör» (LV): «Wie wertvoll der Gehörsinn ist, wird offenbar, wenn er fehlt. Ein Kind, das blind ... geboren wird, überwindet für gewöhnlich seine Schwierigkeiten. Ein taub geborenes Kind kann für die Menschheit verloren sein ... Denn gerade das Hören und das dadurch ermöglichte Sprechen verleihen dem Menschen die einzigartige Fähigkeit zur Kommunikation ...»

33 *Helmut Reinold*: in: Bernhard Dopheide: «Musikhören» (LV).
Dr. Koeppel: im persönlichen Schriftwechsel.

34 *Wir sehen eine Farbe ...*: Näheres über die Ungenauigkeit und Täuschbar-

keit des Auges (im Vergleich zum Ohr) auch in «Nada Brahma» (LV), Kapitel IX. Dort auch Informationen über die «Härte» und den «schneidenden» Charaker des Auges – wie er sich analog in der Sprache abbildet: Ein Mensch kann einen «stechenden» Blick haben, aber gewiß kein «stechendes Ohr» – und auch nichts anderes, womit das Ohr der Qualität des Stechens und Schneidens nahekäme. Ebenfalls in diesem Kapitel Ausführungen über die Aggressivität des Auges und die entsprechende Aggressivität von Menschen, die die Welt vorrangig durch die Augen wahrnehmen.

34 *J. Handschin*: «Der Toncharakter» (Zürich 1948).

35 *Das Auge schätzt, das Ohr mißt*: Auch hierzu weitere Informationen in dem oben erwähnten «Nada Brahma»-Kapitel. Dort auch weitere Zitate aus Wissenschaft und Forschung.

36 *Leibniz*: Das Latein dieses berühmten Ausspruches ist so vollendet, daß er wörtlich zitiert sei: «Musica est exercitium arithmeticae occultum nescientis se numerare animi» (G. W. Leibniz: «Epistolae ad diversos», Bd. 1, Leipzig 1734).

37 *Superlearning/Losanow-Methode*: s. hierzu Sheila u. Nancy Ostrander / Lynn Schroeder: «Leichter lernen ohne Streß (Superlearning). Die revolutionäre Losanow-Methode zur Steigerung von Wissen und Gedächtnis durch müheloses Lernen», Scherz Verlag, 3. Aufl. Bern/München 1980 (auch als Goldmann Taschenbuch, München 1982).

38 *Hör- und Sehbereich*: Näheres hierzu in: Cousto: «Die Kosmische Oktave» (LV). Über das In-Beziehung-Setzen verschiedener Arten von Wellen (in diesem Fall elektromagnetische und Schallschwingungen) siehe auch die Anm. zu S. 166.

39 *Manfred Spreng*: «Wie nahe kommen die Test- und Anpaßverfahren bei Schwerhörigen der eigentlichen Funktion des Gehörs?», in: «Audiologische Akustik», Nr. 6/Jg. 23, Nov./Dez. 1984 (Median Verlag).

41 *Heidegger*: «Vorträge und Aufsätze» (LV).

42 *Richard Fester*: «Ur-Wörter der Menschheit» (LV).
Paul Parin, Fritz Morgenthaler etc.: (LV).
Gregory Bateson: «Ökologie des Geistes» (LV).

44 *Platon*: «Politeia».
Diether Rudloff: s. Anm. zu S. 32 f., dort auch das Leonardo-Zitat.

44 ff. *Jean Gebser*: «Ursprung und Gegenwart» (LV). Ein Werk von entscheidender Bedeutung für eine ganze Generation von Menschen des neuen Bewußtseins!
Petrarca: zitiert nach Jean Gebser, s. o.

48 *Plotin*: zitiert nach Rudloff, s. Anm. zu S. 32 f.
Goethe, Johann Wolfgang von: «Naturwissenschaftliche Schriften», hg. von Rudolf Steiner (LV).
«Das bloße Anblicken ...»: Das sagt der Mann, der – unter den großen Dichtern der europäischen Geistesgeschichte – den vielleicht höchstgesteigerten Augensinn besaß! Beredtes Beispiel hierfür: Goethes wunder-

bare Schilderung des Abstieges vom winterlichen Brocken: «Waren den Tag über bei dem *gelblichen* Ton des Schnees schon leise *violette Schatten* bemerklich gewesen, so mußte man sie noch *hochblau* ansprechen, als ein gesteigertes *Gelb* von den *beleuchteten* Teilen *widerschien*. Als aber die *Sonne* sich endlich ihrem Niedergang näherte, und ihre durch die stärkeren Dünste höchstgemäßigten *Strahlen* die ganze mich umgebende Welt mit der schönsten *Purpurfarbe* überzogen, da verwandelte sich die *Schattenfarbe* in ein *Grün*, das nach seiner Klarheit einem *Meergrün*, nach seiner Schönheit einem *Smaragdgrün* verglichen werden konnte ... bis endlich mit dem *Sonnenuntergang* die *Prachterscheinung* sich in eine *graue Dämmerung* und nach und nach in eine *mond-* und *sternhelle* Nacht verlor.» Ich habe – um ihren Reichtum und ihre Fülle deutlich zu machen – in dem vorstehenden Text die Farb- und Seh-Worte *kursiv* gesetzt. Zitiert nach: «Das Naturbild Goethes», aus: Werner Heisenberg (LV).

Tibetanisches Totenbuch: (LV).

51 *Rudolf Backofen*: zitiert nach Lao Tse: «Tao Te King» (LV), hg. von Werner Zimmermann, Einführung Rudolf Backofen.

Rumi: nach Annemarie Schimmels «Rumi»-Buch (LV).

Martin Luther: zitiert nach: «Luthers Musikanschauung», in: «Luther und die Folgen» von Norbert Bolin (Ms.).

52 *Sören Kierkegaard*: zitiert nach Jörg Zink: «Wie wir beten können» (Kreuz-Verlag Stuttgart 1970).

Gebet: Es ist charakteristisch für die Leibfeindlichkeit der christlichen Welt, daß die Kommunikation mit dem Göttlichen fast ausschließlich durch das Gebet geschieht. Nicht durch den Körper – wie im Yoga und Tantra und in den afrikanischen Religionen. Nicht durch den Tanz – wie noch im Alten Testament und im Urchristentum, wie in Afrika, bei Azteken, Inkas und in den amerikanischen Gospelkirchen. Nicht durch den Atem – wie in den indischen Prana-Techniken und in vielen Meditationskulturen (da es doch gerade der Atem ist, der uns – unmittelbarer als alles andere – bei jedem Atemzug mit dem Göttlichen und mit dem Universum verbindet). Nicht durch die Bewegung. Nicht durch das Unterbewußtsein und dessen Erweiterung. Alles – oder fast alles – nur durch den Kopf. Man könnte es die Reduktion der Religiosität auf ihr absolutes Minimum nennen.

Bhagwan Shree Rajneesh: «Die verborgene Harmonie» (LV).

53 *Auge Yang, Ohr Yin*: s. hierzu «Nada Brahma» (LV), Kapitel IX.

Der frühe Mensch als vorrangig hörender: Nicht nur Bachofen (LV), auch Jean Gebser (LV) und Marius Schneider (s. Anm. zu S. 28 und S. 61) haben das aufgezeigt.

Jakob Grimm: zitiert nach Rudloff, s. Anm. zu S. 32 f.

54 *Krishnamurti*: «Gespräche über das Sein» (LV).

Richard Fester: (LV).

55 *Das Ohr stellt eine richtigere Relation her...*: Hierzu auch die Kapitel «Wir sehen drei Dimensionen...» und «Total Listening». Dort wird gezeigt, daß die Weltwahrnehmung durch das Ohr den Befunden der Neuen Physik besser entspricht als die durch das Auge. Unser Sehsinn freilich korrespondiert besser mit der klassischen Newtonschen Physik. Nur wissen wir inzwischen, daß sie – so die Physiker (z. B. Heisenberg, LV) – einen «Spezialfall» darstellt; sie «erklärt» nur einen minimalen Ausschnitt aus der Unermeßlichkeit dessen, was Universum bedeutet. Die klassische Physik ist «Augen-Physik». Das berühmte Postulat «Alles messen, was meßbar ist!» ist nie wirklich befolgt worden. In der überwiegenden Anzahl der Fälle hat die alte Physik gemessen, was optisch meßbar ist. Der minimale Ausschnitt, den sie erklärt, ist der des Auges.
Johann Gottfried Herder: zitiert nach Schavernoch (LV).
Alternative zwischen Ohr und Auge: Über meine persönliche «Alternative»: s. «Extro» (Nachwort) IV.
Bhagwan: s. «Nada Brahma» (LV), Kapitel IX, S. 234 f. der gebundenen Insel-Ausgabe (= Rowohlt-Taschenbuchausgabe, S. 184 f.).

60 *Goethe, Johann Wolfgang von*: «Metamorphose der Pflanzen», s. Anm. zu S. 48
«Metamorphose der Pflanzen»: Generationen von Wissenschaftlern haben Goethes naturwissenschaftliche Theorien als «unwissenschaftlich» abgetan. Heute wissen wir (Morris Berman und Edwin Land haben darauf hingewiesen), daß Goethe bestimmte Naturvorgänge überzeugender und widerspruchsfreier erklärt hat, als dies die Theorien der Wissenschaft können. Land, der Erfinder der Polaroid-Kamera, sagt, daß die Arbeit von Newton und seinen Schülern «nur wenig zu tun hat mit den Farben, die wir normalerweise sehen... Die wesentlich visuelle Skala ist nicht das Newtonsche Spektrum.» Um Farben wirklich verstehen zu können, brauchen wir den «Teilnehmer», und eben der wird im Farb-Verständnis der Schulwissenschaft ausgeklammert! Nach Land kann das, was in den Entwicklungsprozessen der Polaroid-Kamera geschieht, mit Newtons Farbenlehre keinesfalls, sehr wohl aber mit der von Goethe erklärt werden (Berman: «Die Wiederverzauberung der Welt», LV).
Prajapati: zitiert nach Marius Schneider, s. Anm. zu S. 28.

60 *Tibetanisches Totenbuch*: (LV).

61 *Marius Schneider*: s. Anm. zu S. 28 sowie: «Das Morgenrot in der vedischen Kosmologie», in: «Symbolon», Bd. 5/1966.
Kabir: nach Martin Kämpchen: «Schönheit und Schrecklichkeit des Göttlichen im Hinduismus» («Una Sancta», 1984/2).
Paul Celan: (LV).
Richard Fester: «Ur-Wörter der Menschheit» (LV).

62 *Jakob Böhme*: zum «Hall» s. Anm. zu S. 195 f.

64 *Lincoln Barnett*: zitiert nach Roberto Laneri: «Prima Materia» (Dissertation – unveröffentlicht – University of California, San Diego 1975). *Mehrdimensional*: s. hierzu das physikalische Kapitel dieses Buches («Total Listening») sowie Ken Wilber (LV).

65 f. *E. v. Cyon, Jakob v. Uexküll*: zitiert nach Dopheide (LV).

66 *Gleichgewichtsrezeptoren*: s. auch Anm. zu S. 16. *Winkelgeschwindigkeit*: Geschwindigkeit einer Drehbewegung; der Winkel, den die Verbindungslinie eines auf einer Kreisbahn umlaufenden Punktes mit dem Mittelpunkt überstreicht. Die Punkte einer rotierenden Scheibe haben eine vom Radius abhängige Umlaufgeschwindigkeit, aber alle die gleiche Winkelgeschwindigkeit. Unser Gleichgewichtssinn mißt Winkelgeschwindigkeiten. Kepler hat als erster die Winkelgeschwindigkeit der Planeten errechnet. Sie befinden sich in harmonikalen Verhältnissen zueinander (s. Kapitel «Der hörbare und der unhörbare Klang»). *Helmut Reinold*: zitiert nach Dopheide (LV).

67 *Adam Müller*: (LV). *Josef Matthias Hauer*: zitiert nach Rudolf Haase: «Kosmische Harmonie in Symbolik und Naturforschung. Zum Weltbild von Josef Matthias Hauer», in: «Aufsätze zur Geschichte der Harmonik» (LV).

68 *Wataru Ohashi*: (LV).

68 f. *C. G. Carus*: «Symbolik der menschlichen Gestalt» (Olms, Hildesheim 1977).

DAS OHR ÜBERSCHREITET

71 f. *René Chocholle*: zitiert nach Dopheide (LV).

71 *Duhamel – Bouasse – Vogel*: Martin Vogel (LV).

73 *Das Ohr* besteht aus Außen-, Mittel- und Innenohr. Das Außenohr, dessen markantester Teil die Ohrmuschel ist, endet am Trommelfell, einer hochempfindlichen Membran. Dahinter liegt das Mittelohr mit drei winzigen Knöchelchen, die die Schwingungen des Trommelfells weiterleiten und verstärken. Hinter dem Mittelohr liegt das mit Flüssigkeit gefüllte Innenohr mit den Bogengängen und der spiralförmigen Schnecke, der *Cochlea*, die den Schall «kodiert» und in Nervenimpulse umwandelt. Im Innenohr befinden sich auch das Gleichgewichtsorgan (in den Bogengängen gelagert) sowie das 1851 von dem italienischen Wissenschaftler Alfonso Corti entdeckte *Corti*sche Organ, das eigentliche Organ des Hörens. Vereinfachend kann man sagen: Im Außenohr – bis zum Trommelfell – wirken Luftschwingungen, im Mittelohr – von den drei Knöchelchen Hammer,

Amboß und Steigbügel verstärkt – mechanische Vorgänge, die im Innenohr – am sogenannten Runden Fenster – plötzlich und rätselhaft abbrechen und in Elektrizität verwandelt werden. Diese elektrischen Signale, über die wir noch wenig wissen, reizen ihrerseits den Gehörnerv. Das Ohr verwandelt also auf wenigen Millimetern Luft in mechanische in elektrische Schwingungen. Die Flüssigkeit, mit der das Innenohr – und vor allem die Schnecke, die *Cochlea* – gefüllt ist, wirkt als eine Art Stoßdämpfer. Der rätselhafteste Vorgang ist der der «Kodierung». Würden die Schwingungen einfach übertragen, verstärkt und verwandelt, könnten dabei – wie bei entsprechenden Vorgängen in der Übertragungstechnik – Signal-Verzerrungen auftreten. «Wenn aber die vermittelte Information bloß darin besteht, daß ein Signal vorhanden oder nicht vorhanden ist ... dann sind leichte Fehler unerheblich.» Entscheidend ist allein, daß die Kodierung durchkommt – und im Gehirn verstanden und «ent-kodiert» wird. So erklärt es sich zum Beispiel, daß wir selbst die im Telefon stark verzerrte Stimme eines Menschen als eine uns bekannte Stimme wiedererkennen können. Da der Kodierungsprozeß ein eindeutiger mathematischer Vorgang ist, ist er von Verzerrungen und Annäherungswerten unabhängig, ja man darf annehmen, daß die Evolution ihn um eben dieser Unabhängigkeit willen geschaffen hat (nach S. S. Stevens, LV).
W. D. Keidel: (LV).

74 *K. H. Plattig*: in: W. D. Keidel (LV).

75 ff. *Ernst-Michael Kranich*: «Von der musikalischen Wesenheit des heranwachsenden Menschen» I und II, in: «Erziehungsheft», 11/Nov. 1982 und 12/Dez. 1982. Auf diesen Beitrag beziehe ich mich hier und weiterhin in diesem Kapitel.

75 *G. von Békésy*: in: W. D. Keidel (LV).

77 *H. Hesse*: Gedicht «Flötenspiel», Brief (April 1940) an Otto Korradi, nach Hesse: «Musik» (LV).

78 *Jetzt, Vergangenheit – Zukunft*: s. auch «Nada Brahma» (LV), Kap. II und VI.

79 *231 verschiedene Tonwahrnehmungen in einer Oktave/«Zurechthören»*: nach Rudolf Haase: insbesondere «Der meßbare Einklang» (LV). Zum «Zurechthören» und den – seit der Barockzeit bekannten – «Zurechthörbereichen» s. auch das Kapitel «Die Welt ist Klang», vor allem S. 165 und 175.

DENKEN DURCHS OHR

82 ff. *Martin Heidegger*: «Der Satz vom Grund» (LV).

83 *Hermann Dänzer*: «Das Symboldenken in der Atomphysik und in der Theologie», in: «Universitas», 4/1967.

84 ff. *Angelus Silesius*: «Der Cherubinische Wandersmann» (LV).

84 *Medard Boss*: Schweizer Psychologe, in: «Zollikoner Seminare» (Günther Neske, Pfullingen).
90 *Paul Feyerabend*: (LV).
92 *Werner Heisenberg*: (LV).
95 *Heidegger-Hölderlin*: Heidegger: «Vorträge und Aufsätze» (LV).
96 *Bhagwan Shree Rajneesh*: «Die verborgene Harmonie» (LV).
97 f. *Heidegger*: «Vorträge und Aufsätze» (LV), besonders: «Logos» (Heraklit, Fragment 50).
99 *Upanischaden*: (LV).
101 *Lao Tse*: (LV).
Richard Fester: (LV).
Heraklit: s. Anm. zu Heidegger, S. 97 f.
103 *Huang-Po*: aus: «Zen», Edition Grube & Richter (LV).
105 ff. *Heidegger*: «Vorträge und Aufsätze» (LV), besonders: «Aletheia» (Heraklit, Fragment 16).
Bhagwan Shree Rajneesh: «Die verborgene Harmonie» (LV).
109 *Goethe, Johann Wolfgang von*: s. Anm. zu S. 48.

HÖR-WORTE

117 *Heidegger*: «Unterwegs zur Sprache» (LV).
Glotzen, stieren, linsen etc.: Ich bin Marlies Häussler und Udo Bender dankbar, die geholfen haben, einige dieser Worte zu sammeln.
118 *Rupert Sheldrake*: in einem Diskussionsgespräch auf der Konferenz «Andere Wirklichkeiten» in Alpbach/Tirol 1983.
120 *Hegel*: (LV).
126 *Geloben*: Die ältere (und höhere!) Form ist: *Glauben* (in der das *e* ausgeschliffen ist). *Geloben* wurde später gebildet, als das *Loben*, das ursprünglich im *Glauben* steckt, nicht mehr gehört wurde. Im selben Maße, wie unserem Sprachgefühl der *Lob*- und *Gelobens*-Inhalt des Wortes *Glauben* verlorenging, ging er auch unserem Glaubensbewußtsein verloren und die paulinisch-lutherische Vorstellung vom «blinden» Glauben wurde vorherrschend, wenn auch immer noch nicht allein-gültig. Zum Ritual der christlichen Liturgie gehört immer noch auch das «Glaubensbekenntnis», das ein *Geloben* ist, sowie der – meist freilich nur noch leer-rituelle – *Lob*gesang. Auch im christlichen Meß-Ritual ist das *Geloben* (als «Credo») und das *Loben* (als «Sanctus» und «Gloria») enthalten.
130 *Richard Fester*: (LV).
131 *Apostel Paulus*: nach Anton Mayer (LV).
Hans Jürgen Schultz: «Einsamkeit» (LV).
131 f. *Vernunft*: s. hierzu auch den Hinweis in der «Intro», S. 16, auf das exakt parallel gebildete Wort «Versehen» (das Täuschung bedeutet).
136 *Tumb – taub – dumm – doof*: Das römische Recht zählt Taube zu den gei-

stig Unzurechnungsfähigen. Der Gesetzeskodex von Kaiser Justinian I. (527–565) verwehrte ihnen – nicht aber den Blinden! – die Rechte und Privilegien des Staatsbürgers. Heutige Menschen sind aufgeklärter, aber in ländlichen Gegenden tendieren immer noch viele dazu, den Tauben für «doof» zu halten – ganz im Gegensatz zum Blinden.

LEBEN DURCHS OHR

137 *Größere Autoren*: Kaum einer der großen Autoren der Weltliteratur war so sehr auf «Ohrensuche» wie Marcel Proust, der sich seine Welt in einem buchstäblichen Sinne er-hört hat (und deshalb auch in besonderer Weise «erhört» wurde). Samuel Beckett: «Zurückgezogen in seinem kühlen Zimmer in Combray extrahiert er die gesamte Essenz eines sengenden Mittags aus den scharlachroten, sternförmigen *Schlägen eines Hammers* auf der Straße und aus der *Kammermusik der Fliegen* in der Dunkelheit. Wenn er im Morgengrauen im Bett liegt, wird ihm die genaue Beschaffenheit des Wetters, der Temperatur und Sicht in *Tonbegriffen*, im *Glockengeläute* und in den *Rufen der Händler* vermittelt...»

138 ff. *Insekten*: Ich beschränke mich in diesem Kapitel auf kleine Ohr-Reize – weil sie die Erlebnisfähigkeit des Ohrs besonders überzeugend deutlich machen. Als Schriftsteller hätte man es leichter, wenn man stärkere Reize wählen würde. Zum Beispiel den Lärm tropischer Insekten. (Das ist er ja wirklich!) Nachts ist er so groß, daß man «bewußt ausblenden muß, weil es einen sonst halb verrückt machen würde»: Grillen, Grashüpfer, Zikaden usw. nicht nur in unbeschreiblicher Arten-Vielfalt, sondern in einer Lautstärke, die in Reiseberichten aus tropischen Ländern immer wieder als «dröhnend» und als «Radau» geschildert wurde. Die Grashüpfer streichen «wie Geiger mit den Flügeln gegen eine Reihe von Zapfen an den Hinterbeinen». Die Zikaden tragen eine «Trommel» im Hinterleib. Die lautstärksten unter ihnen sind gleichzeitig auch die ältesten: 200 Millionen Jahre alt – womit gleich auch etwas über die Bedeutung von Sound am Anfang des Lebens auf diesem Planeten gesagt ist.
Die meisten Insektenarten haben sich im Laufe der Evolution nur sehr wenig verändert – in Zeiträumen von 50 Millionen Jahren. Sie waren lange vor dem Menschen da – und trotzdem ist es, als hätten sie die Angriffs- und Vertilgungsmöglichkeiten des Menschen – sogar seine Chemikalien – vorausgeahnt. Selbst noch in einer Zeit, in der der Mensch im Begriff ist, die Mehrzahl der auf diesem Planeten lebenden Tierarten auszurotten, erweisen sich die Insekten als resistenter als irgendeine andere Gattung. Zwanzig oder dreißig Jahre lang haben die Wissenschaftler geglaubt, sie hätten die *Tsetse*-Fliege – den Übertrager der Schlafkrankheit – «endgültig vernichtet», aber dann war sie plötzlich wieder da, und inzwischen ist klar: Sie wird nie ganz ausgerottet werden können.

Bevor der Mensch chemische Vertilgungsmittel erfand, waren die Vögel die Hauptfeinde der Insekten. Interessant ist dabei folgendes: Die wichtigsten Arten, von denen sich Vögel ernähren, waren schon 100 Millionen Jahre vor dem Erscheinen von Vögeln da – und dennoch sind die Insekten den Vögeln überlegen. Haben sie die biologische Herausforderung durch die Vögel vorausgeahnt? Die Wissenschaftler Fred Hoyle und N. C. Wickramasinghe, die diese Frage stellen, schreiben, ihre Feststellungen «führ[t]en eindeutig zu einer der beiden folgenden Möglichkeiten: Entweder haben wir es mit einem offenkundigen Plan zu tun, den eine uns wesentlich überlegene Intelligenz erfunden hat, die sogar unsere Chemikalien und Flammenwerfer schon vorhergesehen hat, oder die Insekten haben bereits einen Selektionsdruck von uns mindestens gleichwertigen Intelligenzen in vielen anderen Umwelten anderswo im Universum hinter sich. Zur ersten Möglichkeit gibt es eine merkwürdige Variante: Sind vielleicht die Insekten selbst die uns bei weitem überlegene Intelligenz?»
Hoyle und Wickramasinghe verweisen darauf, daß Insekten auch «gegen Röntgenstrahlen und andere Formen ionisierender Strahlung äußerst resistent» sind. «Sie können sich auf radioaktivem Abfall tummeln, ohne Schaden zu nehmen ... Damit ist die Bühne für die Zukunft vorbereitet: Von einem Atomkrieg wird nur ein Geschöpf wirklich einen Nutzen ziehen: das Insekt. Die Insekten sind nahe daran, die Erde kampflos zu erobern.» Es gibt kein anderes Lebewesen, das die herrschende Evolutionslehre so eklatant und auf so vielen Ebenen widerlegt wie das Insekt – und in so gewaltiger Quantität: Mehrere Millionen Insektenarten mit insgesamt etwa 10^{18} Lebewesen! (Sämtliche Zitate nach Fred Hoyle/N. C. Wickramasinghe: «Evolution aus dem All», LV).

WATTE IM OHR

144 *Max Picard*: (LV).
Meister Eckehart: (LV).

146 *Los Angeles Airport*: nach Steven Halpern (LV), dort auch die später (Abschnitt IX) erwähnte Information über Staubsauger.
Amerikanische Akustiker: s. Murray Schafer (LV).

148 *Murray Schafer*: (LV).

149 ff. *Lärm bei Autos und Motorrädern*: Informationen nach «ADAC Motorwelt», 11/1984.

151 *«Der Stern»*: Ausgabe vom 23. 3. 1984 (hieraus auch einige weitere Zitate und Hinweise dieses Kapitels).
Dezibel: Dezi steht für ein Zehntel, *bel* für Alexander Graham Bell (1847–1922), den Erfinder des Telefons. Ein Schallereignis, das die tausendfache Intensität eines anderen besitzt, ist lediglich um 30 Dezibel «lauter», bei einem hunderttausendfachen Lärm wächst die Dezibel-

Anzeige lediglich um den Wert 50 – wobei ein Dezibel den relativ schwächsten wahrnehmbaren Schall bezeichnen soll.

152 *Schweizerischer Schwerhörigen-Verein*: nach «Pro» (Schweizer Zeitschrift), Oktober 1984.

153 *HNO-Poliklinik Zürich*: s. o. Anm. zu S. 152.
René Chocholle, Fritz Winckel: zitiert nach Dopheide (LV).
Platon: «Philebos», zitiert nach Naredi-Rainer (LV).

154 *«Der Stern»*: s. o.

161 *Hans Kayser, Rudolf Haase*: (LV).
Werner Heisenberg: «Gedanken der antiken Naturphilosophie in der modernen Welt», in: «Antike», Bd. 13/1937.

162 *Harmonikales als Weg*: Damit ist auch mein Verständnis des Wortes «harmonikal» umrissen. Ich fasse es weiter als die harmonikale Grundlagenforschung, die sich in ihrem (notwendigen) Bestreben, als «Wissenschaft» im herkömmlichen Sinne anerkannt zu werden, schon fast ein wenig – wenn dies je denkbar wäre – auf dem Weg zum Positivismus befindet. Für mich ist das Harmonikale eher ein Weg über das bisherige Wissenschaftsdenken hinaus.
Zum «Harmonikalen» gehört die ganzzahlige Proportion, bildet sich doch in ihr das (musikalische) Intervall und die «Quantelung» auf der Obertonleiter ab. In einem strengen Sinne – so Rudolf Haase – gehören deshalb (zum Beispiel) die Ergebnisse der «Kosmischen Oktave» (und manches andere, was ich in diesem Kapitel mitteile) nicht zur «harmonikalen Grundlagenforschung». Andererseits hat Cousto kosmische Proportionen in den Bereich der Hörbarkeit nicht nur transponiert, sondern – auf dem Weg der am stärksten wirksamen harmonikalen Proportionen, der Oktave – oktaviert, harmonikale Fakten also hörbar gemacht.
Natürlich ist es legitim, in erster Linie von ganzzahligen Verhältnissen und von Ganztonschritten auszugehen, aber wenn – wie Wilfried Krüger (LV) gezeigt hat – zahlreiche Prozesse im Atomkern in den Halbtonschritten der gleichschwebenden Temperatur geschehen, muß dies – als eine wunderbare und erstaunliche Findung – beachtet werden. Viele von uns tragen ein tiefes Mißtrauen gegen die temperierte (Ver-)Stimmung in sich. Sie haben darüber vergessen, daß dies die Stimmung ist, in der sich die große abendländische Musik entfaltet hat – und zwar genau von dem Augenblick an, als sich die Mehrheit der Komponisten für sie entschied. Ich meine, daß – nach all dem, was uns in diesen Jahren das abendländische Denken fragwürdig gemacht hat – etwas zutiefst Beruhigendes in der Tatsache liegt, daß auch die Halbtonschritte unserer temperierten Stimmung ihre (mikro-)kosmischen Entsprechungen haben: daß also auch sie «unhörbare Musik» abbilden. Haben wir nicht immer empfunden, daß wir uns im «Er-Hören» dieser Musik im Einklang mit Kosmischem befanden (und nicht bloß deshalb, weil wir die «falsche» Stimmung «zurechthörten»)?

Jedes Kind, das eine C-Dur-Tonleiter spielt, schlägt sie vom c bis zum c' an, also acht Töne: genau jene acht, die Krüger in den acht Protonen des Sauerstoffatoms – im Verhältnis ihrer Aufladungszustände – exakt widergespiegelt fand. Worum streiten wir uns also, wenn wir die Sieben gegen die Acht ausspielen, wo wir doch seit alters wissen, daß beides «heilige Zahlen» sind: abschließend die eine, das Tor zu Neuem, zur Neun aufstoßend (deshalb: gib acht!) die andere? (Zu «Acht» und «Neun» s. das Kapitel «Musik überschreitet», S. 322 f.)
Wir streiten uns «um des Kaisers Bart», wenn wir «harmonikale Schulen» bilden, die einander befehden. Der «Feind» sitzt woanders: im Lager der materialistischen und mechanistischen Wissenschaft.
Ich weiß mich mit dem Begründer der neuzeitlichen harmonikalen Grundlagenforschung, mit Hans Kayser (vor allem mit seinem wegweisenden Buch «Akróasis», LV), einig, wenn es mir in meinen Arbeiten auf eine umfassendere Deutung des Begriffs «harmonikal» ankommt. Das Argument, daß irgend etwas «nicht wissenschaftlich» sei, ist von den Schulwissenschaftlern zu Tode strapaziert worden. Da es immer nur auf bestimmte (meist nicht näher definierte) Schulen und Auslegungsweisen bezogen werden kann, die erst ein Denken postulieren und dann eben dieses Denken als «Beweis»-Mittel verwenden, ist es sinnlos geworden – und kann seriöserweise nicht mehr verwendet werden. Ich habe im «Nada Brahma»-Buch gezeigt: Die Schulwissenschaft verwendet den Terminus «wissenschaftlich» exakt so, wie afrikanische Medizinmänner ein Totem oder einen Fetisch gebrauchen.

163 *«Octavus sanctos...»*: zitiert nach Fritz Stege (LV).
Dane Rudhyar: (LV).
Rudolf Haase: in persönlichem Schriftwechsel.

164 f. *Oktavierung bei Plus- und Minus-spin*: erklärt nach Ausführungen der Nobelpreisträgerin Maria Goeppert-Mayer. Der in Anführungszeichen gesetzte Satz ist von ihr (LV) übernommen. «Spin» kann (laienhaft) als das Drehmoment bestimmter Partikel definiert werden.
Paul Gohlke: (LV).
Temperierte Stimmung: Im Abendland 1691 von Andreas Werckmeister eingeführt. In China berechnete Prinz Chu Tsai Yu bereits 100 Jahre vorher – nämlich 1595 – die Exponenten auf neun Stellen genau!

165 *Temperierte «Ver-stimmung»*: Wunderschön, wie Kepler über die Intervalle in der temperierten Stimmung schreibt: «... so daß keines rein bleibt und die Intervalle, die vollkommen sein sollten, durch eine kleine Einbuße an ihrer Vollkommenheit die Unvollkommenheit der übrigen verringern und mildern» («Harmonices Mundi Libri V», 3. Buch; deutsch: «Weltharmonik in 5 Bücher», LV).

166 *Musik der Planeten hörbar machen*: Coustos (LV) Verfahren ist exakter als Keplers (das die amerikanischen Wissenschaftler Willie Ruff und John Rodgers realisiert haben). Kepler-Ruff-Rodgers haben einen Grundton –

und zwar das tiefe G für den Saturn – postuliert und von ihm aus die entsprechenden Proportionen bzw. Intervalle errechnet. Wer oktaviert, braucht nichts von sich aus zu postulieren (siehe auch das Kapitel «Der hörbare und der unhörbare Klang», insbesondere S. 226 ff.).

Cousto: (LV). Die Arbeiten und Gespräche mit ihm haben mir wesentlich bei der Abfassung dieses Kapitels geholfen.

Exakt zehn Oktaven: Cousto (s. o. errechnet für den Merkur – den innersten Planeten unseres Sonnensystems – in der 30. Oktave 141,27 Hz, für den Pluto – den äußersten Planeten unseres Sonnensystems – in der 40. Oktave 140,24 Hz. Genau zehn Oktaven trennen also den sonnennächsten und den sonnenfernsten Planeten voneinander!

Wer in den Sehbereich kommen will: Es versteht sich, daß man damit über verschiedene Arten von Wellen hinweggleitet: aus dem Bereich der Schallwellen in die der elektromagnetischen Lichtwellenstrahlung, aber es versteht sich ebenso, daß das Gesetz der Oktavierung – wie alle harmonikalen Gesetze – das übergeordnete ist. Wenn das Phänomen der Schwingungen und der Wellen ein universales ist und wenn sich alle diese Schwingungen bevorzugt – weit über das statistisch zu erwartende Maß hinaus – in ganzzahligen harmonikalen Verhältnissen abspielen, dann impliziert diese Tatsache denknotwendig, daß die harmonikalen Gesetzmäßigkeiten alle Arten von Schwingungen und Wellen transzendieren und durchdringen. Aber auch das Wellenphänomen selbst ist universaler, als es unsere Wahrnehmungsmöglichkeiten offenbaren. Die verschiedenen Arten von Wellen und Schwingungen erscheinen uns in erster Linie deshalb als verschieden, weil wir – wegen der Begrenztheit unserer Sinne – die einen mit den Ohren, die anderen durch Fühlen, die dritten mit den Augen und wieder andere womöglich durch jeweils verschiedene, komplizierte technische Verfahren oder Messungen beobachten. Auch wenn wir feststellen, daß die Planeten sich in ganzzahligen harmonikalen Progressionen um die Sonne bewegen, stellen wir eine Beziehung zwischen zwei völlig verschiedenen Arten von «Schwingungen», «Wellen», «Frequenzen» her – nämlich denen der Umlaufbahnen der Planeten und denen unserer irdischen, hörbaren Musik. Nichts anderes tun wir, wenn wir – zum Beispiel – aus dem Bereich hörbarer Schwingungen in elektromagnetische – oder etwa auch in den Bereich der Eigenresonanz der DNS-Spirale – oktavieren und transponieren. Indem wir dies tun, denken wir «analog» (s. Kapitel «Ana-Logik führt weiter als Logik»).

167 ff. *S. Erden-, Sonnen- und Mondton*, in die Hörbarkeit oktaviert, entfalten ihre stärkste Wirkkraft, wenn zu diesen Tönen meditiert wird. Deshalb habe ich die Kassetten «Urtöne» herausgegeben. Die Töne stehen jeweils für das, wofür auch die entsprechenden Himmelskörper in unserem Bewußtsein stehen. Der Sonnenton für Licht, Wärme, Freude, Fülle des Lebens, auch für Männliches, der Mondton für Liebe, Sensibilität, Kreativität, auch für Weibliches, der Erdenton für die Kraft der Mutter Erde; er

gibt Realitätssinn, «festen Boden unter den Füßen», erdet den Meditierenden im Sinne des Yoga. Die Meditationen können auch mit einer entsprechenden Vorstellung begleitet werden, – etwa: «Ich bin Licht!» zum Sonnenton oder «Ich bin Liebe!» zum Mondton. (Näheres hierzu in den Heftchen, die den Kassetten beiliegen.) Zur Paar-Meditation (die gegebenenfalls auch tantrisch durchgeführt werden kann) gibt es den Zusammenklang von Sonne und Mond bzw. auf den Kassetten «Urtöne II» von Venus und Mars. Die Töne der Himmelskörper – vor allem der Erde, der Sonne und des Mondes – sind «Urtöne» auch in dem Sinne, daß sie «archetypisch» sind. Wir – die Gene alles Lebendigen – auf diesem Planeten «empfangen» sie seit Millionen von Jahren. Sie sind unseren Genen und unserem Unterbewußtsein eingeprägt – im Sinne der Jungschen Archetypen-Lehre. Wenn wir sie – in den Bereich der Hörbarkeit oktaviert – hören, erkennen wir sie wieder – als etwas, das wir von allem Anbeginn an kennen. Vielleicht kann die Stärke ihrer Wirksamkeit bei Meditationen dadurch erklärt werden. Die Urtöne werden nicht nur von einzelnen Meditierenden, sondern auch von vielen Therapeuten und Psychologen in ihren Workshops und Seminaren verwendet. Übereinstimmend wird berichtet, wie sehr sie die Meditation erleichtern. («Urtöne I» mit den Tönen von Erde, Sonne, Mond und dem Shiva-Shakti-Klang; «Urtöne II» mit den Tönen von Jupiter, Venus, Mars und dem Karuna Klang; Bauer-Verlag, Freiburg/Brsg.)

168 *Fritz-Albert Popp*: (LV).

169 *Dorothy Retallack*: nach Peter Tompkins/Christopher Bird (LV); s. auch «Nada Brahma», Kapitel V «Der Klang ruft», vor allem S. 103 f. der Rowohlt-Taschenbuchausgabe.
Stimmgabeln: Man kann sie bei Aquarius, Postfach 30, 7184 Kirchberg beziehen. Sie sind mit ungewöhnlicher Genauigkeit auf den Erdentag (388, 36 Hz), die verschiedenen Mondumlaufbahnen (synodischer, siderischer, metonischer Zyklus), auf die Sonne (136,22 Hz) und die verschiedenen Planeten gestimmt.

171 *Kammertöne in Barock und früher Klassik*: aus: «Riemann Musik Lexikon» (B. Schotts Söhne, Mainz 1967).
Sannyasin-Farbe: Dies ist ein anderer Orange-«Ton» als der, der beim Okavieren des Erdentages (702 Nanometer) erreicht wird. Auffällig viele Umlauffrequenzen führen – in den Bereich der Sehbarkeit oktaviert – zum Orangerot: die Venus (616 *nm*), der Jupiter (742,6 *nm*), der Uranus (657,5 *nm*), der Neptun (645 *nm*) und – wie gesagt – Erde und Mond (und zwar bei allen Arten des Erdentages und des Monats). In den Hörbereich oktaviert, ergeben sich jeweils deutlich voneinander unterschiedene Töne – zwischen einem fis und einem b, also um vier Halbtonstufen verschieden, auch sprachlich durch die entsprechenden Tonnamen präzis zu bezeichnen. Auch in diesem Zusammenhang wird wieder die größere Präzision des Hörsinns – und deren Spiegelung in der Sprache – deutlich.

172 ff. *Hans Schavernoch*: (LV).

172 *Griechische Melodik war fallend*: s. hierzu das Kapitel «Obertöne öffnen die Tür», S. 306 f.

173 f. *Kepler*: zitiert nach Schavernoch (LV) bzw. Kepler: «Harmonices Mundi Libri V», 5. Buch; deutsch: «Weltharmonik in 5 Büchern» (LV).

174 ff. *Johann Daniel Titius/Johann Elert Bode/E. Zederbauer*: nach Schavernoch (LV) und Cousto (LV); s. auch Haase: «Der meßbare Einklang» (LV).

175 *Carl Gustav Carus*: nach Schavernoch (LV).
Rudolf Haase: «Der meßbare Einklang» (LV).
Theodor Lipps: «Leitfaden einer harmonikalen Erkenntnislehre» und «Das Wesen der musikalischen Konsonanz und Dissonanz», in: «Psychologische Studien» (Leipzig 1905).

177 *50 Hz unseres Stromnetzes*: Wie stark selbst ganz schwache elektrische Felder unsere Emotionen und unser Wohlbefinden beeinflussen, hat der spanisch-amerikanische Wissenschaftler José Delgado in einer Reihe von aufsehenerregenden Versuchen nachgewiesen. Felder, die «nicht stärker sind als das Feld, das von einem Neonlicht ausgestrahlt wird», haben die Verhaltensweisen so verschiedener *Spezies* wie Affen, Menschen, Fische und Hunde beeinflußt. «Aggressive Fische wurden in einem Feld mit den entsprechenden Frequenzen zahm, Affen konnten auf Knopfdruck rasend, liebevoll, friedlich oder aufgekratzt» gemacht werden. Noch während Schulwissenschaftler – wie immer – die Ergebnisse bezweifelten, stürzte sich (nach einer Meldung der «Rajneesh Times» vom 1. 3. 1985) die amerikanische Armee auf die Forschungen von Delgado, um sie militärisch auszuwerten.
Ultraschall: nach Ergebnissen von Dr. R. Mendelsohn, Lehrbeauftragter für Vorsorgemedizin an der Illinois University; s. auch Steven Halpern (LV).

178 *Marius Schneider*: (LV).
John Michell: (LV).
Cousto: «Die Kosmische Oktave» (LV); dort auch Näheres über Remen, Kube etc.

178 f. *Chartres*: Louis Charpentier: «Die Geheimnisse der Kathedrale von Chartres» (Gaia, Köln 1972).

180 *Vitruv*: zitiert nach Naredi-Rainer (LV).
Der menschliche Körper und der Kosmos harmonikal strukturiert: s. auch «Nada Brahma» (LV), Kapitel IV und V.

181 *Paul von Naredi-Rainer*: (LV).
Leon Battista Alberti: zitiert nach Naredi-Rainer (LV).

183 f *Florentiner Domkuppel nach Fibonacci-Zahlen konstruiert*: s. hierzu Naredi-Rainer (LV) sowie: Wolfgang Braunfels: «Drei Bemerkungen zur Geschichte und Konstruktion der Florentiner Domkuppel», in: «Mitteilungen des Kunsthistorischen Institutes in Florenz», Bd. 11/1963–65.

183 *Fibonacci, Kaiser Friedrich II.*: zitiert nach Naredi-Rainer (LV).

Fibonacci-Reihe als Ausdruck der Gleichheit: nach Werner Jundt, in: «Miteilungen», Nr. 13/Okt. 1984 des Kreises der Freunde um Hans Kayser, Bern.

184 *Proportionsschemata von Leonardo bis Le Corbusier*: vorzüglich erläutert von Naredi-Rainer (LV).

184 ff. *Vitruv, Luca Pacioli, Wilhelm Durandus*: zitiert nach Naredi-Rainer (LV).

187 *Irmgard Widemann*: «Akupunktur – ein Schlüssel zur Erkenntnis der Lebensenergie» (1983), schreibmaschinenvervielfältigtes Manuskript. Die Forschungen befinden sich noch in den Anfängen, ich mußte deshalb auf nähere Details verzichten.

188 *H. Baumer/J. Eichmeier/W. Sönning*: nach in persönlichem Schriftwechsel übersandten Unterlagen sowie: Baumer/Eichmeier: «Das natürliche elektromagnetische Impulsfrequenzspektrum der Atmosphäre», in: «Archives for Meteorology» (Springer, Darmstadt 1982) und Baumer/Metz/Eichmeier: «Die Atmospherics-Aktivität als Indikator für die Dynamik der troposphärischen Wettervorgänge», in: «Archives for Meteorology» (Springer, Darmstadt 1981).

189 ff. *Hans Jenny*: «Kymatik» (LV).

189 *Georg Leonard*: (LV).

193 *Heisenberg*: (LV).

194 *Mythen, Sagen, Legenden . . .*: s. hierzu das Kapitel XI «Die Legenden und Mythen der Völker haben es schon immer gewußt: Gott schuf die Welt aus dem Klang» in: «Nada Brahma» (LV).
Paramahamsa Muktananda: (LV).

195 f *Jakob Böhme*: zum «Hall» s. die Böhme-Zitate in «Nada Brahma» (LV), S. 51 f der Taschenbuchausgabe.

195 *Feyerabend*: (LV); s. auch Duerr (LV).

196 *Itzhak Bentov*: (LV).

TOTAL LISTENING

198 *Meister Eckehart*: (LV).

198 ff. *David Bohms holomovement* finde ich am besten erläutert in: Ken Wilber: «The Holographic Paradigm» (LV) – mit Beiträgen von David Bohm, Karl Pribram, Renée Weber, Fritjof Capra, Marilyn Ferguson u. a. Aus diesem Werk, das dem hier beginnenden Kapitel im wesentlichen zugrunde liegt, stammen auch (sofern nicht anders vermerkt) die Zitate. Aufschlußreich sind auch Hans A. Nikels (LV) Ausführungen zur *holomovement*, die ich leider erst erhielt, nachdem das Kapitel abgeschlossen war (und auf das ich mich nur in nachträglichen Einschüben beziehen kann). Ebenfalls wichtig waren: David Bohm: «Die implizite Ordnung» (LV); Bob Toben: «Raum-Zeit und erweitertes Bewußtsein» (LV); Werner

Heisenberg: «Schritte über Grenzen» (LV); David Bohm u. a.: «On the Intuitive Understanding of Known Locality as Implied by Quantum Theory» (Wirkbeck College, University of London 1974); J. A. Wheeler: «Superspace in the Nature of Quantum Geometrodynamics» (Benjamin, New York 1967) sowie Fritjof Capra: «Der Kosmische Reigen» (LV).

199 *Werner Heisenberg*: (LV) (dort: «Das Naturbild der heutigen Physik»).
John A. Wheeler: zitiert nach Bob Toben (LV).
Richard P. Feynman: zitiert nach Bob Toben (LV).

200 ff. *Karl Pribram*: nach Ken Wilber s. o.

203 *Hannya-Shin-Gyo*: alte japanische Zen-Auslegung des Prajnaparamita-Sutras, zitiert nach Yoel Hoffmann (LV).

204 *Eugene Wigner*: zitiert nach Bob Toben (LV).
Bassui Zenji: zitiert nach «Zen», Edition Grube & Richter (LV).
Angelus Silesius: «Der Cherubinische Wandersmann» (LV).

204 f. *Zeit*: Ausführlicher behandele ich das Zeitproblem in «Nada Brahma» (LV). Kapitel VI (dort auch ausführlichere Informationen über Materie, Raum, Relativität, Unschärferelation etc. in der Neuen Physik).

206 *Ch'an-sha Ching-ts'en*: japan. Name Chosha Keijin; zitiert nach Yoel Hoffmann (LV).

206 ff. *Sarfatti, Wheeler, Feynman, Gödel*: zitiert nach Bob Toben (LV).

208 *Bootstrap-Physik*: nach Fritjof Capra: «Der Kosmische Reigen» (LV).
Angelus Silesius: (LV).

210 *Gregory Bateson*: (LV).

211 *Hans Küng*: (LV).
Satprem: (LV).

213 *Eugene Wigner*: zitiert nach Bob Toben (LV).

214 *Renée Weber*: s. o.
Daisetz T. Suzuki: (LV).

215 *Jack Sarfatti*: zitiert nach Toben (LV).

216 *Karl Pribram, John Battista*: Außer Pribram u. a. ist auch Battistas Beitrag in dem oben zitierten Werk von Ken Wilber: «The Holographic Paradigm» (LV) enthalten.

216 f. *Fritjof Capra*: «Wendezeit» (LV).

217 f. *Morris Berman*: (LV).

218 *Krishnamurti, Renée Weber*: nach Ken Wilber s. o.

DER HÖRBARE UND DER UNHÖRBARE KLANG

220 *Upanischaden*: (LV).
Fledermäuse: Fledermäuse können bei völliger Dunkelheit einem Draht von weniger als einem Millimeter Dicke ausweichen – ohne ihn sehen zu können, durch Schallortung im Ultraschall-Bereich. Sie können – allein durch Schall-Echos – selbst die kleinsten Insekten wahrnehmen und fan-

gen auf diese Weise bis zu fünfhundert Insekten in einer einzigen Stunde. Fledermäuse «sehen» mit den Ohren! Sie können deshalb zu Tageszeiten jagen, in denen die Vögel nicht dazu in der Lage sind.

Manche Fledermausarten – zum Beispiel die farblose Fledermaus und die Blattnase – haben Ohren, die so groß sind, daß sie wie zusätzliche Flügel aussehen – wie Segel! Die Ultraschall-Schreie der Fledermäuse kommen aus einer riesigen Stimmhöhle, aus der sie zweihundert und mehr Schallimpulse pro Sekunde ausstoßen können. Deren Intensität kann so laut sein, daß sie einem in etwa anderthalb Kilometer Entfernung vorbeifliegenden vierstrahligen Düsenflugzeug entspricht – und dennoch können Menschen Fledermaus-Schreie nicht hören. Wissenschaftler, die sie in den Hörbereich transponiert haben, bezeichnen sie als «entsetzlich», ja «unerträglich laut». Die Lautstärke garantiert, daß die Schreie von nahezu jeder Oberfläche reflektiert werden. Dabei sprechen die Ohren der Fledermäuse noch auf Reflexionen an, die hundertmilliardenmal so schwach sind wie die ausgesandten Töne. Fledermäuse können deshalb genau unterscheiden, ob ihnen vielleicht nur ein Sandkorn in den Weg kommt – sie machen dann nicht einmal den Versuch des Zuschnappens – oder ob es sich um ein lebendiges Insekt handelt.

Noch bis vor wenigen Jahren war die Fledermaus-Forschung dadurch gehandicapt, daß sich die Wissenschaftler einfach nicht vorstellen konnten, daß Fledermäuse – ohne optische Hilfsmittel – «sehen» können und daß die Schallorientierung in vielen Fällen genauer, schneller und täuschungssicherer funktioniert als die Sehortung. Sehende Insekten und Vögel zum Beispiel können durch bestimmte Köder getäuscht werden, nicht aber die hörenden Fledermäuse.

Da die Wissenschaft traditionellerweise auf optische Phänomene fixiert (und über-fixiert) ist, hat sie die Wahrnehmungsfähigkeiten der verschiedenen Fledermausarten erst in den letzten Jahren – rund ein Jahrhundert später als die optischen Möglichkeiten der verschiedenen Vogelarten – verstehen gelernt! (Nach S. S. Stevens, LV.)

221 *Shab Niaz*: zitiert nach Kirpal Singh (LV).

Marius Schneider: s. Anm. zu S. 28.

222 *Hans Kayser, Rudolf Haase*: (LV).

223 *Novalis*: aus: «Schriften. Die Werke Friedrich von Hardenbergs», hg. von P. Kluckhohn u. a. (Stuttgart 1960ff.), Bd. III: «Das allgemeine Brouillon» (1798/99). Dort auch zahlreiche weitere musikalische Analogien.

224 *Bettina von Arnim an die Günderode*: aus: «Meine Seele ist eine Tänzerin» (Texte zum Nachdenken, hg. von T. und G. Sartory, Herder, Freiburg i. Br. 1982).

Friedrich Rückert: aus: «Weisheit der Brahmanen», zitiert in: «Es ist uns zugesagt» (Worte der Lebensweisheit, ausgewählt von G. Sartory, Herder, Freiburg i. Br. 1983).

Hermann Hesse: «Gesammelte Werke» (LV).

Rudolf Steiner: «Theosophia» (Rudolf Steiner Verlag, Dornach/Schweiz 1978).
Roswitha von Gandersheim: «Paphnutius», aus: «Dramen» (Reclam 1942).
225 *Majh War, Kirpal Singh, Shab Niaz*: zitiert nach Kirpal Singh (LV).
Upanischaden: (LV).
226 ff. *DNS-Sequenzen, Musik der Solarwinde, Planetenklänge*: s. u. (Musik zum Hören dieses Kapitels).
232 *Iamblichos*: «Pythagoras», übersetzt von Michael von Albrecht, Zürich 1963. Zitiert nach Schavernoch (LV).
234 *Julian Jaynes*: (LV).

MUSIK ZUM HÖREN DES KAPITELS «DER HÖRBARE UND DER UNHÖRBARE KLANG»

The Harmony of the World – A Realization for the Ear of Johannes Kepler's Astronomical Data from Harmonices Mundi 1619 – Realized by Willie Ruff and John Rodgers: Saturnus – Jupiter – Mars – Terra – Venus – Mercurius (Plattenveröffentlichung der Yale University LP 1571, zu beziehen durch: W. Ruff, School of Music, Yale, New Haven/Conn. 065 20)

Earth's Magnetic Field – Realizations in computed electronic sound by Charles Dodge, produced at the Columbia University Computer Center (Nonesuch Records H-71 250, New York) (Sonnenwinde und magnetische Felder der Erde)

DNA Suite by Dr. David Deamer – «A musical translation of DNA sequences» (Cassette Science and the Arts, 144 Mayhew Way, Walnut Creek/Cal. 94 596)

Ur-Töne I, vorgestellt von Joachim-E. Berendt – Erdenton, Sonnenton, Mondton, Shiva-Shakti-Klang (auch zur Meditation geeignet, der letztere Ton zur Paar-Meditation in tantrischem Sinne, mit ausführlichem Begleitheft) (Zwei Kassetten, Bauer-Verlag, Freiburg i. Br.)

Ur-Töne II – wie oben, aber Venus-, Mars- und Jupiterton sowie Karuna-Klang (ebenfalls mit ausführlichem Begleitheft) (Zwei Kassetten, Bauer-Verlag, Freiburg i. Br.)

236 *C. G. Jung*: «Über die Entwicklung der Persönlichkeit» (Walter Verlag, Olten 1978).
Lee Sulk: «Mother's Heart Beat as an Imprinting Stimulus» (Academy of Science, SER 2.24, 1961).

236 ff. *Doris F. Jonas/David Jonas*: «Das erste Wort. Wie die Menschen sprechen lernten» (LV).

236 *A. Weiland*: «Infant Holding Patterns in Left-Handed Mothers» («Clinical Pedeatric», 3/1969).
E. Finger: nach Doris F. Jonas s. o.

237 ff. *Linke und rechte Gehirnhälfte*: Quellen u. a.: Marilyn Ferguson (LV), Karl Pribram in Ken Wilber: «The Holographic Paradigm» (LV) sowie Dieter E. Zimmer: «Die edle Rechte und die schlimme Linke – die beiden Seiten des Gehirns» I und II («Zeit Magazin» vom 19. 4. und 27. 4. 1984).

238 *Lao Tse*: «Tao Te King» (LV).
Karl Pribram: s. o., Anm. zu S. 237 ff.

240 *Marilyn Ferguson*: (LV).

241 *Adorno*: «Dissonanzen» (LV).

244 f. *Der Friede, der zum Friedhof führt*: Quellen: Grimms «Deutsches Wörterbuch» (dtv, München 1984), Fritz Pasiersky: «Krieg und Frieden in der Sprache» (Fischer Taschenbuch, Frankfurt a. M. 1983) sowie Richard Fester: «Protokolle der Steinzeit» (LV).

244 *Hazrat Inayat Khan*: «Friedensgebet» (Verlag Heilbronn, 1984).

246 *Hermann Hesse*: Brief an Hermann Scholz vom 10. 1. 1954, in: «Lektüre für Minuten», hg. von Volker Michels (Suhrkamp, Frankfurt a. M. 1971).

247 *Richtet nicht ... Was siehest du aber den Splitter ...*: Matthäus 8,1–6.

249 f. *Karl Pribram*: s. o.

250 *Der hundertste Affe*: nach Hans A. Nikel (LV).
Bertolt Brecht: «Gesammelte Werke» (Suhrkamp, Frankfurt a. M. 1967).
Rupert Sheldrake: (LV).

252 f. *Hans A. Nikel*: (LV).
Erich Jantsch: «Die Geburt der Freiheit im Schnittpunkt von Sein und Werden», in: Hans Peter Duerr (Hg.): «Aufsätze zur Philosophie Paul Feyerabends», Band 1 (LV).

253 *Ilya Prigogine*: (LV).
Toynbee: zitiert nach Ernst Robert Curtius (LV).
Wissenschafts- und Technologie-Ausschuß des US-Repräsentantenhauses: in: R. G. Jahn: «The Persistent Paradox of Psychic Phenomena»; Proceedings of the IEEE, Vol. 70/Febr. 1982 (zitiert nach F. Moser: «Grundzüge eines Paradigmas des Bewußtseins», Vortrag am Philosophischen Institut der Bulgarischen Akademie der Wissenschaften, Sofia, Juni 1984).

254 *Alice Miller*: «Du sollst nicht merken» (LV).

259 *Candace West – Don Zimmermann*: nach: «Der Spiegel», Nr. 6/1985.

259 ff. *Rudolf Bahro*: «Spirituelle Gemeinschaft als soziale Intervention», Vortrag beim Kommune-Treffen auf Burg Steffenfels, Juni 1984.

260 *Dieter Duhm*: (LV).
Marilyn Ferguson: (LV).

261 *Patricia Mishe*: zitiert nach Ferguson s. o.

262 *Teilhard de Chardin*: zitiert nach Marilyn Ferguson (LV).

WARUM DIE FRAUEN DIE HÖHEREN STIMMEN HABEN

264 *Warum die Frauen ...* Feministinnen beanstandeten den Titel dieses Kapitels. Mit Recht. Ich hätte es viel lieber genannt: Warum die Männer die tieferen Stimmen haben. Denn die Männer sind ja «ausgeklinkt» aus der Entwicklung. Dennoch würde dieser Titel das evolutionäre Signal verdekken. Hohe (weibliche) Stimmen sagen uns mehr als tiefe. Deshalb handelt dieses Kapitel viel mehr von hohen als von tiefen Stimmen. Daher der Titel!
Wolf D. Keidel: (LV).

265 *120–180 Hz*: Die Bereiche sind: ca. 120–180 Hz für die männliche und ca. 200–250 Hz für die weibliche Sprechstimme. Da es sich um eine logarithmische Funktion handelt, verdoppelt sich die Hertz-Zahl mit jeder Oktave.
Wissenschaftler, die wenig Sinn für die Dimension des Hörens besitzen: Bis zu welchem Maße der Hörsinn in der herrschenden Wissenschaft verkümmern konnte, macht der Fall des als bedeutend anerkannten englischen Physiologen und Psychologen Alexander Bain (1818–1903) deutlich. Noch um die Jahrhundertwende konnte er allen Ernstes behaupten, daß das binaurale Gehör bei der Schall-Lokalisation überhaupt keine Rolle spiele – und damals (wohlgemerkt: noch in diesem Jahrhundert!) wurde diese Behauptung fast vor der gesamten wissenschaftlichen Öffentlichkeit als zutreffend und als «wissenschaftlich» akzeptiert. So unbekannt war also bewußtes, aufmerksames, waches, kritisches Hören unter den Wissenschaftlern! (Siehe hierzu auch die Anm. zu S. 220 über die Fledermäuse.)
Stimmlagen: Musiklexika geben im allgemeinen folgende Stimmlagen an: Baß C–f, Tenor c–c'', Alt e–e'', Sopran g–f''' (jeweils mit entsprechenden Bandbreiten nach unten und oben; die Angaben differenzieren, weil es nicht so sehr auf den jeweils tiefst- oder höchsterreichbaren Ton ankommt als vielmehr darauf, in welcher Lage sich eine Stimme «zu Hause» fühlt).

267 *Weber-Fechnersches Gesetz*: Nach dem Philosophen und Physiker Gustav Theodor Fechner (1801–1887) und dem Physiologen Ernst Heinrich Weber (1795–1878). Fechner entdeckte es – unter Bezug auf Weber –, um den Unterschied zwischen Tonhöhe und Lautstärke zu präzisieren. Für ihn – und seither für die Wissenschaft allgemein – ist es ein Unter-

schied zwischen Qualität und Quantität. Tonhöhe besitzt Qualität, Lautstärke besitzt Quantität. Mathematisch ausgedrückt, besagt das Gesetz, daß die Empfindung mit dem Logarithmus des Reizwertes anwächst. Spätere Forschungen haben das Gesetz differenziert (indem sie an die Stelle der von Fechner behaupteten Addition der Empfindungen sogar deren Multiplikation setzten), aber im Prinzip bestätigt. Interessant ist, daß Fechner vor allem deshalb großen Wert auf sein Gesetz legte, weil es die unzerstörbare Einheit von Geist und Materie zu beweisen schien, denn das implizierte ja sein Gesetz: eine exakte mathematische Relation zwischen subjektiver Beziehung und physikalisch Meßbarem – genau jene Beziehung, die die mechanistisch und materialistisch orientierte Wissenschaft leugnete. Die herrschende Wissenschaft adaptierte das Gesetz auf ihre Weise: Sie ignorierte seinen philosophischen Gehalt und war fasziniert von der Möglichkeit, menschliche Empfindungen messen zu können. In einem gewissen Sinn kann man also sagen: Fechners Gesetz bewirkte genau das Gegenteil dessen, was sein Schöpfer sich damit erhofft hatte. (Nach S. S. Stevens, LV.)

Die hohen Stimmen sind die dominanten: Hierzu noch drei weitere Indizien, die die Wissenschaft zutage gefördert hat:

1. Die Nervenfasern, die die Schallsignale aus dem Ohr in das Gehirn befördern, führen je nach Art der Frequenzen, die sie weiterzuleiten haben, zu verschiedenen Teilen des Gehirns. Hohe Töne enden tief in der Hörrinde, während tiefe Töne in den Randgebieten nahe der Oberfläche des Gehirns enden. Auch unter diesem Gesichtspunkt ist offensichtlich: Die Evolution wollte hohe Töne «tiefer» leiten, sie hält sie für wichtiger als tiefe.
2. Wissenschaftler der Harvard University in den USA haben eine subjektive Tonhöhenskala aufgestellt. Versuchspersonen bekamen die Aufgabe, ein elektronisches Klavier durch Drehen bestimmter Knöpfe so zu stimmen, daß die Töne ihrem Gefühl nach in gleichmäßigen Abständen voneinander entfernt lagen. Diese subjektive Stimmung stimmte keinesfalls mit der «objektiven» Skala der Physiker und Klavierbauer überein. Um die Zwischenräume der neuen Skala zu messen, schuf man sogenannte *Mel*-Einheiten (von dem Wort *Melodie*).

   Die Untersuchungen ergaben, daß eine Oktave rund um das mittlere c einer Tonhöhenspanne von rund 200 Mel entspricht, während eine Oktave im oberen Tonbereich eine Tonhöhenspanne von 700 Mel aufweist. Die Versuche bestätigten, was viele Musiker seit je behaupten: Die oberen Oktaven klingen «breiter» als die tieferen. Sie erlauben – und fordern! – deshalb viel sorgfältigere Differenzierungen – was doch bedeutet, daß der frühe Mensch auf die hohen Töne aufmerksamer und wacher gehört haben muß als auf die tieferen.
3. In die gleiche Richtung deuten Experimente des bedeutenden engli-

schen Physikers John William Strutt Lord Rayleigh (1842–1919, Nobelpreis 1904), der gezeigt hat, daß der Klang einer Stimmgabel (oder eines anderen Tonerzeugers) mit tiefem Ton sehr viel schwieriger exakt ermittelt werden kann als der Klang eines hohen Tons oder eines hohen gesprochenen Wortes. (Nach S. S. Stevens, LV.)

270 *René Chocholle*: nach Dopheide (LV).

271 *Höhere Stimme als die Stimme des Herrschers*: Gleichwohl können hohe Stimmen bei Politikern (z. B. Ulbricht) lächerlich wirken. Wir werden sehen: Genetische und soziale Programmierung widersprechen einander. Vier- oder fünftausend Jahre Patriarchat haben noch nicht ausgereicht, uns genetisch zu programmieren. Gesellschaftlich sind wir zwar inzwischen auf die Herrschaft der Männer – und damit auf den Herrschaftsanspruch ihrer Stimmen – noch immer nicht programmiert, aber doch an sie «gewöhnt». So sehr gewöhnt, daß es in der westlichen Welt bei demokratischen Wahlprozeduren kaum möglich erscheint, daß ein Politiker mit einer hohen Stimme größere Gewinnchancen hätte. Aufschlußreicherweise glitt Hitlers Stimme gerade dort, wo er seinen Macht- und Herrschaftsanspruch besonders nachdrücklich verkündete und auf ihm insistierte, in die Nähe einer «hysterischen» Frauenstimme.

274 *Fritz Winckel*: nach Dopheide (LV).
Gautier: «Auf der Suche nach dem Anderswo» (Freitag, Berlin 1985).
Richard Fester: (LV). Besonders interessant die Sprachtafeln «Nein, Nie, Kein» in: «Ur-Wörter der Menschheit».

275 *J. J. Bachofen, Erich Neumann, Mircea Eliade, C. G. Jung*: s. jeweils LV.

275 ff. *Ken Wilber*: (LV).

275 *Berge von Toten im Matriarchat*: Eindrucksvolles Material hierzu in: Heide Göttner-Abendroth: «Die Göttin und ihr Heros» (LV). Danach ist der Tod des Helden-Liebhabers der großen Göttinnen des Matriarchats ein durch fast alle Kulturen gehendes «Muster». Bei den Griechen: Artemis – die Zeus-Tochter und «ewige Jungfrau» – tötete Prinz Aktaion durch einen Pfeilschuß, weil er sie nackt gesehen hatte. Aphrodite zerriß ihren Liebling Adonis, nachdem sie ihn in einen Eber verwandelt hatte. Erechtheus wurde nach kretischer Auffassung alljährlich von einem Blitz aus der Hand der Athene getötet. Demeter verbot aus Kummer um ihre Tochter Kore den Pflanzen zu wachsen, bis alle Menschen gestorben wären. Hera ließ Iakchos – den Sohn der Demeter und ihres Bruders Zeus – in Stücke zerreißen. In einer anderen Version läßt Demeter ihren jugendlichen Heros in Gestalt eines Ziegenbocks durch die Mänaden zerreißen. Der minoische Zeus wurde alljährlich von der Erdgöttin Rhea – seiner Mutter und ersten Geliebten – mit einer Doppelaxt erschlagen. Und Hera gab Herakles – der Name bedeutet «Ruhm der Hera» – seine zwölf Taten nur deshalb auf, weil sie hoffte, er würde dabei ums Leben kommen.
Noch schlimmer in Ägypten: Hathor – die Tochter des Sonnenkönigs Re – verwandelte sich in die löwenköpfige Göttin Sachmet und geriet in sol-

che Raserei, daß sie in ihrem Blutrausch das ganze Menschengeschlecht auffressen wollte. Und Isis läßt Re durch eine Schlange beißen. In Sumer-Babylon zerreißt die Große Göttin Inanna-Ishtar ihren Heros Tammuz und überantwortet Gilgamesch dem Tode, weil er ihre Liebe ablehnt. Jeder König (der immer nur kraft der Großen Göttin herrschen durfte) verfiel unweigerlich dem Opfertod. In Kleinasien läßt die Sonnengöttin Arinna die Vegetation der ganzen Erde verdorren – nur deshalb, weil ihr Heros Telepinu sie verlassen hat. In Phrygien kastrierte Kybele eigenhändig ihren Heros Attis – und im Kybele-Kult müssen sich die Priester selbst peitschen und – die Rolle des Attis übernehmend – entmannen. Im vorisraelitischen Palästina schlitzte die Göttin Anat ihren Liebhaber Mot mit einer Sichel auf, zog ihm die Haut ab und verstreute sein Fleisch auf den Feldern. Und der zornige und rächende semitisch-jüdische Jahwe – «Auge um Auge, Zahn um Zahn»! – war lediglich die Patriarchalisierung der Iahu, der Großen Göttin des Orients, deren Symbol – die «Erhabene Taube» – zum asketischen und frauenfeindlichen «Heiligen Geist» Israels und des Christentums verkümmerte.

In Indien läßt Sarasvati, die matriarchale Fluß- und Wassergöttin, den Sonnengott Indra mit Ketten behängen und in ein fremdes Land verschleppen. Rudra beraubt sie seiner Männlichkeit. Und die Große Göttin Kali wird zum Inbegriff allen Schreckens; oft wird sie in Blut badend dargestellt.

Bei den Kelten läßt Dana – die Danae des Nordens (nach welcher *Dänemark* genannt ist) ihren Partner Dagda von einem Blitz erschlagen. Irland und Wales werden wegen der Urmutter Branwen völlig verwüstet. Ihr Partner und Bruder Bran wird kastriert. Und die irische Mondwagen-Göttin Morrigain verwandelt ihren jugendlichen Partner Pwyll in einen Hirsch und erlegt ihn – wie Artemis auf Kreta. Bei den Germanen Skandinaviens läßt die Erdmutter Jörd die Männer, die ihren Wagen gezogen haben, durch das Meer verschlingen. Und Freyja – die Göttin der Liebe, Schönheit und Fruchtbarkeit – verwandelt ihren Bruder-Gatten Freyr in einen Eber, schlachtet und kocht ihn in einem Kessel – wie Aphrodite den Adonis in Griechenland.

Freilich weist Heide Göttner-Abendroth darauf hin, daß der Schrecken des Todes eine patriarchale Idee sei. In den Vorstellungen des Matriarchats ist Tod unlösbar mit Wiedergeburt – mit «Stirb und Werde» – verbunden, eine Idee, welche die Frau immer wieder an ihrem eigenen Körper erfährt. Der Mann tendiert dazu, den Tod zu verdrängen; die Frau nimmt ihn an und verwandelt ihn. In diesem Sinne sind die Ströme von Blut, die in den Kulten der Großen Mutter flossen, auch Ströme des Lebens.

278 *Androgyn*: Eine eindrucksvolle Vision des neuen, androgynen Menschen entwirft die amerikanische Anthropologin und Psychotherapeutin June Singer in ihrem Buch: «Nur Frau – Nur Mann? Wir sind auf beides angelegt» (LV).

279 *Frauen im Bundestag*: nach Senta Trömel-Plötz (LV).

281 *Batesonsches System*: im Sinne des großen amerikanischen Anthropologen und Systemforschers Gregory Bateson (LV).

282 f. *X-Chromosom*: Die Potentialität der X-Chromosomen, allein zu existieren, impliziert: *Parthenogenese* (= Jungfrauenzeugung), also Fortpflanzung ohne den Mann. Irgendwann muß es sie gegeben haben, sonst geisterte dieses Motiv nicht in so vielen Kulten und Religionen der Menschheit herum. Irgendwann wurde sie dem «Computer» der menschlichen Gene «eingespeist».

Selbst wenn man davon ausgeht, daß *Parthenogenese* in der Entwicklung der menschlichen *Spezies* – und der Säuger – nicht vorstellbar ist, weiß die Forschung: Am Anfang war die Fortpflanzung ungeschlechtlich – dann wurde sie ungeschlechtlich-geschlechtlich (noch immer haben bestimmte Insektenarten – Ameisen, Bienen, Wespen – trotz ihrer zweigeschlechtlichen Ausprägung diese Möglichkeit, bei anderen wechseln *parthenogenetisch* entstandene Arten regelmäßig mit zweigeschlechtlichen Generationen ab) – und schließlich ging es nicht mehr ohne die Geschlechtlichkeit.

Was immer in der Evolution geschehen ist, schlummert in unseren Genen. Evolution heißt nicht, daß die jeweils folgende Art die vorhergehende vollständig ablöst; sie bedeutet, daß alle vorhergehenden in allen folgenden aufgehen und in ihnen bewahrt bleiben. Nichts geht verloren. «Verloren»-ging die Erinnerung lediglich im Hirn des rationalistisch denkenden *homo sapiens*. Nicht verlorenging sie in unseren Genen. Sie aber sind unser eigentlicher «Computer». Sie bilden den Ur-Grund, aus welchem spirituelle und religiöse Überlieferungen die *Parthenogenese* immer wieder zu Tage fördern.

283 *Husband*: Mit großer paläolinguistischer Sorgfalt erläutert Richard Fester die Genese des Wortes *husband* in «Kinder der Höhle» (LV).

284 *Nahrung an Bäumen und auf dem Boden*: Die Frauen waren Früchte- und Beerensammlerinnen – auch dies ist ein genetischer Impuls geworden. Man beobachte Gruppen von Männern und Frauen, die zur Erntezeit durch Obstanbaugebiete wandern: Frauen bücken sich viel häufiger als Männer, um Früchte aufzuheben. Oder im Wald: Viel häufiger sammeln Frauen – auch weibliche Kinder – Blau-, Preisel-, Brom- und Himbeeren als Männer und Jungen. Niemand erzieht sie dazu. Nur ganz wenige Eltern mögen ihre Töchter häufiger als ihre Söhne zum Beerensammeln anhalten. Im allgemeinen sehen Kinder – gleich welchen Geschlechts –, daß «die Großen» Beeren sammeln, und tun das ihrerseits – aber Mädchen eben sehr viel öfter und mit viel stärkerem Interesse als Jungen.

Der Sammel-Impuls ist darüber zu einem viel stärker weiblich als männlich besetzten Impuls geworden – auch in bezug auf (fast) alles andere, was «gesammelt» wird. Ursprünglich sammelten Menschen Früchte und Beeren. Heute «sammeln» sie auch vieles andere. Sie können auch selber

«gesammelt» sein: All dies tun und sind weibliche Wesen relativ häufiger als männliche.
Der Feminismus – und jeder, dem die Freiheit und Würde der Frau am Herzen liegt – muß aufhören, sich an die These der lediglich kulturell und erziehungsmäßig bedingten Verschiedenheit der Geschlechter zu klammern. Im Gegenteil: Der Anspruch der Frauen auf gleiche Rechte und Ansprüche kann sehr viel überzeugender untermauert werden, wenn die Frauen nicht nur das gleiche wie die Männer, sondern auch Eigenes einzubringen in der Lage sind – weil nur so das volle menschliche Potential ausgeschöpft werden kann. Die Frauen des Feminismus haben viel zuviel Energie darauf verwandt, deutlich zu machen, daß sie alles – oder fast alles – genausogut tun können wie die Männer, und haben darüber versäumt zu verdeutlichen, daß sie vieles eben auch anders machen können und würden als Männer – wenn auch oft nur «ein wenig» anders. Gerade in diesem «ein wenig» liegt die Möglichkeit zur Differenzierung, die in der biologischen, kulturellen und sozialen Evolution die entscheidende ist.
Erst dann, wenn es den Frauen wichtiger wird, Eigenes und Weibliches einzubringen, als die Leistungen und den Stil der Männer zu adaptieren, werden sie aufhören können, sich an den Männern zu orientieren – wie es noch 1985 zwei Drittel der Frauen taten, die zum Weltfrauenkongreß nach Nairobi – dem größten Frauenkongreß der Geschichte – gekommen waren (und man darf doch annehmen, daß dorthin in erster Linie solche Frauen reisen, die sich ihrer Weiblichkeit bewußt sind. Wenn sogar diese Frauen sich überwiegend an männlichen Werten orientieren, wieviel stärker müssen das dann solche Frauen tun, die nicht zu derartigen Kongressen fahren!)
Wir müssen uns davon lösen, die Annahme kultureller und sozialer Konditioniertheit für «fortschrittlich» und die Annahme genetischer und biologischer Bedingtheiten für «reaktionär» zu halten. Diese Begriffe sind sinnlos geworden in einer Zeit, in der die sogenannten «Konservativen» nur noch ihren eigenen Vorteil «bewahren» wollen und, um eben dies tun zu können, das eigentlich Zu-Bewahrende opfern – wie an Umwelt-, Sozial-, Medien-, Aufrüstungspolitik und in nahezu jedem anderen Bereich über jeden Zweifel hinaus deutlich ist.
Auch in diesem Bereich gilt: Soziale und genetische Konditioniertheit sind die zwei Seiten der gleichen Münze – wir wollen die ganze Münze!
Anatomie unserer Zähne: s. Kushi (LV).
285 *Doris F. Jonas*: s. Fester/König/Jonas/Jonas: «Weib und Macht» (LV).
287 f. *Herrschen aus weiblichen Wurzeln*: s. die Sprachtafeln in R. Fester: «Ur-Wörter der Menschheit» und «Protokolle der Steinzeit» (LV).
288 *E. Reclus*: zitiert nach Richard Fester: «Ur-Wörter der Menschheit» (LV). Dort auch das Fester-Zitat.
R. Fester: «Protokolle der Steinzeit» (LV).
Liebe zu differenzieren: Gibt es einen Widerspruch zwischen dem Macht-

trieb der Frauen in der Zeit des Matriarchats und ihrer Liebesfähigkeit? Sind Liebe und Macht *a priori* Gegensätze? Sind sie das möglicherweise erst im Patriarchat geworden? Beide – Liebes- wie Machttrieb – sind sowohl genetisch wie gesellschaftlich konditioniert, aber der erstere ist stärker genetisch, der letztere stärker gesellschaftlich begründet. Weil der Liebestrieb außerdem noch der ältere und der zur Erhaltung der Art wichtigere ist, muß er auch der stärkere sein. Den Gedanken, daß die mächtigen, herrschenden Frauen des Matriarchats nicht ebenso starke und mächtige Liebesimpulse hatten – weil sie herrschten –, halte ich für absurd. Er würde implizieren, daß die Frauen erst dann «auf Liebe programmiert» wurden, als die Männer das Sagen gewannen. Auch männliche Herrscher haben in der Zeit des Patriarchats gezeigt, daß Macht und Liebe nicht unbedingt einander widersprechen müssen (z. B. Konstantin d. Gr., der Großmogul Akbar d. Gr. [1542–1605] und am eindrucksvollsten der indische König Ashoka im 3. Jh. v. Chr. Der englische Historiker Sir Henry Rawlinson: «Seine 40jährige Regierungszeit findet in der Geschichte der Menschheit kaum ihresgleichen ...»).

292 *Ergebnisse amerikanischer Verhaltensforscher*: «Nada Brahma» (LV), Anm. zu S. 185 ff. Rowohlt-Taschenbuchausgabe.

293 *Doris F. Jonas und A. David Jonas*: s. Anm. zu S. 285.

295 *Musik «merkt» gesellschaftliche Änderungen meist erst dann, wenn sie vorbei sind*: Eine Ausnahme bildet der Jazz. Er hat mit stupender Zuverlässigkeit jede gesellschaftliche Änderung in diesem Jahrhundert rund zehn Jahre früher angekündigt, bevor sie geschah – zum Beispiel die Resignation und den Konformismus der zweiten Hälfte der fünfziger Jahre im Cool Jazz (der Ende der vierziger Jahre entstand) oder das neue kollektive Bewußtsein, das den meisten Menschen erst durch die Studentenunruhen 1967/68 bewußt wurde, im Free Jazz (der Ende der fünfziger Jahre entstand). Ausführlicher habe ich diese Antizipierungen im «Fenster aus Jazz» und im «Großen Jazzbuch» (beide LV) aufgezeigt. Die bewahrende Kraft der Hörwelt wird auch darin deutlich, daß sehr viel mehr Menschen Schwierigkeiten haben, die moderne Konzertmusik zu akzeptieren, als etwa moderne bildende Kunst oder Literatur. Während der Schallplattenmarkt im Bereich der Konzertmusik immer noch weitgehend von Barock, Klassik, Romantik – Bach, Beethoven, Mozart, Wagner etc. – lebt, existieren die literarischen Buch-Verleger vorwiegend von heute geschriebener Literatur, während relativ weniger Menschen Bücher lesen, die etwa in der Zeit Bachs oder Mozarts geschrieben wurden.

295 f. *Adorno*: «Über den Fetischcharakter in der Musik und die Regression des Hörens», in: «Dissonanzen» (LV).

Genug kompetente Untersuchungen: z. B. Wilfried Mellers (LV).

298 ff. *Obertöne öffnen...*: Ein Teil dieses Kapitels wurde als Diskussionsbeitrag auf dem Kongreß «Andere Wirklichkeiten» in Alpbach/Tirol im Sept. 1983 vorgetragen. Dieser Teil wurde veröffentlicht in: «Andere Wirklichkeiten», dem von Rainer Kakuska (LV) herausgegebenen Band, der sämtliche Alpbacher Vorträge 1983 enthält, sowie in «Sphinx», Nr. 26, Juni/Juli 1984 und im «Jazz-Podium», Februar 1984.
Roberto Laneri: «Prima Materia» (Dissertation – unveröffentlicht – University of California, San Diego 1975); «Overtones – an Interview with Dr. Roberto Laneri» in: «The Message», Vol. X, Nr. 3, May/June 1984;
«Vocal Techniques of Overtone Production» (Ms.);
«Musik der Zukunft? Die Welt der Obertöne», in: «Durchblick», Nr. 8 (Obertorstr. 8, D-7770 Überlingen).
Roberto Laneri war auch der Obertonsänger bei den meisten «Nada Brahma»-Veranstaltungen in der Bundesrepublik, der Schweiz und Österreich. Seine Arbeiten und die Zusammenarbeit mit ihm haben viel in diesem Kapitel angeregt.

301 *Obertöne schaffen die Klangfarbe*: Der Vorgang ist komplexer, als der Satz andeutet. Die Obertonreihen, die gute Musikinstrumente generieren, sind hochdiffizile Gebilde, die immer noch nicht ganz entschlüsselt werden konnten. Immerhin ist es der elektronischen Musikindustrie gelungen, die Reihen fast aller Instrumente zumindest so weitgehend zu dekodieren, daß die Klänge dieser Instrumente inzwischen auch elektronisch erzeugt werden können (wenn auch meist mit nicht sehr großer Authentizität). Besonders häufig verwandt wird die sogenannte «String Machine», die ein ganzes Streichorchester «ersetzen» kann. Sie ist mittlerweile auf Hunderten von Platten zu hören, um – zum Beispiel – einem Pianisten einen Streicher*background* zu geben. Das einzige «Instrument», dessen Obertongeschehen immer noch nicht verstanden wird, ist die menschliche Stimme. Fachleute meinen: Nachdem sich die Industrie nun schon mehr als zwanzig Jahre lang bemüht, menschlichen Stimmklang in befriedigender Authentizität herzustellen, könne man davon ausgehen, daß dieses Problem wahrscheinlich nie gelöst werden wird.

302 *Keine Musik ohne Obertöne*: René Chocholle – nach Dopheide (LV).

303 f. *Michael Vetter*: zitiert nach Begleittexten der unten angegebenen Platten.

305 *Paul Horn*: dto.

306 *René Chocholle*: zitiert nach Dopheide (LV).
Heisenberg: (LV).

308 *Dane Rudhyar*: (LV).

311 *Gregory Bateson*: (LV).
Morris Berman: (LV).

312 *Peter Michael Hamel*: (LV).

Das in diesem Jahr neu entstehende Obertonbewußtsein...: s. hierzu: «Die neue Religiosität in Jazz und Rock», in: «Ein Fenster aus Jazz» von J.-E. Berendt (LV).

315 Karl Berger: im Gespräch m. J.-E. Berendt in der SWF-Fernsehproduktion «World Music Meeting», Nov. 1984.

PLATTEN ZUM HÖREN DES KAPITELS «OBERTÖNE ÖFFNEN DIE TÜR»

Ich habe nicht nur vokale, sondern auch obertonreiche instrumentale Musik ausgewählt.

TIBET – aus: AN ANTHOLOGY OF THE WORLD'S MUSIC, Tantric Rituals – aufgenommen 1968 in Nordindien (Anthology Record an Tape Corporation, 135 West 41st St., New York/N. Y. 10 036).
(Gesang tibetischer Mönche, darunter auch eindrucksvolle OMs)

CHO-GA. TANTRIC AND RITUAL MUSIC OF TIBET – Tibetan Monks from Northern India & Nepal (Dorje-Ling Records, Box 1410, San Rafael/Ca 94 902)

TIBETAN RITUAL MUSIC – Lamas and Monks of Tibet (Lyrichord LLST-7181)

MICHAEL VETTER: OVERTONES – VOICE TAMBURA (Wergo Spectrum/Schott Verlag Mainz SM 1038/39, Doppelalbum)

MICHAEL VETTER: TAMBURA PRELUDES – PRO-VOCATIONES (Wergo Spectrum/Schott Verlag Mainz SM 1041/42, Doppelalbum)

ROBERTO LANERI: TWO VIEWS OF THE AMAZON etc. (Wergo Spectrum/Schott Verlag Mainz SM 1046)

THE HARMONIC CHOIR, Ltg. David Hykes: HEARING SOLAR WINDS (Harmonia Mundi France 558 607)

DAVID HYKES THE HARMONIC CHOIR: CURRENT CIRCULATION (Celestial Harmonies CEL 010, Vertrieb Teldec)

SHOMYO-BUDDHIST RITUAL FROM JAPAN – Dai Hannya Ceremony – Shington Sect – Unesco Collection Musical Sources (Philips 6 586 021)
(Im Begleittext: «Wir können Buddhas Stimme nicht mehr hören. Und doch hören wir immer noch Stimmen, wie Buddha sie hatte.»)

Music Ensemble of Benares – mit Khadim Ali Khan, Shenai (amf-records LC 8419, R. Knieps, Pontstr. 121, D-5100 Aachen)

Bali – Gamelan, Ketjak, Geng Gong, Legong etc. (auf Bali aufgenommen von J.-E. Berendt) – in der Reihe «Song & Sound The World Around» (Philips Holland 6 303 172)

Shakuhachi Works by Hozan Yamamoto: Take (RCA Japan Red Seal JRZ-2548-49, Doppelalbum)

Three Masters: Hozan Yamamoto (Shakuhachi) – Masahiko Togashi (Percussion) – Masahiko Satoh (Piano) – Live at the Donaueschinger Musiktage '80, produced by J.-E. Berendt (Next Wave/Nippon Phonogram 25 PJ-1006)

Hozan Yamamoto, David Friesen + 1 – mit Masahiko Satoh (Next Wave/Nippon Phonogram 25PJ-1002)

Katsuya Yokoyama plays classical shakuhachi masterworks: Zen (Wergo Spectrum/Schott Verlag Mainz SM 1033/34, Doppelalbum)

Tibetan Bells II – Henry Wolff and Nancy Hennings (Celestial Harmonies LC 7869, Vertrieb Teldec)

The Singing Bowls of Tibet (Saydisc Records, Badminton/England, SDL 326) (Tibetische Klangschalen aus den acht «heiligen» Metallen: Gold, Silber, Kupfer, Blei, Zinn, Eisen, Zink und Bronze)

Dagar Brothers: Raga Darbaki Kanada, Adana (EMI, EA-LP 1291)

Paul Horn: Inside the Great Pyramid – aufgen. in den Grabkammern der Pyramiden von Gizeh (Kuckuck 060/061, Doppelalbum)

Paul Horn: Inside – recorded live in Tadj Mahal (Kuckuck 062)

Songs of the Humpback Whale (Gesänge des Buckelwals) (Capitol ST-620)

And God Created Great Whales (Concerto für Wale und Symphonie-Orchester) von Alan Hovhaness (CBS-americ. Columbia M 30 390)

Missa Gaia – Earth Mass von Paul Winter mit dem Chor der Cathedrale St. John The Divine New York, Paul Halley (Orgel), Paul Winter (Saxophon), Brasilian. Perkussion, Walen, Delphinen, Wölfen, Zaunkönigen etc. – recorded live in the Cathedral St. John The Divine and in the Grand Canyon (Living Music Records, 65 Gate Five Road, Sausalito, Calif. 94 965)

316 ff. *Verborgene Harmonie* bis an die Grenze des Chaos: Besonders überzeugend hat der amerikanische Komponist Dane Rudhyar die selbstverständliche Vereinbarkeit von Dissonanz und holistischem Bewußtsein formuliert – und sich gleichzeitig von der flachen Identifizierung von Schönklang und systemischem, ganzheitlichem Denken distanziert: «Die lebendig schwingende Resonanz des konkreten Materials der Musik und der Instrumente kann ... auf höchst bedeutsame und psychoaktive Weise durch die Verwendung dissonanter Harmonien erreicht werden ...» – «Viele, ja die meisten Akkorde, die in der westlichen Musiktheorie dissonant heißen, können, wenn die einzelnen Klänge richtig verteilt werden, eine viel stärkere Resonanz als die sogenannten reinen Konsonanzen erzeugen, da die Phänomene der Schwebung und der Kombinationstöne auftreten ... Eine holistische Resonanz unterscheidet sich von einem Akkord aus Noten, die vom Intellekt analysiert wurden, etwa so, wie eine synthetische medizinische Substanz, die durch Isolierung chemisch bestimmbarer Hormone hergestellt wurde, vom direkten Extrakt einer ganzen endokrinen Drüse ..., auch wenn der Unterschied durch wissenschaftliche Analyse vielleicht nicht festzustellen ist ...» (aus Dane Rudhyar: «Die Magie der Töne», LV).

316 *Harmonie in das Chaotisch-Unharmonische tragen*: Einige Monate, nachdem ich dies geschrieben hatte, machte mich ein Altphilologe darauf aufmerksam, daß ich an dieser Stelle «der griechischen Sprache parallel gedacht» habe. Heraklit gebraucht das Adjektiv ἀφαυέζ *(aphanés* = verborgen). Die Redewendung εἰζ ἀφαυέζ *(eis aphanés)* bedeutet: «in dunkle, unbekannte Gegenden».

Herakliteischer Prozeß: s. hierzu auch die Analyse der griechschen Ur-Version des Heraklit-Wortes in «Denken durchs Ohr» XVIII sowie «Lobsingend wachsen» VIII.

318 *Ligeti*: zitiert nach Begleittext zum Wergo-Plattenalbum «Ligeti» (s. u. «Platten zum Hören dieses Kapitels»).

Helmut Lachenmann: zitiert nach: Nicolaus A. Huber: «Gedanken zum Umfeld der Tonalität», in: «Musik Texte», 5/Juli 1984.

319 *Brian Ferneyhough*: Text zu «Superscriptio», vom Verlag versandt.

321 *Wolfgang Rihm*: aus seinem Vortrag «Eigentlich gibt es Tonalität nicht. Nur Harmonik» auf den «Internationalen Ferienkursen für Neue Musik», Darmstadt 1984.

323 ff. *Acht und Neun*: nach: «Lexikon der Symbole» (Herder, Freiburg), Horst E. Miers: «Lexikon des Geheimwissens» (Goldmann, München), M. u. H. Leene: «Ursprung und Weisheit der Zahlen» (Ercee Verlag, Haarlem – Kassel 1976), Kluge: «Etymologisches Wörterbuch der deutschen Sprache» (Stuttgart 1958) sowie nach Informationen meines Mitarbeiters Udo Bender.

ARNOLD SCHÖNBERG: «Verklärte Nacht» – ALBAN BERG: «Lyrische Suite», New York Philharmonic, Ltg. Pierre Boulez (CBS 76 305)

ARNOLD SCHÖNBERG: Die Streichquartette, Juilliard String Quartet (CBS 79 304)

BÉLA BARTÓK: Streichquartette 1–6, Juilliard String Quartet (CBS 77 330)

OLIVIER MESSIAEN: «Quatuor pour la Fin du Temps», Daniel Barenboim (Deutsche Grammophon 2 531 093)

OLIVIER MESSIAEN: «Les Corps Glorieux», Almut Rößler an der Orgel (Schwann AMS-Studio 509)

OLIVIER MESSIAEN: «L'Ascension» – Meditationen für Orgel, Almut Rößler (Schwann AMS-Studio 518)

GYÖRGI LIGETI: Streichquartette Nr. 1 und 2, Stücke für Bläserquintett, Volumina für Orgel, Ramifications, Lux Aeterna, Atmosphères, Lontano, Requiem, Aventures etc. (Wergo 60 095, Album mit 5 Platten)

GYÖRGI LIGETI: Volumina für Orgel, Etüde Nr. 1 – MAURICIO KAGEL: Phantasie für Orgel, Gerd Zacher, Orgel (Deutsche Grammophon 137 003)

ANTON VON WEBERN: Opus 1–31, Ltg. Pierre Boulez (CBS 79 402, Album mit 4 Platten)

ALBAN BERG: Violin Concerto – Isaac Stern, New York Philharmonic, Ltg. Leonard Bernstein (CBS 61 939)

JOHN CAGE: «Music of Changes», Herbert Henck, Klavier (Wergo 60 099)

JOHN CAGE: «Music for Wind Instruments» (Philips 411 062, 2 LPs)

JOHN CAGE: «Empty Words», Schola Cantorum Stuttgart (Wergo 60 074)

FERNEYHOUGH: Streichquartett Nr. 2, Arditti-Quartett (RCA RS 9006)

RICHARD WAGNER: «Tristan», Vorspiel u. a. – Chicago Symphony, Ltg. Georg Solti (Decca AW 642 370)

Pierre Boulez: «Le Marteau sans Maître» – für Alt und sechs Instrumente, nach Texten von René Char – Ltg. P. Boulez (Harmonia Mundi 20 29 373-4)

Arvo Pärt: «Tabula Rasa» (ECM 1275)

Hozan Yamamoto: «Kangetsu», Collection of Traditional Shakuhachi Masterpieces (Japan. RCA JRZ 2575-76, 2 LPs)
weitere Platten von Jamamoto: s. «Obertöne öffnen die Tür»

The Genius of Coleman Hawkins (mit Oscar Peterson u. a.) (Verve MG V-8261)

Coleman Hawkins Encounters Ben Webster (Verve MV 2016)

Ben Webster: «Did you call?» (Steeplechase-Nessa N-8, Vertrieb Bellaphon)

Ben Webster: Ballads (Verve 26 10 052, 2 LPs)
Ben Webster mit Sweets Edison – Coleman Hawkins mit Clark Terry (CBS KG 32 774)

Bali: s. Platten «Obertöne öffnen die Tür»

LESEN IST INNERES HÖREN

326 *Alfred A. Tomatis*: (LV). Ich habe die Arbeiten von Tomatis, dem großen französischen Ohr- und Hör-Forscher erst kennengelernt, nachdem ich «Das Dritte Ohr» abgeschlossen hatte. Ich kann deshalb auf diese Arbeiten, die meine Ergebnisse auf so faszinierende Weise von der Seite der Wissenschaft her – der Otologie, Neurologie und Evolutionsforschung – bestätigen, erst in kommenden Veröffentlichungen eingehen. Um so wichtiger ist es mir, an dieser Stelle Tomatis zu zitieren. Das Zitat steht stellvertretend für viele andere Tomatis-Sätze, die in mein Buch gehören.

VOM FERNSEHEN UND DER HIGH-FIDELITY

330 ff. *Martin Grotjahn*: (LV).
330 f. *Wilbur Schramm, Jack Lyle und Edwin B. Parker*: «Television in the Lives of our Children» (Stanford University Press, Palo Alto 1964).
331 *«Sense des Blickes»*: ein Ausspruch des Dichters Saint-John Perse; s. Anm. zu S. 31.
Fernsehen desensibilisiert: Nach einer Untersuchung von M. H. Thomas, zitiert von Dieter E. Zimmer in der «Zeit», Nr. 51 vom 14. 12. 1984. Zim-

mer schreibt im gleichen Zusammenhang: «Es ist einfach nicht wahr, wenn man überall immer wieder zu lesen bekommt: daß die Psychologie in zwei Jahrzehnten empirischer Wirkungsforschung keinerlei sicheren Zusammenhang zwischen dem Konsum brutaler Medienprodukte und antisozialem Verhalten nachzuweisen in der Lage war und nichts anderes hervorgebracht hat als ein paar unverbindlicher, unverbundener und einander widersprechender Theorien.»

332 *Die Tendenz des Fernsehens nach rechts*: Aufschlußreich die italienischen Erfahrungen. Die Fachleute hatten wegen der Stärke der kommunistischen Partei in Italien mit einer spürbaren Links-Tendenz der freien, Anfang der achtziger Jahre entstandenen Fernsehgesellschaften gerechnet. Inzwischen ergibt sich: Die «Mitte-Rechts-Linie dominiert». Umgekehrt aber beim Hörfunk: Hier dominieren linke Programme. (Nach «Die Zeit», Nr. 6/1985: «Die Programm-Vielfalt auf italienischen Bildschirmen».)

WER HÖRT, IMPROVISIERT

334 *David Friesen*: Einer der besten amerikanischen Jazz-Bassisten der jüngeren Generation, zitiert nach Plattenbegleittext Mal Waldron/David Friesen «Encounters» (Muse Records MR 5305).
«Er-improvisiert»: Ich habe diesen Begriff in den fünfziger Jahren im Zusammenhang mit dem Phänomen der Jazz-Improvisation eingeführt – näher erläutert in: «Das Große Jazzbuch» (LV).

335 *C. G. Jungs* und *Wolfgang Paulis* «Synchronizität»: hervorragend erklärt von Heisenberg (LV).

338 *Beethovens Taubheit*: Gottfried Benn über sie in einer Prosa, in der sich «Dichter und Doktor» aneinander steigern: «... der individuellste Organismus als medizinischer Begriff ist der Gestalter des Genies. Die geistigen Spannungen sind Korrelate körperlicher Anomalien, nicht im vagen Sinne der Parallelität, sondern des Identischen. Geschlossenes System, Monismus der Krisen ... Junge Wissenschaft, erst im Entstehen ... durchforscht systematisch Beethovens Krankheiten, er litt bekanntlich an einer *Otosklerose*, einer schweren Erkrankung, die zur Ertaubung führt. Er hatte dabei Gehörs-Parästhesien: kontinuierliche Geräusche in höchsten Tönen. Pfeifen, Zischen, lang ausgehalten, teils Sausen im Pulsschlag: daher, sagt der Untersucher, in seinen Schöpfungen die häufige Kontrastierung hoher Diskantpassagen gegen tiefe rollende Bässe, daher hielten sich seine Tempi immer im Rahmen des menschlichen Pulsschlages ...» (Gottfried Benn: «Genie und Gesundheit», in: «Gesammelte Werke», Bd. I, Limes, Wiesbaden 1959.)

339 *John Cage/Morton Feldman*: «Musik Texte» 5/Juli 1984.
Neurologie: die gleichen Quellen wie in Anm. zu S. 237 ff.

340 *Kevin Volans*: in: Peter Ausländer und Johannes Fritsch: «Weltmusik» (LV).

PLATTEN ZUM HÖREN DES KAPITELS «WER HÖRT, IMPROVISIERT»

Aus der Fülle möglicher Platten konnten nur wenige ausgewählt werden. Im Grunde bietet die Musik jeder guten improvisierenden Gruppe (wie sie überreich auf dem Plattenmarkt vertreten ist) Beispiele zu dem im Kapitel Gesagten.

OREGON: «DISTANT HILLS» (Vanguard VSD 79 341)

OREGON: «MUSIC OF ANOTHER PRESENT ERA» (Vanguard VSD 79 326)

OREGON: «OUT OF THE WOODS» (Elektra/WEA 52 101)

OREGON (ECM 1258)

CODONA – mit Collin Walcott, Don Cherry, Nana Vasconcelos (ECM 1132)

CODONA 2 (ECM 1177)

CODONA 3 (ECM) 1243)

BETWEEN – Peter Michael Hamel: «STILLE ÜBER DER ZEIT» (Wergo Spectrum/Schott Verlag SM 1023)

BETWEEN: «DHARANA» (Wergo Spectrum SM 1011)

PAUL WINTER CONSORT (Living Music LMP – 1, Doppelalbum)

PAUL WINTER CONSORT: «COMMON GROUND» (A & M SP 4698)

KENNY WHEELER – Sextett mit Evan Parker, Eje Thelin etc. (ECM 1156)

PERCUSSION SUMMIT – Ed Thigpen, Joe Koinzer, Baby Sommer, Freddie Santiago, Okay Temiz, T. A. S. Mani, Urszula Dudziak, Rama Mani, John Purcell, Johnny Dyani etc., produced by J. E. Berendt (Moers Music 02 018)

WORLD MUSIC MEETING – Hozan Yamamoto, Charlie Mariano, Juan José Morsalini, Krzesimir Debski, Alfred Harth, Karl Berger, Peter Kowald, Ken Johnson, Trilok Gurtu etc., produced by J. E. Berendt (Eigelstein 2024)

To Hear the World in a Grain of Sand – World Music Live at the Donaueschingen Festival 85 – Luis DiMatteo, Vikash and Prakash Maharaj, Lennart Aberg, Bernd Konrad, Connie Bauer, Tom van der Geld, Rudy Smith, David Friesen, Dom Um Romao, Andrew Cyrille, produced by J. E. Berendt (Soul Note SN 1128)

Vocal Summit – Lauren Newton, Urszula Dudziak, Jeanne Lee, Jay Clayton, Bobby McFerrin: «Sorrow is not forever – Love is», produced by J. E. Berendt (Moers Music 2004)

Globe Unity Orchestra: «Intergalactic Blow» (Japo 60 039)

Orexis: «Inspiration» (Intercord int 160 108)

Georg Lawall – Orexis Live (Fusion 8005 LC 7596)

John Handy – Ali Akbar Khan: «Karuna Supreme», produced by J. E. Berendt (MPS/Polydor International 82 295-1)
John Handy – Ali Akbar Khan – mit L. Subramaniam: «Rainbow», produced by J. E. Berendt (MPS/Polydor International 821 885-1)

Embryo Dissidenten Karnataka College of Percussion Charlie Mariano: «Live» (Schneeball 0023)

Embryo – Recordings from Afghanistan, Pakistan and India (Schneeball 0020, Doppelalbum)

Dissidenten Lemchaheb: «Sahara Elektrik», rec. in Marocco (Exil 08.5501 im EfA Vertrieb)

PROBE AUFS EXEMPEL

345 *Schließen die meisten Menschen die Augen*: Die tantrische Forderung, die Augen unbedingt offenzuhalten und den Partner sorgfältig und genau anzuschauen, widerlegt diesen Satz nicht, sondern ergänzt ihn. Sie läuft auf das Gegenteil des normalen Sehens – des «Einfach-so-in-der-Gegend-Herumschauens», des Sehens = Suchens – hinaus. Sie ist Finden: zusätzliches Eindringen und Empfangen.
dividieren: Manche Etymologen bestreiten diese Ableitung. Sie meinen, es müsse ein sehr altes Wort *videre* gegeben haben, das *trennen* bedeutet und nur in Zusammensetzungen vorkam. Es versteht sich, daß dies «unpaläolinguistisch» gedacht ist, denn die Trenn-Bedeutung von *videre* kann zwar auf einem Weg erzielt worden sein, der von der Seh-Bedeutung des

gleichen Wortes verschieden ist, aber die Ur-Wurzel beider Worte *muß* die gleiche gewesen sein. In dieser Ur-Wurzel muß der Zusammenhang von *Sehen* und *Trennen* von vornherein angelegt gewesen sein.

346 *Sartre, Jean-Paul*: (LV).
Westliche Philosophie – östliches Denken: Von Diderot (1713–1784), dem französischen Enzyklopädisten, stammt der fundamentale Satz: «Der erste Schritt zur Philosophie ist die Ungläubigkeit.» Es wäre gewiß zu vereinfacht, ihm gegenüberzustellen: «Der erste Schritt zu asiatischem Denken ist Gläubigkeit» – denn auch der Glaube ist eine abendländische – eine paulinische und lutherische – Kategorie, die Christus noch nicht benötigte, denn seine Jünger haben ja «erfahren». Aber gegenübergestellt werden darf: «Der erste Schritt zu asiatischem Denken ist Erfahren» – wobei sich von selbst versteht: Was einer selbst erlebt und erfahren hat, das und daran glaubt er.
Hsinhsinming: «Zen», Edition Grube & Richter (LV).
David Bohm: s. Anm. zu S. 198 ff.

348 ff. *Die Gruppe*: Der Workshop («Gruppe»), über den ich berichte, wird veranstaltet vom Antinous Institut, Mansteinstr. 14, 1000 Berlin 30.

354 *Zen-Intensive*: Eine von Bhagwan Shree Rajneesh u. a. entwickelte Meditationstechnik. Die alte Zen-Frage «Wer bin ich?» wird auf zwei Partner verteilt, die sich gegenseitig befragen, jeweils abwechselnd, etwa im 10-Minuten-Rhythmus – am wirksamsten, wenn es mehrere Tage hintereinander mit den jeweils nur allernotwendigsten Pausen praktiziert wird. Im «Zen-Intensive» für Fortgeschrittene wird sogar auf das Schlafen verzichtet und die Nacht durchgearbeitet.

HÖRST DU DAS RAUSCHEN DES FLUSSES?

359 *Ken Wilber*: «Halbzeit der Evolution» (LV).
Huang-Po: (LV).
Meditationssitz: s. Lotussitz in «Nada Brahma» (LV), S. 190 ff., sowie die dazugehörige Anm. ebd. S. 291 der Rowohlt-Taschenbuchausgabe.

360 *«Der» Fluß*: nach H. Hesses «Siddhartha»; zitiert und kommentiert in «Nada Brahma» (LV), S. 218 f., der Rowohlt-Taschenbuchausgabe.

360 f. *Krishnamurti*: «Meditationen» (LV).
Krishnamurti: «The Second Penguin ...» (LV).

361 *Zen-Meister Eko*: nach Yoel Hoffmann (LV).

362 *Via = Weg 880mal*: nach W. Johnston (LV).

363 *Martin Buber*: (LV).

368 *Eine Lampe anzünden*: Die vedische Legende, aus der das Motto dieses Kapitels stammt, erzählt von einem winzigen Dorf im Himalaya. Es war Winter und bitterkalt. Die Menschen froren und hungerten. Der Schnee lag bis an die Dächer der Häuser. Das Holz war naß, seit Monaten hatte im

ganzen Dorf kein Feuer mehr gebrannt. Eines Tages verirrte sich ein Wandermusiker ins Dorf. Die Leute waren so arm, daß sie kaum Platz hatten, ihn aufzunehmen und zu verköstigen, aber es waren gute Menschen und so gaben sie ihm eine Schale Suppe und einen kleinen Raum unter einer Türstiege. Am Abend spielte der Musiker auf seiner Sitar. Die Dorf-Leute liefen zusammen, einige sangen, andere tanzten, die Stimmung wurde immer ausgelassener. Der Musiker improvisierte die ganze Nacht hindurch – und dann, gegen Morgen – die Menschen trauten ihren Augen kaum – ging plötzlich ein Licht an: zum erstenmal seit Beginn des Winters, daß wieder eine Lampe brannte! Mit ihr konnten die Herde des Dorfes entfacht werden. Der Sitar-Spieler hatte das Feuer allein durch die Wärme – die Glut und Kraft – seiner Musik entzündet. Aber – so berichtet die Legende – in den Herzen der Menschen hatte der Sitar-Spieler das Licht schon viele Stunden, bevor es in der Lampe zu brennen anfing, angezündet.

368 ff. *Marius Schneider*: «Das Morgenrot in der vedischen Kosmologie» (in: «Symbolon», Bd. 5/1966) sowie: «Vom tieferen Sinn des Klanges in Sprache...», s. Anm. zu S. 28; auch: «Klangsymbolik in fremden Kulturen» (LV).

368 *bra = wachsen, lobsingen*: Die Sanskrit-Silbe *bra* bzw. *bri* erscheint im Hebräischen des Alten Testaments in dem wichtigen Satz «Am Anfang schuf Gott Himmel und Herde»: «*Bershit Bara Elohim Et Haschamajim We-Et Ha-Aretz*» – und zwar erscheint sie gleich zweimal: das erste Wort wird im zweiten wiederholt, wobei das Aleph sowohl a wie i, u, e, o sein kann. *Bara* heißt im Hebräischen schaffen. Im Griechischen gibt es die gleiche Wurzel in *-bryo* (zum Beispiel Embryo), im Englischen in *to bear*, im Deutschen in *gebären*, *Geburt*, auch in der Endsilbe *-bar* (z. B. in *fruchtbar*). Ihre höchste Ausprägung findet sie in Gott BRAHMA und im BRAHMAN – und von dort wirkt sie in SPRACHE, PRAY, BETEN, PRESCERE etc.
Martin Buber: (LV).

369 *Im Gesang der Musik wächst die Welt*: s. hierzu das Kapitel XI «Die Legenden und Mythen der Völker haben es schon immer gewußt...» in: «Nada Brahma» (LV).

369 ff. *Gesang und Musik der Vögel*: Zur Affinität von Vogelgesang und menschlicher Musik gehört es, daß nicht nur die Menschen den Gesang der Vögel, sondern umgekehrt auch Vögel die Musik der Menschen lieben. Eine persönliche Beobachtung: Manchmal fliegen Singvögel durch die geöffneten Fenster in mein Arbeitszimmer herein, aber immer nur dann, wenn Musik gespielt wird. (Übrigens: Dreimal kamen sie angeflogen, als Artur Schnabel die Waldstein-Sonate spielte!)

370 f. *Fortpflanzung nicht als ratio*: Besonders überzeugend hat Wilhelm Reich die Bedeutung der Fortpflanzung eingeschränkt. Im Anschluß an seine Versuche mit Blasen, Muskelzuckungen und der Entwicklung seiner «viertaktigen Orgasmusformel: Mechanische Spannung – Elektrische Ladung – Elektrische Entladung – Mechanische Entspannung» resümiert er: «Es steht also nicht die ‹Sexualität im Dienst der Fortpflanzung›, son-

dern die Fortpflanzung ist ein fast zufälliges Ergebnis des Spannungs-Ladungs-Vorgangs im Gebiet der Genitalien. Das ist deprimierend für die eugenische Moralphilosophie, doch wahr... Die Fortpflanzung ist eine Funktion der Sexualität und nicht umgekehrt, wie man bisher glaubte...» (Wilhelm Reich: «Die Entdeckung des Orgons I», LV). Kybernetisch gesehen befindet sich Fortpflanzung in einem Regelkreis, d. h., sie ist sowohl Ursache wie Ziel und in beiden Eigenschaften nach vorn und hinten eingebunden in andere Faktoren, die ebenfalls sowohl Ursache wie Ziel sind. Das ist die ganzheitliche, «systemische», «holistische» Sicht, die sich wesentlich von der auf *ratio* und Zweck fixierten Sehweise der traditionellen Wissenschaften (und Moral!) unterscheidet.

370 *Angelus Silesius*: (LV).

372 *«Weißt du, wieviel Mücklein spielen...»*: Lieddichter: Wilhelm Hey.
Jane van Lawick-Goodall: nach Richard Fester: «Kinder der Höhle» (LV).

373 Jim Nollmann, die Lillys: «Zukunftsperspektiven – Forschung, Szenarien, Bewußtsein» (Die Grüne Kraft, Löhrbach/Odenwald o. J.)

373 f. *Wale*: s. .u. Anm. zu S. 378.

373 *Echo location*: Ortung durch Echo nicht nur in bezug auf Hindernisse oder die Höhe über dem Meeresgrund, sondern auch Ortung der Beute – und zwar nicht nur bei Walen, sondern auch bei Delphinen (vor allem bei Tümmlern). Diese Tiere sind groß und schnell – Delphine etwa erreichen eine Geschwindigkeit von 32 Stundenkilometern. Blauwale sind die größten Tiere, die jemals auf der Erde gelebt haben (über 30 Meter lang, bis zu 120 Tonnen schwer). Um eine so große Masse in so großer Geschwindigkeit navigieren, gegebenenfalls plötzlich abbremsen zu können, müssen die Tiere Hindernisse und Beute weit voraus orten können. In der Dunkelheit des Meeres können sie aber nur wenige Meter weit sehen. Sie orientieren sich deshalb durch Schall und Ultraschall – im menschlichen Hörbereich, aber auch weit darüber hinaus: bis 170 000 Hertz! Sie können auf diese Weise Fische von nur wenigen Zentimetern Größe «sehen» und fangen. Forscher haben Delphinen die Augen durch Saugnäpfe abgedeckt, und gleichwohl haben die Tiere Gummiringe, die in das Bassin geworfen worden waren, gefunden und ihrem Betreuer gebracht. Bei einem anderen Experiment konnten sie zwischen zwei kleinen Stahlkugeln mit leicht verschiedenem Durchmesser unterscheiden – ein Test, bei dem sich selbst das menschliche Auge täuschen könnte. Die sehenden Delphin-Betreuer konnten die Stahlkugeln nicht mit Sicherheit unterscheiden, aber die hörenden Delphine taten es fehlerfrei. In einem Netz gefangene Tümmler berühren nie die Schnüre des Netzes, so sicher können sie jede Schnur akustisch orten (und ein Netz besteht aus Hunderten von Schnüren und Maschen!). Sie stellen durch akustische Impulse fest, wo das an Korken schwimmende Netz endet, und springen dann über die oberen Netzschnüre hinweg. (Nach S. S. Stevens, LV).

C. G. Jung: «Theoretische Überlegungen zum Wesen des Psychischen», in: «Welt der Psyche» (LV).

377 *Teilhard de Chardin*: (LV).

Negentropie: Negative Entropie. Sie ist der Entropie entgegengesetzt, steht also konträr zum «Wärmetod» des Universums, auf den – nach dem zweiten Hauptsatz der Thermodynamik – das «Ende der Welt» zwangsläufig hinauslaufen muß. Daß das mechanistische Wissenschaftsdenken etwas so Positives wie die Negentropie – die positivste Kraft schlechthin! – mit einem negativen Ausdruck bedacht hat, kennzeichnet dieses Denken in besonders entlarvender Weise. (Zur Fragwürdigkeit des wissenschaftlichen Entropie-Begriffes s. auch «Nada Brahma» [LV], Kapitel VII «Harmonie als Ziel der Welt», besonders S. 158 ff. der Rowohlt-Taschenbuchausgabe.)

378 *Wale*: s. Joan McIntyre: «Der Geist in den Wassern» (Verlag 2001, Frankfurt a. M. 1982).

«Können Bakterien denken?»: «Boehringer Kreis» 3/1984. Nachdem von der UNESCO beauftragte Zoologen den «Feldzug» analysiert hatten, in dem die Ratten Anfang der achtziger Jahre «Ägypten erobert» haben, resümierten sie: Das Vorgehen der Tiere sei so differenziert und überlegt gewesen, daß sie keinen Zweifel hegten, ihm liege ein langfristig konzipierter Plan zugrunde. Hoyle und Wickramasinghe (LV) konzedieren sogar den Insekten eine womöglich höhere Denkfähigkeit als den Menschen (s. Anm. zu S. 138 ff.).

Richard Fester: «Kinder der Höhle» (LV).

379 *Traumforscher*: s. Patricia Garfield (LV).

Róheim: (LV).

Fester: «Kinder der Höhle» (LV).

Nichts trennt uns: Niemand, der bis hierher gelesen hat, kann meinen, die vorhergehenden Absätze seien geschrieben, um den Menschen «in seiner Würde zu degradieren» (wie jemand, der in den alten Herrschafts- und Machtstrukturen denkt, es ausdrücken mag). Die «Krone der Schöpfung» kann niemand sich selber aufsetzen. Es waren Hochmut und Überheblichkeit, die zu diesem (nicht einmal mehr schulwissenschaftlich haltbaren) Anspruch geführt haben. Die «Krone der Schöpfung» ist noch nicht einmal als Vision ahnbar. Der Rang des Menschen wird nicht niedriger, sondern höher, wenn man ihn mit der Schöpfung ver- und in sie eingebunden sieht. Die Ironie liegt darin, daß die Menschen des neuen Bewußtseins den Gedanken der Evolution – der Höherentwicklung – sehr viel ernster nehmen und konsequenter weitergedacht haben als die herkömmlichen «Evolutionisten». Das Denken Teilhard de Chardins (LV) ist inzwischen so in unser Bewußtsein eingedrungen – sogar in das derjenigen, die ihn nicht gelesen haben! – wie vor drei Generationen das Denkens Nietzsches. Wenn man sich die Niedrigkeit der Auflagen von Teilhards Büchern vergegenwärtigt, wird gerade hier ablesbar, was ich im Politik-

Kapitel über die Kristallisationskraft «kleiner kritischer Mengen» gesagt habe.

381 *Leben ist loben ist lieben ...*: In diese Reihe gehört auch g-lauben! s. Anm. zu S. 126.

382 *Ernesto Cardenal*: «Psalmen» (LV).

Psalm 150: Wunderbar, daß auch der Denker und Forscher, der die harmonikale Forschung im modernen Sinne wissenschaftsfähig gemacht hat, Johannes Kepler, immer wieder auf den Gedanken des Lobgesanges stieß. So dichtete er zum Beispiel:

Groß ist unser Herr
und groß seine Macht
und seiner Weisheit ist kein Ende.
Lobet ihn, Sonne, Mond und Planeten,
in welcher Sprache immer euer Loblied
dem Schöpfer erklingen mag.
Lobet ihn, ihr himmlischen Harmonien,
und auch ihr, die Zeugen und Bestätiger
seiner enthüllten Wahrheiten!
Und du, meine Seele,
singe die Ehre des Herrn dein Leben lang!
Von ihm und durch ihn und zu ihm
sind alle Dinge,
die sichtbaren und die unsichtbaren.
Ihm allein sei Ehre und Ruhm
von Ewigkeit zu Ewigkeit!

....

Ich habe die Herrlichkeit Deiner Werke
den Menschen kundgetan,
soweit mein endlicher Geist
Deine Unendlichkeit zu fassen vermochte.

Johannes Kepler

LITERATURVERZEICHNIS (LV)

Das Literaturverzeichnis ist alphabetisch nach Verfassernamen geordnet. Gelegentliche Querverweise helfen dem Leser bei der Orientierung.

ADORNO, Theodor W.: «Dissonanzen», darin: «Über den Fetischcharakter in der Musik und die Regression des Hörens» (Vandenhoeck & Ruprecht, Göttingen o. J.)

– «Philosophie der Neuen Musik» (Suhrkamp, Frankfurt a. M. 1978)

AUSLÄNDER, Peter/FRITSCH, Johannes: «Weltmusik», Band 1 und 2 (Feedback Studio, Köln 1981/82)

BAATZ, Ursula: siehe: ZEN

BACHOFEN, Johann Jakob: «Das Mutterrecht», 2 Bände (Benno Schwabe, Basel 1948)

BAHRO, Rudolf: Logik der Rettung (Edition Weitbrecht, Stuttgart 1987)

BATESON, Gregory: «Geist und Natur. Eine notwendige Einheit» (Suhrkamp, Frankfurt a. M. 1983)

– «Ökologie des Geistes» (Suhrkamp, Frankfurt a. M. 1983)

BENENZON, Rolando O.: «Einführung in die Musiktherapie» (Kösel, München 1983)

BENTOV, Itzhak: «Auf der Spur des wilden Pendels», Reinbek 1986. rororo transformation 7973

BERENDT, Joachim-Ernst: «Nada Brahma» (Insel, Frankfurt a. M. 1983, und Rowohlt Taschenbuch, Reinbek 1985)

– «Das Große Jazzbuch» (Fischer Taschenbuch, Frankfurt a. M: 1982)

– «Ein Fenster aus Jazz» (Fischer Taschenbuch, Frankfurt a. M. 1978)

– «Mein Lesebuch» – mit Beiträgen von Bernward Vesper, Propst Heinrich Grüber, Alexander und Margarethe Mitscherlich, Alfred Andersch, Fritz J. Raddatz, James Baldwin, Hans Magnus Enzensberger, Jean Améry, Czeslaw Milosz, Heinrich Heine, Robert M. Pirsig, Jean Gebser, Daisetz T. Suzuki, Eugen Herrigel, Hermann Hesse, aus dem Tibetanischen Totenbuch, von Sufi Vilayat Inayat Khan, Hans Kayser, Hans Werner Henze, Heinrich Strobel, Charlie Parker, Gottfried Benn, Matthias Claudius, Bertolt Brecht, Paul Gerhardt, dem Psalmisten u. a. (Fischer Taschenbuch, Frankfurt a. M. 1981)

– «Über Weltmusik», in: «Jazz-Podium», März 1985 (Stuttgart)

– siehe auch: KAKUSKA, Rainer

BERMAN, Morris: «Die Wiederverzauberung der Welt», Reinbek 1985. rororo transformation 7941

BHAGWAN, Shree Rajneesh: Siehe: RAJNEESH

BLOFELD, John: «Die Macht des Heiligen Lautes – Die geheime Tradition des Mantra» (Otto Wilhelm Barth, Bern/München 1978)

«Selbstheilung durch die Kraft der Stille» (Scherz, Bern/München 1980)

BOHM, David: «Die implizite Ordnung – Grundlagen eines dynamischen Holismus» (Dianus-Trikont, München 1985)
s. auch WILBER, Ken
BUBER, Martin: «Rationalität und Mystik», herausgegeben von Hans Dieter Zimmermann (Insel, Frankfurt a. M. 1981)
CAPRA, Fritjof: «Der Kosmische Reigen» (Otto Wilhelm Barth, Bern/München/Wien 1977)
– «Wendezeit» (Scherz, Bern/München/Wien 1983)
CARDENAL, Ernesto: «Psalmen» (Jugenddienst, Wuppertal 1968)
CELAN, Paul: «Atemwende» (Suhrkamp, Frankfurt a. M. 1967)
CHARGAFF, Erwin: «Warnungstafeln» (Klett-Cotta, Stuttgart 1982)
CHARON, Jean E.: «Der Geist der Materie» (Ullstein Sachbuch, Frankfurt/Berlin/Wien 1982)
CHINMOY, Sri: «Musik zur Selbstverwirklichung» (Sri Chinmoy, Zürich 1982)
COLEGRAVE, Sukie: «Yin und Yang» (Otto Wilhelm Barth, Bern/München 1979)
COUSTO, Hans: «Die Kosmische Oktave» (Synthesis, Essen 1984)
CURTIUS, Ernst Robert: «Kritische Essays zur europäischen Literatur» (Fischer Taschenbuch, Frankfurt a. M. 1984)
DOPHEIDE, Bernhard: «Musikhören – Hörerziehung» (Wissenschaftliche Buchgesellschaft, Darmstadt 1975)
DUERR, Hans Peter (Hg.): «Versuchungen. Aufsätze zur Philosophie Paul Feyerabends», Band 1 und 2 (Suhrkamp, Frankfurt a. M. 1981)
DUHM, Dieter: «Aufbruch zur Neuen Kultur – Umrisse einer ökologischen und menschlichen Alternative» (Knaur Sachbuch, München/Zürich o. J.)
ECKEHART, Meister: «Meister Eckehart – Deutsche Predigten und Traktate», herausgegeben von Josef Quint (Carl Hanser, München 1963; auch als Diogenes Taschenbuch, Zürich 1979)
ELIADE, Mircea: «Die Sehnsucht nach dem Ursprung» (Suhrkamp, Frankfurt a. M. 1981)
ENOMIYA-LASSALLE, Hugo M.: «Zen – Weg zur Erleuchtung – Einführung in die Meditation» (Herder, Wien/Freiburg/Basel 1973)
EVANS-WENTZ, W. Y.: siehe TIBETANISCHES TOTENBUCH
EVOLA, Julius: «Meta-Physik des Sexus» (Ernst Klett, Stuttgart 1962)
FERGUSON, Marilyn: «Die Sanfte Verschwörung» (Sphinx, Basel 1982)
FESTER, Richard: «Ur-Wörter der Menschheit» (Kösel, München 1981)
– «Die Steinzeit liegt vor deiner Tür» (Kösel, München 1981)
– «Die Eiszeit war ganz anders» (Piper, München 1973)
– «Protokolle der Eiszeit» (Herbig, Berlin/München o. J.)
FESTER, Richard und JONAS, Doris F.: «Kinder der Höhle» (Kösel, München 1980)
FESTER, Richard/KÖNIG, Marie/JONAS, Doris F./JONAS A. David: «Weib und Macht» (Fischer Taschenbuch, Frankfurt a. M. 1982)
FEYERABEND, Paul: «Wider den Methodenzwang» (Suhrkamp, Frankfurt a. M. 1977)

Flatischler, Reinhard: «Die vergessene Macht des Rhythmus» (Synthesis, Essen 1984)
Fleck, Lili: «Weiblicher Orgasmus» (Kindler, München 1977)
Fritsch, Johannes: siehe Ausländer, Peter
Fromm Erich: siehe Suzuki, Daisetz T.
Garfield, Patricia: «Kreativ träumen» (Ansata, Schwarzenburg 1980)
Gebser, Jean: «Ursprung und Gegenwart», Teil 1, 2 und 3 (Novalis, Schaffhausen 1978–1980)
Genro: «Die hundert Zen-Koans der Eisernen Flöte» (Origo, Zürich 1973)
Gibran, Kahlil: «Das Reich der Ideen» (Walter, Olten/Schweiz 1982)
Goeppert-Mayer, Maria: «Der Mensch zwischen den unendlich großen und unendlich kleinen Dingen» (F. Bruckmann, München 1956)
Goethe, Johann Wolfgang v.: siehe: Steiner, Rudolf
Göttner-Abendroth, Heide: «Die Göttin und ihr Heros – Die matriarchalen Religionen in Mythos, Märchen und Dichtung» (Frauenoffensive, München 1980)
Gohlke, Paul: «Die ganzen Zahlen im Aufbau der Welt» (Paderborn 1965)
Govinda, Lama Anagarika: «Schöpferische Meditation und Multidimensionales Bewußtsein» (Aurum, Freiburg i. Br. 1977)
Groening, Lies: «Die lautlose Stimme der einen Hand» (Econ, Düsseldorf 1983; Taschenbuchausgabe: Rowohlt, Reinbek 1985)
Grotjahn, Martin: «Die Sprache des Symbols» (Kindler Taschenbücher, München 1977)
Haase, Rudolf: «Aufsätze zur Geschichte der Harmonik» (Kreis der Freunde um Hans Kayser, Bern 1984)
– «Aufsätze zur harmonikalen Naturphilosophie» (Akademische Druck- und Verlagsanstalt, Graz 1974)
– «Geschichte des harmonikalen Pythagoräismus», Publikationen der Wiener Musikhochschule, Band 3 (Elisabeth Lafite, Wien 1969)
– «Der meßbare Einklang – Grundzüge einer empirischen Weltharmonik» (Edition Alpha, Klett, Stuttgart 1976)
– «Die harmonikalen Wurzeln der Musik» (Elisabeth Lafite, Wien 1969)
– «Über das disponierte Gehör», Fragmente, Heft 4 (Doblinger, Wien/München 1977)
– «Leitfaden einer harmonikalen Erkenntnislehre» (Ora, München 1970)
– «Harmonikale Synthese» (Elisabeth Lafite, Wien 1980)
– «Festschrift», herausgegeben von Werner Schulze (Elfriede Rötzer, Eisenstadt 1980)
Haase, Rudolf/Haase, Ursula: «Literatur zur harmonikalen Grundlagenforschung», Band I–V (Elisabeth Lafite, Wien 1969–1983)
Halpern, Steven: «Klang als heilende Kraft» (Esotera Taschenbücherei, Bauer Verlag, Freiburg/Brsg. 1985)
Hamel, Peter Michael: «Durch Musik zum Selbst – wie man Musik neu erleben und erfassen kann» (dtv/Bärenreiter, München 1980)

HEGEL, Georg Wilhelm Friedrich: «Phänomenologie des Geistes» (Suhrkamp, Frankfurt a. M. 1970)
HEIDEGGER, Martin: «Der Satz vom Grund» (Günther Neske, Pfullingen 1978)
– «Unterwegs zur Sprache» (Günther Neske, Pfullingen o. J.)
– «Vorträge und Aufsätze» (Günther Neske, Pfullingen 1978)
HEISENBERG, Werner: «Schritte über Grenzen» (Piper, München 1984)
Heraklit: «Fragmente – griechisch-deutsch» (Heimeran, München 1944)
HERDER, Johann Gottfried: «Über den Ursprung der Sprache», Nachwort Karl König (Freies Geistesleben, Stuttgart 1965)
– «Werke», Band I (Meyer, Bibliographisches Institut, Leipzig/Worms o. J.)
HESSE, Hermann: «Gesammelte Werke» (Werkausgabe edition suhrkamp, Frankfurt a. M. 1972)
– «Das Glasperlenspiel» (Suhrkamp, Frankfurt a. M. 1972)
– «Musik» – Eine Dokumentation, ausgewählt von Volker Michels (Suhrkamp, Frankfurt a. M. 1977)
HOFFMANN, Yoel: «Der Ton der Einen Hand. Die erstmalige Veröffentlichung der überlieferten Antworten auf die Zen-Koans» (Otto Wilhelm Barth, Bern/München/Wien 1978)
HOYLE, Fred/WICKRAMASINGHE, N. C.: «Evolution aus dem All» (Ullstein, Berlin/Frankfurt/Wien 1981)
HUANG-PO: «Der Geist des Zen» (Otto Wilhelm Barth, Bern/München/Wien 1983)
HUSEMANN, Armin J.: «Der musikalische Bau des Menschen» (Freies Geistesleben, Stuttgart 1982)
JAMES, William: «Die Vielfalt religiöser Erfahrung» (Walter, Olten/Schweiz 1979)
JANTSCH, Erich: «Die Selbstorganisation des Universums. Vom Urknall zum menschlichen Geist» (dtv, München 1982)
JAYNES, Julian: «Der Ursprung des Bewußtseins durch den Zusammenbruch der bikameralen Psyche», Reinbek 1988, Rowohlt
JENNY, Hans: «Kymatik», Band I und II (Basilius Presse, Basel 1974)
JOHNSTON, William: «Klang der Stille» (Matthias Grünewald, Mainz 1978)
JONAS, Doris F./JONAS, A. David: «Das erste Wort» (Hoffmann & Campe, Hamburg 1979)
– siehe auch: FESTER, Richard
JUNG, C. G.: «Welt der Psyche» (Kindler Taschenbücher, München 1981)
JUNGCLAUSSEN, Emmanuel: «Aufrichtige Erzählungen eines russischen Pilgers», herausgegeben und eingeleitet von Emmanuel Jungclaussen (Herder, Freiburg/Basel/Wien 1984)
KADOWAKI Kakichi: in: «Munen Muso – Ungegenständliche Meditation – Festschrift für Pater Hugo M. Enomiya-Lassalle SJ zum 80. Geburtstag» (Matthias Grünewald, Mainz 1978)
KAKUSKA, Rainer (Hg.): «Andere Wirklichkeiten» – mit Beiträgen von: S. H. der Dalai Lama, Richard Baker-Roshi, Joachim-E. Berendt, Morris Berman, David

Bohm, Fritjof Capra, Gopi Krishna, Rupert Sheldrake, David Steindl-Rast, William I. Thompson, Francisco Varela (Dianus-Trikont, München 1984)
Kapleau, Philip: «Die drei Pfeiler des Zen» (Otto Wilhlem Barth, Weilheim/ Obb. o. J.)
Kayser, Hans: «Akróasis» (Benno Schwalbe, Basel 1946)
– «Vom Klang der Welt» (Max Niehans, Zürich/Leipzig 1937)
– «Grundriß eines Systems der harmonikalen Wertformen» (Max Niehans, Zürich/Leipzig 1938)
– «Abhandlungen zur Ektypik harmonikaler Wertformen» (Max Niehans, Zürich/Leizpig 1938)
Keidel, Wolf D.: «Physiologie des Gehörs» – mit Beiträgen von: E. David, P. Finkenzeller, S. Kallert, W. D. Keidel, K.-H. Plattig, G. Rinsdorf, M. Spreng (Thieme, Stuttgart 1975)
Kepler, Johannes: «Gesammelte Werke» (Beck, München 1938)
– «Weltharmonik in 5 Büchern» (Beck, München 1938)
Khan, Hazrat Inayat: «Music» (The International Headquarters of the Sufi Movement, Genf 1959). Deutsche Version in: Joachim-E. Berendt: «Mein Lesebuch» (Fischer Taschenbuch, Frankfurt a. M. 1981)
– «Musik und Kosmische Harmonie» (Heilbronn, 1984)
Krishnamurti, Jiddu: «Gespräche über das Sein» (Scherz, Bern/München/ Wien 1977)
– «Meditationen» (Arbeitsgemeinschaft Krishnamurti, Berlin o. J.)
– «The Second Penguin Krishnamurti Reader», ed. Mary Lutyens (Harmondsworth/New York 1970)
Krüger, Wilfried: «Das Universum singt» (Edition trèves, Trier 1983)
Küng, Hans: «Ewiges Leben?» (Piper, München/Zürich 1982)
Kushi, Michio: «Das Buch der Makrobiotik» (Bruno Martin und Ost-West-Bund, Frankfurt a. M. 1979)
Lao Tse: «Tao Te King – Vom Sinn und Leben», eingeleitet und übersetzt von Richard Wilhelm (Eugen Diederichs, Düsseldorf/Köln 1957)
– «Tao Te King». Neue Bearbeitung von Gia-Fu Feng und Jane English (Irisiana, Haldenwang 1981)
– «Tao Te King», herausgegeben von Werner Zimmermann (Fankhauser, Thielle/Neuchâtel 1949)
Leonard, George: «Der Rhythmus des Kosmos», Reinbek 1986, rororo transformation 7959
Lilly, John C.: «Das Zentrum des Zyklons – Eine Reise in die inneren Räume» (Fischer Taschenbuch, Frankfurt a. M. 1976)
Long, Max F.: «Kahuna–Magie» (Hermann Bauer, Freiburg i. Br. 1982)
May, Robert: «Sex and Fantasy – Patterns of Male and Female Development» (Wideview Books, 1981)
Mayer, Anton: «Der zensierte Jesus» (Walter, Olten 1983)
Mellers, Wilfried: Band 1: «Musik und Gesellschaft». Band 2: «Die Romantik und das 20. Jahrhundert» (Fischer Bücherei, Frankfurt a. M. 1964 und 1965)

MICHELL, John: «City of Revelation» (Abacus, London o. J.)
MICHELL, John/WAGNER, Waltraud: «Maßsysteme der Tempel» (Vechelde 3/84)
MILLER, Alice: «Du sollst nicht merken. Variationen über das Paradies-Thema» (Suhrkamp, Frankfurt a. M. 1981)
MÜLLER, Adam: «Zwölf Reden über die Beredsamkeit und deren Verfall in Deutschland», mit einem Essay und einem Nachwort von Walter Jens (Insel, Frankfurt a. M. 1967)
MUKTANANDA, Paramahamsa: «Kundalini» (Aurum, Freiburg i. Br. 1982)
NAREDI-RAINER, Paul v.: «Architektur und Harmonie» (DuMont, Köln 1984)
NEUMANN, Erich: «Ursprungsgeschichte des Bewußtseins» (Rascher, Zürich 1949)
NIKEL, Hans A.: «Annäherung an das ganz Andere» (B & N, Frankfurt a. M. 1984)
OHASHI, Wataru: «Shiatsu», herausgegeben von Vicki Lindner (Hermann Bauer, Freiburg i. Br. 1983)
OUSPENSKY, P. D.: «Auf der Suche nach dem Wunderbaren» (Scherz, Bern/München/Wien 1982)
– «Tertium Organum» (Otto Wilhelm Barth, Weilheim 1973)
PARIN, Paul/MORGENTHALER, Fritz/PARIN-MATTHEY, Goldi: «Die Weißen denken zu viel» (Fischer Taschenbuch, Frankfurt a. M. 1983)
PFROGNER, Hermann: «Lebendige Tonwelt» (Langen-Müller, München o. J.)
PICARD, Max: «Die Welt des Schweigens» (Eugen Rentsch, Erlenbach-Zürich/Stuttgart 1948)
PLATON: «Politeia – Phaidon» (Rowohlts Klassiker, Hamburg 1958)
POPP, Fritz-Albert: «Neue Horizonte in der Medizin» (Karl F. Hang, Heidelberg 1983)
PRIESTLEY, Mary: «Analytische Musiktherapie» (Klett-Cotta, Stuttgart 1983)
PRIGOGINE, Ilya/STENGERS, Elisabeth: «Dialog mit der Natur» (Piper, München 1981)
RAJNEESH, Bhagwan Shree: «The Book» – Series I, II, III (Rajneesh Foundation Interational, Rajneeshpuram/Oregon 1984)
– «Tao, the Three Treasures» (Rajneesh Foundation International, Rajneeshpuram/Oregon 1976)
– «Philosophia Perennis» (Pythagoras) (Rajneesh Foundation International, Rajneeshpuram/Oregon 1981)
– «Die verborgene Harmonie» (Heraklit) (Sannyas, Margarethenried 1979)
– «Komm und folge mir» (Sannyas, Schloß Wolfsbrunnen, Meinhard-Schwebda 1982)
REICH, Wilhelm: «Die Entdeckung des Orgons I – Die Funktion des Orgasmus» (Fischer Taschenbuch, Frankfurt a. M. 1983)
REISER, Theo: «Das Geheimnis der pythagoreischen Tetraktys» (Lambert Schneider, Heidelberg 1967)
RÓHEIM, Géza: «Die Panik der Götter. Die Quellen religiöser Glaubensformen in psychoanalytischer Sicht» (Kindler Taschenbücher, München 1975)

RUDHYAR, Dane: «Die Magie der Töne» (Scherz, München 1984)
SARTRE, Jean-Paul: «Tagebücher: November 1939–März 1940» (Rowohlt, Reinbek 1984)
SATPREM: «Sri Aurobindo oder Das Abenteuer des Bewußtseins» (Scherz, Bern/München/Wien 1976)
SCHAFER, R. Murray: «The Tuning of the World» (Alfred A. Knopf, New York 1977)
SCHAVERNOCH, Hans: «Die Harmonie der Sphären» (Karl Alber, Freiburg i. Br./München 1981)
SCHIMMEL, Annemarie: «Rumi – Leben und Werk des großen Mystikers» (Diederichs Gelbe Reihe, Düsseldorf/Köln 1982)
SCHMIDT, Thomas: «Musik und Kosmos als Schöpfungswunder» (Selbst-Verlag, Frankfurt a. M. 1970)
SCHNEIDER, Marius: «Singende Steine» (Heimeran, München 1978)
– «Klangsymbolik in fremden Kulturen» (Beiträge zur harmonikalen Grundlagenforschung, Hochschule für Musik und darstellende Kunst, Wien 1979)
SCHÖNBERGER, Martin Maria: «Verborgene Schlüssel zum Leben – Weltformel I–GING im Genetischen Code» (Barth-Scherz, München–Bern 1973)
SCHULTZ, Joachim: «Rhythmen der Sterne» (Philosophisch-Anthroposophischer Verlag, Goetheanum Dornach/Schweiz 1977)
SHAH, Idries: «Die Sufis: Botschaft der Derwische, Weisheit der Magier» (Eugen Diederichs, Düsseldorf/Köln 1982)
SHELDRAKE, Rupert: «Das schöpferische Universum» (Meyster, München 1983)
SILESIUS, Angelus: «Der Cherubinische Wandersmann» (Diogenes Taschenbuch, Zürich 1979)
SINGER, June: «Nur Frau – Nur Mann?» (J. Pfeiffer, München 1981)
SINGH, Kirpal: «Naam oder das Wort» (Hermann Schütz, Berlin 1970)
STEGE, Fritz: «Musik – Magie – Mystik» (Otto Reichel, Remagen 1961)
STEINER, Rudolf: «Der Anthroposophische Weg» (Fischer Taschenbuch, Frankfurt a. M. 1983)
– «Goethes Naturwissenschaftliche Schriften» (Freies Geistesleben, Stuttgart 1962)
– «Die Philosophie der Freiheit» (Rudolf Steiner, Dornach/Schweiz 1978)
– «Das Wesen des Musikalischen» (Rudolf Steiner, Dornach/Schweiz 1981)
STEVENS, S. S. (mit Fred Warshofsky und der Redaktion der TIME-LIFE-Bücher): «Schall und Gehör» (Rowohlt, Reinbek o. J.)
SUZUKI, Daisetz T.: «Der westliche und der östliche Weg» (Ullstein Taschenbuch, Frankfurt/Berlin/Wien 1974)
SUZUKI, Daisetz T./FROMM, Erich/DE MARTINO, Richard: «Zen-Buddhismus und Psychoanalyse» (Suhrkamp, Frankfurt a. M. 1980)
TEILHARD DE CHARDIN, Pierre: «Die lebendige Macht der Evolution» (Walter, Olten/Schweiz 1967)
– «Die Zukunft des Menschen» (Walter, Olten/Schweiz o. J.)

TIBETANISCHES TOTENBUCH: «Das Tibetanische Totenbuch oder die Nach-Tod-Erfahrungen auf der Bardo-Stufe», hg. von W. Y. Evans-Wentz mit einer Einführung von C. G. Jung (Rascher, Zürich/Stuttgart 1970)
TOBEN, Bob: «Raum-Zeit und erweitertes Bewußtsein» (Synthesis, Essen 1980)
TOMATIS, Alfred A.: «Der Klang des Lebens» (Rowohlt, Reinbek 1987)
TOMPKINS, Peter/BIRD, Christopher: «Das geheime Leben der Pflanzen» (Fischer Taschenbuch, Frankfurt a. M. 1977)
TRÖMEL-PLÖTZ, Senta: «Frauensprache: Sprache der Veränderung» (Fischer Taschenbuch, Frankfurt a. M. 1982)
– «Gewalt durch die Sprache» (Fischer Taschenbuch, Frankfurt a. M. 1984)
UPANISCHADEN: «Die schönsten Upanischaden» (Rascher, Zürich/Stuttgart 1962)
VEDEN: Deutsche Übersetzung A. Hillebrandt: «Aus Brahmanas und Upanischaden» (Jena 1921)
VOGEL, Martin: «Die Lehre von den Tonbeziehungen» (Verlag für systematische Musikwissenschaft, Bonn 1975)
WADLER, Arnold: «Der Turm von Babel – Urgemeinschaft der Sprachen» (Fourier, Wiesbaden o. J.)
WAGNER, Waltraud: s. MICHELL, John
WATSON, Lyall: «Geheimes Wissen» (Fischer Tachenbuch, Frankfurt a. M. 1978)
WEIZSÄCKER, Carl Friedrich von: «Im Garten des Menschlichen» (Hanser, München/Wien 1977)
WILBER, Ken: «Halbzeit der Evolution» (Scherz, Bern/München/Wien 1981)
– (Hg.): «Das holographische Weltbild» mit Beiträgen von David Bohm, Fritjof Capra, Marilyn Ferguson, Karl H. Pribram, Ken Wilber u. a., Bern/München/Wien 1986, Scherz
WITTGENSTEIN, Ludwig: «Tractatus logico-philosophicus» (edition suhrkamp, Frankfurt a. M. 1974)
ZEN: «Zen» (Edition Grube & Richter, Hamburg 1984)
– «Zen-Aussprüche und Verse der Zen-Meister», gesammelt von Peter Weber-Schäfer (Insel-Bücherei Nr. 798, Frankfurt a. M. 1978)
– Ursula Baatz (Hg.): «Jitokku lacht den Mond an» (Herder, Wien 1983)

NAMENREGISTER

transformation

Michael Harner
Der Weg des Schamanen
Ein praktischer Führer zur inneren Heilkraft (7989)

Paul Hawken
Der Zauber von Findhorn
Ein Bericht (7953)

Jean Houston
Der mögliche Mensch
Handbuch zur Entwicklung des menschlichen Potentials (8323)

George Leonhard
Der Rhythmus des Kosmos (7959)

Lawrence LeShan
Von Newton bis PSI
Neue Dimensionen im Umgang mit der Wirklichkeit (7966)

Douglas Lockhart
Wer den Wind reitet
Ein westlicher Weg zum Selbst (8370)

Jeff Love
Die Quantengötter
Ursprung und Natur von Materie und Bewußtsein (8418)

David Loye
Die Sphinx und der Regenbogen
Das Potential unseres Bewußtseins, die Zukunft voraussehen (8461)

Bruno Martin
Handbuch der spirituellen Wege
Überarbeitete Neuausgabe (7909)

Caitlin und John Matthews
Der westliche Weg
Ein praktischer Führer in die alten Geheimlehren
Band 1: (8483)
Band 2: (8510)

Hermann Meyer
Astrologie und Psychologie
Eine neue Synthese (7995)

Peter O'Connor
Innere Welten
C.G. Jung verstehen – sich selbst verstehen (8438)

transformation

Peter Orban
PLUTO
Über den Dämon im Innern der eigenen Seele (8530)

Psychologie in der Wende
Grundlagen, Methoden und Ziele der Transpersonalen Psychologie. Eine Einführung in die Psychologie des Neuen Bewußtseins.
Herausgegeben von Roger N. Walsh und Frances Vaughn (8362)

Jeremy Rifkin
Kritik der reinen Unvernunft
Pamphlet eines Häretikers (8317)

Theodore Roszak
Mensch und Erde auf dem Weg zur Einheit
Ein Manifest (7998)

Stephano Sabetti
Lebensenergie
Erscheinungsformen und Wirkungsweise – ein ganzheitliches Erklärungsmodell (8356)

E. F. Schumacher
Rat für die Ratlosen
Vom sinnerfüllten Leben (8311)

Idries Shah
Das Zauberkloster
Alte und neue Sufi-Geschichten (8303)
Denker des Ostens
Studien in experimenteller Philosophie (8452)

Mary Summer Rain
Spirit Song
Der Weg einer Medizinfrau (8537)

Jeremy Taylor
Das innere Universum
Die schöpferische Kraft der Träume (8490)

William Irwing Thompsen
Der Fall in die Zeit
Mythologie, Sexualität und Ursprung der Kultur (8341)

Uwe Topper
Wiedergeburt
Das Wissen der Völker (8430)

transformation

Tathang Tulku
Raum, Zeit und Erkenntnis
Aufbruch zur neuen Erfahrung von Welt und Wirklichkeit (8099)

Klausbernd Vollmar
Fahrplan durch die Chakren
Ein Übungsbuch zur Aktivierung der Energiezentren (8513)

Janwillem van de Wetering
Ein Blick ins Nichts
Erfahrungen in einer amerikanischen Zen-Gemeinde (7936)

Robert Anton Wilson
Der neue Prometheus
Die Evolution unserer Intelligenz (8350)

Gary Zukav
Die tanzenden Wu Li Meister
Der östliche Pfad zum Verständnis der modernen Physik: vom Quantensprung zum Schwarzen Loch (7910)

rororo sachbuch transformation

C 2296/3 c

opernbücher

Texte, Materialien, Kommentare

Peter Tschaikowsky
Eugen Onegin
Mit einem Essay von Attila Csampai
(7896)

Ludwig van Beethoven
Fidelio
Mit einem Essay von Dietmar Holland
(7394)

Alban Berg
Lulu
Mit einem Essay von Dietmar Holland
(7340)
Wozzeck
Mit einem Essay von Ulrich Dibelius
(7929)

Georges Bizet
Carmen
Mit einem Essay von Egon Voss (7699)

Berthold Brecht/Kurt Weil
Die Dreigroschenoper
Igor Strawinsky
The Rake's Progress
Herausgegeben von Attila Csampai und Dietmar Holland (8319)

Pietro Mascagni
Cavalleria rusticana
Ruggero Leoncavallo
Der Bajazzo
(8397)

Claudio Monteverdi
Orfeo
Christoph Willibald Gluck
Orpheus und Eurydike
(8398)

sachbuch rororo
RICORDI

C 1050/13

opernbücher

Texte, Materialien, Kommentare

Giuseppe Verdi
Othello
Mit einem Essay von Stefan Kunze (7368)
Rigoletto
Mit einem Essay von Leo Karl Gerhartz (7487)
La Traviata
Mit einem Essay von Attila Csampai (7690)
Falstaff
Mit einem Essay von Dietmar Holland (8095)
Aida
Mit einem Essay von Wolfgang Schreiber (7974)
Der Troubadour
Mit einem Essay von Karl Schumann (7996)

Richard Wagner
Der fliegende Holländer
Mit einem Essay von Isolde Vetter (7346)
Die Meistersinger von Nürnberg
Mit einem Essay von Egon Voss (7419)
Tristan und Isolde
Mit einem Essay von Dietmar Holland (7770)
Parsifal
Mit einem Essay von Dietmar Holland (7809)
Tannhäuser
Mit einem Essay von Hans-Klaus Jungheinrich (7954)

Carl Maria von Weber
Der Freischütz
Mit einem Essay von Karl-Dietrich Gräwe (7328)

rororo sachbuch
RICORDI

C 1050/10 b

Opern Lexikon

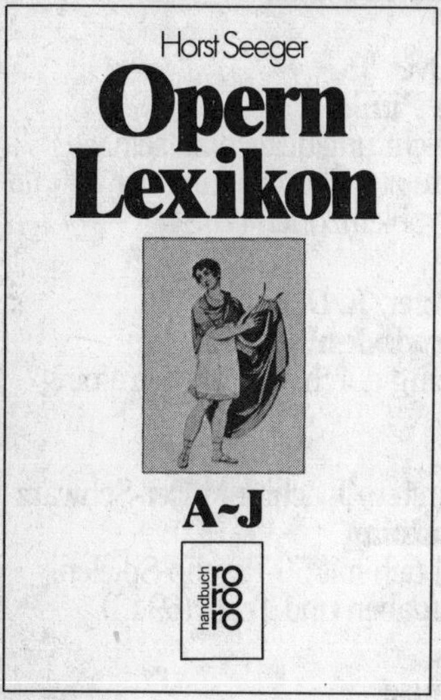

6286

6287

Operntitel, Komponisten, Librettisten, Opernsänger, Dirigenten, Regisseure, Bühnenbildner, Opernfiguren, Textanfänge, Notenbeispiele, Opernbühnen und nahezu alle Fachbegriffe aus dem Bereich der Oper
Hier «ist nun wirklich alles über die Oper zu finden», urteilte die Frankfurter Rundschau bei Erscheinen der westdeutschen Erstausgabe.

2019/1

Lernprogramme

Eine Auswahl

Kurt Werner Peukert
Sprachspiele für Kinder
Programm für Sprachförderung in Vorschule, Kindergarten, Grundschule und Elternhaus (6919)

Friedemann Schulz von Thun
Miteinander reden
Band 1
Störungen und Klärungen. Allgemeine Psychologie der Kommunikation (7489)
Miteinander reden
Band 2
Stile, Werte und Persönlichkeitsentwicklung. Differentielle Psychologie der Kommunikation (8496) September '89

L. Schwäbisch/M. Siems
Anleitung zum sozialen Lernen für Paare, Gruppen und Erzieher
Kommunikations- und Verhaltenstraining (6846)

Martin Siems
Dein Körper weiß die Antwort
Focusing als Methode der Selbsterfahrung. Eine praktische Anleitung (7968)

F. Teegen/A. Grundmann/A. Röhrs
Sich ändern lernen
Anleitung zu Selbsterfahrung und Verhaltensmodifikation (6931)

Allan Watts
OM
Kreative Meditation
(7882)

rororo SACHBUCH

C 2177/4 a